Análisis de datos a gran escala con Python y Spark

N

Manual Imprescindible

Análisis de datos a gran escala con Python y Spark

Una guía práctica para implementar soluciones de machine learning

Mikel Galar e Isaac Triguero

Primera edición: septiembre de 2025.

Diseño de cubierta: Celia Antón Santos

Valentín Beato, 21
28037 Madrid.
www.anayamultimedia.es

PAPEL DE FIBRA CERTIFICADA

Depósito legal: M-26992-2024
ISBN: 978-84-415-5155-8
Impreso en España - Printed in Spain

Para mi compañera de vida, por su apoyo,
comprensión y paciencia.

Para mis hijos, que llenan mis días de
alegría e intensidad.

Y para mi familia, por hacer posible este viaje.

MIKEL

A la memoria de mi padre y mi hermano, cuya
ausencia sigue marcando mi vida.

A mi madre, cuyo amor, fortaleza y guía
han dado forma a mi camino.

Y a mi prometida, por su apoyo, paciencia y amor,
que me acompañan cada día en este viaje.

ISAAC

Mikel Galar

SOBRE EL AUTOR

Se doctoró en Informática por la Universidad Pública de Navarra (UPNA) en 2012. Actualmente es profesor titular del área de Ciencias de la Computación e Inteligencia Artificial en el departamento de Estadística, Informática y Matemáticas de la UPNA. Es también investigador propio del Instituto de Smart Cities (ISC) y director de la Cátedra Tracasa de Ciencias de la Computación e Inteligencia Artificial. Su trabajo de investigación se centra en machine learning, área en la que cuenta con más de 100 publicaciones, 11 000 citas y tres artículos entre el 1 % más citado en ciencias de la computación. Además, figura en la lista del 2 % de investigadores más citados, según la Universidad de Stanford. Es cofundador de Neuraptic AI y ha sido investigador principal en proyectos que suman más de dos millones de euros de financiación tanto pública como privada. Desde 2011, imparte asignaturas relacionadas con las ciencias de la computación, inteligencia artificial, machine learning y big data. En 2020, recibió un premio a la excelencia docente en la UPNA. Ha dirigido tesis doctorales y actualmente supervisa otras cinco. Es autor de dos libros de texto: *Learning with Imbalanced Datasets* y *Large-scale Data Analytics with Python and Spark: A Hands-on Guide to Implementing Machine Learning Solutions*.

Isaac Triguero

SOBRE EL AUTOR

Se doctoró en Informática por la Universidad de Granada en 2014. Actualmente, es investigador sénior distinguido «María Zambrano» en el instituto Ciencia de Datos e Inteligencia Computacional (DaSCI) y profesor honorífico en la Universidad de Nottingham. Su investigación versa sobre el desarrollo de novedosas técnicas de inteligencia artificial para grandes cantidades de datos. Ha publicado más de 90 artículos internacionales en los campos de big data, machine learning y optimización (H-index=36 y más de 6000 citas en Google Scholar) y pertenece a la lista del 2 % de investigadores, desarrollada por la Universidad de Standford. Ha dirigido siete tesis doctorales y actualmente lidera dos proyectos de investigación en inteligencia artificial de propósito general que suman más de 1,7 millones de euros. Es autor de dos libros de texto: *Conceptual Programming with Python* y *Large-scale Data Analytics with Python and Spark: A Hands-on Guide to Implementing Machine Learning Solutions*.

gracias

El contenido de este libro es fruto de las actividades de investigación y docencia que ambos autores han realizado desde 2013. Esto incluye varios tutoriales en congresos (por ejemplo, diversas ediciones del World Conference on Computational Intelligence), numerosos artículos de investigación y las asignaturas que impartimos en nuestras respectivas universidades.

Por lo tanto, la lista de agradecimientos es obviamente grande. La estructura final y el contenido específico que se encuentra en este libro es el resultado de varios años de revisiones y comentarios de nuestros estudiantes y profesores de prácticas que han estado utilizando este material, y estamos extremadamente agradecidos por ello. El entusiasmo y el progreso que nuestros estudiantes lograron nos motivó a escribir este libro. Asimismo, a través de los tutoriales que hemos realizado en congresos internacionales y numerosos proyectos de investigación, hemos recibido comentarios y sugerencias de varios colegas. Un agradecimiento especial a nuestros colaboradores de investigación, Salva García, Francisco Herrera, Alberto Fernández y Mikel Elkano y, en general, a las comunidades de Inteligencia Computacional y Machine Learning.

Mientras escribíamos el libro, recibimos ayuda del equipo de I+D de Tracasa y, más específicamente, de Christian Ayala y Rubén Sesma con el caso de estudio que presentamos en el capítulo 9 sobre segmentación de imágenes en teledetección. Por último, y no por ello menos importante, el libro ha sido revisado por varios colegas que lo están usando para sus clases. Queremos agradecer al Prof. Chris Teplovs (University of Michigan), a la Prof. Grazziela Figueredo (University of Nottingham) y al Prof. Daniel Peralta (Ghent University) por sus consejos.

Índice de contenidos

4. Spark 90

5. Spark SQL 134

Prefacio

Motivación

Hace más de veinte años que el término big data comenzó a popularizarse, pero muchos aún tienen dificultades para entender lo que realmente significa. Hay varias razones para ello, entre ellas la falta de consenso sobre qué es el big data y las muchas «caras» y aspectos a los que se refiere el término big data; por ejemplo, podríamos hablar de adquisición de datos, seguridad, infraestructura de almacenamiento y computación, análisis o minería. Este libro se centra en el análisis de datos con el objetivo de utilizar técnicas de machine learning y ciencia de datos a gran escala.

Las técnicas de ciencia de datos y machine learning han demostrado ser fundamentales para obtener conocimientos relevantes y de valor de los datos. Aunque la mayoría de los científicos de datos trabajan bajo la premisa de que «cuantos más datos, mejor» —lo cual puede no ser necesariamente cierto— pronto se encuentran con problemas para trabajar con grandes conjuntos de datos debido a su tamaño, la necesidad de procesarlos rápidamente o su diversidad en formato y forma, entre otros. Por suerte, han surgido recientemente muchas plataformas como Hadoop, Spark, Flink o Dask que nos permiten desplegar técnicas de ciencia de datos en el contexto del big data distribuyendo su procesamiento en varios ordenadores.

Aunque hay muchos libros y recursos en Internet sobre estas plataformas, uno de los principales desafíos a los que se enfrenta cualquiera que quiera ponerse al día sobre big data y machine learning es encontrar un único libro que no solo te diga cómo usar una plataforma en particular, sino que también proporcione los fundamentos y principios subyacentes para diseñar soluciones de machine learning para problemas de big data. Para diseñar soluciones de machine learning para big data, es necesario entender algunos de los elementos más importantes de la tecnología subyacente. Sin embargo, la tecnología evoluciona muy rápidamente y hay algunos detalles que un científico de datos necesitará saber, pero puede que no necesite conocer todos los detalles de la plataforma subyacente. En la actualidad, para entender cómo se diseñan algoritmos de machine learning en big data tenemos que acudir a publicaciones científicas, y para saber manejar la tecnología, recurrimos a libros técnicos y documentación on-line. El propósito de este libro es proporcionar una fuente de información autocontenida, pero concisa, que permita sacar partido del big data con machine learning siguiendo un enfoque práctico.

Enfoque

En todo caso, en lugar de intentar cubrir todos los aspectos técnicos de las plataformas actuales de big data, que pueden cambiar rápidamente y no siempre son relevantes para los científicos de datos (como los detalles de implementación de un sistema de archivos distribuido), este libro se centra en introducir los principios y conceptos clave para diseñar soluciones de machine learning con big data, diferenciándose así de otros recursos disponibles. Dicho esto, sí enseñamos las características de alto nivel de estas plataformas, para aprender a identificar por qué pueden ser útiles en el diseño de soluciones de big data para machine learning y cuál es su rendimiento esperado.

Como se trata de un manual imprescindible, abordamos la experiencia de aprendizaje con una variedad de estrategias de enseñanza para lograr diferentes resultados de aprendizaje: conocimiento y comprensión (CC), habilidades intelectuales (HI) y competencias profesionales/prácticas (CPP), que se resumen al comienzo de cada capítulo. Para combinar adecuadamente la teoría y la práctica, los conceptos se presentan siguiendo un enfoque práctico, utilizando explicaciones, código y ejemplos reales. A lo largo de todos los capítulos, se plantean varios retos y preguntas al lector para fomentar la reflexión sobre lo aprendido. Al final de cada capítulo, presentamos nuestras soluciones a estos retos para asegurar la comprensión de los conceptos. Además, ofrecemos numerosos ejercicios y prácticas de laboratorio para evaluar el conocimiento, la comprensión y la capacidad para aplicar lo aprendido. Las soluciones a estos ejercicios y tareas se proporcionan exclusivamente a los instructores o profesores.

Al final de cada capítulo, realizamos un resumen con la información clave y una sección adicional para aquellos lectores que quieran aprender más, que incluyen numerosos enlaces y referencias.

Audiencia

Este libro de texto está dirigido principalmente a estudiantes de grado y máster que cursan asignaturas sobre machine learning para big data, y que ya cuentan con conocimientos previos en programación y en machine learning o ciencia de datos. El contenido se basa en los cursos de big data y machine learning que los autores imparten en sus respectivas universidades. También esperamos que este libro sea útil para investigadores e ingenieros que aplican la ciencia de datos a diversos problemas y enfrentan la necesidad de manejar big data.

Las habilidades adquiridas al estudiar este libro permitirán diseñar soluciones innovadoras para problemas de big data del mundo real, altamente demandadas en la investigación y la industria.

Estructura

El libro se divide en tres partes principales. La parte I cubre los conceptos básicos para entender qué es big data, sus principios clave y los modelos de programación para manejarlo. La parte II profundiza en la parte tecnológica del big data y presenta algunas de las plataformas de big data más consolidadas, como Hadoop y Spark. Esta parte incluye detalles técnicos y enseña a programar de manera eficiente utilizando estructuras de datos distribuidas. Finalmente, la parte III se enfoca en la aplicación del machine learning y la ciencia de datos en presencia de grandes volúmenes de datos, mediante la exploración del uso de bibliotecas existentes y el aprendizaje del diseño de soluciones eficientes y efectivas para adaptar técnicas de ciencia de datos (incluidos preprocesamiento, aprendizaje y despliegue de modelos) a este escenario. El libro contiene numerosos ejemplos y cada capítulo presenta varios retos para los lectores, además de una serie de ejercicios. El material complementario incluye prácticas de laboratorio y proyectos de implementación más grandes con varios niveles, así como un práctico tutorial para iniciarse en Python y Spark.

¿Cómo debe leerse?

La parte I introduce algunos conceptos básicos esenciales para comprender el resto del libro. Se recomienda encarecidamente a los lectores realizar los ejercicios sobre MapReduce, utilizando papel y lápiz, para afianzar los conocimientos de esta parte. Dicho esto, estos conceptos se reforzarán en las partes II y III.

En la parte II, después de leer el capítulo sobre Hadoop, nos adentramos en la sección práctica dedicada Spark. Es vital que los lectores escriban código a medida que avanzan. Los retos, ejercicios y prácticas de laboratorio son fundamentales para aprender a trabajar con conjuntos de datos distribuidos. Para muchos lectores, el estilo de Spark SQL puede resultar poco natural, y será necesario tiempo y esfuerzo para asimilar esta parte del material.

La parte III se construye sobre las partes anteriores, permitiendo a los lectores seguir practicando con la API de Spark para encontrar las operaciones adecuadas para diseñar soluciones de big data para machine learning. Para completar con éxito esta última parte del libro, recomendamos a los lectores realizar sus propios experimentos, aplicar lo aprendido en distintos conjuntos de datos y abordar los ejercicios y retos sin mirar las soluciones.

Algunos aspectos prácticos que se deben tener en cuenta al leer este libro son los siguientes:

- El código y los resultados se presentan en tres tipos diferentes de recuadros o cajas, cada una con un significado distinto.
- El siguiente es un recuadro de código, seguido de otro que muestra su salida:

```
# Este es un bloque de código - la salida aparece después
2+2
```

```
4
```

- La salida estándar y de errores se muestran en un formato diferente. El siguiente bloque de código imprime una frase:

```
print("Esto se imprimirá en un tipo diferente de caja")
```

```
Esto se imprimirá en un tipo diferente de caja
```

- Mostraremos errores de manera deliberada al ejecutar algunos fragmentos de código. Estos errores se limitarán a 3-4 líneas, para que los lectores puedan replicarlos al practicar.
- A veces, acotamos una salida dentro del propio código (es decir, limitamos la salida [:5]). No olvides eliminar esa parte si deseas ver la salida completa.
- A lo largo del libro encontrarás varias notas, trucos y advertencias que se verán de la siguiente manera:

NOTA

Estas notas proporcionan información adicional que, aunque no son esenciales para comprender el capítulo, pueden aclarar algunos aspectos o profundizar en ciertos temas.

- Recomendamos resolver los retos en el momento en el que te los encuentres. No los dejes para más tarde, ya que las secciones siguientes podrían darte demasiadas pistas.
- Al comienzo de cada capítulo encontrarás los resultados clave de aprendizaje, que hemos categorizado como CC, HI y CPP. Sugerimos a los lectores volver a estos al final del capítulo y asegurarse de que los han aprendido.

Enseñanza con este libro

Este libro ha sido diseñado para impartir un curso completo sobre machine learning para big data, y recomendamos a los profesores seguir el mismo orden si el objetivo de su curso es similar. Sin embargo, dependiendo de los estudiantes y el tiempo disponible, las partes I y II de este libro podrían utilizarse para impartir un curso introductorio sobre tecnologías de big data y computación distribuida, sin entrar en machine learning. Si los estudiantes están familiarizados con Spark, se podría usar la parte II como repaso y saltar directamente a la parte III.

El material suplementario proporciona prácticas de laboratorio que los instructores pueden utilizar para evaluar el conocimiento de sus estudiantes. Las prácticas de laboratorio se han diseñado con varios niveles y permiten al instructor avanzar según el tiempo disponible. Además, los recursos en línea para profesores incluyen los Jupyter Notebooks utilizados para escribir este libro, presentaciones en PowerPoint, una gran colección de ejercicios, exámenes y soluciones basadas en el material del libro. Nosotros impartimos el contenido de este libro combinando diapositivas con la implementación interactiva de los conceptos en Python. Para esta parte práctica, usamos Google Colab, lo que permite a nuestros estudiantes acceder en tiempo real (solo lectura) al código que estamos escribiendo. Esto nos ha resultado muy útil para mejorar la interacción con ellos.

¿Por qué Python y Apache Spark?

En este libro, hemos adoptado Python como lenguaje de programación y Apache Spark como plataforma de big data. Sin embargo, los conceptos introducidos aquí son agnósticos tanto en el lenguaje de programación como en las plataformas subyacentes de big data y sus desarrollos futuros.

Hay varias razones por las que hemos optado por Python. Hoy día es el lenguaje de programación más popular entre los científicos de datos debido a su amplia comunidad y sus bibliotecas para machine learning como scikit-learn, TensorFlow o PyTorch. Python también es un lenguaje de programación limpio y expresivo, con una sintaxis simple, lo que generalmente significa que la curva de aprendizaje es relativamente baja. Además, Python es multiplataforma (es decir, el mismo código funciona en Windows, MacOS o Linux) y permite múltiples paradigmas de programación (por ejemplo, programación funcional u orientada a objetos). Por último, pero no menos importante, Python es un lenguaje interpretado y ofrece diferentes herramientas, como Jupyter Notebooks, que permiten explorar el lenguaje y los conceptos presentados de manera interactiva, lo cual lo convierte en un recurso didáctico excelente. De hecho, este libro ha sido escrito completamente en Jupyter Notebooks.

De las plataformas de big data existentes, hemos elegido Spark sobre otras plataformas emergentes y prometedoras como Apache Flink o Dask. Nuestra principal motivación para esto es que Spark está bien consolidada, cuenta con una comunidad muy activa y, además, tiene el apoyo de la empresa Databricks. Gracias a eso, Spark se puede desplegar fácilmente en plataformas en la nube como Azure o AWS, y probablemente sea la plataforma más ampliamente adoptada en la industria. Vale la pena señalar que la API de Spark está disponible para su uso con varios lenguajes de programación como Scala, Java, R o Python.

Esto no significa que sea una elección perfecta, pues puede haber varios contraargumentos. Por ejemplo, Spark está implementado nativamente en Scala, y aunque la API de Python está mejorando rápidamente y proporciona casi las mismas características y funcionalidades, puede que no siempre sea la opción más adecuada. Sin embargo, como se mencionó antes, las elecciones de lenguaje de programación y marco de big data no cambian los principios que queremos transmitir en este libro.

NOTA

En este libro, hemos utilizado Python >= 3.8 y Spark 3.3.0. Encontrarás varios enlaces a diferentes operaciones de Spark, que hacen referencia a esa versión específica para evitar problemas con futuras ediciones de Spark.

¿De qué no trata este libro?

Las palabras clave de este libro son ampliamente utilizadas y el lector podría tener algunas expectativas sobre su contenido. Por esta razón, a continuación proporcionamos una lista no exhaustiva —y sin ningún orden en particular— de lo que no trata este libro:

- Aunque utilizamos Python como lenguaje de programación principal y los lectores podrían aprender algunos trucos en este libro, no enseñamos explícitamente ninguna característica de Python.
- Exploramos la API de Python de Spark y discutimos la eficiencia de muchas de sus operaciones, pero este libro no debe considerarse un manual de referencia para ello.
- Nuestro objetivo es distribuir la computación de algoritmos de machine learning y ciencia de datos, lo que implicará bastantes detalles de algunos algoritmos seleccionados, pero no explicamos machine learning como tal.
- Este libro no aborda directamente la paralelización del entrenamiento de modelos de deep learning con big data, que generalmente se acelera usando GPUs. Aunque ciertamente es posible combinar big data y paralelización con GPU (por ejemplo, usando Spark y TensorFlow), no explicamos cómo entrenar modelos de deep learning en big data. Sin embargo, sí que mostramos cómo desplegar un modelo de deep learning para clasificar millones de ejemplos en Spark (ver capítulo 9).
- Como se mencionó antes, nos enfocamos solo en el lado analítico del big data, pero incluso dentro de este ámbito, nos centramos en el volumen de los datos y la necesidad de procesarlos en tiempo real. Otros aspectos, como su variedad (datos estructurados y no estructurados) y enfoques de fusión de datos para explotarlos, no se tratan aquí ya que suelen ser más dependientes del problema (ver capítulo 1 para más detalles).

Parte 1

Entender y trabajar con big data

1

Introducción

Resultados de aprendizaje:

- Conocer los principios del big data y su importancia [CC].
- Comprender que la escalabilidad horizontal es la forma adecuada de abordar problemas de big data [CC].
- Entender que, para procesar big data, es fundamental respetar la localidad de los datos y utilizar un paradigma diferente de computación [CC].

¿Qué es el big data?

Aunque quizás no somos plenamente conscientes de ello, todos generamos una gran cantidad de datos. Por ejemplo, cuando usamos aplicaciones en nuestros teléfonos u ordenadores, nuestras interacciones con esas aplicaciones pueden ser registradas y luego procesadas para, por ejemplo, mejorar la experiencia del usuario. El término big data se ha usado mucho en los últimos años, y no solo en el ámbito de la informática, sino también en muchos otros campos como las finanzas, la biología, la física o la medicina.

El término big data se utiliza frecuentemente para referirse a la idea de aprovechar grandes cantidades de datos para obtener algún beneficio. De alguna forma, tendemos a pensar que los datos pueden ayudarnos de alguna manera, y por ello, recopilamos una gran cantidad de información con la esperanza de utilizarla para obtener conocimiento y, más importante aún, algo de valor a partir de ella. Sin embargo, cuando se trata de responder a la pregunta de qué es realmente el big data, muchas personas empiezan a hablar de gigabytes o terabytes de datos, centrándose únicamente en el volumen. El problema es que no existe una definición estándar de qué es realmente el big data. Por esa razón, algunas personas suelen llamar big data a cualquier cosa, aunque en muchos casos están hablando de problemas estándar de machine learning y ciencia de datos.

En nuestra opinión, definir el big data únicamente en función de una cantidad específica de datos deja fuera muchos aspectos importantes. Aunque, como ya hemos mencionado, no hay ninguna definición estándar, hay una que nos gusta mucho:

> *«El big data implica datos cuyo volumen, diversidad y complejidad requieren nuevas técnicas, algoritmos y análisis para extraer conocimiento valioso (normalmente oculto)».*

Entonces, si nos preguntas, ¿estamos hablando de 20 megabytes, 8 gigabytes, 100 terabytes? Nuestra respuesta será: «Bueno, depende». Depende de lo que quieras hacer con esos datos, del tipo de análisis que necesites realizar sobre los datos para obtener el conocimiento que buscas. En otras palabras, si puedes hacer ese análisis en tu ordenador personal, eso no es big data. Para manejar esos datos, tendrás que usar soluciones distribuidas.

Es habitual referirse al big data de distintas maneras. Por ejemplo, algunos lo llaman aplicaciones que hacen un uso intensivo de datos (*data intensive applications*, en inglés) y otros lo denominan análisis/procesamiento de datos a gran escala, donde los datos son el núcleo del problema y la solución. Por simplicidad, en este libro emplearemos el término big data. Para finalizar esta introducción, creemos que es importante remarcar que lo que hoy llamamos big data podría no serlo mañana, ya que la capacidad de cómputo disponible continúa creciendo cada día.

Éxitos (y fracasos) del big data

A lo largo de los años, ha habido muchos ejemplos de éxito del big data. Uno bien conocido es el de la empresa Target, dedicada a la venta al por menor, que mejoró sus márgenes de beneficio utilizando datos de sus clientes para predecir embarazos («How Target Gets the Most out of Its Guest Data to Improve Marketing ROI»).[1] Como cabría esperar, usar técnicas de big data de esta manera, es decir empleando datos de clientes, no ha estado exento de controversia (artículo de Kashmir Hill en *Forbes*),[2] a pesar de las dudas que ha suscitado este ejemplo (investigación de Gregory Piatestsky).[3] Un caso similar es el de Amazon, que utiliza sistemas de recomendación basados en los datos de sus clientes para aumentar sus ventas («The history of Amazon's recommendation algorithm»).[4] También es muy conocido el sistema de recomendación de Netflix para sugerir películas o series («How Netflix's Recommendations System Works»).[5] La lista de éxitos no acaba aquí; podemos encontrar buenos ejemplos en muchas otras áreas como las finanzas («Fraud detection using VISA»),[6] la física («The Big Data challenge at the Large Hadron Collider»)[7] o la medicina («Agrawal», 2020).

A pesar de estos ejemplos de éxito, hay que ser cautelosos al analizar grandes cantidades de datos, ya que las implicaciones de un error pueden tener consecuencias impredecibles y un impacto negativo considerable. Google Flu Trends es un caso conocido de un proyecto que comenzó con mucho éxito, pero que terminó fallando debido a una interpretación incorrecta de los datos. Vamos a profundizar un poco en este caso. Hace unos años, existía el temor de una pandemia causada por una nueva cepa de la gripe porcina (H1N1). En ese momento, los centros para el Control y la Prevención de Enfermedades (CDC) tardaban un tiempo en procesar los datos relacionados con esta enfermedad, lo que provocaba un retraso de 1-2 semanas para poder disponer de una visión global de la situación. Google identificó esta oportunidad y propuso una solución muy innovadora.

Usaron datos de consultas de búsqueda en Google y encontraron una fuerte correlación entre los datos históricos reales sobre la gripe y algunos términos específicos que la gente usaba en sus búsquedas. Así, desarrollaron Google Flu Trends, que les permitió monitorear la propagación de la gripe porcina en tiempo real (compensando ese retraso de 1-2 semanas en los CDC). Si quieres saber más sobre cómo funcionaba Google Flu Trends, te recomendamos el artículo (Ginsberg, 2009).

---

1 https://www.predictiveanalyticsworld.com/machinelearningtimes/how-target-gets-the-most-out-of-its-guest-data-to-improve-marketing-roi/6815/.

2 https://www.forbes.com/sites/kashmirhill/2012/02/16/how-target-figured-out-a-teen-girl-was-pregnant-before-her-father-did/?sh=68744a66686d.

3 https://www.kdnuggets.com/2014/05/target-predict-teen-pregnancy-inside-story.html.

4 https://www.amazon.science/the-history-of-amazons-recommendation-algorithm.

5 https://help.netflix.com/en/node/100639.

6 https://venturebeat.com/security/visas-report-makes-a-case-for-outsmarting-payment-fraud-with-ai-now/.

7 https://www.innovationnewsnetwork.com/big-data-challenge-large-hadron-collider/11359/.

Pero desde nuestro punto de vista, la pregunta clave es, ¿por qué esto es big data? Ciertamente, Google necesitaba paralelizar sus herramientas de análisis de datos para manejar más de 3000 millones de búsquedas diarias, comparando los 50 millones de términos de búsqueda más comunes con los datos de la propagación de la gripe desde 2003 hasta 2008. No obstante, no se trata solo del volumen, sino de la necesidad de paralelizar el análisis y gestionar grandes cantidades de datos rápidamente para obtener una visión global en tiempo real. Esta solución se basó en MapReduce, del que hablaremos más adelante en este libro.

Quizás te preguntes: «Entonces, Google hizo una solución en tiempo real para detectar pandemias... ¿por qué no funcionó con la COVID-19?». El problema es que se descontinuó Google Flu Trends en 2014 después de que el sistema sobrestimara los niveles de gripe en 2013. Hubo varias razones para este fallo, como el cambio en el comportamiento de las personas respecto a sus búsquedas, la influencia constante de los medios de comunicación y el hecho de que el modelado pudo haber pasado por alto información importante que podría haberse capturado con métodos estadísticos estándar. Este caso demuestra que los modelos de machine learning y ciencia de datos necesitan datos de calidad y pueden requerir actualizaciones con nuevos datos para adaptarse continuamente a la distribución actual de los datos; esto se conoce como *data stream mining*. Si quieres saber más sobre esto, por favor lee el artículo (Lazer, 2014).

Este ejemplo es interesante no solo porque es un caso representativo de éxito del big data, sino también porque muestra cómo las malas interpretaciones pueden llevar a conclusiones erróneas. Aunque este libro se centra en cómo implementar y aplicar machine learning y ciencia de datos a gran escala con cantidades masivas de datos, es importante tener en cuenta las dificultades de trabajar en análisis de datos a gran escala, un campo relativamente joven en la informática que cambia con frecuencia.

Evolución y definición del big data

El mundo actual gira en torno a los datos. La ciencia, los negocios, la medicina, la industria y muchos otros campos generan y almacenan enormes cantidades de datos. Las siguientes cifras pueden darnos una idea de la cantidad de datos de la que estamos hablando. El Gran Colisionador de Hadrones de la Organización Europea para la Investigación Nuclear (el CERN), el acelerador de partículas más grande del mundo genera alrededor de 90 petabytes de datos al año en sus experimentos (CERN *storage*)[8]. Plataformas como Twitter, YouTube o Spotify deben ser capaces de recolectar, procesar y distribuir enormes cantidades de datos para mantener sus servicios y mejorar la experiencia del usuario: se envían 6000 tuits cada segundo[9], se suben 500 horas de vídeo a YouTube cada minuto[10] y 60 000

8 https://home.cern/science/computing/storage.

9 https://www.dsayce.com/social-media/tweets-day/.

10 https://www.tubefilter.com/2019/05/07/number-hours-video-uploaded-to-youtube-per-minute/.

canciones a Spotify cada día[11]. Además, se envían alrededor de 300 mil millones de correos electrónicos a diario[12]. Estas son solo cifras, pero pueden darnos una idea de la complejidad que supone trabajar con todos estos datos.

Los ejemplos anteriores eran de empresas e instituciones privadas que poseen los datos, pero también hay casos de big data disponibles de forma gratuita que podríamos estar aprovechando ahora mismo. Por ejemplo, el satélite Sentinel-2, puesto en órbita por la Agencia Espacial Europea, escanea todo el mundo cada cinco días y genera un terabyte de datos al día[13]. Aunque estos datos están disponibles de manera gratuita, se requiere una gran capacidad de computación solo para descargarlos y almacenarlos, y aún más para realizar un análisis multitemporal durante varios años.

También existen estadísticas que muestran la magnitud del universo digital. A principios de 2020, se estimaba en 64,2 zettabytes de datos y se espera que crezca a más de 180 zettabytes para 2025 (según Statista[14]). Puedes echar un vistazo al artículo de Martin Hilbert y Priscila López[15] que compara la cantidad de datos analógicos y digitales a lo largo del tiempo y analiza cómo ha evolucionado la capacidad computacional. Para ponerlo en perspectiva, en 1986 el 41 % de la capacidad de computación del mundo estaba disponible en calculadoras. Este dato anecdótico ilustra lo rápido que está evolucionando el mundo y las nuevas posibilidades que ofrece la era digital.

Es difícil saber si estas cifras son completamente precisas, pero una cosa es cierta: generamos una cantidad ingente de datos y el paso del almacenamiento analógico al digital ha permitido almacenarlos. En algún momento, comenzamos a almacenar datos, fueran valiosos o no, y ahora ha surgido la necesidad de procesarlos para obtener conocimiento. De alguna manera, consideramos que los datos son el nuevo oro. El internet de las cosas ha llegado para quedarse y debemos aprovecharlo para convertirlo en productos rentables. Dicho todo esto, ¿se trata solo de volumen? ¿Deberíamos simplemente recopilar y almacenar datos por el simple hecho de hacerlo?

Aunque hemos dicho que no existe una definición formal o estándar de lo que es el big data, ya en 2001, Gartner lo caracterizó con tres V: «volumen», «velocidad» y «variedad» (Laney, 2001) (figura 1.1).

---

11 https://www.musicbusinessworldwide.com/over-60000-tracks-are-now-uploaded-to-spotify-daily-thats-nearly-one-per-second/.

12 https://www.templafy.com/how-many-emails-are-sent-every-day-top-email-statistics-your-business-needs-to-know/.

13 https://www.thalesgroup.com/en/critical-information-systems-and-cybersecurity/news/sentinel-2-so-much-data-so-little-time.

14 https://www.statista.com/statistics/871513/worldwide-data-created/.

15 http://www.martinhilbert.net/worldinfocapacity-html/.

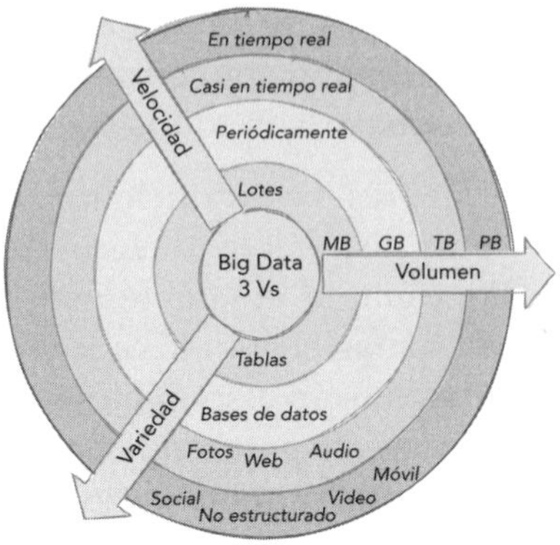

Figura 1.1. Las 3 V del big data: volumen, velocidad y variedad.

- El volumen es la V más evidente. Estamos experimentando un aumento exponencial en la cantidad de datos que se generan cada segundo. En ciencia de datos, los conjuntos de datos han crecido enormemente en el número de ejemplos y características. Estamos pasando de gigabytes a petabytes de información, y hoy en día probablemente no tendrás un disco de 1 petabyte en tu ordenador de sobremesa para almacenarla y procesarla.
- La velocidad se refiere a la rapidez con la que los datos nos llegan y a la velocidad a la que debemos procesarlos para sacar provecho de ellos. Pasamos de aplicaciones tradicionales que realizan procesamiento de datos por lotes a aplicaciones en tiempo real, en las que tomar decisiones tardías puede implicar perder oportunidades únicas.
- La variedad se refiere a los diferentes formatos y estructuras que los datos pueden tener. Estos van desde los datos estructurados tradicionales, como tablas y bases de datos relacionales cuyo esquema conocemos, hasta datos semiestructurados, como archivos XML o JSON, para los que podemos inferir el esquema, y datos completamente no estructurados como texto, imágenes, audio, vídeo para los que no conocemos el esquema y necesitamos establecer alguna estructura antes de hacer cualquier análisis.

El big data se está expandiendo en estos tres frentes a un ritmo acelerado. Esta definición se amplió posteriormente, pasando de las 3 V a las 5 V, añadiendo: la «veracidad» y el «valor».

- La veracidad se refiere al problema de la confianza en los datos. Con tantos datos provenientes de diferentes fuentes, existe cierta incertidumbre sobre su calidad, ya que pueden estar incompletos, ser ambiguos o simplemente incorrectos.
- El valor de los datos es el eje central del big data. Todas las demás V son inútiles sin esta. Con conjuntos de datos más grandes, supuestamente tenemos la

oportunidad de encontrar mejores patrones y mejores conocimientos sobre un problema. Sin embargo, más adelante leerás que tener más datos no implica necesariamente conseguir mejores resultados. Algunos argumentan que el valor no es en sí mismo una propiedad de los datos, como las V anteriores, sino el objetivo que se persigue al utilizar los datos. Para nosotros, no es realmente importante definir el valor como una propiedad o un objetivo, pero hay una expectativa de obtener algún beneficio o valor al analizarlos.

Durante el *boom* del big data, muchos investigadores se volvieron muy creativos, y es fácil encontrar en Internet más V adicionales (perdimos la cuenta en diez). Sin embargo, creemos que estas cinco realmente dan una idea de lo que estamos hablando aquí.

Las facetas del big data

El concepto de big data a menudo ha generado confusión debido a los múltiples aspectos que puede involucrar. Podríamos decir que el mundo del big data tiene muchas facetas o áreas de interés que se ven afectadas por las diferentes V descritas antes. Las áreas que consideramos más relevantes están representadas en la figura 1.2.

En primer lugar, los datos necesitan ser capturados y eso puede llegar a ser una tarea nada trivial. Esto puede incluir, por ejemplo, la instalación de sensores o equipos especializados según la aplicación (como los sensores de calidad del aire) o la recopilación de información de dispositivos existentes (como nuestros teléfonos inteligentes), que están interconectados y pueden proporcionar información útil de vuelta al usuario. Una vez obtenidos, esos datos necesitan ser almacenados en algún lugar, y aunque hemos mencionado que ha habido avances increíbles en las capacidades de almacenamiento con discos duros de gran tamaño, cuando hablamos de big data, necesitamos una infraestructura de almacenamiento sofisticada que nos permita leer y escribir datos de manera eficiente y segura. Los datos que almacenamos deben ser protegidos adecuadamente y, si se trata de información personal, debe garantizarse que se preserve la privacidad. Esto implica protocolos de seguridad informática y procedimientos éticos cuando se habla de aplicaciones de big data. El diseño de bases de datos que permita realizar consultas de datos de manera eficiente también se ve influenciado por las diferentes V del big data (p. ej., bases de datos NoSQL). Del mismo modo, la visualización de los datos y la analítica o minería de datos son dos áreas clave en la ciencia de datos que contribuyen directamente a obtener valor de los datos y deben ser reconsideradas en este contexto. Por último, pero no menos importante, necesitaremos procesar esos datos, y para ello, será precisa una infraestructura computacional adecuada, capaz de manejar el procesamiento de manera confiable junto con la infraestructura de almacenamiento.

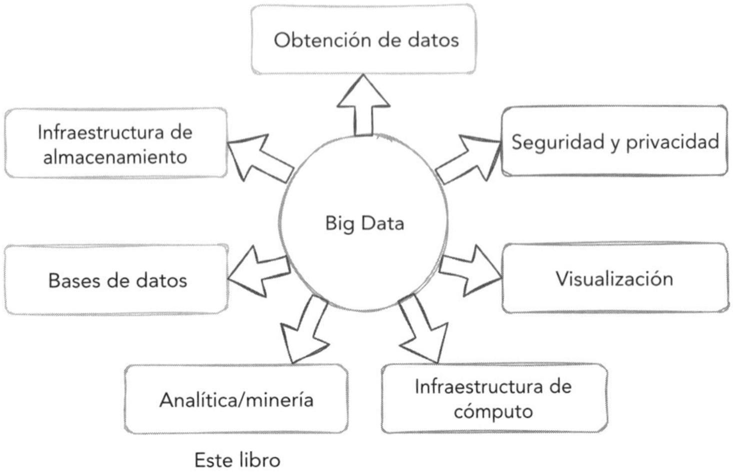

Figura 1.2. Las diferentes facetas del big data.

Este libro está centrado en la analítica de datos y cómo aplicar métodos de manera eficiente para extraer conocimiento (normalmente oculto) en grandes conjuntos de datos. Más concretamente, nos enfocaremos en cómo diseñar, desarrollar y aplicar modelos de machine learning en big data. Para lograr esto, será necesario abordar brevemente conceptos básicos sobre las infraestructuras computacionales y de almacenamiento necesarias para llevar a dichos análisis.

¿Cómo se trabaja con big data?

Supongamos que proponemos explorar 100 terabytes de datos. Para empezar, una sola máquina no podría almacenar esa cantidad de datos y, por supuesto, no tendría la capacidad de procesamiento para manejar tanta información en un tiempo razonable. Pensemos, por ejemplo, en el tiempo necesario solo para leer esos datos. Un disco duro estándar, con una velocidad de lectura óptima de 160 MB/s, tardaría aproximadamente dos horas en leer 1 terabyte, asumiendo un escenario ideal en el que no hay ningún coste adicional durante el proceso de lectura. ¡En ese caso, la lectura secuencial de todo el conjunto de datos llevaría más de ocho días!

Entonces, ¿qué hacemos? ¿Cuál es la solución? Bueno, probablemente la respuesta no sea una sorpresa para la mayoría de los informáticos: usar un enfoque de divide y vencerás. En lugar de intentar mejorar nuestra máquina añadiendo más memoria RAM o comprando un disco duro más grande para hacerla más potente (lo cual, dicho sea de paso, podría ser muy caro y con mejoras limitadas), si tuviéramos varios ordenadores, ¿por qué no intentar distribuir el procesamiento entre ellos?

Añadir más recursos a un solo ordenador es lo que llamamos escalabilidad vertical, a diferencia de la escalabilidad horizontal, que implica usar más de un ordenador. En este contexto, es común referirse a los ordenadores como nodos. La figura 1.3 ilustra estos conceptos.

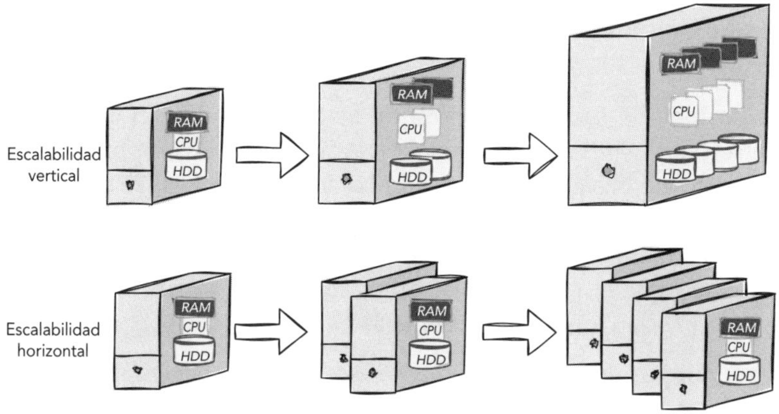

Figura 1.3. Escalabilidad vertical vs. escalabilidad horizontal.

Lo bueno de usar múltiples ordenadores para abordar este problema es que no se necesita hardware de última generación (es decir, especificaciones de alta gama) para manejar el big data, por lo que pueden ser más baratos, y si necesitamos más potencia de cómputo, simplemente podemos utilizar más ordenadores. Sin embargo, esta escalabilidad horizontal no está exenta de problemas. La tabla 1.1 resume las ventajas y desventajas de cada alternativa.

Tabla 1.1. Escalabilidad vertical vs. Escalabilidad horizontal: ventajas e inconvenientes.

	Escalabilidad vertical	Escalabilidad horizontal
Idea clave	Añadir más memoria, procesadores	Añadir más nodos (estándar)
Ventajas	✓ Menor consumo energético ✓ Menores costes en sistemas de refrigeración ✓ Soluciones más fáciles de implementar	✓ Más barato ✓ La tolerancia a fallos es posible ✓ Fácil de expandir
Inconvenientes	✗ Precio ✗ Sin tolerancia a fallos ✗ Mejoras hardware limitadas	✗ Ocupan mayor espacio físico ✗ Costes energéticos más elevados (electricidad y refrigeración) ✗ Se requiere equipo de red

Podríamos estar tentados a seguir siempre un enfoque de escalado vertical debido a que es mucho más simple de implementar, aunque conlleva costes mucho más altos (a veces inasequibles). Por desgracia, comprar hardware muy específico con mucha RAM, grandes discos duros y muchas CPU sería muy costoso, y las mejoras que podríamos obtener están limitadas. Hoy en día, podemos equipar fácilmente un servidor con ~128GB de

RAM, pero sería difícil, o incluso imposible, obtener una capacidad total del orden de terabytes. Por el contrario, en el escalado horizontal, podemos usar múltiples ordenadores para hacer frente al almacenamiento y procesamiento necesarios para el big data. La escalabilidad en sí puede ser sencilla de lograr en este caso, ya que se pueden añadir más ordenadores directamente a una red para crecer casi a demanda. E incluso más importante, el crecimiento sería casi ilimitado.

En big data, la idea de escalado horizontal se suele implementar tomando muchos servidores con un hardware básico para mejorar la capacidad de cómputo y almacenamiento. El término «hardware básico» (o *commodity hardware* en inglés) se usa en este contexto para referirse a ordenadores sin hardware de última generación, y es el tipo de hardware que se emplea normalmente para el procesamiento de big data. Esto, obviamente, será mucho más barato que el hardware de alta gama que requiere el escalado vertical, y además también proporcionará otras ventajas.

Otro factor muy importante que hace que la escalabilidad horizontal sea muy atractiva en este contexto es la posibilidad de hacer nuestras aplicaciones tolerantes a fallos. Si tienes una sola máquina muy potente que, por alguna razón, falla, tendríamos un problema al procesar grandes conjuntos de datos, especialmente si esto ocurre repentinamente después de varios días de ejecución. Por el contrario, en la escalabilidad horizontal, incluso si usamos hardware relativamente barato que podría fallar con mayor frecuencia, tener múltiples máquinas nos permitirá ser tolerantes a fallos, de modo que otro ordenador pueda tomar el relevo de uno que se rompe o falla.

Sin embargo, no todo es positivo. En la escalabilidad horizontal, los ordenadores están conectados a través de una red, lo que no solo significa que necesitamos hardware adicional para ello (p. ej., un conmutador), sino que también añade una complejidad extra al diseño de cualquier software, ya que es necesario coordinar acciones entre los nodos de cómputo. Además, al considerar el escalado horizontal, hay muchos otros problemas que debemos tener en cuenta: requiere más espacio físico, mantenimiento, costes energéticos (electricidad y sistemas de refrigeración), etc. Por lo tanto, optar por un escalado horizontal debe estar bien justificado. Si estás tratando de resolver un problema que simplemente requiere (un poco) más de memoria RAM o una nueva CPU, te aconsejaríamos no considerar la escalabilidad horizontal, ya que probablemente no se trate de un problema de big data.

A pesar de estas limitaciones, la escalabilidad horizontal es el camino que se debería seguir en big data. Las ventajas superan claramente los inconvenientes de este tipo de escalabilidad, especialmente porque no hay límite para crecer a un coste asequible, se puede hacer de manera flexible y con la posibilidad de implementar tolerancia a fallos. Esperamos que esto te ayude a entender por qué las tecnologías de big data se basan en la escalabilidad horizontal para poder manejar las diferentes V que caracterizan el big data.

Computación de alto rendimiento vs computación para big data

Cuando comenzamos a hablar sobre escalabilidad horizontal, es posible que te haya venido a la mente el término *High-Performance Computing* (HPC) o centro de supercomputación. Si sabes qué es un HPC, probablemente estés pensando que, si vamos a tratar con big data, tendremos que usar ese tipo de instalación y no solo un ordenador portátil o de sobremesa.

Si no sabes qué es un HPC, se trata de un clúster de ordenadores independientes (nodos) conectados entre sí mediante una red de comunicación (por ejemplo, Infiniband, si tienes suerte) y que, generalmente, tienen acceso a un dispositivo de almacenamiento central (normalmente a través de una red ethernet de entrada y salida (E/S)). Cada uno de estos nodos tiene una o más CPU con varios núcleos, su propia memoria RAM y un disco duro (o un disco de estado sólido). En un entorno HPC, estos nodos suelen tener Linux como sistema operativo. Puede parecer obvio, pero es importante destacar que cualquier aplicación que se ejecute en un nodo solo puede acceder a la RAM de ese nodo, pero no a la RAM de otro nodo. Esto se conoce como arquitectura de memoria distribuida. La figura 1.4 muestra un ejemplo simplificado de arquitectura HPC.

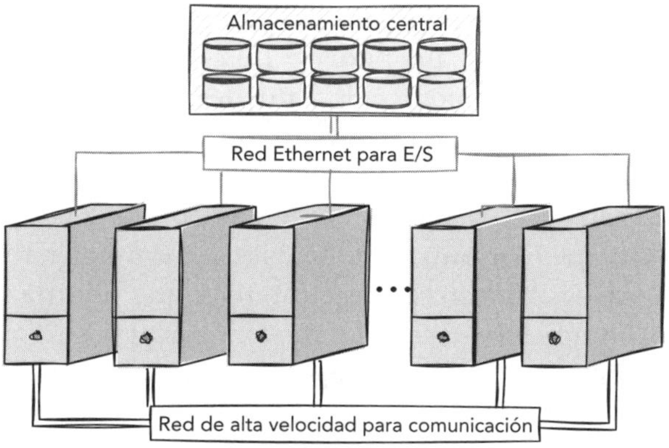

Figura 1.4. Representación simplificada de una arquitectura HPC.

Si vamos a tener muchos ordenadores conectados a través de una red, ¿cómo implementamos un programa distribuido/paralelo? Para responder a esa pregunta, debemos tener en cuenta que, en un clúster HPC, uno de los nodos actúa normalmente como nodo maestro o nodo principal y se encarga de orquestar toda la comunicación y sincronización entre los nodos del clúster. El resto de los nodos, los trabajadores (o *workers*, en inglés), realizan los cálculos propiamente dichos.

Una de las formas clásicas de manejar la computación distribuida es con MPI (*Message Passing Interface*). Sin entrar en muchos detalles, MPI es un protocolo de comunicación para desarrollar programas paralelos, que se basa en dos funciones principales: `scatter` y `gather`. En pocas palabras, la primera función envía un mensaje a los nodos de cómputo (*workers*) con información sobre la operación que necesita realizarse. Los *workers* ejecutan la operación y devuelven una respuesta al nodo principal. La segunda función recoge los cálculos realizados por los *workers*.

Una de las cosas que no nos gusta mucho de MPI es que necesitas especificar explícitamente lo que cada nodo va a hacer. Esto significa que hay que tener en cuenta la arquitectura distribuida al programar, lo que implica decidir cómo se va a dividir el trabajo entre el nodo principal y los *workers*, dejando la responsabilidad de la distribución del cómputo al programador. Las tecnologías que vamos a ver en este libro se basan en el principio opuesto, ya que ocultan todo lo posible los detalles de esa comunicación por red. Aunque pueda parecer un poco contraintuitivo, solemos referirnos a la idea de ocultar estos detalles de la red diciendo que es transparente para el programador. Es decir, trabajamos a un nivel más alto de abstracción, de modo que no necesitamos preocuparnos por cómo ocurre la comunicación en un sistema distribuido. Sin embargo, aún necesitamos entender qué está pasando para distribuir el trabajo de manera eficiente. Otra desventaja significativa del MPI tradicional es que no es tolerante a fallos por definición, lo que no resulta muy adecuado cuando trabajamos con big data.

Además de estos dos problemas, que podrían posiblemente ser abordados, hay una razón clave por la cual una arquitectura HPC puede no ser apropiada para problemas de big data. Tradicionalmente, los HPC se han utilizado para resolver problemas que requieren muchos cálculos pero con datos relativamente pequeños. En este escenario, todos los nodos pueden acceder rápidamente a los datos y el diseño de soluciones distribuidas se centra en distribuir el alto coste computacional entre los distintos nodos. En muchos casos, las diferentes subtareas que aborda cada nodo no son independientes, por lo que hay necesidad de comunicar resultados intermedios (es decir, cálculos). Sin embargo, esos «mensajes» no suelen ser «muy grandes». Quizás un detalle en el que no hemos reparado es que los distintos nodos de un clúster tienen su propio disco duro, pero estos normalmente no se usan de manera intensiva durante la ejecución de un programa de este tipo. La figura 1.5 representa esta idea.

¿Ves algún problema aquí si nuestro objetivo es trabajar con conjuntos de datos enormes? Si tuviéramos un almacenamiento central capaz de almacenar todos nuestros datos, la red se convertiría en el principal cuello de botella, ya que los distintos ordenadores estarían intentando leer datos continuamente a través de ella, haciendo imposible escalar a grandes cantidades de datos. Cuantos más ordenadores haya, mayores serán las limitaciones en términos de entradas/salidas (E/S). La figura 1.6 ilustra los problemas de trabajar con grandes conjuntos de datos en HPC.

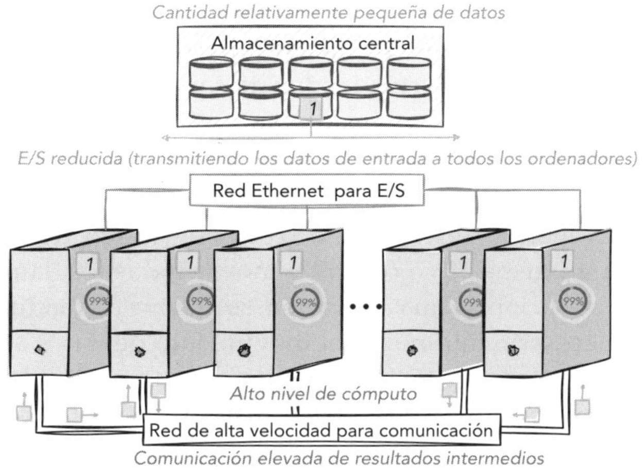

Figura 1.5. Forma tradicional de hacer las cosas en HPC. Esperamos datos de entrada pequeños y un uso elevado de la CPU. La figura muestra un 99 % para resaltar la alta utilización de la CPU, aunque esta cifra pueda ser difícil de alcanzar en la realidad.

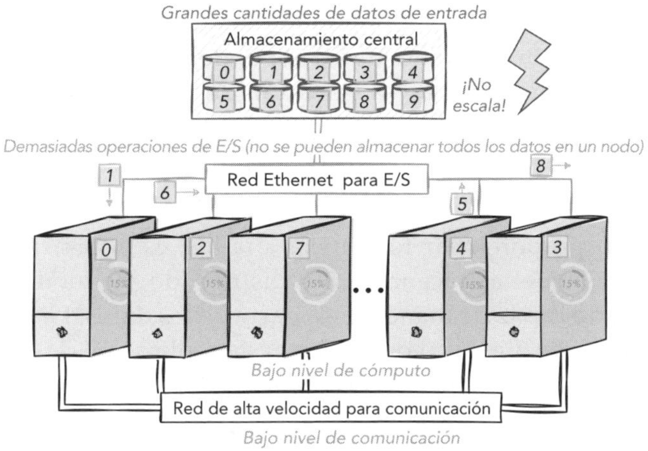

Figura 1.6. Problemas para que un HPC maneje aplicaciones que hacen un uso intensivo de datos. Esperamos grandes cantidades de datos de entrada y una menor utilización de la CPU en comparación con el HPC estándar debido al cuello de botella en el acceso a los datos. La figura muestra una utilización de la CPU del 15 % para representar cómo la E/S afecta la capacidad de ejecutar muchos cálculos en esos datos.

En big data, las aplicaciones dedican la mayor parte de su tiempo a procesar y manipular datos, lo que resulta en mucho tiempo dedicado a E/S. Esto implicaría mover datos a través de la red en un entorno tradicional de HPC y sería un proceso muy lento. Por lo tanto, usar un HPC estándar para problemas de big data no nos permitirá escalar, simplemente porque el almacenamiento central y/o la red de E/S no pueden entregar los datos a los nodos trabajadores a una velocidad suficiente para mantenerlos ocupados. En conclusión, el big data no es HPC; son modelos de computación diferentes y necesitamos una arquitectura de hardware distinta para ejecutarlos, aunque ambos comparten la idea de computación distribuida.

¿Qué tenemos que cambiar para abordar el uso intensivo de datos?

El factor limitante para el procesamiento de big data en un entorno HPC es la cantidad de datos que deben leerse y escribirse a través de la red de comunicación. Al almacenar datos en un dispositivo central y mover todos los datos a los nodos de cómputo durante la ejecución de una aplicación, se obtiene un rendimiento deficiente. Por lo tanto, sería necesario minimizar el movimiento de datos a través de la red. Una arquitectura de clúster para big data debe asegurar que los datos estén «cerca» de donde van a ser procesados, evitando la transferencia de datos a través de la red tanto como sea posible.

Como hemos mencionado antes, en HPC, los discos de almacenamiento local no se utilizan realmente. ¿Por qué no usarlos para mantener una fracción de los datos en cada nodo? Esto es lo que se conoce como el principio de localidad de los datos. La localidad de los datos es lo que distingue a los clústeres de big data de los clústeres HPC. La idea es usar los discos locales de los nodos de cómputo como almacenamiento distribuido, de modo que, durante la ejecución de una solución de big data, cada nodo de cómputo utilice (tanto como sea posible) los datos almacenados en él. De esta manera, la transferencia de datos a través de la red de comunicación solo ocurre cuando es absolutamente necesaria para el procesamiento.

Por otro lado, para proporcionar tolerancia a fallos, es necesario que haya cierta replicación de datos en el almacenamiento distribuido, de modo que, si un nodo falla, exista otro nodo capaz de manejar esa parte de los datos. La figura 1.7 muestra un ejemplo de clúster de big data con un factor de replicación de datos de dos (cada fragmento de datos está presente en dos nodos).

Puedes observar que, por ejemplo, el «fragmento 2» está almacenado tanto en el primer como en el tercer nodo, y el resto de los fragmentos están replicados de la misma manera. Esto es lo que nos protege de fallos, ya sea cuando un nodo se bloquea o cuando simplemente falla. Sin embargo, al procesar estos datos, el sistema debe asegurarse de que el «fragmento 2» se procese únicamente en uno de los nodos (en el primer o el tercer nodo para explotar la localidad de los datos), aunque se deberá verificar continuamente el nodo encargado del procesamiento, de modo que, si hay algún problema o tarda demasiado, ese fragmento pueda procesarse en el otro nodo.

Un tema clave en big data es que la complejidad que suponen decisiones como dónde almacenar los datos, la replicación, dónde ejecutar el procesamiento o manejar fallos de nodos, debe ser transparente para el programador. Las plataformas de big data proporcionan la implementación para manejar tales tareas, de modo que el programador pueda centrarse en el diseño de los algoritmos.

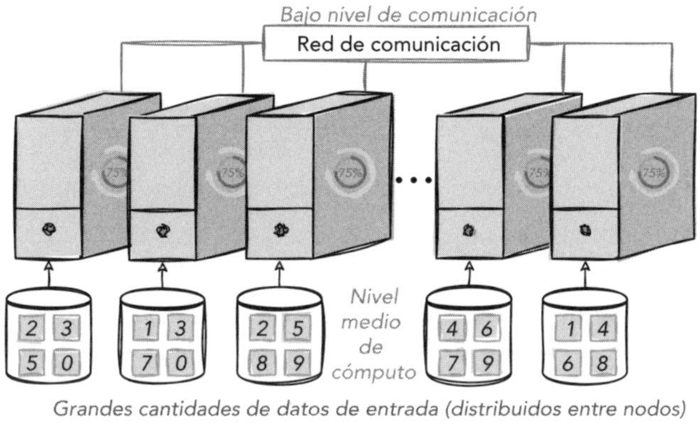

Figura 1.7. Ejemplo de un clúster de big data que implementa el principio de la localidad de los datos para abordar aplicaciones con un uso intensivo de datos. Usando los discos locales para implementar la localidad de datos, podemos reducir el tráfico a través de la red y aumentar la utilización de la CPU. La figura representa esto con una utilización de la CPU del 75 % para indicar que en big data puede que no estemos limitados por la CPU, pero tener los datos cerca nos permitirá realizar las operaciones necesarias con ellos mucho más rápido.

A modo de resumen, en comparación con los clústeres HPC tradicionales, un clúster de big data se enfoca en aplicaciones que hacen un uso intensivo de datos, en lugar de aplicaciones centradas en realizar cálculos. Por esta razón, los clústeres HPC suelen estar equipados con ordenadores de alta gama que mantienen las CPU (o GPU) muy ocupadas. Sin embargo, en big data, vamos a pasar bastante tiempo manipulando datos y estaremos más limitados por el rendimiento de E/S y la cantidad de memoria principal que necesitamos usar; es menos probable que estemos limitados por la CPU. Por eso, en los clústeres de big data, usamos el término «hardware básico» para referirnos al tipo de servidores requeridos para el procesamiento de big data.

El hecho de que estén construidos con hardware estándar hace que los fallos sean más probables con el tiempo (especialmente si tienes un clúster con miles de nodos). Por lo tanto, se implementan mecanismos para manejar fallos y evitar detener los trabajos en ejecución cada vez que un nodo falla. Desde el punto de vista del software, podríamos decir que un clúster de big data está diseñado para manejar aplicaciones en minería o ciencia de datos, mientras que los HPC son perfectos para otras aplicaciones como simulación u optimización (p. ej., simulaciones de física o ingeniería, o el problema del viajante), donde no se requieren tantos datos pero sí mucha computación. La tabla 1.2 resume las diferencias clave entre big data y HPC.

Tabla 1.2. Big data vs. HPC: diferencias clave.

Big Data	HPC
Aplicaciones con uso intensivo de datos	Aplicaciones con uso intensivo de cómputo
Fallos hardware frecuentes	Sorprendidos por fallos hardware
Código: ciencia de datos, gráficos	Código: simulación, optimización
Normalmente mezcla CPU/GPU y datos	Mezcla CPU/GPU
El trabajo se mueve a donde están los datos	Los datos se mueven a donde serán procesados
Modelo de Instrucción Única Múltiples Datos (SIMD): Paralelismo de datos	Modelo SIMD/MIMD (paralelismo más general)
Funciona con hardware básico	Necesita hardware de alta gama

Sistemas distribuidos para aplicaciones con uso intensivo de datos

Al describir las propiedades principales de un clúster de big data, hemos explicado por qué necesitamos una infraestructura de computación diferente para procesar big data. Ahora nos gustaría resumir los principios e hipótesis necesarias para diseñar sistemas distribuidos para aplicaciones con uso intensivo de datos. Podríamos decir que el procesamiento de big data es el problema de aplicar una operación o tarea sobre todos los datos que tenemos, asumiendo que una sola máquina no puede procesar o almacenar todo. Por ejemplo, podrías pensar en calcular estadísticas o entrenar un modelo de machine learning.

Obviamente, usaremos un clúster de big data para hacer el trabajo, pero no nos interesa realmente saber qué máquina específica almacena qué fracción de los datos, siempre y cuando obtengamos el resultado que buscamos. Del mismo modo, si hay algún fallo en una máquina en particular (o peor aún, un nodo que simplemente va lento), queremos que la tarea original se complete, incluso si eso significa que parte del procesamiento necesita repetirse en un nodo diferente. Además, no querríamos conocer demasiados detalles sobre qué nodo está ejecutando qué. Lo que buscamos es una abstracción de la complejidad de los sistemas distribuidos. Al programar este tipo de aplicaciones, es importante saber y entender que tenemos un sistema distribuido por debajo por las implicaciones que esto conlleva, pero afortunadamente, las plataformas de big data nos proporcionarán tal nivel de abstracción que nos permiten olvidarnos de la mayoría de los problemas asociados a estos sistemas.

Por supuesto, estas plataformas deben ser especialmente cautelosas para preservar el principio de localidad de los datos y evitar la transferencia de datos entre máquinas tanto como sea posible. De hecho, el nuevo modelo de programación que vamos a introducir en el próximo capítulo, MapReduce, se basa en la siguiente idea:

Mover la computación es más barato que mover la computación y los datos al mismo tiempo.

En resumen, los datos se distribuirán entre los nodos utilizando un sistema de archivos distribuido. Programaremos las funciones u operaciones para procesar los datos y estos fragmentos de código se distribuirán a todos los nodos de cómputo. Cada nodo de cómputo trabajará con los datos almacenados localmente y solo los datos necesarios deberán moverse a través de la red, ya que habrá ocasiones en las que el movimiento de datos sea realmente necesario. En el próximo capítulo, introduciremos este nuevo modelo de programación.

Resumen

Este capítulo nos ha introducido en el mundo del big data, tal como lo definimos nosotros, su importancia y los principios en los que se basa para manejarlo de manera eficiente. Los elementos clave que nos gustaría que recordaras de este capítulo son:

- El big data no se trata solo del volumen de datos; hay muchos otros aspectos que deben considerarse, como la velocidad y la variedad, entre otros.
- El mundo del big data tiene múltiples facetas y desafíos, como las bases de datos, la infraestructura o la seguridad y privacidad. Sin embargo, en este libro nos centraremos en la idea de analizar y extraer conocimiento del big data con técnicas de machine learning.
- Escalar verticalmente no es el camino que debemos seguir en big data. Si puedes analizar tus datos en un solo ordenador, probablemente no sea big data. Necesitaremos escalar horizontalmente y usar múltiples ordenadores para procesar big data.
- Las características y requisitos de un clúster de big data son diferentes de los normalmente utilizados en HPC. Nos centramos en aplicaciones con uso intensivo de datos en vez de un uso intensivo de la CPU, donde el hardware no tiene que ser de alta gama y pueden ocurrir fallos.
- El principio de localidad de los datos nos dice que, para tratar con big data de un modo eficaz, debemos reducir el movimiento de datos a través de la red, buscando mantener los datos en los nodos que los van a procesar (siempre que sea posible).

Todo esto pide a gritos un nuevo modelo de computación de big data, que se introducirá en el próximo capítulo.

¿Quieres aprender más?

Como mencionamos antes, no hay mucho consenso sobre lo que realmente es el big data o el análisis de datos a gran escala, pero ha habido bastante literatura relacionada con la discusión de los beneficios potenciales de manejar grandes conjuntos de datos. He aquí una breve selección de referencias útiles:

- ***Big Data: A Revolution*** **- (Mayer, 2013)** fue uno de los libros más influyentes en 2013 sobre las formas en que el procesamiento de big data transformaría nuestra sociedad.
- **«The Big Challenges of Big Data» - (Marx, 2013)** es un artículo interesante que discute varias aplicaciones del big data en biología y física.
- ***Big Data and Philosophy*** **- (Pietsch, 2021)** es un libro filosófico sobre el big data, que estudia la epistemología de las herramientas y técnicas aplicadas.

Al introducir los conceptos de big data, nos hemos encontrado con los conceptos de HPC y MPI. En caso de que quieras familiarizarte un poco más con ellos, te dejamos algunas referencias:

- ***High Performance Computing*** **- (Severance, 2010)** es un libro abierto sobre HPC que discute diferentes arquitecturas, modelos de programación y sistemas paralelos.
- ***MPI*** **- (Gropp, 2014)** es un gran libro sobre MPI y cómo escribir programas paralelos.

Además de esas referencias, si quieres aprender más sobre escalabilidad y aplicaciones con uso intensivos de datos, ¡sigue leyendo!

Ejercicios

1. ¿Cuáles son las tres V principales que se usaron inicialmente para definir el big data?
   - ☐ Velocidad, valor, volumen
   - ☐ Variedad, velocidad, veracidad
   - ☐ Variedad, volumen, velocidad
   - ☐ Volumen, veracidad, valor
2. Indica si las siguientes afirmaciones sobre el big data son verdaderas o falsas:
   - ☐ El big data siempre involucra terabytes de datos.
   - ☐ La definición de big data es independiente del tipo de análisis que necesitamos realizar en los datos.
   - ☐ No existe una definición estándar de lo que es el big data.
   - ☐ En big data, esperamos que los datos estén en muchos formatos, desde datos estructurados hasta datos completamente no estructurados.
3. ¿Por qué decimos que el big data tiene muchas facetas? Explica brevemente tu respuesta proporcionando un ejemplo de una de esas facetas del big data.
4. En big data, solemos preferir la escalabilidad horizontal sobre la escalabilidad vertical. Usando tus propias palabras, explica por qué es así.
5. Enumera dos ventajas de la escalabilidad horizontal frente a la vertical al tratar con big data.
6. Indica si las siguientes afirmaciones sobre la escalabilidad vertical y la escalabilidad horizontal son verdaderas o falsas:

- ☐ Siempre es mejor seguir un enfoque de escalabilidad horizontal independientemente del tamaño de los datos.
- ☐ Es más barato lograr la escalabilidad horizontal que la vertical.
- ☐ La tolerancia a fallos no es posible en la escalabilidad vertical.
- ☐ Las implementaciones se vuelven más complejas en la escalabilidad horizontal.

7. Para analizar un conjunto de datos, se te dan dos opciones:
   - ☐ Opción 1: 1 ordenador, 8GB de RAM, 4 núcleos, disco de 1TB.
   - ☐ Opción 2: 2 ordenadores, 4GB de RAM cada una, 2 núcleos cada una, disco de 1TB cada una

   ¿Qué opción elegirías? Explica las ventajas y desventajas de una opción sobre la otra.
8. ¿Por qué es tan importante hacer que nuestras aplicaciones sean tolerantes a fallos en big data? Explica tu respuesta.
9. ¿Cuáles son las diferencias clave entre un clúster HPC tradicional y un clúster de big data? Explica tu respuesta.
10. ¿Cuáles son las principales desventajas de los protocolos de comunicación tradicionales como MPI al tratar con big data?
11. ¿Por qué es tan importante el principio de localidad de los datos en big data? Explica tu respuesta.
12. En big data, no parece que siempre necesitemos ordenadores con especificaciones de alta gama. Explica brevemente, con tus propias palabras, por qué podría ser este el caso.
13. ¿Podríamos ejecutar un algoritmo de simulación o un algoritmo de optimización en un clúster de big data? ¿Esperarías que fuera tan rápido como en un HPC? Explica tu respuesta.
14. En el contexto de big data y las redes de comunicación, ¿qué significa ser transparente para el programador? Explica tu respuesta.
15. ¿Qué es una plataforma de big data? Explica brevemente tu respuesta.

2

MapReduce

Resultados de aprendizaje:

- Aplicar un modelo de programación funcional para computación distribuida con big data [CC].
- Comprender la importancia de la transparencia y la tolerancia a fallos en big data [CC].
- Usar MapReduce en la práctica para resolver problemas [HI].
- Aprovechar MapReduce para preservar el principio de localidad de datos, minimizando su movimiento [HI].

Para manejar aplicaciones que hacen uso intensivo de datos, se requiere un cambio en el modelo de programación para computación distribuida. Necesitamos adoptar un enfoque que permita mover solo la computación y evitar, en la medida de lo posible, el movimiento de datos a través de la red, lo cual, como se discutió en el capítulo anterior, suele ser un proceso muy lento cuando se trabaja con big data.

En este nuevo modelo de programación, asumimos que todos los datos están distribuidos en un clúster de ordenadores y solo implementamos las funciones u operaciones que se aplicarán a los distintos trozos que componen el conjunto total de los datos. Cada nodo trabajará únicamente con los datos almacenados en él, y solo se moverán datos a través de la red cuando sea estrictamente necesario. Este nuevo modelo se conoce como MapReduce.

¿Qué es MapReduce?

MapReduce es un modelo de programación paralela que sigue una estrategia simple de divide y vencerás para procesar grandes conjuntos de datos en computación distribuida. El nombre «MapReduce» proviene de las dos funciones principales que utiliza para realizar los cálculos: *map* y *reduce*. Similar a MPI y sus funciones Scatter y Gather, MapReduce divide un gran conjunto de datos en trozos más pequeños y manejables (fase de *map* o de división), y luego combina, fusiona o agrega los resultados obtenidos en el paso anterior (fase de *reduce* o de combinación).

Las características clave que distinguen a MapReduce son su simplicidad y transparencia para los programadores, al mismo tiempo que asume la localidad de los datos. Fue introducido por primera vez por Google (Dean, 2004), pero se popularizó gracias al proyecto de código libre Hadoop[1] en 2006. Aunque hablaremos más sobre los detalles de implementación de Hadoop, es importante entender que Hadoop simplemente proporciona una implementación del modelo de programación MapReduce.

MapReduce se basa en la programación funcional y, antes de abordar la computación distribuida, queremos explicar qué hacen las funciones map y reduce.

Map y Reduce en Python

Si ya tienes algo de experiencia con Python y programación funcional, probablemente sepas que Python proporciona las funciones map y reduce. En programación funcional, decimos que estas funciones son de alto orden porque reciben otras funciones como parámetros. Estas funciones trabajan sobre colecciones o estructuras de datos sobre las cuales se puede iterar, por ejemplo, listas. Vamos a mostrar un ejemplo usando la siguiente lista:

```
lista = [1, 2, 3, 4]
```

1 https://hadoop.apache.org/.

Comencemos con la función map. Esta función toma dos parámetros: (1) una función y (2) una colección a cuyos elementos se aplica la función uno por uno.

Por ejemplo, si queremos calcular el cuadrado de todos los enteros en la lista, podemos hacer un bucle for sobre los elementos de la lista calculando el cuadrado de cada elemento, o podemos aplicar una función map que toma dos parámetros: (1) una función para calcular el cuadrado de un entero y (2) la colección en la que queremos aplicar esa función. Vamos a intentarlo:

```
map(lambda x: x*x, lista)
```

```
<map at 0x7fbe207cfdc0>
```

Quizás este no es el resultado que esperábamos. Esto se debe a que map no devuelve una lista directamente, sino un iterador. Necesitamos convertirlo en lista si queremos ver su contenido haciendo un casting:

```
list(map(lambda x: x*x, lista))
```

```
[1, 4, 9, 16]
```

¿Qué ha pasado? Lo que map está haciendo aquí es aplicar la función lambda x: x*x a cada elemento de la lista, lo que da como resultado un nuevo iterador con los valores resultantes. Si te preguntas qué es un iterador, puedes entenderlo como una forma de recorrer una lista secuencialmente. Por eso hemos tenido que convertir ese iterador en lista para ver su contenido.

Por cierto, hemos usado una función lambda (anónima) en línea, que es un truco para evitar definir funciones cortas. Este sería el código equivalente sin usar una función lambda:

```
def cuadrado(x):
    return x*x

list(map(cuadrado, lista))
```

```
[1, 4, 9, 16]
```

Como puedes ver, map puede ser una excelente manera de evitar los bucles for, además de aprovechar otras propiedades atractivas de la programación funcional, como la evaluación perezosa (o *lazy* en inglés) (Hutton, 2016). Además, las funciones lambda son muy prácticas cuando la función que necesitamos es sencilla. Las utilizaremos con frecuencia a lo largo del libro.

La función reduce también está disponible en Python, pero, desde Python 3, necesitamos importarla de la biblioteca functools:

```
from functools import reduce
```

La idea que hay detrás de la función reduce es proporcionar una manera simple de combinar o agregar los elementos de una colección para obtener un único valor. Para ello, toma dos parámetros, al igual que la función map: (1) una función que recibe dos parámetros y (2) la colección que se reducirá aplicando esa función, por pares.

En este caso, la función dada como parámetro toma dos elementos de la colección y devuelve uno solo. Veamos un ejemplo replicando la función sum() de Python, pero usando reduce. La función sum() devuelve la suma de los valores de una colección iterable (por ejemplo, una lista).

```
sum(lista)
```

```
10
```

Podemos hacer lo mismo usando la función reduce:

```
reduce(lambda x, y: x + y, lista)
```

```
10
```

La idea es que reduce reduce la lista a un único valor mientras aplica recursivamente la función dada, operando por pares. Vamos a entenderlo mejor sin usar una función anónima:

```
def reducir_suma(x, y):
    salida = x + y
    print(f"{x}+{y}-->{salida}")
    return salida
```

Queremos saber cómo se ha utilizado la función que pasamos a la función reduce, por lo que estamos «depurando» nuestro código imprimiendo los valores de x, y y out.

```
reduce(reducir_suma, lista)
```

```
1+2-->3
3+3-->6
6+4-->10
```

```
10
```

Como puedes ver en este resultado, primero se suman los dos primeros elementos de la lista. Luego, al resultado se le suma el siguiente valor (es decir, 3) y, finalmente, al resultado de esa operación se le suma el último elemento. Así, sumamos todos los elementos de la lista. En Python, la función reduce se implementa como una reducción por la izquierda (fold-left), ya que la función se aplica de izquierda a derecha.

La operación que hemos usado (la suma) es independiente del orden en el que se aplica la reducción porque es conmutativa y asociativa, lo que significa que el resultado de reducir_suma(x,y) es el mismo que reducir_suma(y,x), y reducir_suma(reducir_suma(x,y),z) sería el mismo que reducir_suma(x, reducir_suma(y,z)).

En computación distribuida, es importante asegurarse de que la función reduce no dependa del orden de los elementos para realizar una operación. Esto se debe a que puede ser necesario aplicar dicha función en diferentes nodos de un clúster para evitar sobrecostes en la red. De forma general, no podemos asumir que los elementos de una colección vengan en un orden en particular.

Obviamente, podemos hacer muchas más cosas que solo sumar valores usando reduce y tendremos que diseñar funciones específicas para diferentes problemas. Por ejemplo, si quisiéramos calcular el promedio de esa lista [1, 2, 3, 4], deberíamos obtener un 2.5. ¿Podríamos simplemente calcular el promedio de cada par? Es decir:

```
reduce(lambda x, y: (x+y)/2, lista)
```

```
3.125
```

¿Qué ha pasado? Para calcular esa media hemos aplicado la división, que no es una operación asociativa; por ejemplo, (1/2)/2 = 0.25, que no es lo mismo que 1/(1/2), es decir, 2. Por ello, siempre debes asegurarte de que tu función reduce sea conmutativa y asociativa.

En el modelo de programación MapReduce, combinaremos estas dos funciones, una después de la otra. La primera se encargará de hacer algunas transformaciones a los datos de entrada, y la segunda los reducirá y producirá un resultado final. De hecho, podemos combinar ambas operaciones en Python en la misma línea de código, de modo que, primero podemos obtener el cuadrado de cada elemento de una lista y, después, sumar los elementos.

```
reduce(reducir_suma, map(lambda x: x*x, lista))
```

```
1+4-->5
5+9-->14
14+16-->30
```

```
30
```

Resumiendo, las funciones map y reduce en Python son excelentes para reducir la complejidad del código al evitar bucles for innecesarios. En el modelo de programación MapReduce, son indispensables. Aquí tienes una pequeña pista de por qué son tan importantes: map se puede aplicar fácilmente en paralelo, mientras que reduce se puede usar para agregar información de varias fuentes y hacerlo en fases, siempre que la función utilizada sea conmutativa y asociativa.

El «Hola mundo» del big data: el contador de palabras (Word Count)

Ahora entendemos cómo funcionan las funciones map y reduce y cómo podemos utilizarlas de forma secuencial, pero, ¿cómo podemos dividir el trabajo entre diferentes ordenadores cuando tenemos big data? Para responder a esta pregunta, vamos a usar el «Hola mundo» del big data, que se conoce como el contador de palabras o Word Count.

La tarea consiste en contar la frecuencia de las palabras en un documento o en una colección de documentos. Para ilustrar lo que queremos lograr, vamos a crear una cadena sencilla con algo de contenido que represente un documento.

```
texto = "bienvenido al big mundo big big data bienvenido al mundo del MapReduce
\
        el mundo del big data se basa en MapReduce\
        este libro de big data es entretenido y enseña MapReduce"
```

Si queremos contar las palabras en esa cadena con Python, podríamos pensar en dividirla por los espacios en blanco y luego usar un diccionario donde cada palabra sea una clave y su valor indique el número de veces que aparece en el texto. Algo así:

```
diccionario = {}
for palabra in texto.split(" "):
    if palabra not in diccionario.keys():
        diccionario[palabra] = 1
    else:
        diccionario[palabra] += 1
```

Y, *voilà*:

```
diccionario
```

```
{'Bienvenido': 2, 'al': 2, 'Mundo': 3, 'del': 2, 'big': 5, 'data': 3,
'MapReduce': 3, '': 15, 'El': 1, 'se': 1, 'basa': 1, 'en': 1, 'Este': 1,
'libro': 1, 'de': 1, 'es': 1, 'entretenido': 1, 'y': 1, 'enseña': 1}
```

Pero ¿qué pasaría si este fuera un documento muy grande? Tan grande que no cupiese en la memoria de tu ordenador. Probablemente pensarías en aplicar una estrategia de divide y vencerás. Veamos paso a paso cómo resolver el problema.

Si el documento es muy grande, debemos asumir que está distribuido entre varios nodos que usaremos para paralelizar nuestro programa. Por ejemplo, supongamos que tenemos tres nodos y cada uno tiene (localmente) un fragmento (partición) del documento siguiendo el principio de localidad de datos. Ahora sería sencillo aplicar el código anterior (es decir, el bucle for) en cada trozo de los datos, de modo que realicemos conteos parciales de palabras. Cuando todos los nodos hayan hecho su trabajo, un nodo adicional podría recibir todos los resultados parciales (intermedios) de cada nodo y agregarlos en un solo diccionario. La figura 2.1 muestra esta posible solución.

¿Ves algún problema con este plan? Bueno, para empezar, estamos asumiendo que todos los resultados intermedios (es decir, los diccionarios) cabrán en la memoria principal de un solo ordenador para realizar la agregación, lo cual podría no ser el caso. Si pensamos en el caso más extremo, en el que no haya ninguna palabra repetida, ¡el tamaño de la salida de cada nodo podría ser incluso mayor que el fragmento del texto original! Obviamente, esto es poco probable, ya que el número de palabras en un idioma es limitado (por ejemplo, ¡alrededor de 93 000 en español!) y seguro que habrá repeticiones. No obstante, debemos abstraernos y pensar a lo grande. Por ello, esta estrategia no funcionará, ya que asume que un solo nodo puede manejar todos los resultados, lo cual no es escalable ni deseable en big data.

Tal vez podrías pensar en mitigar este problema utilizando algunos nodos intermedios (entre las tres máquinas iniciales y la final) que agreguen resultados parciales. Sin embargo, esto tampoco funcionaría en todos los casos, porque el resultado final aún necesita caber en una sola máquina, lo cual podría no ser posible en big data.

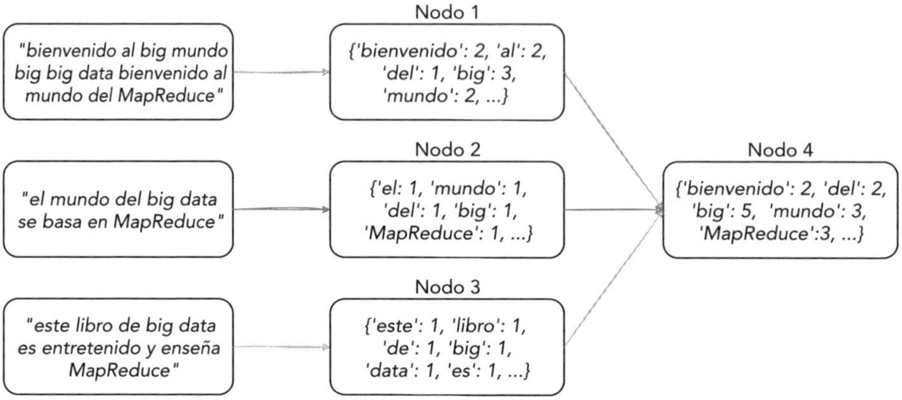

Figura 2.1. Intento de paralelizar el contador de palabras usando cuatro nodos de cómputo.

Entonces, ¿cómo lo resolvemos? En vez de enviar todos los resultados intermedios a un solo ordenador, ¿no sería mejor enviar solo un subconjunto de las palabras a nodos específicos que se encarguen del conteo final? Puedes ver esta alternativa representada en la figura 2.2.

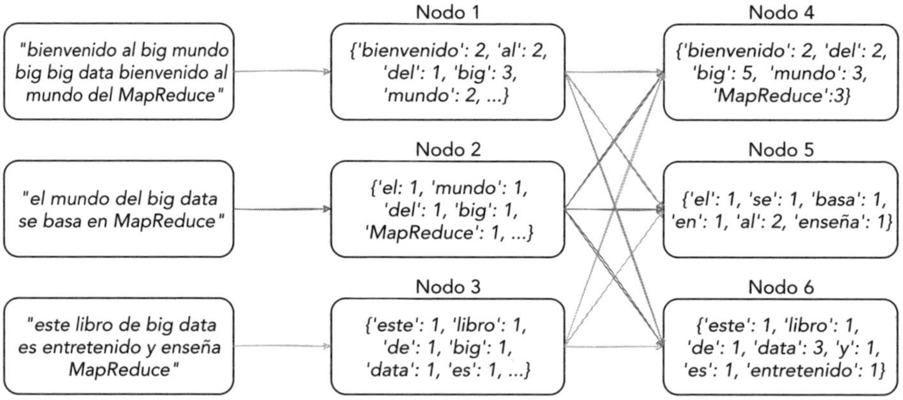

Figura 2.2. Paralelizando el contador de palabras en seis nodos (en verdad, solo se necesitarían tres diferentes). La salida permanece distribuida entre los nodos 4, 5 y 6.

En este ejemplo, los distintos nodos se encargan de mantener distintas claves (palabras), por ejemplo, el nodo 4 se encarga de un subconjunto de las claves (es decir, «bienvenido», «del», «big», «mundo» y «MapReduce»). En realidad, no hay necesidad de usar tres nodos extra en este ejemplo, ya que simplemente los tres nodos originales (del 1-3) podrían encargarse de la segunda etapa.

Ahora podrías estar preguntándote, espera, ¿entonces tengo que programar qué palabras van a cada nodo? No realmente, esa es parte de la «magia» de MapReduce.

Aparte de las fases map y reduce, hay una fase intermedia que aún no hemos nombrado y se conoce como la fase de shuffle. Esta es precisamente la fase donde ciertas claves y sus valores se envían a nodos específicos y esto ocurre automáticamente en MapReduce. Al final del proceso, tendremos el resultado final distribuido en múltiples ordenadores. Volveremos a retomar esto en un par de secciones.

Esta es la idea principal de MapReduce, donde la fase map realiza alguna operación inicial en diferentes partes de los datos y la fase reduce fusiona todos los resultados intermedios con la misma clave en uno solo, manteniendo la salida distribuida. Puedes ver estas dos fases en la figura 2.3.

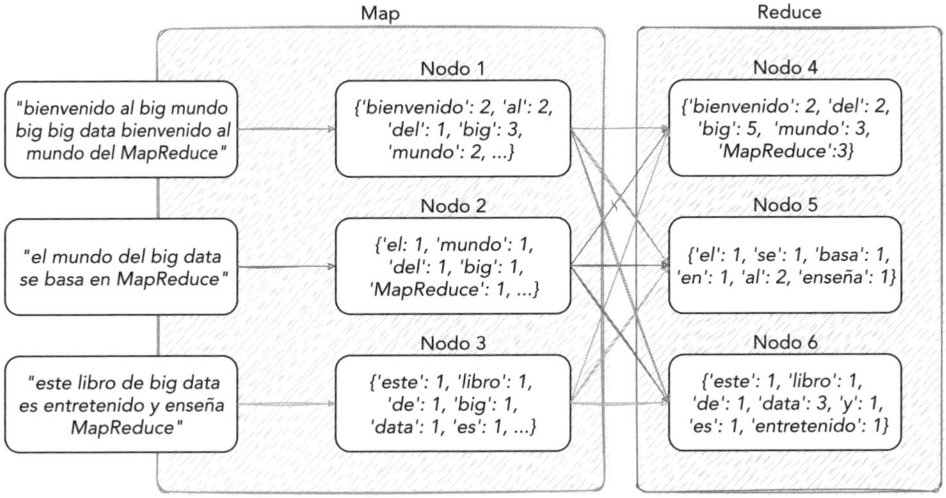

Figura 2.3. Representación a alto nivel de las dos etapas principales de MapReduce.

RETO #1

¿Cómo crearías un ranking de frecuencia de palabras para determinar cuál es la más utilizada?

Siguiendo el ejemplo anterior, los resultados finales deberían estar distribuidos entre los nodos de la siguiente forma:

- *Nodo 1 mantendría «big», «mundo», «del», «data» y «MapReduce» porque son las más populares (4 repeticiones de «big», y 3 repeticiones el resto).*
- *Nodos 2 y 3 mantendrían las otras... o tal vez ni siquiera necesitemos un tercer nodo en este caso.*

¿Puedes hacer esto en un solo paso de MapReduce? Si necesitas más de un paso de MapReduce, recuerda que conceptualmente necesitas realizar fases completas de MapReduce.

Hasta ahora, hemos resuelto la parte algorítmica del conteo de palabras mediante el principio de localidad de datos de manera distribuida, tanto en términos de computación como en el resultado final. Sin embargo, en el capítulo anterior mencionamos que la escalabilidad horizontal permite la tolerancia a fallos; es decir, el proceso podría finalizar con éxito incluso si un nodo falla. La tolerancia a fallos resulta importante cuando trabajamos con un clúster de ordenadores. Supongamos que un ordenador tiene un fallo de hardware una vez cada tres años. Con esta tasa de fallos, si nuestro clúster tuviera 10 000 nodos, ¡podríamos tener diez fallos por día!

Entonces, ¿cómo logra MapReduce ser tolerante a fallos? La idea es bastante simple: si un nodo falla, el proceso que estaba ejecutando se relanza en otro nodo que tenga una copia de los datos necesarios (o de la mayoría de ellos). Del mismo modo, si un nodo tarda más de lo esperado en responder o no responde, se lanza una ejecución especulativa del mismo proceso en otro nodo. Si el nodo original se recupera, el primero de los dos en finalizar el proceso proporciona el resultado y se descarta el otro. La figura 2.4 presenta esta idea.

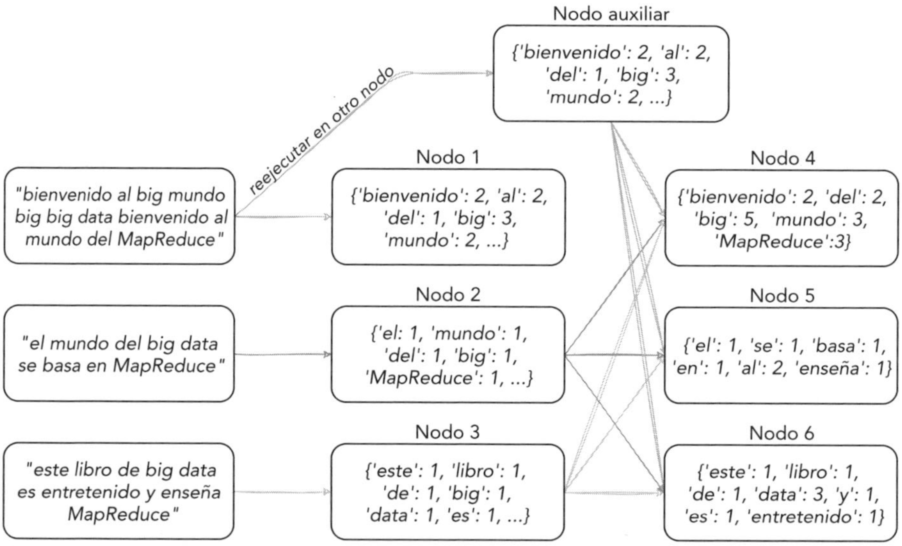

Figura 2.4. Tolerancia a fallos en MapReduce. El nodo 1 falla o no responde, por lo que otro nodo se hace cargo de esa tarea.

Para concluir esta descripción de alto nivel de MapReduce, es importante entender que el modelo de programación MapReduce nos ayuda a abordar los desafíos de implementar soluciones distribuidas para big data. Esto se logra mediante un nuevo nivel de abstracción y mecanismos de tolerancia a fallos. Sin embargo, para ser completamente precisos, debemos admitir que MapReduce en sí no proporciona tolerancia a fallos. Es el marco que implementa el modelo de programación MapReduce el que ofrece ese nivel de abstracción y transparencia. Volveremos a esto en el próximo capítulo.

Trabajando con pares clave-valor

Vamos a definir ahora MapReduce de manera más formal. Como ya comentamos antes, MapReduce se basa en programación funcional y trabaja con pares (que son simplemente tuplas, como en Python), por ejemplo:

- Para un fichero de texto, la clave podría ser el número de línea y el valor sería el texto de esa línea. Siguiendo el ejemplo anterior, podríamos tener algo como:

  ```
  (1, "bienvenido al mundo...")
  (2, "el mundo del big data...")
  (3, "este libro de big data...")...
  ```

- Si pensamos en un conjunto de datos en machine learning para un problema de clasificación, la clave podría ser el número de instancia y el valor, la instancia en sí, con sus características correspondientes y la etiqueta de clase, por ejemplo:

  ```
  (1, ((0.4, 0.2), 1))
  (2, ((0.5, 0.4), 0))
  (3, ((0.6, 0.9), 0))
  (4, ((0.3, 0.3), 1))
  (5, ((0.7, 0.8), 0))...
  ```

Debemos tener en cuenta que asumiremos que trabajamos con archivos muy grandes, que deben dividirse en partes y almacenarse en diferentes nodos. Como dijimos antes, no necesitamos preocuparnos por ello, ya que habrá un sistema de archivos distribuido que hará este trabajo por nosotros (lo veremos en el próximo capítulo).

En MapReduce, el usuario solo necesita implementar dos funciones, una para cada fase: map y reduce. Ten en cuenta que a veces hablaremos indistintamente de funciones o fases cuando nos refiramos a map y reduce. Sin embargo, en realidad no implementamos directamente las funciones map y reduce, sino las funciones específicas que se ejecutan dentro de esas fases. Ambas fases trabajan con pares, pero tienen propósitos diferentes. Además, como mencionamos antes, hay una fase intermedia que ocurre entre map y reduce, conocida como shuffle, la cual se ejecuta automáticamente y forma parte de la magia detrás de MapReduce.

La figura 2.5 muestra todo el proceso MapReduce. En pocas palabras, la fase map parte de un par clave-valor como entrada y devuelve otro par clave-valor (o una lista de pares clave-valor). La fase de shuffle agrupa todos los pares con la misma clave y crea una lista con sus valores. Finalmente, la fase reduce recibe una lista de valores para cada clave y la convierte en un solo valor.

No nos sorprendería que te parezca difícil entender esta definición, como nos ocurrió a nosotros cuando leímos por primera vez sobre MapReduce. Vamos a ver cada fase con ejemplos para comprender el proceso completo.

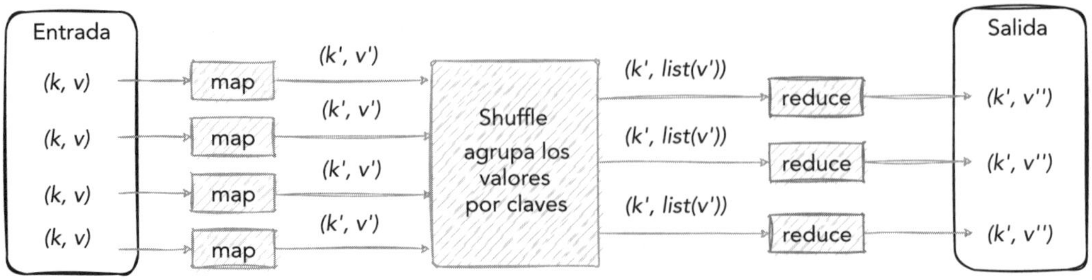

Figura 2.5. Definición formal de MapReduce.

map

Para la fase map, el programador debe implementar una función map que transforme un par de entrada en cero o más pares intermedios (es decir, una lista de pares clave-valor). Tanto k' como v' pueden ser objetos de distintos tipos, definidos arbitrariamente por el usuario. Por ejemplo, podrían ser una cadena, un entero, una estructura de datos, etc. Es bastante común ignorar la clave de entrada k en la función map, puesto que suele contener información poco útil, como metadatos (el nombre del archivo o el número de línea, entre otros). Generalmente, el valor v es el elemento en el que debemos centrarnos para generar los nuevos pares.

Por ejemplo, podemos diseñar una función map, map(k, v), que devuelva (abs(v), 1) como un par clave-valor. De esta manera, el valor absoluto del valor de entrada v se convierte en la clave de salida k', mientras que el valor de salida v' siempre será 1. Observa que, en esta función map, la clave de entrada k no es relevante.

Si aplicamos esta función a la siguiente lista de pares clave-valor:

```
[(1, 2), (2, -1), (3, 1), (4, 3), (5, 6)]
```

El resultado sería (ver figura 2.6):

```
[(2, 1), (1, 1), (1, 1), (3, 1), (6, 1)]
```

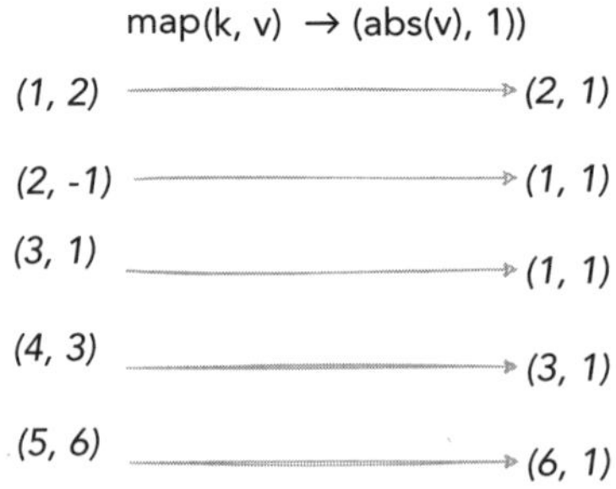

Figura 2.6. Ejemplo de map: para cada tupla de entrada, la función map devuelve (abs(v), 1).

En este ejemplo, la función map devuelve un único par intermedio por cada par de entrada. Pronto te darás cuenta de que debes diseñar tu función map en función de lo que necesites en tu función reduce.

Recuerda que estamos programando en un entorno distribuido, por lo que debes asumir que cada par puede estar en un nodo diferente. Para la función map, esto significa que no tendrás acceso a otros pares en la entrada para generar los nuevos pares de salida. Por esta razón, map se puede ejecutar en paralelo, y de hecho, podríamos paralelizar tantos procesos como pares de entrada. Sin embargo, en la práctica, los datos se agrupan en particiones y el grado de paralelización estará limitado por el número de particiones.

shuffle

Después de ejecutar la función map en todos los pares de entrada, los pares resultantes se agrupan automáticamente por su clave k'. Para cada una de estas claves, se genera una lista list(v') con todos los valores asociados a k', obteniendo así nuevos pares formados por una clave y una lista de valores.

En un entorno distribuido, esta fase implica mover datos a través de la red para que todos los valores v' asociados con una misma clave k' se envíen al mismo nodo, independientemente de dónde se hayan generado. Por lo tanto, es importante ser cautelosos al diseñar la fase map para evitar transferencias de datos innecesarias durante la fase de shuffle, ya que podrían convertirse en un cuello de botella.

Continuando con el ejemplo anterior, la entrada del shuffle sería:

```
[(2, 1), (1, 1), (1, 1), (3, 1), (6, 1)]
```

La salida de la fase de shuffle sería (ver figura 2.7):

```
[(2, [1]), (1, [1, 1]), (3, [1]), (6, [1])]
```

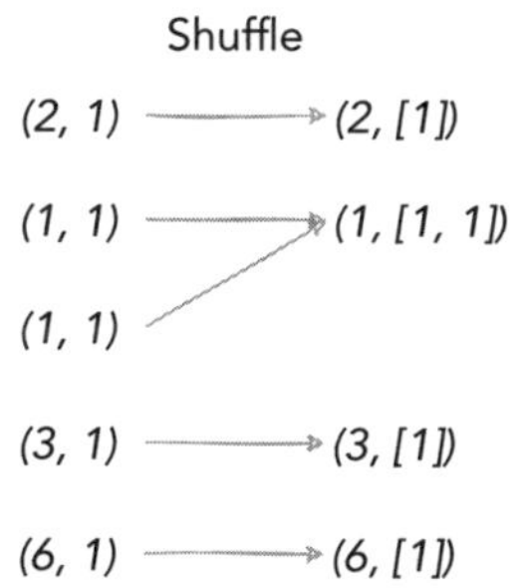

Figura 2.7. Ejemplo de shuffle: para cada salida del map, la operación de shuffle agrupará aquellos valores con la misma clave.

Es importante recalcar que no podemos esperar que la lista list(v") esté en un orden específico. En este ejemplo, los valores son simplemente unos (1), pero si fueran otro tipo de datos, no podemos asumir que van a estar ordenados de alguna manera particular. Esta consideración tendrá implicaciones en la forma en que diseñemos el siguiente paso. Por otro lado, no debemos asumir que tendremos acceso a toda la list(v') en la próxima fase. Aunque podría ser tentador concatenar todos los valores para acceder a la lista completa, debemos evitarlo en la medida de lo posible, ya que la lista podría no caber en la memoria principal de un solo nodo.

reduce

Después del shuffle, en la fase reduce debemos definir una función que reciba un par y agregue (reduzca) la lista de valores (list(v')) a un solo valor v'', devolviendo un par final.

Siguiendo el mismo ejemplo, la entrada de esta fase sería el resultado del shuffle:

```
[(2, [1]), (1, [1, 1]), (3, [1]), (6, [1])]
```

Si nuestra función reduce calculase la suma de todos los elementos en la lista sum(list(v')), la salida sería (ver figura 2.8):

```
[(2, 1), (1, 2), (3, 1), (6, 1)]
```

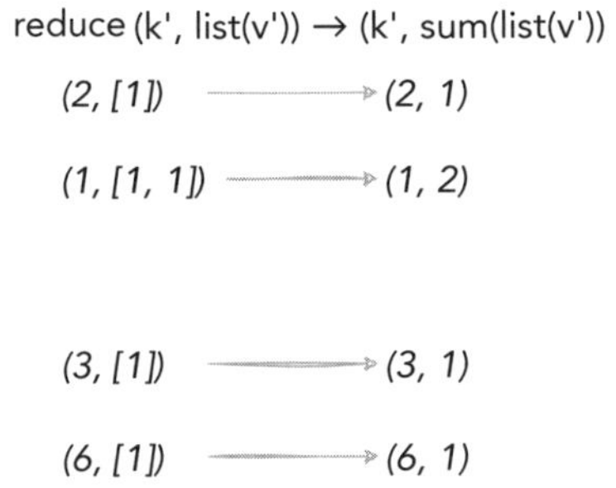

Figura 2.8. Ejemplo de la fase reduce: para cada tupla de entrada, la función reduce devuelve sum(list(v')).

En la figura 2.9 juntamos todas las fases para ver el proceso al completo.

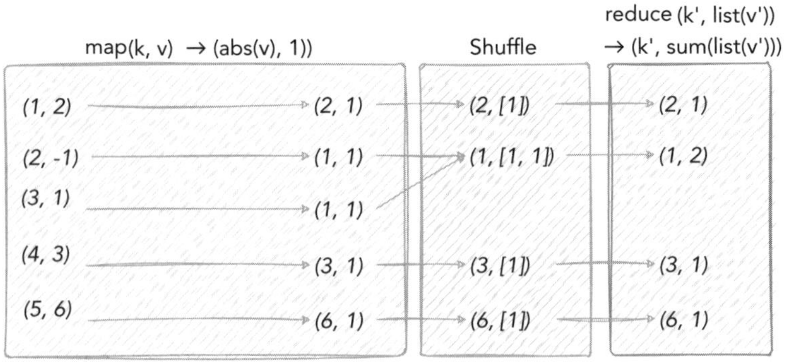

Figura 2.9. Ejemplo completo de MapReduce.

¿Cuál es el resultado de aplicar estas funciones? Si te fijas en la figura, puedes ver que con estas funciones map y reduce hemos contado el número de veces que cada valor absoluto v aparecía en la lista inicial. Aunque este ejercicio pueda parecer demasiado simple, es muy común en MapReduce realizar cálculos similares, ya que muchas tareas requieren conteos.

Antes de ver cómo implementar el ejemplo de contar palabras con MapReduce, nos gustaría destacar dos aspectos clave para el diseño de una solución MapReduce.

ADVERTENCIA

La fase de reduce debe ser asociativa y conmutativa: la fase «reduce» trabaja por pares en la lista generada por la fase «shuffle» y no se puede esperar que «reduce» se ejecute en un orden particular. ¿Por qué ocurre esto? Porque, de lo contrario, estarías asumiendo que toda la lista de valores para una clave dada cabe en la memoria de un solo nodo, lo cual, como hemos mencionado, puede no ser cierto en big data (o, al menos, no sería una buena idea). Además, trabajar por pares permite limitar la cantidad de información enviada a través de la red durante la fase «shuffle» (ver combiners en la siguiente sección).

NOTA

Diseñar un ciclo completo de MapReduce: Conceptualmente, MapReduce siempre lleva a cabo los pasos map, shuffle y reduce. Esto significa que si necesitas realizar múltiples operaciones MapReduce de forma sucesiva, debes definir cómo funcionarán tanto el paso «map» como el paso «reduce».

Implementando el contador de palabras con MapReduce

Ya hemos visto las principales dificultades para implementar el contador de palabras en big data y cómo funcionan en detalle las fases map, shuffle y reduce. Ahora estamos preparados para ponerlo todo junto y definir cómo implementar las funciones map y reduce para contar palabras. Por simplicidad, digamos que el texto de partida es una versión simplificada de la que usamos antes, donde cada par clave-valor está compuesto por el número de línea y el contenido de esa línea.

```
(1, "bienvenido al big mundo")
(2, "big big data bienvenido")
(3, "al mundo del MapReduce")
```

En vez de intentar contar las repeticiones de cada palabra en la fase map, esta fase se encargará de dividir cada línea en palabras y devolver cada palabra como clave. Así, para cada palabra, generaremos un par. Entonces, ¿qué debería ser el valor? Como solo estamos contando palabras, el valor puede ser 1, lo que indica que la palabra ha aparecido una vez (y nos permitirá realizar el conteo más tarde).

Por tanto, el map sería algo así: map(k, v) => list((palabra, 1)). Representamos esto como una lista de pares (palabra, 1) para aclarar que se generan múltiples pares clave-valor a partir de un solo par clave-valor de entrada. Es decir, obtendremos tantos pares clave-valor como palabras haya en la cadena.

Por ejemplo, para la primera línea (k == 1), la salida será: ("bienvenido", 1), ("al", 1), ("big", 1), ("mundo", 1). La figura 2.10 completa esta idea con las otras frases.

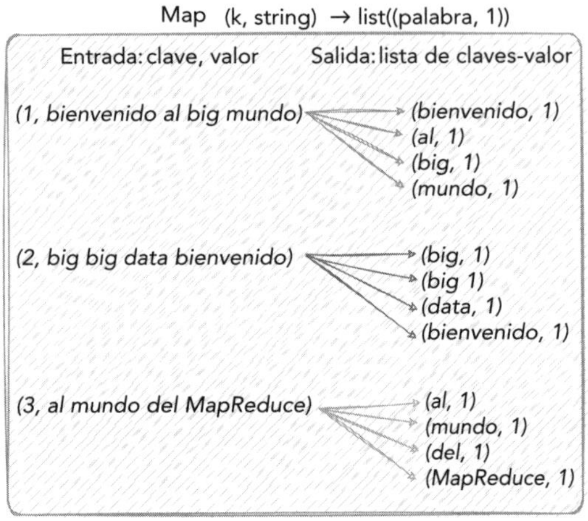

Figura 2.10. Contador de palabras: la fase map.

Después del map, el shuffle recoge automáticamente todos los valores con la misma clave de la fase map (es decir, cada palabra), creando una lista de valores para cada clave. De esta forma, el shuffle se encarga de que todos los valores correspondientes a la misma palabra se envíen al mismo lugar, permitiendo así realizar el conteo del número de ocurrencias. La figura 2.11 muestra el resultado de la fase de shuffle.

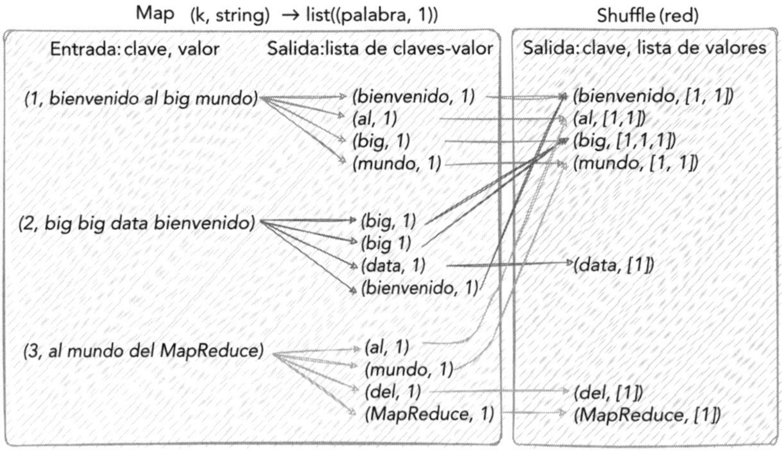

Figura 2.11. Contar palabras: la fase de shuffle.

En la figura, podrás ver flechas del map al shuffle que indican que hay información que podría ser necesario enviar a través de la red. Si imaginamos que las líneas punteadas diferencian tres nodos (cada uno de los cuales solo tiene una línea de texto), habrá movimiento de datos por red.

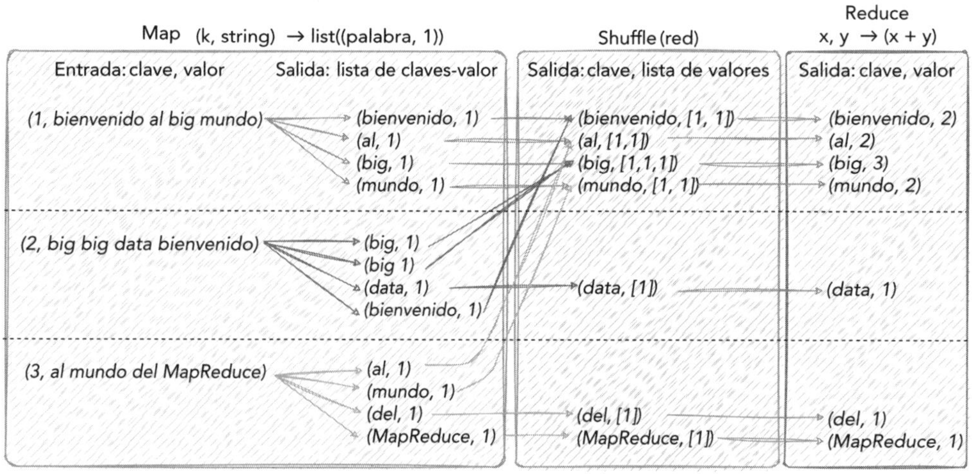

Figura 2.12. Contar palabras: diagrama completo de MapReduce.

Después del shuffle, la función reduce recibirá una lista de unos para cada clave (es decir, cada palabra), y su tarea será reducir esa lista a un número que sea el conteo final de repeticiones de esa palabra. Implementar esto será muy similar a lo que vimos en el ejemplo anterior (y antes con Python): lambda x, y: x + y. Dado que esta operación es conmutativa y asociativa, no tendremos problemas con el orden aleatorio en el que llegarán los valores. Recuerda que no debes pensar como si pudieras tener acceso a la lista de valores en su totalidad, sino que debes reducirla por pares. El proceso completo de MapReduce se muestra en la figura 2.12.

RETO #2

Tenemos un fichero que contiene un histórico de temperaturas por día, con el siguiente formato:

2015-07-13; 24
2012-07-11; 24
2011-08-13; 43
2015-09-11; 17

¿Cómo calcularías la temperatura máxima de cada año usando MapReduce?

Combiners

En el ejemplo del Word Count, has podido pensar que deberíamos haber optimizado los datos que se transfieren entre nodos. Siempre que una palabra se repita más de una vez en el mismo nodo, podríamos «preagregar» los unos para enviar un solo par clave-valor que contenga la palabra y el número de veces que aparece en el nodo, en vez de enviar múltiples pares clave-valor. Esto podría reducir de forma significativa la sobrecarga de la red cuando hay una repetición significativa en las claves intermedias producidas por cada map.

Para abordar este problema, en MapReduce podemos implementar algo llamado *combiners*, que se pueden entender como agregadores locales dentro de la fase map. Los *combiners* funcionan de manera muy similar a la fase reduce, pero se aplican antes del shuffle. De hecho, se suele usar el mismo código que en la función reduce. La idea es reducir los valores correspondientes a la misma clave que residen en el mismo nodo, antes de enviarlos a través de la red.

El modelo de programación de MapReduce nos permite implementar *combiners*. Sin embargo, diferentes implementaciones de MapReduce (por ejemplo, Hadoop o Spark) pueden decidir si usar un *combiner* o no, dependiendo de lo que sea más eficiente. Aunque los *combiners* son muy útiles para reducir la transferencia de datos por la red, en este libro nos centramos en cómo diseñar las funciones map y reduce (sobre todo en las prácticas de laboratorio). Esto se debe a que los *combiners* suelen reutilizar el mismo código que la función reduce, lo cual puede entenderse como un «truco» de implementación para aumentar la eficiencia.

En el diagrama de la figura 2.13 puedes ver el efecto de un *combiner* en nuestro ejemplo de Word Count.

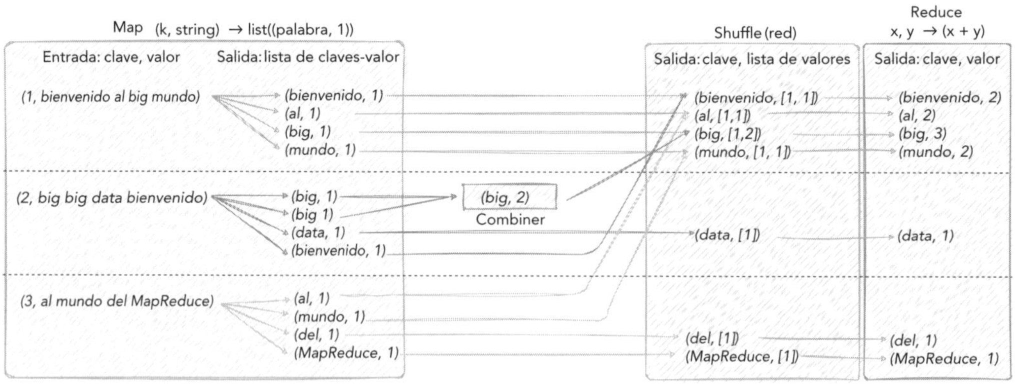

Figura 2.13. Combiners: ayudan a reducir el movimiento de datos a través de la red aplicando la función reduce en cada nodo.

En el caso de la palabra inglesa «big» en el nodo 2, podemos combinar los valores antes del shuffle, obteniendo una tupla (big, 2) al aplicar el mismo código de la función reduce a los valores locales que comparten la misma clave. Este es un ejemplo claro de por qué la conmutatividad y la asociatividad son esenciales para aplicar la función reduce. De lo contrario, el resultado podría variar al utilizar *combiners*.

Funcionamiento interno

Para comprender cómo funciona MapReduce en profundidad, necesitamos conocer algunos detalles más sobre los procesos involucrados en su ejecución. El modelo de programación MapReduce es solo eso: un modelo que necesita ser implementado. La primera implementación ampliamente conocida es Hadoop, que describiremos en el próximo capítulo. Por ahora, te daremos una pista sobre cómo se ejecuta un trabajo de MapReduce en Hadoop.

Al ejecutar un proceso de MapReduce, se asume que los datos ya están distribuidos entre los nodos en varios fragmentos o particiones dentro de un sistema de archivos distribuido. Estos bloques suelen ser bastante grandes, por ejemplo, de 64 o 128 MB.

En Hadoop, hay dos procesos principales encargados de ejecutar un trabajo de MapReduce: los mappers y los reducers, cada uno enfocado en las fases map y reduce.

- Un mapper es un proceso que ejecuta la función map programada para cada par clave-valor en una partición de los datos. Puede procesar múltiples bloques y puede haber más de un mapper en un solo nodo.
- Un reducer es también un proceso que ejecuta la función reduce para cada clave k'. Puede manejar múltiples claves k' y puede haber más de un reducer en un solo nodo.

El mapper toma una partición de los datos y produce nuevos pares usando la función map. Luego, se decide a qué proceso reducer se asignará cada clave, particionando los nuevos pares clave-valor y ordenándolos según el reducer correspondiente. Después del shuffle, el reducer toma los pares, también en forma de particiones, y produce las salidas finales aplicando la función reduce.

Existe un problema principal en este proceso que discutiremos más a fondo al hablar de Hadoop, pero queremos adelantar una idea ahora. En Hadoop, los procesos mapper escriben sus salidas en un búfer en memoria que luego se vuelca al disco. Esto ralentiza considerablemente el procesamiento, ya que el shuffle debe leer sus datos de entrada desde el disco y enviarlos al reducer, que también almacenará los datos en disco si no caben en memoria. Por último, los reducers leen los datos desde el disco (si no están en el búfer) y escriben el resultado final en el disco nuevamente (en el sistema de archivos distribuido). En definitiva, aunque este modelo de programación y su implementación en Hadoop ayudan a reducir el movimiento de datos a través de la red, debemos tener en cuenta que se realizarán muchas operaciones de entrada/salida en discos locales, que son mucho más lentas en comparación con la memoria principal.

Resumen

Hemos visto que el concepto de MapReduce es muy similar a otras estrategias de paralelización como MPI, pero las características más importantes que lo distinguen son:

- Proporciona un nivel superior de abstracción para el programador. No debemos preocuparnos por cómo se están ejecutando las cosas, pero sí necesitamos saber que se están ejecutando en paralelo.
- Es tolerante a fallos, lo cual es muy necesario cuando se procesan grandes conjuntos de datos.
- Asume la localidad de datos y la redundancia a través de sistemas de archivos distribuidos (veremos el Hadoop Distributed File System en el próximo capítulo).

Puntos clave sobre cómo funciona:

- MapReduce se compone de tres etapas principales: map, shuffle y reduce, donde la fase de shuffle ocurre de forma automática y solo tenemos que programar las funciones que se ejecutan en las etapas de map y reduce.
- La fase de shuffle es donde ocurre el movimiento de datos a través de la red y está influenciada por los pares clave-valor generados en la fase de map. Necesitamos ser cuidadosos en cómo diseñamos nuestras funciones map y reduce para evitar tráfico innecesario a través de la red. Los *combiners* ayudan en este caso.
- La función reduce debe ser conmutativa y asociativa; de lo contrario, no funcionará como se esperaría.
- Internamente, los datos se dividen en un número de particiones (que determinan el grado de paralelismo) y las implementaciones de MapReduce coordinan diferentes procesos (por ejemplo, mappers y reducers) para ejecutar las funciones map y reduce en cada par clave-valor dentro de una partición dada.

¿Quieres aprender más?

¿Quieres saber más sobre MapReduce? Te sugerimos que consultes los siguientes recursos:

- ***Google MapReduce* - (Dean, 2004).** Este fue el primer artículo sobre MapReduce, por si quieres conocer todos los detalles sobre cómo se conceptualizó. Te recomendamos leer más sobre los *combiners* (Sección 4.3 del artículo).
- ***MapReduce: A Flexible Data Processing Tool* - (Dean, 2010).** Un excelente recurso de los creadores de MapReduce para profundizar en este modelo de programación.

Si no estás muy familiarizado con la programación funcional, puede que te interesen los siguientes libros:

- ***Programming in Haskell* - (Hutton, 2016).** Un excelente recurso para aprender sobre programación funcional. Aunque el lenguaje es Haskell, que es diferente de lo que usamos aquí, los conceptos e ideas sobre programación funcional son aplicables y valiosos.
- ***Functional Programming in Scala* - (Chiusano, 2014).** Otro gran libro sobre programación funcional. En este caso, se utiliza Scala, un lenguaje útil para tareas relacionadas con big data.

Solución a los retos

Reto #1

Hemos visto cómo dividir el trabajo entre ordenadores para contar la frecuencia de palabras en un documento grande en dos etapas.

- **Etapa 1:** Aplicar nuestra solución secuencial original para contar las palabras en un fragmento de datos. Esto devuelve un diccionario con claves (las palabras) y valores (los conteos).
- **Etapa 2:** Combinar o agregar las soluciones de la etapa anterior. Ya sabemos que una forma de hacer esto sería enviar un subconjunto de palabras a un nodo específico que se encargaría de contar la frecuencia de esas palabras. Otro nodo se encargaría de otro subconjunto, y así sucesivamente. De esta manera, obtenemos el conteo final de palabras distribuido entre diferentes computadoras.

Te pedimos que encontraras alternativas para calcular directamente cuáles son las palabras más repetidas. Esto es casi lo mismo que clasificar las palabras por frecuencia de aparición.

Lo que esperábamos que intentaras hacer es intercambiar la clave y el valor, realizar inicialmente la misma operación de `map` y luego, en vez de enviar un subconjunto de palabras, enviar el conteo de palabras a los nodos según la frecuencia del conteo. La figura 2.14 muestra este intento. En este intento, el `reduce` aún debería ordenar el subconjunto de entradas en caso de que reciba más de una frecuencia para la misma palabra. Entonces, ¿funciona esta solución?

Parece más una broma que un reto, porque en un solo proceso MapReduce no se podrá obtener el conteo de palabras correctamente ya que tendrías la misma palabra en diferentes nodos (con diferentes frecuencias).

Decidimos proponer este reto para que veas que hay ocasiones en que un solo MapReduce puede no ser capaz de resolver el problema. La idea de invertir la clave y el valor era buena, pero deberías comenzar con la salida del conteo de palabras. Aquí tienes un ejemplo que concatena dos procesos de MapReduce uno tras otro (figura 2.15).

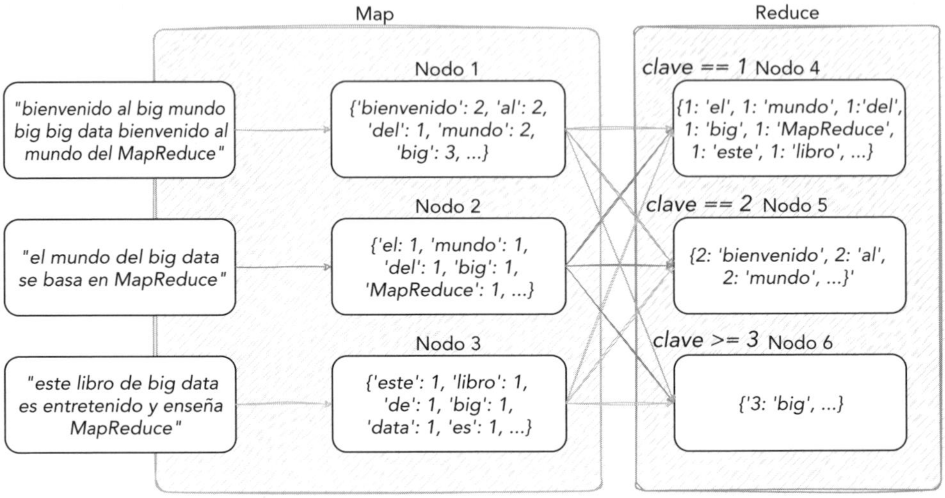

Figura 2.14. Intento incorrecto de calcular las palabras más repetidas con una filosofía de MapReduce; puedes ver cómo hay palabras como «mundo» que no se han contado bien.

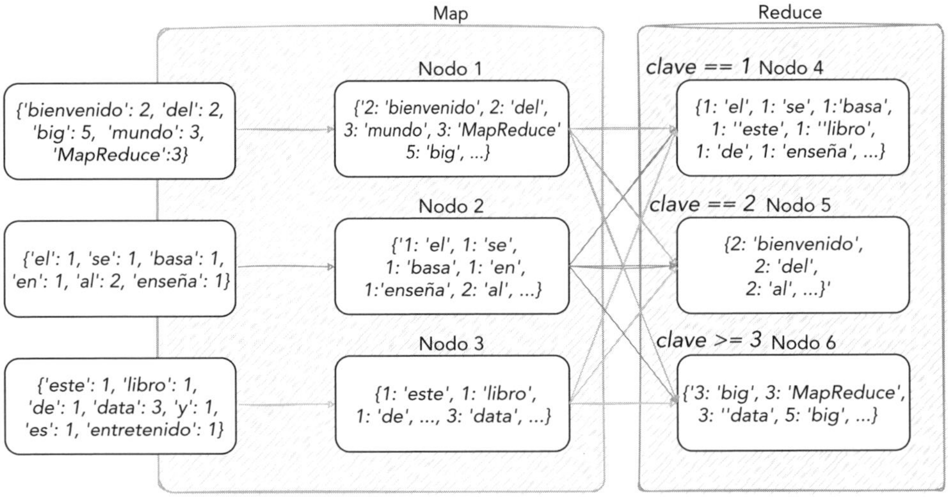

Figura 2.15. Calcular las palabras más repetidas con una filosofía de MapReduce - usando la salida del Word Count como entrada.

Reto #2

La entrada para la función map sería algo como esto:

```
(1, "2015-07-13; 24")
(2, "2012-07-11; 24")
(3, "2011-08-13; 43")
(4, "2015-09-11; 17")
```

En la que la clave es el número de línea y el valor es el contenido real. La salida final deseada sería un conjunto de pares clave-valor en los que la clave es el año y el valor es la temperatura máxima observada en ese año. Para la entrada anterior, deberíamos obtener:

```
(2015, 24)
(2012, 24)
(2011, 43)
```

Por lo tanto, queremos asegurarnos de que después de procesar cada línea de este archivo, mantengamos el año y la temperatura, pero el día y el mes podrían descartarse ya que no son importantes para lo que se nos ha pedido hacer.

Como nos gustaría encontrar la temperatura máxima de cada año, la fase map podría procesar ese valor de entrada y enviar el año como la clave de salida y la temperatura como el valor de salida. ¿Por qué? Porque queremos asegurarnos de que la fase shuffle agrupe todas las temperaturas asociadas a un año (por ejemplo, (2015, [24, 17])), para que la fase reduce pueda calcular el máximo de esa lista de valores.

Así, la función map podría verse así:

```
map(clave, valor):
    // clave: número de línea; valor: texto en la línea
    año, temperatura = value.split(";")
    return (año, temperatura)
```

Y la función reduce tendrá que calcular el máximo de cada par de valores en la lista. Usando el estilo de Python para la función reduce, esto se vería así: lambda x, y: max(x, y). ¿Es el máximo una operación asociativa y conmutativa? Compruébalo por ti mismo.

La figura 2.16 muestra la solución MapReduce para calcular la máxima temperatura por año.

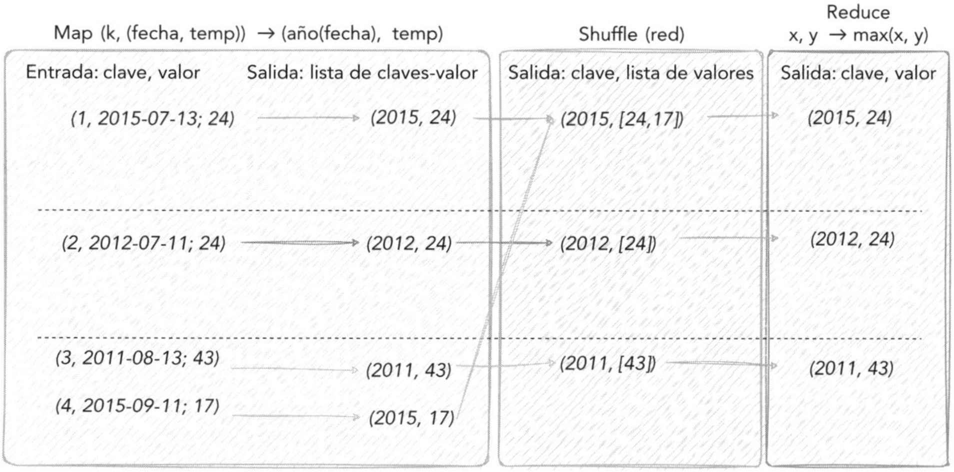

Figura 2.16. Solución MapReduce para calcular la temperatura máxima por año.

Ejercicios

1. En un programa MapReduce, ¿cuál es la secuencia correcta de las diferente fases?
   - ☐ map, reduce, shuffle
   - ☐ shuffle, map, shuffle, reduce
   - ☐ map, reduce
   - ☐ map, shuffle, reduce.
2. Indica si las siguientes afirmaciones sobre MapReduce son verdaderas o falsas:
   - ☐ MapReduce garantiza que no habrá movimiento de datos a través de la red.
   - ☐ Se basa en la programación orientada a objetos.
   - ☐ A diferencia de MPI, MapReduce requiere programar explícitamente la comunicación entre nodos.
   - ☐ Hadoop implementa el modelo de programación MapReduce.
3. Se dice que MapReduce trabaja con pares clave-valor. Explica brevemente si las siguientes afirmaciones son verdaderas o falsas:
   - ☐ Las claves de entrada para la fase map son extremadamente importantes para minimizar el movimiento de datos.
   - ☐ Las claves en todas las etapas (map, shuffle o reduce) deben ser numéricas.
   - ☐ Los valores de salida de la fase map podrían ser una tupla que contenga cualquier tipo de dato, por ejemplo, otra tupla ("Big", 3), de modo que, produzca una tupla como esta: (k", ("Big", 3)).
   - ☐ La fase reduce no trabaja con pares clave-valor, eso solo es útil para las fases map y shuffle.
4. Indica si las siguientes afirmaciones sobre la fase map son verdaderas o falsas:
   - ☐ Puedes acceder a cualquier otro par clave-valor que resida en cualquier otra partición.
   - ☐ Puede producir uno o más pares clave-valor a partir de una sola entrada.
   - ☐ Los valores de salida de esta fase suelen ser irrelevantes y se desestiman.
   - ☐ En Hadoop, un proceso llamado mapper ejecuta esta función en una partición de los datos.
5. Indica si las siguientes afirmaciones sobre la fase shuffle son verdaderas o falsas:
   - ☐ Los programadores tienen que especificar el comportamiento de esta fase como una función.
   - ☐ Puede implicar movimiento de datos a través de la red.
   - ☐ Agrupa todos los pares con los mismos valores y crea una lista con sus claves.
   - ☐ Su rendimiento puede verse influenciado por cómo definimos la función map.

6. Conceptualmente hablando, ¿podemos concatenar más de un proceso de MapReduce? Explica brevemente tu respuesta.
7. ¿Por qué decimos que MapReduce es transparente para el programador y tolerante a fallos, pero MPI (Message Passing Interface) no lo es? Explica tu respuesta.
8. En tus propias palabras, explica brevemente cuál es el papel de los *combiners* en el paradigma de MapReduce y por qué suelen usar el mismo código de la función reduce.
9. En el paradigma de MapReduce, ¿por qué la función reduce tiene que ser conmutativa y asociativa? Explica tu respuesta y proporciona un ejemplo donde una función reduce no conmutativa/asociativa podría causar problemas.
10. Hemos diseñado una función map(k, v) que devuelve (v * k, k) y la aplicamos a esta lista de pares clave-valor: [(0, 15), (15, 0), (2, 0)]. ¿Cuál es la salida de aplicar esta función?
11. Usando la salida del ejercicio anterior, ¿cuál sería la salida de la fase de shuffle?
12. Para la salida del shuffle anterior, definimos una función reduce como lambda x, y: x * y, ¿cuál es la salida de esta fase?
13. En lugar del producto, ahora probamos con la resta: lambda x, y: x - y. ¿Cuál es la salida? ¿Anticipas algún problema con esto? Explica tu respuesta.
14. Hemos definido la siguiente función reduce:

```
def especial(x, y):
    if x > y:
        return x
    else:
        return y
```

    ¿Sería esta una operación asociativa y conmutativa? Explica brevemente tu respuesta.

15. Usando los mismos datos de entrada que usamos para el Word Count:

```
(1, "bienvenido al big mundo")
(2, "big big data bienvenido")
(3, "al mundo del MapReduce")
```

    Hemos implementado la fase map para devolver, para cada palabra del valor de entrada, un par clave-valor como: (1, length(palabra)), donde length es una función que da la longitud de la cadena. La función reduce se implementa como lambda x, y: x + y.

    ¿Cuál sería la salida de ejecutar este programa MapReduce? ¿Qué está haciendo este proceso MapReduce?

Parte 2

Plataformas de big data

3

Hadoop

Resultados de aprendizaje:

- Comprender cómo se distribuye una aplicación de big data en Hadoop [CC].
- Entender cómo un sistema de archivos distribuido facilita la localidad de los datos cuando se procesa big data [CC].
- Comprender cómo se implementan la transparencia y la tolerancia a fallos en Hadoop [CC].
- Reconocer las limitaciones de Hadoop para diferentes enfoques de procesamiento de datos [CC, HI].

En el capítulo anterior, hemos hablado de MapReduce como un modelo de programación para big data. Mencionamos que las características clave que hacen que este modelo sea interesante son su transparencia, su tolerancia a fallos y que asume la localidad de los datos. Sin embargo, esto resulta algo abstracto. ¿Quién se encarga de implementar esa transparencia, es decir, la comunicación entre ordenadores? ¿Y quién garantiza la localidad de los datos y los mecanismos de tolerancia a fallos? Necesitamos una implementación tangible que nos permita utilizar este concepto. Existen diferentes implementaciones de MapReduce, pero comencemos con Hadoop, el precursor y primera implementación de código abierto de MapReduce.

¿Qué es Hadoop?

Hadoop[1] es una plataforma de código abierto, escrita en Java, para el procesamiento y almacenamiento de big data. Se basa en el modelo de programación MapReduce presentado por Dean (2004) y el sistema de ficheros de Google propuesto por Ghemawat (2003). Doug Cutting creó esta plataforma en 2006, en su origen como parte del proyecto Apache Nutch.[2] ¿Te preguntas de dónde provienen el nombre y el logo (el elefante)? Curiosamente, el nombre proviene del elefante de peluche de su hijo.

En sus inicios, Hadoop estaba compuesto por dos módulos principales: uno que implementaba el modelo de programación MapReduce (Hadoop MapReduce) y otro que proporcionaba un sistema de archivos distribuido para implementar el principio de localidad de datos (Hadoop HDFS). Un pequeño *spoiler*, utilizar la implementación de Hadoop del modelo de programación MapReduce puede que no sea la mejor opción hoy día, más adelante veremos por qué. Además, hay otros dos módulos adicionales que también son importantes. El módulo Hadoop YARN, disponible desde la segunda versión de Hadoop, actúa como gestor de recursos y coordina cualquier proceso de MapReduce que se ejecute en un clúster de Hadoop. Por su parte, el módulo Hadoop Common es una biblioteca de utilidades que respalda a los otros módulos. Desde su concepción, se han añadido y eliminado varios módulos de Hadoop, y muchos de ellos se han convertido en proyectos independientes construidos sobre esta plataforma. De hecho, ¡Estamos hablando de más de 150 proyectos! Por esta razón, se le conoce como el Ecosistema Hadoop.

Antes de profundizar en los distintos elementos de Hadoop y en cómo ejecutar Hadoop MapReduce, nos gustaría mostrarte cómo es un programa de MapReduce.

El contador de palabras con Hadoop MapReduce

Como veremos más adelante, implementar el contador de palabras en Hadoop puede no ser la opción más práctica hoy en día, ya que resulta engorroso de programar y poco elegante. Sin embargo, permite comprender lo complejo que solía ser trabajar con Hadoop. Por lo tanto,

1 https://hadoop.apache.org/.

2 https://nutch.apache.org/.

no te preocupes si no eres un experto en Java o un programador profesional; más adelante veremos que, con Spark y Python, será mucho más fácil comenzar a trabajar con big data.

Hemos tomado prestada la implementación del Word Count del Tutorial de Hadoop MapReduce.[3] Comencemos con la implementación de la función map. Para ello, necesitábamos definir una clase que extienda de la clase Mapper y definir una función map:

```
public static class TokenizerMapper
       extends Mapper<Object, Text, Text, IntWritable>{

    private final static IntWritable one = new IntWritable(1);
    private Text word = new Text();

    public void map(Object key, Text value, Context context
                    ) throws IOException, InterruptedException {
     StringTokenizer itr = new StringTokenizer(value.toString());
     while (itr.hasMoreTokens()) {
        word.set(itr.nextToken());
        context.write(word, one);
     }
}
```

La salida de la función map (generada por la instrucción context.write()) debía ser de tipos de datos específicos implementados en Hadoop. Hadoop utiliza sus propios tipos, como Text en lugar de String o IntWritable en lugar de Integer. ¿Por qué sucede esto? Bueno, resulta que String e Integer son simplemente demasiado «pesados» para el procesamiento de big data. En cambio, Text e IntWritable ofrecen una abstracción mucho más ligera para representar la misma información.

Como ya hemos comentado, ocurren numerosas operaciones de entrada/salida (E/S) durante las distintas etapas en cada unidad de almacenamiento: de map a shuffle y de shuffle a reduce. Pero, ¿qué es exactamente lo que estamos escribiendo y leyendo entre estas etapas? Las claves y valores definidos como salida de cada etapa deben escribirse en disco y luego volver a leerse. Esto se realiza mediante un proceso conocido como serialización. Este proceso convierte el estado de un objeto en un flujo de bytes que puede escribirse en disco, lo que posibilita restaurar el estado del objeto (es decir, deserializado) al leer los datos. Dado que este proceso de conversión conlleva un coste de tiempo, y que cuanto «más ligero» sea el tipo de dato, mejor, Hadoop creó sus propias clases de E/S para sustituir los tipos de datos primitivos de Java.

También se puede observar en el código anterior que, al extender la superclase Mapper, se especificaban los tipos de datos para las claves y valores de entrada/salida (<Object, Text, Text, IntWritable>). La implementación de la función map es bastante autoexplicativa. El valor de entrada se convierte en un StringTokenizer, que permite leer el texto palabra por palabra.

3 https://hadoop.apache.org/docs/stable/hadoop-mapreduce-client/hadoop-mapreduce-client-core/MapReduceTutorial.html.

Luego, la función map devuelve cada palabra como clave y un one (es decir, un uno) como valor, utilizando los tipos de datos definidos por Hadoop.

Para el reduce, se debía realizar un proceso similar creando una nueva clase que extiende de Reducer, especificando los tipos de datos de entrada y salida ().

```
public static class IntSumReducer
      extends Reducer<Text,IntWritable,Text,IntWritable> {
    private IntWritable result = new IntWritable();

    public void reduce(Text key, Iterable<IntWritable> values,
                       Context context
                    ) throws IOException, InterruptedException {
      int sum = 0;
      for (IntWritable val : values) {
        sum += val.get();
      }
      result.set(sum);
      context.write(key, result);
    }
  }
```

Fíjate que la clase IntSumReducer extiende la clase Reducer con un tipo de valor de entrada IntWritable. Sin embargo, la función reduce se define utilizando un iterador, con la clase Iterable, lo que permite recorrer la lista de valores asociados a la misma clave proveniente de la fase anterior. La implementación de la función reduce realiza una reducción «de izquierda a derecha», aunque no se puede asumir que la lista de valores tenga un orden específico. El código del reduce es bastante simple: los valores enteros de la lista se suman y se escriben como el nuevo valor resultante.

Finalmente, era necesario una función principal que configurase todo el trabajo y especificara las clases que acabamos de mostrar y los tipos de datos de las claves y valores de salida. Como curiosidad, puedes observar que la clase IntSumReducer se utiliza tanto para el Combiner como para el Reducer.

```
public static void main(String[] args) throws Exception {
    Configuration conf = new Configuration();
    String[] otherArgs = new GenericOptionsParser(conf, \
                                       args).getRemainingArgs();
    if (otherArgs.length < 2) {
     System.err.println("Uso: wordcount <entrada> [<entrada>...] <salida>");
     System.exit(2);
    }
    Job job = Job.getInstance(conf, "contador de palabras");
    job.setJarByClass(WordCount.class);
    job.setMapperClass(TokenizerMapper.class);
    job.setCombinerClass(IntSumReducer.class);
    job.setReducerClass(IntSumReducer.class);
    job.setOutputKeyClass(Text.class);
    job.setOutputValueClass(IntWritable.class);
    for (int i = 0; i < otherArgs.length - 1; ++i) {
```

```
        FileInputFormat.addInputPath(job, new Path(otherArgs[i]));
    }
    FileOutputFormat.setOutputPath(job,
        new Path(otherArgs[otherArgs.length - 1]));
    System.exit(job.waitForCompletion(true) ? 0 : 1);
}
```

Probablemente este ejemplo te haya servido para ver lo tedioso que puede resultar escribir un programa tan simple con Hadoop MapReduce. Requiere conocer tipos de datos específicos, definir varias clases y, además, no se asemeja a la programación funcional. Afortunadamente, plataformas como Spark, Dask o Flink nos ofrecen formas mucho más sencillas de implementar programas MapReduce. Además, Hadoop no se limita únicamente a la implementación de MapReduce; ofrece mucho más, y esto es lo que se abordará en el resto del capítulo.

RETO #1

Si has instalado Hadoop en tu propio ordenador, ejecuta el ejemplo del contador de palabras.

Gestor de recursos: funcionamiento interno

Quizás ya hayas intuido que, para ejecutar un programa MapReduce, se requieren varios procesos que coordinen su ejecución. Esto se debe a que las funciones map y reduce deben ejecutarse, de manera transparente para el programador, en múltiples ordenadores, para garantizar la tolerancia a fallos. Como mencionamos en el capítulo anterior, los procesos mappers y reducers se encargan de esta tarea, pero ¿cómo se implementa esto?

Hadoop utiliza una arquitectura clásica maestro-trabajador (figura 3.1), en la que un nodo maestro (o principal) coordina todas las operaciones, mientras que varios nodos, conocidos como «trabajadores», realizan el trabajo real. Recuerda que, cuando hablamos de un clúster de ordenadores, nos referimos a un conjunto de equipos interconectados mediante una red local de alta velocidad, como se explicó en el capítulo 1.

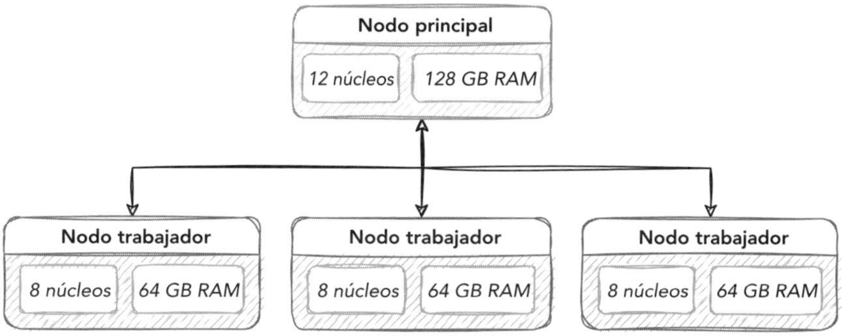

Figura 3.1. Arquitectura maestro-trabajador: la memoria RAM y el número de núcleos de cada nodo se indican en las cajas.

Componentes

Hadoop ha evolucionado significativamente desde su primera versión. En sus inicios, el módulo MapReduce se encargaba de coordinar todo lo relacionado con la ejecución. Esto implicaba que cualquier módulo adicional que quisiera utilizar Hadoop debía basarse en MapReduce, lo cual limitaba su flexibilidad. Por esta razón, a partir de la segunda versión de Hadoop, la gestión de recursos se separó del módulo MapReduce, dando lugar a un gestor independiente llamado YARN (Yet Another Resource Negotiator). Esta separación representa una ventaja considerable para muchos otros proyectos que se basan en Hadoop, ya que ahora pueden utilizar el gestor de recursos y el HDFS sin depender de la implementación de Hadoop MapReduce.

Hay cuatro componentes y conceptos importantes que necesitas conocer para entender cómo funciona Hadoop (desde la versión 2):

- **Resource Manager:** este es el proceso encargado de gestionar los recursos disponibles en el clúster (¡para todas las aplicaciones que se ejecutan en él!). Tiene una visión global del clúster, conociendo cuánta RAM hay en total, cuántos núcleos, etc. Este gestor se ejecuta en el nodo principal, se comunica con las aplicaciones cliente y orquesta todo el trabajo, asignando tareas a los Node Managers (ver siguiente concepto). Su objetivo principal es optimizar el uso de los recursos disponibles, negociando su uso y gestionando las prioridades de las diferentes ejecuciones.
- **Node Manager:** este proceso administra los nodos trabajadores, encargándose de lanzar y hacer un seguimiento de los procesos asignados a cada uno. Hay un proceso de Node Manager ejecutándose en cada nodo trabajador y también es responsable de mantener informado al Resource Manager sobre el estado del nodo (por ejemplo, carga de trabajo, si está respondiendo a las tareas asignadas, etc.). Mientras que el Resource Manager tiene una visión global del clúster, los Node Managers poseen una visión local de cada nodo. La figura 3.2 puede ayudar a comprender mejor esta arquitectura.

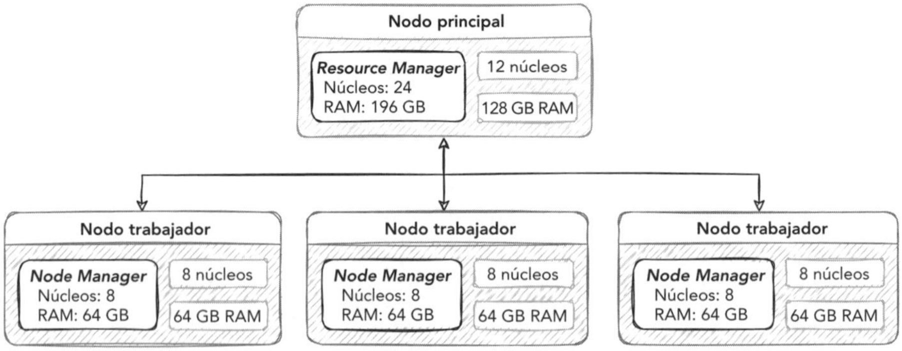

Figura 3.2. Los procesos de gestión de recursos y el Node Manager: el Resource Manager conoce todos los núcleos (virtuales) disponibles en el clúster (24) y la cantidad total de RAM (196 GB); el Node Manager solo conoce los recursos disponibles en un nodo trabajador.

- **Contenedor:** Es un subconjunto de recursos del clúster, definido por un número de núcleos y una cantidad de memoria RAM (básicamente, una máquina virtual simplificada) que se utilizan para la ejecución de una aplicación. Si no estás familiarizado con el concepto de virtualización, puedes imaginar un contenedor como un subconjunto dedicado de recursos hardware de un nodo, que se utiliza para realizar una tarea específica (por ejemplo, un proceso `map`). La obtención de estos recursos debe ser negociada con el Resource Managers. ¿Por qué se hace esto? Además de permitir un seguimiento constante de los recursos utilizados en el clúster, los contenedores proporcionan entornos aislados, lo que protege a las diferentes tareas. Dado que los contenedores ejecutan aplicaciones de distintos usuarios, es crucial garantizar que no se acceda a la memoria, archivos o directorios de otros usuarios. La figura 3.3 ilustra cómo los contenedores utilizan los recursos en un nodo trabajador y se aprecia cómo en un solo nodo trabajador pueden coexistir múltiples contenedores de diferentes tamaños.
- **Application Master:** Este proceso gestiona una aplicación específica (por ejemplo, tu programa MapReduce) y se ejecuta dentro de un contenedor. Es responsable de negociar con el Resource Manager para obtener los contenedores necesarios para ejecutar la aplicación, y de coordinar su uso una vez asignados. Además, colabora con los Node Managers para monitorear y ejecutar las tareas asignadas. También se encarga de garantizar la tolerancia a fallos.

La figura 3.4, inspirada en la documentación de Hadoop,[4] ayuda a visualizar dónde se encuentra cada proceso y cómo se comunican los diferentes contenedores. Hablaremos de esto con más detalle en la siguiente sección.

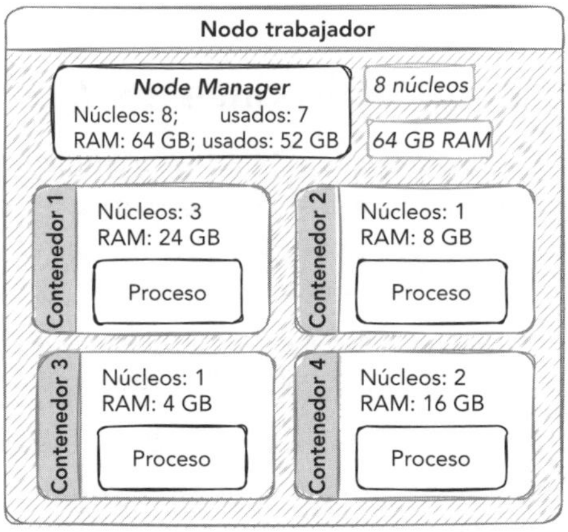

Figura 3.3. Un nodo trabajador con 4 contenedores independientes de diferentes tamaños, utilizando un total de 52 GB de RAM y 7 núcleos (virtuales) de los recursos del nodo.

[4] https://hadoop.apache.org/docs/stable/hadoop-yarn/hadoop-yarn-site/YARN.html.

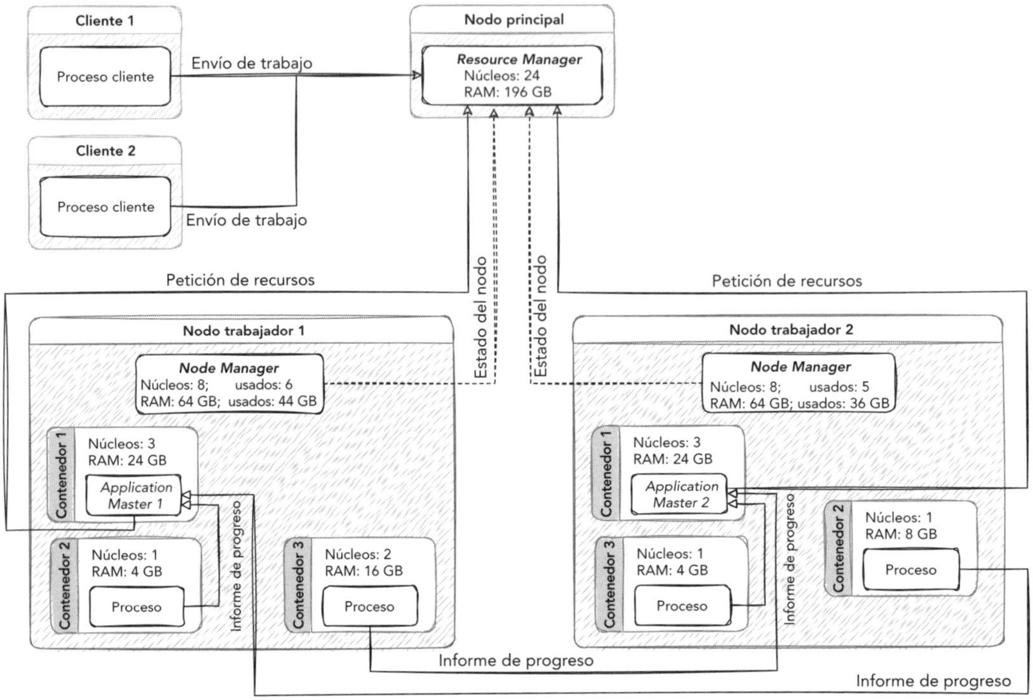

Figura 3.4. Proceso de gestión y negociado de recursos (inspirado en la documentación de Hadoop). Dos procesos cliente se están ejecutando en el clúster, cada uno de los cuales tiene su propio Application Master residiendo en contenedores independientes. Cada Application Master controla diferentes contenedores que están llevando a cabo el trabajo. Fíjate que los contenedores pueden estar en diferentes nodos, y aquellos que están ejecutando las tareas informarán del progreso al Application Master.

Ejecutando un proceso MapReduce en YARN

Una vez que hemos escrito nuestro programa MapReduce utilizando Hadoop, y asumiendo que se ha instalado Hadoop, estaremos listos para ejecutarlo. Ten en cuenta que el programa no tiene por qué ser necesariamente una aplicación Java de Hadoop; también puedes ejecutar otros tipos de aplicaciones en YARN. Al ejecutar una aplicación, debemos especificar el número de mappers (o contenedores) necesarios, así como la memoria requerida para cada uno. Es común referirse a la aplicación como un trabajo (*job*) que se ejecutará en un clúster.

Para ejecutar un trabajo, habrá un proceso cliente (habitualmente en un nodo cliente) que enviará nuestra aplicación al Resource Manager ubicado en el nodo principal (figura 3.5). El Resource Manager actúa como el punto de comunicación y entrada para cualquier proceso cliente. Cada trabajo se compone de una o más tareas que deben ejecutarse. Al recibir un trabajo, el Resource Manager verifica si es posible ejecutar la aplicación (dependiendo de la disponibilidad de recursos) o si debe ser puesta en cola. Este método de trabajo permite ejecutar múltiples trabajos al mismo tiempo en un clúster, siempre que haya suficientes recursos disponibles.

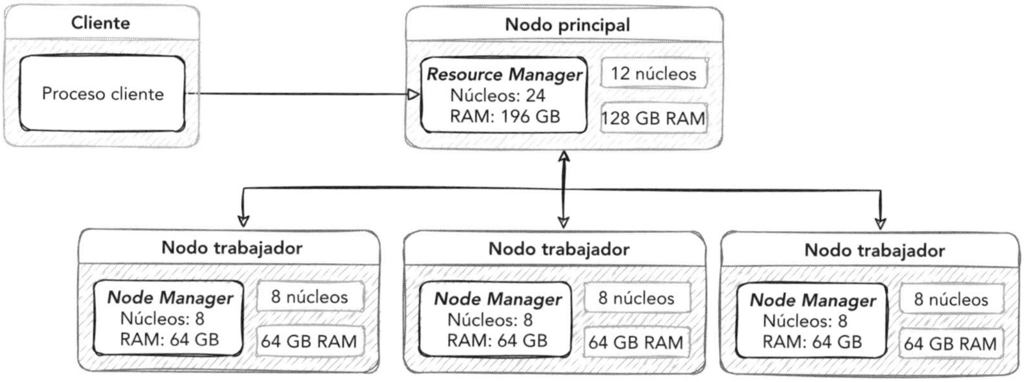

Figura 3.5. Paso 1: se envía una aplicación cliente mediante el Resource Manager.

Después de comprobar el estado del clúster, el Resource Manager intentará asignar un único contenedor donde se ejecutará el Application Master (figura 3.6). Para ello, debe negociar con el Node Manager correspondiente para verificar si el contenedor solicitado está disponible. Una vez asignado un contenedor en un nodo trabajador, el Application Master comenzará a ejecutarse en él. Este será el proceso responsable de gestionar la ejecución del trabajo enviado. Si el Application Master controla la ejecución del trabajo, ¿por qué crees que reside en un nodo trabajador en lugar de hacerlo en el nodo principal? Bueno, como se mencionó anteriormente, es posible que haya varios trabajos ejecutándose de forma simultánea en el clúster. Alojar todos los procesos Application Master en el nodo principal podría ser inviable, además de inseguro.

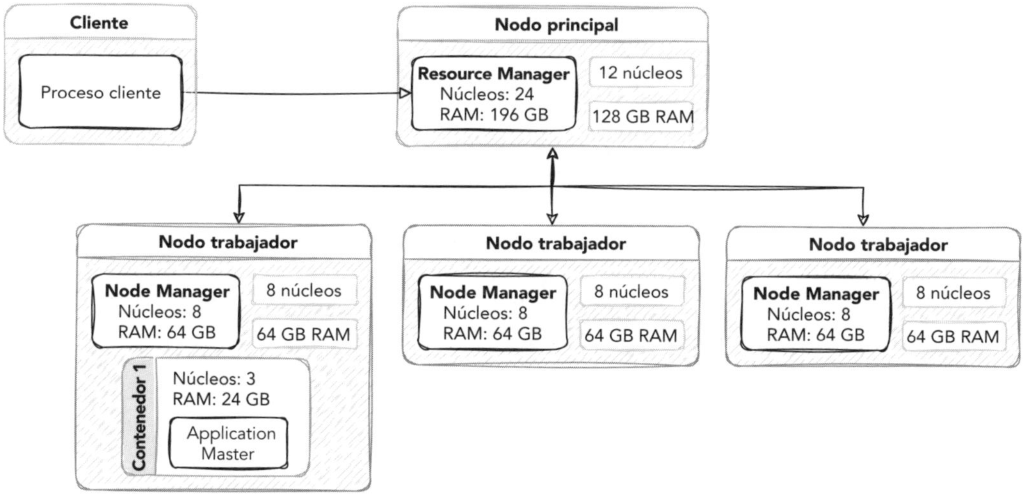

Figura 3.6. Paso 2: el Resource Manager proporciona un único contenedor (en un nodo trabajador) donde el Application Master comienza a ejecutarse e inicia negociaciones con el Resource Manager para solicitar contenedores para el trabajo que está coordinando.

El primer paso para el Application Master es solicitar contenedores adicionales al Resource Manager para ejecutar todas las tareas necesarias (figura 3.7). Estas tareas informarán de su progreso directamente al Application Master. Aunque es posible ejecutar varios contenedores en el mismo nodo, lo habitual es distribuir la carga entre los nodos trabajadores para aprovechar la localidad de los datos.

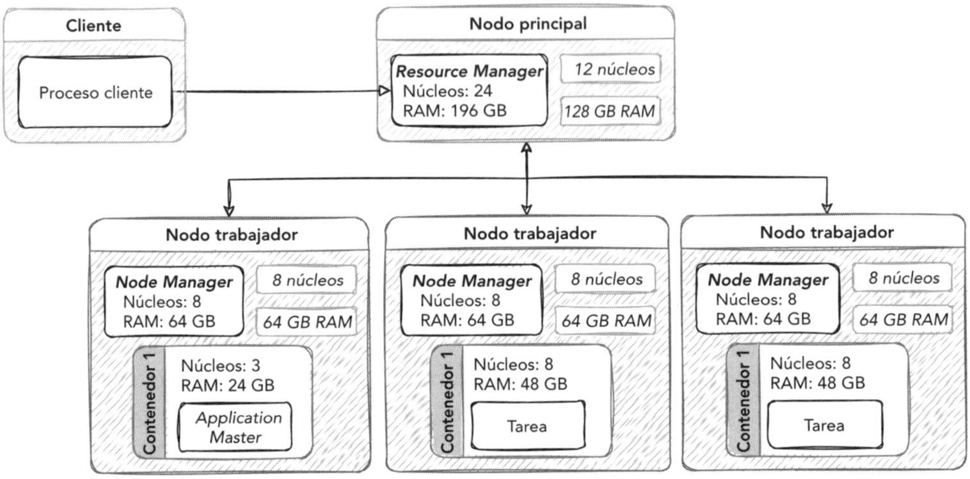

Figura 3.7. Paso 3: el Application Master ha conseguido diferentes contenedores donde se ejecutan las tareas asociadas con el trabajo.

Todas las tareas se ejecutan en los contenedores, que se liberan una vez que han finalizado (figura 3.8). No obstante, un contenedor puede ejecutar múltiples tareas correspondientes a varias particiones de datos en el mismo nodo o a tareas sucesivas.

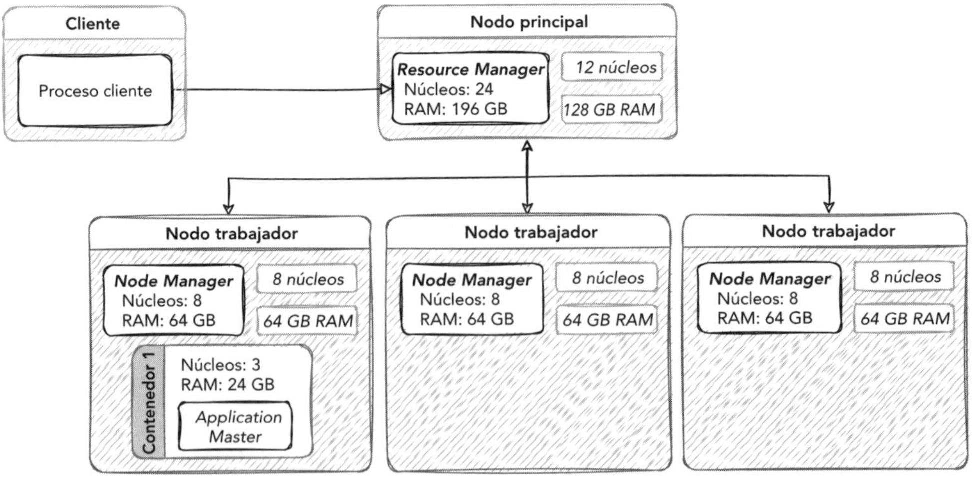

Figura 3.8. Paso 4: una vez que se completan las tareas de un trabajo, los contenedores se liberan.

Tras ejecutar todas las tareas del trabajo, el proceso Application Master termina y su contenedor también se libera (figura 3.9).

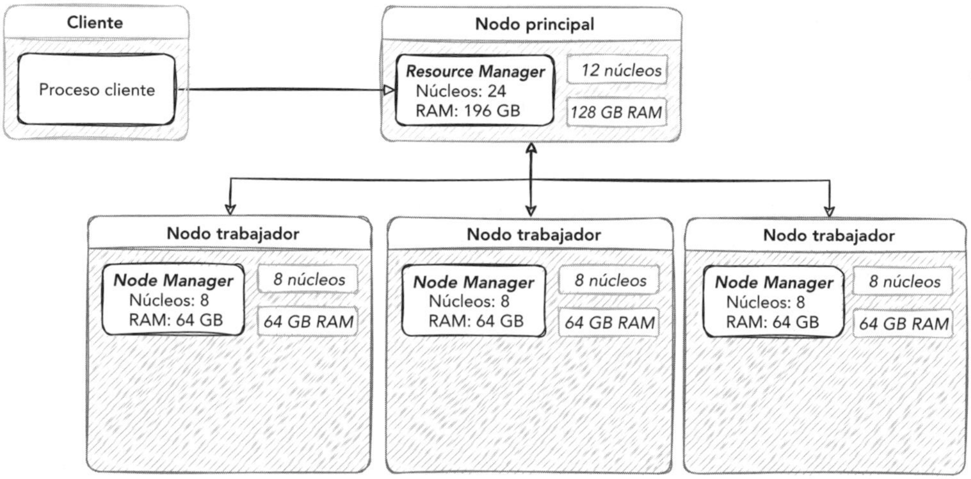

Figura 3.9. Paso 5: el Application Master finaliza y su contenedor es liberado.

Por último, la aplicación cliente finaliza una vez que todas sus tareas han sido completadas.

En resumen, habrá múltiples tareas, cada una ejecutándose en un contenedor ubicado en un nodo trabajador dentro del clúster. Mientras tanto, en el lado de YARN, el Resource Manager colaborará con los Node Managers y el/los Application Master(s) para gestionar los recursos del clúster y garantizar que todas las tareas de una aplicación se completen con éxito.

Por cierto, no necesitas realmente un clúster para practicar con Hadoop, ya que permite tres formas diferentes de ejecutar aplicaciones:

- **Modo local (*standalone*).** En este modo, tu aplicación se ejecuta en una única máquina virtual de Java (*Java Virtual Machine*, JVM) en un solo ordenador. Es una opción muy útil para depurar tu aplicación Hadoop MapReduce durante su desarrollo.
- **Modo pseudodistribuido (simulador de clúster).** En este modo, se crean múltiples procesos en un solo ordenador para simular, hasta cierto punto, cómo funcionaría un clúster. Esto permite cierto nivel de paralelización, aunque es importante señalar que no se consideran los costes de red (por ejemplo, el movimiento de datos entre nodos). Por lo tanto, no te sorprendas si tu solución funciona muy rápido en modo pseudodistribuido pero no escala adecuadamente en un clúster real.
- **Modo totalmente distribuido (clúster).** Este es el modo completamente distribuido de Hadoop, donde múltiples ordenadores conectados a través de una red colaboran para coordinar la ejecución de un programa de big data.

El sistema de archivos distribuido de Hadoop

Antes de hablar sobre el sistema de archivos distribuido de Hadoop (el *Hadoop Distributed File System*, HDFS), la primera pregunta que nos gustaría responder es: ¿Qué es realmente un sistema de archivos? Es un sistema que controla cómo se almacenan y se recuperan los datos de un dispositivo de almacenamiento (por ejemplo, un disco duro o de estado sólido). En big data, es más probable que utilicemos discos duros tradicionales, ya que son más baratos y permiten una mayor capacidad de almacenamiento. No obstante, lo más importante que se debe tener en cuenta es que en big data vamos a tener muchos discos duros distribuidos en varios nodos, y buscamos transparencia, es decir, nos gustaría verlos como si fuesen un solo disco donde podemos poner nuestros datos y procesarlos sin preocuparnos por la complejidad que conlleva su gestión.

Si has estudiado asignaturas de sistemas operativos antes, recordarás que el diseño del sistema de archivos y cómo se asignan los archivos a los sectores del disco influye en gran medida en el número de movimientos (¡físicos!) del cabezal para encontrar los distintos trozos que componen un archivo en un disco duro y, por lo tanto, su diseño determina la eficiencia de lectura y escritura de datos. Si no tienes experiencia previa con sistemas operativos, necesitas entender que, a un alto nivel, un disco está compuesto por un número de bloques. Un archivo es simplemente una abstracción que un sistema operativo proporciona al usuario para entender los datos, y está compuesto por uno o más bloques. Existen diversas implementaciones para asignar bloques de disco a los archivos (por ejemplo, sistemas de lista enlazada, FAT32, inodos, NTFS), que generalmente buscan proporcionar eficiencia y resiliencia al leer y escribir información desde un solo disco.

¿Qué es el HDFS?

Entonces, ¿cuáles son las diferencias entre los sistemas de archivos tradicionales y el HDFS?

El HDFS es un sistema de archivos distribuido, escalable y flexible, implementado en Java para Hadoop. A diferencia de los sistemas tradicionales, en el HDFS los archivos no se almacenan en un único disco duro, sino que pueden distribuirse entre múltiples ordenadores en un clúster de miles de nodos conectados a un único sistema de archivos distribuido a través de una red. En este esquema, los bloques que componen un archivo se reparten entre los diferentes nodos del clúster, lo que permite aprovechar la localidad de datos.

Sin embargo, dado que los sistemas de archivos distribuidos dependen necesariamente de una red para interconectar todos los discos, surgen las complicaciones inherentes a la programación en red. Esto introduce desafíos específicos en el diseño de estos sistemas en comparación con los sistemas de archivos tradicionales. Por ejemplo, prevenir la pérdida de datos es una prioridad clave en los sistemas de archivos distribuidos, lo que se logra mediante técnicas como la replicación de datos o métodos más eficientes, como la codificación de borrado (*erasure coding*), que puede reducir significativamente el uso de disco.

El diseño del HDFS está guiado por varios principios clave que responden a las necesidades de big data:

- Se asume que los archivos son muy grandes, del orden de varios gigabytes, y contienen muchos objetos.
- Se espera que el acceso a los datos siga un patrón específico conocido como acceso a datos en *streaming*. Esto significa que los archivos generalmente se escriben una vez y se leen muchas veces. En la mayoría de los casos, las operaciones son de lectura (normalmente se lee el archivo completo o una gran proporción) o consisten en añadir información al final del archivo. Dado que modificar partes específicas de un archivo no es habitual en este contexto, no se prioriza el acceso aleatorio (*random access*). El HDFS está diseñado para leer archivos de principio a fin y se enfoca más en el rendimiento de lectura que en la latencia. En otras palabras, los datos se almacenan para realizar múltiples análisis a lo largo del tiempo, lo que hace que la capacidad de leer grandes cantidades de datos rápidamente sea más importante que la latencia en su obtención.
- No se espera el uso de ordenadores de alta gama. Todo el proyecto Apache Hadoop está diseñado para funcionar en hardware relativamente económico, donde los fallos en los nodos son habituales. Por esta razón, el HDFS es tolerante a fallos y permite que los discos fallen sin pérdida de datos gracias a la redundancia.

Estos principios de diseño permiten que Hadoop proporcione un sistema de archivos adecuado para muchas aplicaciones de big data. Sin embargo, no será adecuado para todas las aplicaciones posibles. Por ejemplo:

- **Acceso a datos con baja latencia:** Si necesitas acceder a datos en un rango de decenas de milisegundos, HDFS no es la mejor opción. Está optimizado para ofrecer un alto rendimiento en la lectura de datos a expensas de la latencia (acceso a datos en *streaming*). En estos casos, plataformas como HBase son más adecuadas para proporcionar acceso con baja latencia.
- **Acceso a muchos archivos pequeños:** Cada archivo en HDFS tiene metadatos asociados, como la ruta, propietario, permisos, tamaño e información sobre la ubicación de los bloques de datos (distribuidos en múltiples discos en diferentes nodos). El nodo maestro, conocido como Name Node, gestiona todos los metadatos y los almacena en memoria RAM. Esto implica que el número máximo de archivos que se pueden manejar está limitado por la memoria disponible en el Name Node. El concepto de HDFS federado, disponible desde la versión 2 de Hadoop, permite gestionar múltiples (e independientes) Name Nodes, lo que puede mitigar esta limitación. Sin embargo, la latencia de acceso sigue sin estar optimizada, por lo que leer muchos archivos pequeños será más lento comparado con los sistemas de archivos tradicionales.
- **Escritura concurrente en un archivo:** Aunque un archivo puede ser leído de forma concurrente por múltiples trabajos, solo un proceso puede escribir en él, y el nuevo contenido siempre debe añadirse al final del archivo. Actualmente, no se admite la

escritura concurrente por parte de múltiples procesos ni la modificación arbitraria del contenido de un archivo. Incluso si esto fuera posible, sería extremadamente lento debido al diseño de HDFS. Cabe aclarar que esta limitación se refiere a la imposibilidad de que múltiples aplicaciones o trabajos escriban en el mismo archivo. Sin embargo, como veremos en la siguiente sección, un único trabajo puede escribir diferentes bloques de un archivo en paralelo.

Además de lo comentado hasta ahora, hay otro aspecto que puede no ser intuitivo: el HDFS en realidad depende de otros sistemas de archivos. Podemos entender el HDFS como una capa de abstracción que oculta la complejidad del almacenamiento distribuido. Sin embargo, las operaciones de E/S en el disco duro son gestionadas por el sistema operativo a través de su propio sistema de archivos. De hecho, al instalar HDFS en tu sistema, no es necesario formatear el disco duro. Simplemente debes especificar una ubicación en el disco local donde deseas que se almacenen los datos. En un clúster, este paso se debe repetir en cada nodo. Esta arquitectura permite que el HDFS sea compatible con múltiples sistemas operativos.

¿Cómo funciona el HDFS?

Abstracción de bloques de datos

Como mencionamos anteriormente, un disco duro está compuesto por un número de bloques. El tamaño del bloque representa la cantidad mínima de datos que se puede leer o escribir. En los discos duros tradicionales, los bloques suelen ser muy pequeños, generalmente de 512 bytes, y esta característica es «transparente» para el usuario, quien no necesita preocuparse por ello.

En HDFS también se utiliza el concepto de bloque. Los archivos se dividen en fragmentos del tamaño de un bloque, que se almacenan como unidades independientes y, por lo tanto, pueden distribuirse en diferentes nodos del clúster. Una diferencia clave es que el tamaño de los bloques en HDFS suele ser significativamente mayor, con un valor predeterminado de 128 MB. Además, a diferencia de un sistema de archivos tradicional, donde un archivo de 1 byte ocuparía un bloque completo de 512 bytes, en HDFS un archivo más pequeño que el tamaño de un bloque no desperdicia todo el espacio del bloque, lo que permite un uso más eficiente del almacenamiento.

¿Por qué el tamaño del bloque en HDFS es tan grande? En los sistemas de archivos tradicionales, los discos se dividen en bloques pequeños para facilitar el crecimiento de los archivos, permitir el acceso aleatorio y realizar modificaciones arbitrarias. Sin embargo, según los principios de diseño del HDFS mencionados anteriormente, no se espera escribir repetidamente ni de forma arbitraria. Por lo general, se espera leer el archivo completo, y se asume que los archivos serán muy grandes. Por esta razón, Hadoop busca reducir el tiempo de búsqueda, que es el tiempo necesario para localizar un bloque en un disco duro. Este tiempo suele ser el factor dominante al cargar o leer un archivo. Al aumentar el tamaño del bloque, el tiempo de transferencia se vuelve proporcionalmente mayor que el tiempo de búsqueda, lo cual es ideal para alcanzar las altas velocidades de lectura requeridas en HDFS.

Además de acelerar la carga de archivos, ¿hay otros beneficios al usar el concepto de bloque en HDFS? La respuesta es sí, y son numerosos. Por un lado, este concepto permite manejar archivos más grandes que un solo disco duro del clúster. Esto es posible porque los bloques de un archivo pueden distribuirse entre diferentes discos en distintos nodos, lo que permite que un archivo ocupe varios discos. Además, almacenar bloques de un archivo en múltiples nodos permite implementar el principio de localidad de datos, optimizando el rendimiento. Por otro lado, el concepto de bloque simplifica considerablemente la gestión del almacenamiento, algo crítico en un sistema distribuido complejo donde pueden ocurrir diversos errores. Por ejemplo, dado que los bloques tienen un tamaño fijo, es sencillo calcular cuántos bloques se pueden almacenar en un disco determinado. Este concepto también permite separar los metadatos de los datos reales, lo que facilita su manejo en sistemas distribuidos. En HDFS, el Name Node gestiona los metadatos, controlando la ubicación de los bloques en el clúster. Por último, el uso de bloques ayuda a implementar la tolerancia a fallos. Para protegerse contra bloques corruptos o fallos de discos y nodos, cada bloque puede replicarse en varios nodos, para asegurar la disponibilidad y confiabilidad de los datos.

Arquitectura

El módulo HDFS también sigue una arquitectura maestro/trabajador y se basa en dos procesos principales: el Name Node y los Data Nodes. El Name Node se encuentra generalmente en el nodo principal, mientras que los Data Nodes se ejecutan habitualmente en los nodos trabajadores. La figura 3.10 ilustra cómo funciona el HDFS y las diferentes entidades involucradas en su operación.

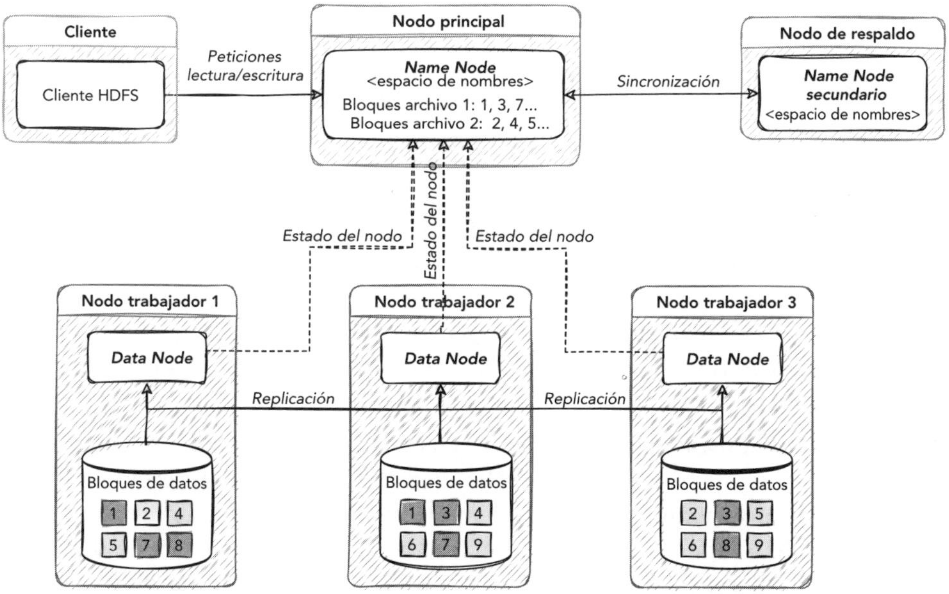

Figura 3.10. La arquitectura HDFS (inspirada en la documentación de Hadoop).

El Name Node gestiona el espacio de nombres del sistema de archivos y mantiene el árbol del sistema de archivos y los metadatos de todos los archivos y directorios en él. También conoce la ubicación de los Data Nodes donde se encuentran los bloques de datos. Esta información es recopilada de los Data Nodes cuando se inicia el sistema HDFS. Como se mencionó anteriormente, el Name Node almacena toda esta información en la memoria RAM para responder rápidamente a las solicitudes de los procesos cliente. Aunque esto limita la cantidad de archivos que se pueden almacenar, esta limitación se ha mitigado en parte mediante el uso de HDFS federados, que permite tener múltiples Name Nodes, cada uno encargado de una parte del espacio de nombres.

Sin el Name Node, el HDFS no puede funcionar. De hecho, si el Name Node falla y sus datos se pierden, todos los archivos en el HDFS se perderían, porque no habría forma de reconstruirlos a partir de los bloques almacenados en los Data Nodes. Por esta razón, Hadoop incluye la capacidad de ejecutar un Name Node secundario sincronizado con el Name Node principal y proporciona una copia de seguridad. Desde la versión 2, Hadoop ha introducido una funcionalidad llamada High Availability, que permite una recuperación rápida en caso de fallo del Name Node primario.

Los Data Nodes almacenan y proporcionan acceso a los bloques de datos. Normalmente, existe un proceso Data Node en cada nodo trabajador del clúster. Estos procesos son responsables de gestionar las solicitudes de los clientes para operaciones de E/S relacionadas con los bloques de datos. También realizan operaciones sobre los bloques, como creación, eliminación o replicación, siguiendo las instrucciones del Name Node. Además, informan periódicamente al Name Node sobre las listas de bloques que almacenan y su estado, enviando «heartbeats» para confirmar su disponibilidad.

Tolerancia a fallos: redundancia de datos

En la actualidad, Hadoop ofrece dos formas principales para garantizar la tolerancia a fallos:

- **Replicación de datos:** Este es el mecanismo predeterminado de tolerancia a fallos, que consiste en replicar cada bloque de datos varias veces en diferentes Data Nodes. El factor de replicación predeterminado es 3, lo que significa que un bloque de datos se copia en tres Data Nodes distintos. De este modo, si uno falla, los datos aún estarán disponibles en los otros dos. Sin embargo, esta estrategia implica un sobrecoste del 200 % en espacio de almacenamiento y otros recursos, como el ancho de banda al escribir los datos.
- **Codificación de borrado:** Introducida en la tercera versión de Hadoop, esta alternativa reduce el sobrecoste asociado a la replicación de datos. La codificación de borrado utiliza significativamente menos almacenamiento (aproximadamente menos del 50 % de sobrecoste) a cambio de mayores requisitos de CPU y red. Parte del coste de garantizar la tolerancia a fallos se traslada a la reconstrucción de datos en caso de pérdida, lo que hace que esta estrategia sea más costosa en esos escenarios. La

codificación de borrado es una técnica derivada de la teoría de la información, que añade datos redundantes a un mensaje para garantizar la tolerancia a fallos. Implementar esta técnica en Hadoop no es trivial y requiere cambios significativos en varias partes del HDFS. Si conoces cómo funciona la verificación de paridad en configuraciones de RAID (Conjunto Redundante de Discos Independientes)[5], la codificación de borrado sigue un enfoque similar.

NOTA

Desde el punto de vista de quienes desarrollan o realizan ciencia de datos, si el HDFS se implementa con replicación de datos o codificación de borrado puede no ser especialmente relevante, a menos que la capacidad de almacenamiento disponible sea limitada.

Accesibilidad

Para acceder al HDFS, un proceso cliente puede comunicarse con el Name Node en nombre del usuario. El sistema ofrece una interfaz similar a POSIX para abstraer los detalles de implementación (Name Node, Data Nodes). Sin embargo, no es una implementación estándar de POSIX, y no es posible navegar directamente por el contenido del HDFS como en otros sistemas de archivos. Si estás acostumbrado a usar la terminal (línea de comandos) de Linux, una de las mayores incomodidades es que no podrás usar el tabulador para autocompletar lo que estás escribiendo. La tabla 3.1 resume algunas de las operaciones más frecuentes en la línea de comandos. Verás que los comandos son muy similares a los de UNIX, pero es necesario precederlos con hadoop fs - antes del comando.

Tabla 3.1. Operaciones básicas de línea de comandos con HDFS.

Comando HDFS	Explicación
hadoop fs -cp	Copia archivos de HDFS a HDFS.
hadoop fs -mv	Mueve archivos de HDFS a HDFS.
hadoop fs -rm	Elimina archivos en HDFS.
hadoop fs -rm -r	Elimina recursivamente en HDFS.
hadoop fs -cat	Muestra el contenido de un archivo en HDFS.
hadoop fs -mkdir	Crea una carpeta en HDFS.
hadoop fs -put	Copia archivos de local a HDFS.
hadoop fs -get	Copia archivos de HDFS a local.

5 https://en.wikipedia.org/wiki/Standard_RAID_levels.

Hay dos operaciones principales que se pueden realizar en HDFS:

- **Leer un archivo desde HDFS:** El proceso cliente envía una solicitud al Name Node para obtener la ubicación de los bloques de datos del archivo. Para cada bloque, se selecciona el Data Node más cercano que lo contenga, y la solicitud de lectura se realiza directamente desde el cliente al Data Node, sin interacción adicional con el Name Node. En el caso de usar MapReduce, un nodo trabajador idealmente solicita datos que ya se encuentran en el mismo nodo, para aprovechar la localidad de datos. Si un bloque estuviera corrupto o inaccesible, se utilizaría una de sus réplicas.
- **Crear un archivo:** El cliente solicita al Name Node la creación del archivo y este verifica que haya suficiente espacio disponible y que el nombre del archivo no exista. El archivo se crea inicialmente en el espacio de nombres sin bloques de datos asociados. Luego, el cliente comienza a escribir datos en un primer Data Node asignado por el Name Node. Este Data Node replica y propaga el bloque a los otros Data Nodes designados para almacenar las réplicas (también asignados por el Name Node). Durante este proceso, los Data Nodes se comunican entre sí para completar la replicación y el Name Node espera la confirmación final de que la escritura se ha realizado correctamente en todos los nodos.

Limitaciones: tecnologías y plataformas más allá de Hadoop

Esperamos que, hasta ahora, hayas comprendido las principales ventajas de Hadoop MapReduce, que permite manejar big data de manera sencilla y tolerante a fallos. Es una solución escalable que no requiere hardware específico. Sin embargo, no es la única herramienta necesaria para trabajar con big data. Como se mencionó al comienzo del capítulo, se han desarrollado numerosos proyectos basados en Hadoop. Esto se debe a que Hadoop tiene sus propias limitaciones, y muchos de estos proyectos «derivados» surgieron para abordar dichas limitaciones y mejorar sus capacidades.

En concreto, Hadoop MapReduce simplificó el procesamiento de big data, pero los científicos de datos enfrentaban diversas dificultades con este sistema. Por un lado, implementar funciones como `map` y `reduce` en Java con la API de Hadoop resultaba algo engorroso. Por otro lado, como se explicó antes, existe una considerable serialización de datos entre las fases de `map` y `reduce`, lo que puede convertirse en un cuello de botella al realizar análisis de datos. En problemas que requieren múltiples pasos de MapReduce para alcanzar su objetivo, la serialización entre etapas puede generar un gran inconveniente. Si realizaste la práctica de laboratorio del capítulo anterior, probablemente notaste que esta situación es bastante común.

El problema fundamental es que diferentes algoritmos pueden acceder a los datos de maneras diversas, siguiendo distintos flujos de trabajo. Por ejemplo, puede ser necesario iterar varias veces sobre un conjunto de datos para generar un modelo de aprendizaje automático. También podría requerirse consultar una gran base de datos de manera interactiva para obtener estadísticas o subconjuntos específicos de los datos. Además, el big data a menudo proviene de múltiples fuentes y una forma común de manejar esta variedad es mediante modelos basados en grafos. Estos modelos no siguen las estructuras tradicionales de almacenamiento y acceso a datos; en su lugar, representan los datos como nodos conectados (por ejemplo, las páginas web pueden ser nodos vinculados entre sí). También discutimos el desafío de la velocidad en big data, que implica procesar datos en tiempo real (*streaming*), donde es necesario realizar cálculos continuos basados en los datos entrantes. Aunque todos estos ejemplos podrían resolverse utilizando el concepto de MapReduce, la implementación proporcionada por Hadoop sería muy lenta debido a la serialización requerida entre etapas, la replicación necesaria y toda la E/S de disco asociada.

Por ese motivo muchas plataformas de big data surgieron para abordar estos problemas. Inicialmente, aparecieron soluciones relativamente rápidas al problema de la serialización. Por ejemplo, se desarrollaron sistemas como Giraph[6] o GraphLab[7], para trabajar con modelos basados en grafos, y marcos como Twister (Ekanayake, 2010) o Haloop[8], para permitir múltiples iteraciones sobre los datos. Más recientemente, han surgido plataformas más completas como Apache Flink[9], Apache Spark[10] o Dask[11], capaces de manejar con éxito varios de esos flujos de trabajo de datos.

Ahora podrías estar preguntándote, ¿significa esto que es el fin de Hadoop? ¡Para nada! Hadoop no ha desaparecido; más bien, se ha convertido en la base de muchas otras tecnologías, creando todo un ecosistema de plataformas construidas sobre él. Por ejemplo:

- **Servicios de datos:** Herramientas diseñadas para manipular y procesar datos con facilidad. Ejemplos: Hive[12], Pig[13], HBase[14] y Flume[15], entre otros.
- **Servicios operativos:** Herramientas útiles para gestionar las operaciones de un clúster de Hadoop. Ejemplos: ZooKeeper[16] y Oozie[17], entre otros.

El número de plataformas y herramientas de big data es considerable. Aquí hemos introducido Hadoop y más adelante hablaremos sobre Apache Spark. Sin embargo, elegir la tecnología adecuada dependerá en gran medida de lo que necesites hacer con tus datos.

6 https://giraph.apache.org/.
7 https://github.com/graphlab-code/graphlab.
8 http://code.google.com/p/haloop/.
9 https://flink.apache.org/.
10 https://spark.apache.org/.
11 https://www.dask.org/.
12 https://hive.apache.org/.
13 https://pig.apache.org/.
14 https://hbase.apache.org/.
15 https://flume.apache.org/.
16 https://zookeeper.apache.org/.
17 https://oozie.apache.org/.

RETO #2

Si ya conoces técnicas clásicas de aprendizaje automático, como el algoritmo de los k-vecinos más cercanos, el k-medias, árboles de decisión o cualquier otro, ¿serías capaz de identificar un método que tal vez no funcione bien con Hadoop MapReduce y explicar brevemente por qué?

Resumen

Este capítulo ha proporcionado una introducción a Apache Hadoop. Hemos visto que Hadoop es lo que llamamos un marco de big data y que no es solo MapReduce, sino que incluye una implementación de este modelo de programación junto con otros dos componentes principales: un negociador de recursos (YARN) y un sistema de archivos distribuido (HDFS).

Para los propósitos de este libro, no es completamente necesario describir todos los detalles sobre Hadoop y su funcionamiento, pero es importante comprender algunos conceptos clave y su progreso actual:

- Implementar programas de MapReduce con Hadoop puede resultar algo engorroso y, en muchos casos, probablemente no será nuestra elección final.
- Hadoop sigue una arquitectura maestro/trabajador, donde un nodo maestro coordina las operaciones y delega los cálculos a un conjunto de nodos trabajadores.
- La ejecución de un programa en un clúster de Hadoop es gestionada por múltiples procesos: Resource Manager, Node Managers y el Application Master.
- El concepto de contenedor es clave para entender cómo se despliega una aplicación en un clúster, proporcionando el aislamiento necesario para permitir que varias aplicaciones se ejecuten simultáneamente de manera segura.
- El sistema de archivos distribuido (HDFS) proporcionado por Hadoop es gestionado por un proceso de Name Node y varios procesos de Data Node.
- El HDFS fue diseñado con los siguientes principios: acceso eficiente a archivos grandes, alto rendimiento y la capacidad de operar en hardware de especificaciones modestas. Sin embargo, puede no ser adecuado para casos que requieren baja latencia, acceso a muchos archivos pequeños o escritura concurrente en un archivo desde múltiples aplicaciones.
- Hadoop ha avanzado tecnológicamente con características como alta disponibilidad, federación HDFS y codificación de borrado, y es probable que surjan nuevos desarrollos en el futuro. Aunque desde el punto de vista de la ciencia de datos no es esencial conocer todos los detalles técnicos, es útil estar al tanto de estos avances.
- Si bien Hadoop tiene limitaciones al aplicar múltiples procesos de MapReduce de manera secuencial, su sistema de archivos distribuido y su negociador de recursos siguen siendo fundamentales para muchos marcos de big data (el ecosistema Hadoop).

Como reflexión final, existen muchos marcos de big data disponibles y elegir uno depende de las necesidades específicas de tu proyecto. Nos gusta decir que elegir la tecnología de big data adecuada es similar a seleccionar la estructura de datos más apropiada para resolver un problema: muchas opciones pueden funcionar, pero lograr eficiencia depende en gran medida de tu elección.

¿Quieres aprender más?

¿Quieres saber más sobre Apache Hadoop? Los siguientes enlaces pueden ser útiles:

- ***Hadoop: The Definitive Guide*** **- (White, 2015).** El libro principal sobre Apache Hadoop. Si deseas profundizar en la arquitectura de Hadoop (sobre todo YARN y HDFS), este libro proporciona una información mucho más detallada de la que hemos presentado aquí.

Mantenerse al día con los últimos desarrollos de Apache Hadoop es esencial:

- **Sitio web de Apache Hadoop**[18]. Consulta las últimas actualizaciones.
- **Sobre codificación de borrado (Xia, 2015)**, recomendamos este artículo para entender los principios de este mecanismo de tolerancia a fallos.

Hemos mencionado conceptos como la serialización o la virtualización, que pueden ser desconocidos para ti. Si deseas más información, te sugerimos los siguientes recursos:

- **El concepto de serialización**[19], cómo funciona tanto en Java[20] como en Python con pickle[21].
- ***Contenedores de Linux y virtualización*** **- (Jain, 2020).** Este libro proporciona una visión general sobre la virtualización y el uso de contenedores en Linux.

Solución a los retos

Reto #1

Aquí resumimos los pasos clave para ejecutar el contador de palabras en tu propio ordenador. En los siguientes pasos, asumimos que estás utilizando un Sistema Operativo UNIX. Los usuarios de Windows necesitarán seguir tutoriales alternativos.

- **Paso 1:** Crea un archivo Java con el nombre de tu clase (por ejemplo, WordCount, CommonFriends, etc.).

18 https://hadoop.apache.org/.

19 https://en.wikipedia.org/wiki/Serialization.

20 https://docs.oracle.com/javase/tutorial/jndi/objects/serial.html.

21 https://docs.python.org/3/library/pickle.html.

Puedes descargar el código fuente del tutorial de Hadoop MapReduce[22].

```
import java.io.IOException;
import java.util.StringTokenizer;

import org.apache.hadoop.conf.Configuration;
import org.apache.hadoop.fs.Path;
import org.apache.hadoop.io.IntWritable;
import org.apache.hadoop.io.Text;
import org.apache.hadoop.mapreduce.Job;
import org.apache.hadoop.mapreduce.Mapper;
import org.apache.hadoop.mapreduce.Reducer;
import org.apache.hadoop.mapreduce.lib.input.FileInputFormat;
import org.apache.hadoop.mapreduce.lib.output.FileOutputFormat;

public class WordCount {

  public static class TokenizerMapper
       extends Mapper<Object, Text, Text, IntWritable>{

    // variable de miembro
     private final static IntWritable one = new IntWritable(1);
     private Text word = new Text();

    public void map(Object key, Text value, Context context
                    ) throws IOException, InterruptedException {
           StringTokenizer itr = new StringTokenizer(value.toString());

                      while(itr.hasMoreTokens()){
                            word.set(itr.nextToken());
                            context.write(word, one);
    }
    }
  }

  public static class IntSumReducer
       extends Reducer<Text,IntWritable,Text,IntWritable> {
    private IntWritable result = new IntWritable();

    public void reduce(Text key, Iterable<IntWritable> values,
                      Context context
                      ) throws IOException, InterruptedException {
           int sum = 0;
           for (IntWritable val : values){
                 sum += val.get();
           }
           result.set(sum);
           context.write(key,result);
    }
  }
```

22 https://hadoop.apache.org/docs/stable/hadoop-mapreduce-client/hadoop-mapreduce-client-core/MapReduceTutorial.html.

```
  public static void main(String[] args) throws Exception {
    Configuration conf = new Configuration();
    Job job = Job.getInstance(conf, "contador de palabras");
    job.setJarByClass(WordCount.class);
    job.setMapperClass(TokenizerMapper.class);
    job.setCombinerClass(IntSumReducer.class);
    job.setReducerClass(IntSumReducer.class);
    job.setOutputKeyClass(Text.class);
    job.setOutputValueClass(IntWritable.class);
    FileInputFormat.addInputPath(job, new Path(args[0]));
    FileOutputFormat.setOutputPath(job, new Path(args[1]));
    System.exit(job.waitForCompletion(true) ? 0 : 1);
  }
}
```

NOTA

Si deseas practicar más, podrías implementar los ejercicios de la práctica de laboratorio del capítulo 2. Para algunos de los ejercicios, es posible que necesites encontrar el tipo de dato «Tuple» de Hadoop (es decir, TupleWritable).

- **Paso 2:** Compila tu código. Te recomendamos que consultes el tutorial que mencionamos antes si tienes dificultades con esto.
  Necesitas algunas variables de entorno para poder ejecutar tu programa:
  ```
  export HADOOP_CLASSPATH=${JAVA_HOME}/lib/tools.jar
  ```
- **Paso 3:** Luego puedes compilar y crear el archivo jar:
  ```
  bin/hadoop com.sun.tools.javac.Main WordCount.java
  jar cf wc.jar WordCount*.class
  ```
- **Paso 4:** Ejecuta tu programa.
  ```
  hadoop jar wc.jar WordCount wordcount/input wordcount/output
  ```
- **Paso 5:** Verifica la salida.
  ```
  big 3
  bienvenido 2
  al 2
  mundo 2
  MapReduce 1
  del 1
  data 1
  ```

Reto #2

Cualquier algoritmo de aprendizaje automático iterativo tendría problemas de rendimiento con Hadoop MapReduce, porque ocurrirían demasiadas operaciones de E/S con HDFS. Ejemplos bien conocidos son el *clustering* k-means, la regresión lineal/logística o el algoritmo de PageRank.

Ejercicios

1. Enumera los principales componentes/módulos de Apache Hadoop.
2. Indica si las siguientes afirmaciones sobre Hadoop son verdaderas o falsas:
   - ☐ Hadoop sigue una estrategia de escalado vertical, por lo que no puede añadir nuevos nodos de computación.
   - ☐ Necesitas un clúster de nodos de computación para poder probar Hadoop.
   - ☐ No puedes ejecutar más de un trabajo de MapReduce al mismo tiempo en un clúster de Hadoop.
   - ☐ Hadoop utiliza el concepto de contenedores para proporcionar aislamiento de recursos.
3. ¿Por qué el módulo Hadoop MapReduce proporciona sus propios tipos de datos (por ejemplo, IntWritable) en lugar de usar tipos de datos estándar de Java (por ejemplo, Integer)? Explica brevemente tu respuesta.
4. Explica brevemente por qué necesitamos serializar objetos en un programa de Hadoop MapReduce.
5. Indica si las siguientes afirmaciones sobre YARN son verdaderas o falsas:
   - ☐ Solo puedes ejecutar trabajos de Hadoop MapReduce en YARN.
   - ☐ El Node Manager se ejecuta en el nodo maestro.
   - ☐ Los contenedores de una aplicación dada siempre deben estar ubicados en el mismo nodo trabajador.
   - ☐ El Application Master es el mismo para todos los trabajos que se ejecutan en el clúster.
6. En YARN, el Resource Manager se encarga de asignar contenedores para ejecutar tareas de una aplicación. Explica por qué necesitamos esos contenedores para ejecutar una aplicación.
7. En YARN, el proceso del Resource Manager asigna un único contenedor en un nodo trabajador donde se ejecuta el Application Master. Proporciona una razón por la cual este proceso de Application Master no se ejecuta en el nodo maestro.
8. Describe brevemente los pasos clave para ejecutar un proceso de MapReduce en YARN.
9. Menciona brevemente los tres modos de ejecución disponibles en Hadoop. ¿Cuál de estos modos utilizarías para depurar tu código?
10. Indica si las siguientes afirmaciones sobre el HDFS son verdaderas o falsas:
    - ☐ El HDFS es adecuado para leer archivos grandes, pero no tan adecuado para realizar/cambiar aleatoriamente los datos.
    - ☐ El HDFS fue diseñado para tener una latencia muy baja.
    - ☐ El concepto de bloque es importante en HDFS para proporcionar tolerancia a fallos.
    - ☐ El Name Node conoce la ubicación de todos los archivos en un HDFS.

11. Tenemos un clúster con 5 nodos de computación, en el que cada nodo tiene un disco local de 1 terabyte (totalmente) dedicado al HDFS. ¿Podríamos almacenar un archivo que ocupa 5 terabytes? Explica brevemente tu respuesta.
12. Tenemos un clúster con 4 nodos de computación, en el que cada nodo tiene un disco local de 1 TB (totalmente) dedicado al HDFS. Tenemos dos archivos diferentes, uno de 200 MB y otro de 390 MB. Dibuja un diagrama para mostrar cómo se distribuyen estos archivos en el HDFS. ¿Cuántos bloques necesitamos para cada archivo? Asumiendo un factor de replicación de 3x, ¿cuánto espacio se ocupa en HDFS?
13. ¿Por qué el HDFS utiliza un tamaño de bloque grande, típicamente de 128 MB? Explica brevemente tu respuesta.
14. Explica con brevedad cómo se logra actualmente la tolerancia a fallos en Hadoop.
15. Proporciona dos razones por las que puede que no desees usar Hadoop MapReduce para implementar una solución de big data.

4

Spark

Resultados de aprendizaje:

- Comprender la importancia de la caché para el procesamiento eficiente del big data [CC].
- Conocer el concepto de conjuntos de datos distribuidos resilientes (RDD) para big data [CC].
- Operar con RDD diferenciando entre las transformaciones vagas y las acciones [CC, HI, CPP].
- Comprender cómo se distribuye una aplicación de Spark garantizando tolerancia a fallos y transparencia [CC].
- Aplicar Spark de manera práctica para la resolver problemas específicos en el ámbito del big data [HI, CPP].

Desde que comenzamos a hablar sobre MapReduce, mencionamos que podrían surgir problemas con la forma en que este modelo de programación se ejecuta en la plataforma Hadoop. Uno de los problemas identificados es que, entre etapas (es decir, de map a shuffle y de shuffle a reduce), es necesario acceder al HDFS para leer los datos de entrada y escribir los resultados. Aunque Hadoop MapReduce facilita el procesamiento de grandes conjuntos de datos al permitir reducir y controlar cuántos datos se mueven a través de la red para realizar ciertos cálculos (si se explota adecuadamente el principio de localidad de los datos), muchas operaciones de E/S aún ocurren localmente en cada disco duro, lo cual no es muy eficiente y, por tanto, no deseable en el contexto del big data.

Esta situación puede agravarse aún más si se piensa en tareas o programas que necesiten múltiples etapas MapReduce; por ejemplo, para calcular el histograma de frecuencias de palabras en un gran documento, primero debemos ejecutar un programa MapReduce para obtener el contador de palabras. A la salida de este contador se le puede concatenar un segundo programa MapReduce que contabilice cuántas palabras tienen una frecuencia dada en todo el documento.

Se pueden encontrar muchos casos en los que Hadoop MapReduce no es adecuado en la práctica debido a la serialización/deserialización en el disco (ver figura 4.1). Por ejemplo:

- A veces puede ser necesario reutilizar un conjunto de datos varias veces para poder realizar un cálculo; a esto se le llama tareas iterativas. Un ejemplo de ello son muchos de los métodos de machine learning que requieren múltiples pasadas sobre los datos para obtener los parámetros de un modelo (aprender) o minimizar algún error, como el descenso por gradiente para la regresión logística o el algoritmo de k-medias para *clustering*.
- O puede que se tenga una gran base de datos y se quieran realizar consultas interactivas sobre ella. Cada vez que se desee realizar una consulta, se estarían leyendo los datos del HDFS y cargando los diferentes fragmentos en la memoria principal de cada nodo trabajador para poder llevar a cabo la consulta.
- El big data no se trata solo de volumen, sino también de velocidad, lo que implica que en ocasiones los datos llegan de forma continua en lotes que deben ser procesados; esto se conoce como datos en *streaming*. Si pensamos en el ámbito del aprendizaje en línea o *data streaming*, tendremos que analizar todos esos lotes entrantes y realizar los cálculos necesarios para mantener el modelo actualizado, ¡y eso debe ocurrir (muy) rápidamente!

En todos esos casos, como se muestra en la figura 4.1, el problema radica en la E/S que ocurre desde y hacia el almacenamiento secundario, lo cual es muy lento en comparación con el uso de la memoria principal (y, por supuesto, normalmente no se tiene acceso a discos SSD en un clúster de big data). Es importante aclarar que este cuello de botella no es tan grande como el causado por el envío de datos a través de la red, que fue el principal problema que mencionamos que Hadoop nos ayuda a resolver, pero representa un nivel superior de eficiencia que será indispensable para trabajar con big data.

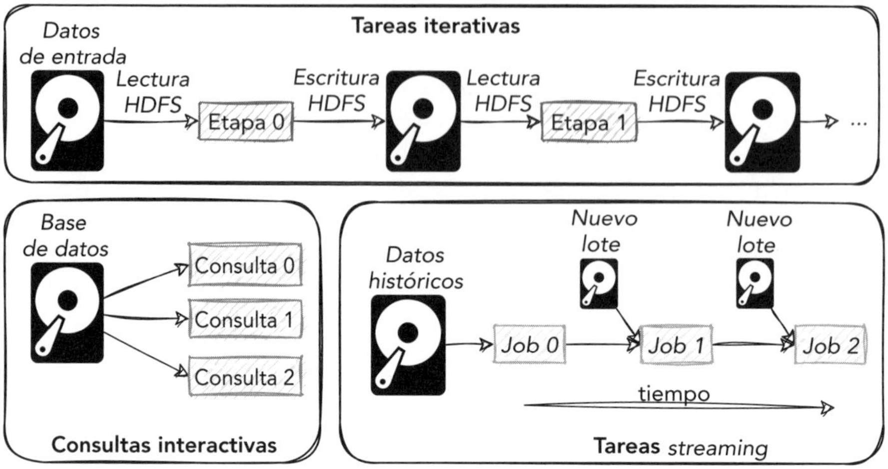

Figura 4.1. Tareas en las que Hadoop MapReduce puede no ser eficiente (inspirado en la documentación de Apache Spark).

¿Qué es Spark?

Spark es, como lo definen sus creadores, un «motor de procesamiento, rápido y expresivo, para clústeres de ordenadores» que es compatible con Apache Hadoop. En otras palabras, SPARK es otra plataforma de big data, que promete ser diez veces más rápido que Hadoop en disco y hasta cien veces más rápido en memoria. Aunque Spark está escrito nativamente en Scala, proporciona API (es decir, interfaces de programación de aplicaciones) en diferentes lenguajes de programación como Java, Scala, Python y R. Estas API también mejoran la legibilidad del código en comparación con el estilo de programación de Hadoop. Quizás te preguntes: «¿cuál es realmente la idea novedosa de Apache Spark?». La respuesta es simple: encontraron una forma de evitar la serialización de cada etapa de MapReduce en el disco. Pero, ¿cómo?

En el pasado, el coste de la memoria RAM era bastante alto, pero hoy en día es mucho más asequible, lo que implica que se puede tener más memoria en cada nodo trabajador. Como quizás ya adivinaste, en big data no solo se necesitarán grandes discos duros, sino también mucha memoria RAM. Y tener más memoria disponible es lo que Spark explota para resolver el problema. Decidieron aprovechar la memoria RAM como si fuera una memoria caché, para leer los datos solo una vez y reutilizarlos tantas veces como fuera necesario, mientras se mantenían en la memoria principal. Por supuesto, no se mantienen en la memoria de un solo nodo, sino que cada nodo mantiene en memoria una fracción del conjunto de datos completo.

Por simplificar la explicación, la primera vez se leen los datos del HDFS, pero luego se mantienen en la memoria principal. Esta idea simple permite a Spark extender el modelo de programación MapReduce a procesamiento interactivo, iterativo y en *streaming*. Si quieres conocer todos los detalles, recomendamos el artículo original donde se presentó Spark (Zaharia, 2010).

Es muy importante enfatizar que Spark es solo un motor de procesamiento de datos. Esto quiere decir que implementa el modelo de programación MapReduce de manera más eficiente que Hadoop, pero aún puede (y probablemente debería) usar HDFS (u otros sistemas de almacenamiento distribuidos), de ahí que se afirme que es compatible con Hadoop. Spark está diseñado para trabajar sobre el gestor de recursos de Hadoop, YARN o cualquier otro gestor de recursos (como Mesos), aunque también incluye su propio gestor de recursos.

En Spark hay cuatro bibliotecas, en función del tipo de procesamiento que se desee realizar: Spark SQL (para procesamiento de datos estructurados), Spark Streaming, MLLib (para machine learning), y GraphX (para procesamiento de grafos), actualmente no disponible para la API de Python.

El objetivo de Apache Spark

El objetivo de Apache Spark es proporcionar una capa de abstracción para hacer uso de la memoria RAM distribuida en un clúster de ordenadores, manteniendo las propiedades que ofrecía MapReduce (por ejemplo, tolerancia a fallos, localidad de datos y escalabilidad). Para lograrlo, se ideó una estructura de datos distribuida (Zaharia, 2012) a la que llamaron conjuntos de datos distribuidos resilientes (*Resilient Distributed Datasets*, RDD). Posteriormente, ampliaron Spark con otras estructuras de datos llamadas DataFrames y Datasets, pero hablaremos de ellas en el próximo capítulo.

¿Pero qué son exactamente esos RDD? Un RDD es una colección de objetos, que es resiliente a fallos, que se puede procesar en paralelo y que además se puede «cachear» (mantenerla en memoria RAM distribuida) para reutilizarla. En otras palabras, imagina una lista en Python, pero en lugar de estar solo en la memoria principal de tu portátil, está distribuida a través de un clúster; y, como siempre, toda la complejidad del proceso es «transparente» para nosotros.

Estas estructuras de datos distribuidas permiten más operaciones que «solo» funciones map y reduce. De esta forma, Spark no solo implementa el modelo de programación MapReduce de manera más eficiente al reducir la serialización y deserialización en el disco, sino que también lo extiende con funcionalidades adicionales.

Vamos a distinguir dos tipos de operaciones con RDD: transformaciones y acciones.

- Una transformación es una operación vaga (*lazy*, en inglés) que construye un RDD a partir de otro. La evaluación vaga (o en diferido) es una de las grandes ventajas de la programación funcional y nos permite realizar operaciones como map, filter o groupByKey de manera más eficiente, al no evaluarlas de inmediato.
- Una acción, sin embargo, devuelve un resultado o escribe algo en el disco.

Esta es una distinción muy importante porque la evaluación vaga de las transformaciones permite a Spark almacenar una secuencia de transformaciones como una receta que se debe llevar a cabo (un plan de ejecución lógico) y no las ejecuta hasta que se lanza una acción, lo que le permite optimizar el proceso y volverse más eficiente.

Como estructuras de datos distribuidas, los RDD podrían sufrir pérdida de datos si uno de los nodos que contiene parte de la información falla. Por ello, Spark diseñó también mecanismos para reconstruir un RDD en caso de fallo.

Conceptos básicos

Cuando se usa Spark con un lenguaje interpretado como Python, se puede lanzar Spark de dos formas distintas:

- **Aplicación interactiva:** probablemente la forma más fácil de aprender Spark. Se ejecuta spark-shell para Scala o pyspark para Python y se obtiene un intérprete interactivo. En este libro usamos Spark desde Jupyter Notebooks, que también es una forma interactiva de usar Spark.
- **Aplicación independiente:** se escribe el código utilizando tu entorno de programación (IDE) favorito y luego se ejecuta usando spark-submit.

Se podría decir que un programa de Spark está compuesto por dos programas diferentes: el programa controlador (o *driver program*) y el programa de los trabajadores (o *worker program*); aunque solo se ve/implementa uno. El programa controlador ejecuta todo lo que es secuencial y el programa de los trabajadores se encarga de todo lo que se ejecuta en paralelo.

Lo primero que debe hacer un programa Spark es crear un objeto SparkContext, que es el principal punto de entrada a la funcionalidad de Spark. Esto le indica a Spark cómo acceder a un clúster (o a tu ordenador). Si se está utilizando la consola (pyspark), el SparkContext se crea automáticamente. Si se está usando Jupyter Notebooks como controlador para pyspark, también se ha inicializado ya el SparkContext.

El SparkContext se crea en el programa controlador para establecer una conexión con el gestor de clúster. Una vez conectado, se pueden solicitar «ejecutores» para llevar a cabo los diferentes trabajos. Un ejecutor es un proceso que realiza el cálculo y almacena los datos en memoria (similar al mapper y al reducer que se discutieron con Hadoop). Para ello, el programa controlador envía el código y las tareas a los ejecutores y éstos informarán al programa controlador cuando hayan terminado.

La figura 4.2 muestra los elementos clave involucrados en la ejecución de un programa Spark. Es importante no confundir estos elementos con la arquitectura maestro/trabajador que se mencionó antes para Hadoop. El programa controlador de Spark puede estar ejecutándose en un nodo trabajador, si se ejecuta, por ejemplo, con YARN (ten en cuenta que también se podría ejecutar el programa controlador en tu propio ordenador y conectarse a un clúster para ejecutar las tareas). Cada programa tendrá sus propios ejecutores para asegurar el aislamiento, de modo que se prevenga cualquier intercambio de datos no deseado entre programas. Un nodo trabajador puede tener varios de estos procesos ejecutores.

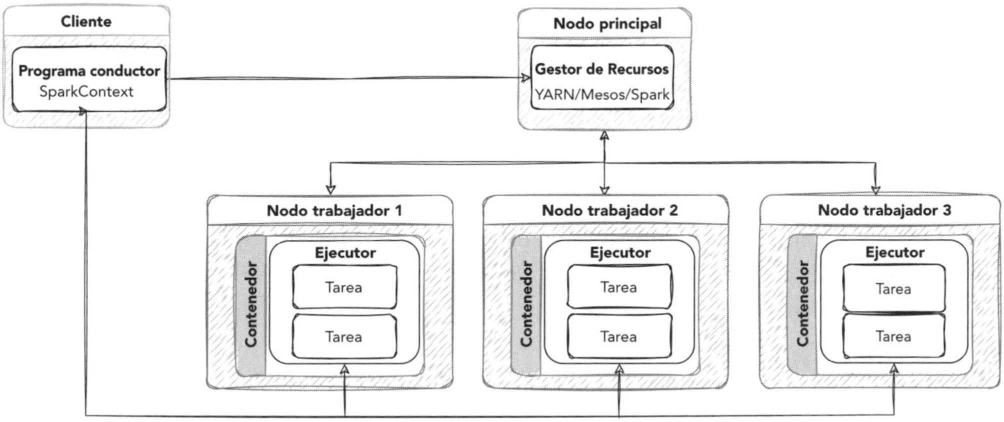

Figura 4.2. Spark Context y ejecutores (inspirado en la documentación de Apache Spark). El programa controlador se conectará con el gestor de clúster que solicitará los recursos necesarios para ejecutar las diferentes tareas.

Para crear un SparkContext, primero debemos crear un objeto SparkConf que contenga información básica sobre tu aplicación.

```
from pyspark import SparkConf, SparkContext

conf = SparkConf().setMaster("local[*]").setAppName("Capítulo 4: pyspark")
sc = SparkContext(conf=conf)
```

Cuando hayas inicializado Spark, deberías poder rastrear cada tarea en: http://localhost:4040. Si eso no funciona, puedes encontrar el enlace al inspeccionar el contenido de la variable sc.

```
sc
```

```
<SparkContext master=local[*] appName=Capítulo 4: pyspark>
```

En la configuración anterior, el máster (maestro) es una URL del clúster de Spark, Mesos o YARN, o una cadena especial «local» para ejecutar en modo local. Nosotros hemos escrito local[*] para indicarle a Spark que queremos usarlo en local, pero que use todas las hebras disponibles como ejecutores en el ordenador donde se está ejecutando. También hemos establecido el nombre de nuestra aplicación como "Capítulo 4: pyspark". Aunque la mayoría de nosotros lo olvidamos porque no es un gran problema, es una buena práctica detener el SparkContext antes de cerrar tu Notebook ejecutando sc.stop(). Si no haces esto, podrías terminar creando múltiples instancias de SparkContext, por ejemplo, si abres varios notebooks de Jupyter.

RDD: Conjuntos de datos distribuidos resilientes

Como mencionamos antes, un RDD es una colección distribuida de objetos con las siguientes características:

- Los RDD son inmutables una vez creados, lo que significa que no se puede modificar su contenido.
- Un RDD puede contener objetos de Python, Java o Scala, así como objetos definidos por tus propias clases.
- Existe un linaje de RDD que se mantiene para garantizar la tolerancia a fallos.

A continuación, mostraremos algunos ejemplos para aprender a usar los RDD. Para una lista completa de las operaciones que puedes realizar con RDD, puedes consultar la documentación oficial[1]. ¡Vamos a ello!

Crear un RDD

Hay diferentes maneras de crear RDD:

- **Paralelizar una colección de datos existente:** sc.parallelize(Colección de Python)
- **Leer un conjunto de datos desde tu unidad local de almacenamiento o desde otro lugar (por ejemplo, HDFS):** sc.textFile(nombre_fichero)
- **Aplicar una transformación a un RDD existente.**

La forma más sencilla de crear un RDD es paralelizar una colección existente, por ejemplo:

```
datos = sc.parallelize([1, 2, 3, 4, 5])
```

sc.parallelize() es una operación vaga, por lo que todavía no se ha realizado ningún cálculo. En este momento, Spark solo ha guardado las instrucciones para crear el RDD.

¿Qué ocurre entonces si tratamos de imprimir el contenido de la variable datos?

```
print(datos)
```

```
ParallelCollectionRDD[102] at readRDDFromFile at PythonRDD.scala:274
```

Realmente no ha pasado mucho, print() solo nos indica que este es un objeto del tipo ParallelCollectionRDD. Será necesario llevar a cabo una acción de Spark para que la operación sc.parallelize() se ejecute. Por ejemplo, podemos utilizar una acción como collect() o take(). Lo veremos en breve.

Crear un RDD a partir de una colección de Python existente no es muy escalable, ya que estamos paralelizando datos que ya caben en la memoria del ordenador donde se está ejecutando. Por lo tanto, es más habitual cargar datos desde archivos, probablemente desde un sistema de archivos distribuido o remoto. Podemos cargar un archivo utilizando sc.textFile(nombre_fichero):

---

1 https://spark.apache.org/docs/latest/api/python/reference/pyspark.html#rdd-apis.

NOTA

A lo largo del capítulo, usaremos el libro «Don Quijote», de Miguel de Cervantes, recopilado de Project Gutenberg[2], para ilustrar muchas de las operaciones que realizaremos con Spark.

```
libro_RDD = sc.textFile("datos/quijote.txt")
```

Ten en cuenta que, como textFile() también es una operación vaga, si escribes mal el nombre del archivo, no obtendrás un error en este momento, sino cuando realices una acción sobre libro_RDD.

En la forma en que hemos especificado el nombre del archivo, se espera que el archivo quijote.txt esté en tu sistema de archivos, específicamente en el subdirectorio datos de la misma carpeta que tu programa o notebook de Python. Sin embargo, también podrías leerlo desde un HDFS o Amazon S3 indicando la ruta completa (dirección IP, puerto y la ruta real). Si has instalado Hadoop en tu ordenador y has puesto algunos archivos en tu HDFS, podrías hacer algo como:

```
libro_RDD_hdfs = sc.textFile("hdfs://localhost:9000/user/itriguero/quijote.txt")
```

Verifiquemos el tipo de la variable libro_RDD que hemos leído:

```
type(libro_RDD)
```

```
pyspark.rdd.RDD
```

Por defecto, Spark divide automáticamente tu archivo o colección en un número de particiones dependiendo de los recursos disponibles, pero también puedes especificar el nivel de paralelismo al crear un RDD.

Veamos en cuántas particiones está dividido nuestro libro_RDD:

```
libro_RDD.getNumPartitions()
```

```
2
```

Por cierto, ¿es getNumPartitions() una acción o una transformación? Bueno, diríamos que ninguna de las dos cosas. Simplemente obtiene los metadatos de este RDD. Sin embargo, sí que comprueba que el libro exista. Si escribiste el nombre de archivo incorrectamente, Spark devolverá un error.

Si deseas especificar el número de particiones al leer un archivo o al paralelizar una colección, debes proporcionarlo como un parámetro:

```
libro_RDD = sc.textFile("datos/quijote.txt", 3)
libro_RDD.getNumPartitions()
```

```
3
```

2 https://www.gutenberg.org/ebooks/2000.

Cada una de esas particiones puede ser manejada en diferentes nodos (o hilos). La figura 4.3 muestra cómo el libro se distribuye en tres particiones (una vez que una acción haya forzado la lectura del archivo, que es una operación vaga). Cada partición contendrá un trozo del libro y estas particiones serán procesadas por diferentes tareas ejecutadas por varios ejecutores.

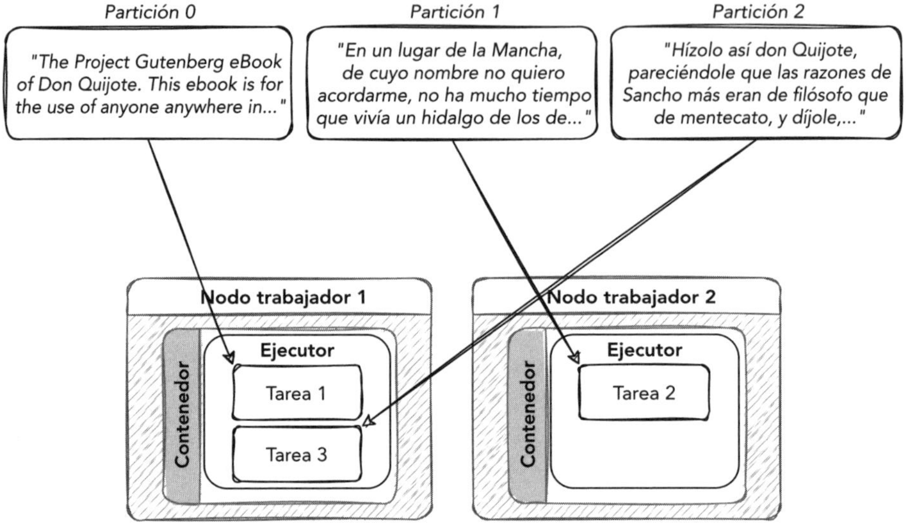

Figura 4.3. Un RDD dividido en 3 particiones. Las particiones 0 y 2 son manejadas por el nodo trabajador 1 (una tarea por partición), mientras que la partición 1 es gestionada por el nodo trabajador 2 (inspirado en la documentación de Apache Spark).

Operaciones con RDD

Como ya hemos comentado, cuando trabajamos con un RDD tenemos dos tipos de operaciones: transformaciones y acciones. Todas las operaciones sobre un RDD se ejecutan en paralelo según el número de particiones definidas, pero el nivel de paralelización depende del número de nodos o núcleos disponibles al ejecutar tu programa. Esto significa que, si divides tu RDD en 24 particiones pero solo tienes ocho hebras disponibles en tu ordenador, tu programa procesará en paralelo un máximo de ocho particiones a la vez. A medida que se complete el procesamiento de una partición, se procesarán las restantes.

La mayoría de las operaciones de Spark utilizan funciones de orden superior, que, como vimos anteriormente en el capítulo 2, son funciones o métodos que reciben otra función como parámetro. Por ejemplo, para filtrar las líneas de un RDD, necesitamos usar una función, que puede ser una función lambda (anónima):

```
lineas_quijote = libro_RDD.filter(lambda linea: "Quijote" in linea)
```

Recuerda que los RDD son inmutables, por lo que, como resultado de la operación, hemos creado otro RDD que contiene únicamente las líneas con la palabra «Quijote». Veamos el contenido de la primera línea de este nuevo RDD, lineas_quijote:

```
lineas_quijote.first()
```

```
'The Project Gutenberg eBook of Don Quijote'
```

Lo curioso es que el libro no ha sido leído ni filtrado hasta que invocamos esta operación first(), ¡que es una acción! Además, como estas operaciones se ejecutan en paralelo, se ha enviado la instrucción 'Quijote' in linea a todos los procesos trabajadores, que realizan el filtrado de esa palabra en cada partición de libro_RDD.

Transformaciones

Acabamos de ver un ejemplo de una transformación con filter() que permite transformar un RDD existente (libro_RDD) en uno nuevo (lineas_quijote). A continuación, veremos otras transformaciones básicas que se pueden realizar con los RDD.

Transformaciones básicas

La tabla 4.1 enumera algunas transformaciones básicas y su descripción. Vamos a investigar estas transformaciones.

Tabla 4.1. Transformaciones básicas con RDD.

Transformación	Descripción
map(func)	Devuelve un nuevo RDD que se construye aplicando la función func a cada elemento del RDD original.
filter(func)	Devuelve un nuevo RDD que contiene los elementos del RDD original que devuelven true al aplicar func.
flatMap(func)	Similar a map, pero cada elemento de entrada puede ser mapeado a 0 o más elementos de salida (es decir, func devuelve una secuencia en lugar de un único elemento).

Para ilustrar cada una de estas transformaciones, crearemos un RDD muy simple a partir de una lista:

```
rdd = sc.parallelize([1, 2, 3, 4, 1, 2, 3, 4])
```

map(func)

Al igual que hicimos anteriormente al usar la función map() de Python en una lista, podemos usar map() en un RDD para, por ejemplo, multiplicar cada elemento del rdd por 2. El comportamiento sería el mismo, pero la principal diferencia es que la función map() de Spark se ejecutará en paralelo.

```
rdd.map(lambda x: x * 2)
```

```
PythonRDD[112] at RDD at PythonRDD.scala:53
```

¡Espera! No podemos ver nada. ¿Hemos cambiado el valor de rdd? Para ver el contenido de este RDD, necesitamos llevarlo al programa controlador. Para ello, podemos usar collect().

```
rdd.collect()
```

```
[1, 2, 3, 4, 1, 2, 3, 4]
```

Por supuesto que no lo hicimos, recuerda que los RDD son inmutables. Necesitamos asignar el resultado de map() a una variable:

```
rdd_cuadrado = rdd.map(lambda x: x * 2)
```

Si revisas la Spark WebUI, no encontrarás la función map() en ningún sitio. La función map es una transformación y, por lo tanto, es «vaga». Debemos usar una acción para que esa transformación se ejecute. De hecho, ni siquiera verás la función parallelize() hasta que lancemos este collect().

```
rdd_cuadrado.collect()
```

```
[2, 4, 6, 8, 2, 4, 6, 8]
```

Si ahora miras la Spark WebUI e investigas la última operación collect(), podrás ver las operaciones que estuvieron involucradas (figura 4.4).

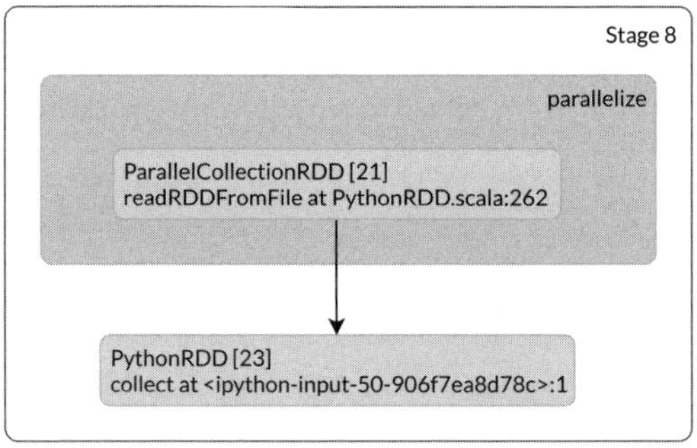

Figura 4.4. Vista de las operaciones involucradas al ejecutar «collect()» en Spark WebUI.

Hay un par de cosas que destacar aquí. En este gráfico de Spark, se indica que la instrucción sc.parallelize([1, 2, 3, 4, 1, 2, 3, 4]) se ha ejecutado primero y luego directamente el collect(). Espera, ¿dónde está el map(lambda x: x * 2)? Bueno, esa operación se ha concatenado con el parallelize() y ni siquiera aparece en esta herramienta.

Además, ¿has notado algo extraño? Antes ya habíamos leído y distribuido los datos con rdd = sc.parallelize([1, 2, 3, 4, 1, 2, 3, 4]) y habíamos realizado el collect() para ver su contenido; como mencionamos antes, la acción es la que provoca que el RDD se cree. Entonces, ¿por qué se vuelve a paralelizar la lista original cuando hacemos rdd_cuadrado.collect()?

La cuestión es que si queremos reutilizar un RDD, necesitamos «cachearlo» en memoria; de lo contrario, se volverá a crear desde el principio. Ten en cuenta que los RDD no se mantienen en memoria por defecto, por lo que tendremos que «cachearlos» de manera explícita. Hablaremos de esto más adelante.

filter(func)

Ya utilizamos esta función en un ejemplo anterior. Con filter() podemos eliminar cualquier elemento de un RDD que no nos interese. Por ejemplo, si queremos eliminar todos los unos:

```
rdd.filter(lambda x: x != 1).collect()
```

```
[2, 3, 4, 2, 3, 4]
```

O si queremos mantener solo los números pares:

```
rdd.filter(lambda x: x % 2 == 0).collect()
```

```
[2, 4, 2, 4]
```

Por cierto, ¿cuál es el tipo de dato de la estructura devuelta por collect()?

```
impares_rdd = rdd.filter(lambda x: x % 2 == 0).collect()
type(impares_rdd)
```

```
list
```

map(func) vs flatMap(func)

flatMap() es otra operación muy útil que proporciona Spark. Pero, ¿cuál es la diferencia entre map() y flatMap()? Vamos a comprobarlo:

```
rdd.map(lambda x: x * 2).collect()
```

```
[2, 4, 6, 8, 2, 4, 6, 8]
```

```
rdd.flatMap(lambda x: x * 2).collect()
```

```
---------------------------------------------------------------------------
Py4JJavaError
Traceback (most recent call last)
C:\Users\MIKEL~1.GAL\AppData\Local\Temp/ipykernel_22464/3082495257.py in
<module>
----> 1 rdd.flatMap(lambda x: x * 2).collect()
...
```

¡Vaya, no funciona! ¿Por qué no? flatMap() espera que la función de entrada func devuelva una secuencia en lugar de un solo elemento y las secuencias creadas se concatenarán en un RDD formado por los elementos de dichas secuencias.

Para que funcione, podemos hacer que la salida de la función sea una lista:

```
rdd.flatMap(lambda x: [x * 2]).collect()
```

```
[2, 4, 6, 8, 2, 4, 6, 8]
```

Bueno, no vemos mucha diferencia en este caso. Veamos otro ejemplo en el que tenemos algunas líneas de texto:

```
lineas = sc.parallelize(["bienvenido al big mundo",
                         "del big big data",
                         "bienvenido al mundo",
                         "del MapReduce",
                         "se basa en MapReduce",
                         "este libro es entretenido"])
lineas.collect()
```

```
['bienvenido al big mundo',
 'del big big data',
 'bienvenido al mundo',
 'del MapReduce',
 'se basa en MapReduce',
 'este libro es entretenido']
```

Creamos un RDD cuyos elementos son cadenas que representan seis líneas de texto. Vamos a dividir esas cadenas por espacios en blanco, con el objetivo de obtener las palabras en ese RDD.

```
palabras_map = lineas.map(lambda linea: linea.split(" "))
```

¿Qué esperas obtener en este caso?

```
palabras_map.collect()
```

```
[['bienvenido', 'al', 'big', 'mundo'],
 ['del', 'big', 'big', 'data'],
 ['bienvenido', 'al', 'mundo'],
 ['del', 'MapReduce'],
 ['se', 'basa', 'en', 'MapReduce'],
 ['este', 'libro', 'es', 'entretenido']]
```

Cada elemento del RDD original ha sido dividido, pero aún tenemos seis elementos, que en este caso son seis listas de palabras. Este es el comportamiento esperado del map(), ya que la función split devuelve una lista para una cadena de entrada:

```
"bienvenido al big".split(" ")
```

```
['bienvenido', 'al', 'big']
```

Si quisiéramos un RDD cuyos elementos fueran las palabras directamente, es aquí donde flatMap() resulta útil:

```
palabras_flatMap = lineas.flatMap(lambda linea: linea.split(" "))
```

Veamos el resultado mostrando los primeros cinco elementos del RDD resultante:

```
palabras_flatMap.collect()[:5]
```

```
['bienvenido', 'al', 'big', 'mundo', 'del']
```

Es decir, ahora obtenemos un RDD de palabras (cadenas) en vez de listas, porque las listas han sido concatenadas (o «aplanadas»). Visualmente, podemos ver las diferencias entre map y flatMap en la figura 4.5.

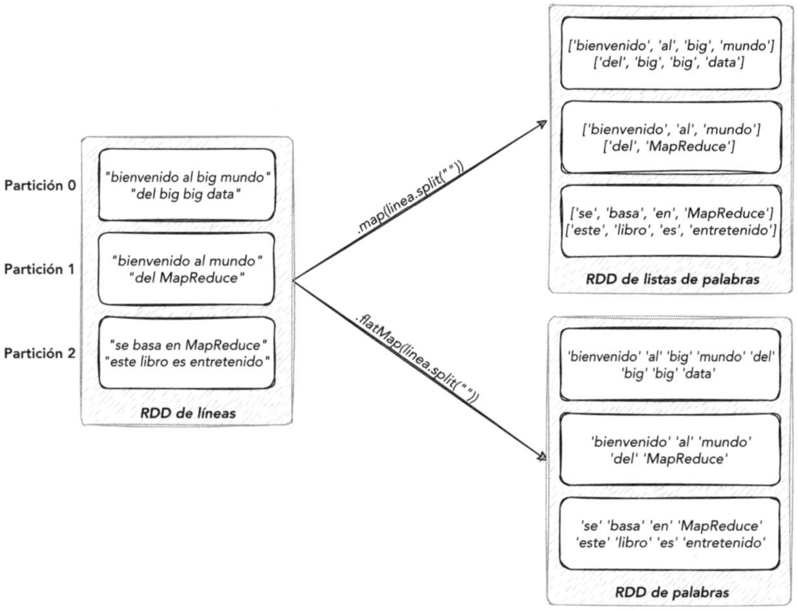

Figura 4.5. map vs flatMap en un RDD de líneas de texto con tres particiones.

En Spark, es bastante común concatenar múltiples map, filter y flatMap para dar forma a los datos antes de aplicar cualquier acción. Como veremos en la sección de funcionamiento interno, estas operaciones se pueden procesar conjuntamente para optimizar su ejecución.

Transformaciones con pseudoconjuntos

Los RDD no son realmente conjuntos en un sentido matemático, ya que permiten duplicados. Sin embargo, se pueden utilizar operaciones típicas de conjuntos con los RDD, como la unión o la intersección. Lo más importante que se debe recordar en este caso es que los RDD involucrados deben ser del mismo tipo. ¡Aunque todavía no te hemos contado los diferentes tipos de RDD que podemos tener!

Puedes encontrar todas las descripciones y ejemplos de estas funciones en el sitio web de Spark[3]. La tabla 4.2 enumera estas funciones y cómo funcionan.

3 https://archive.apache.org/dist/spark/docs/3.3.0/api/python/reference/pyspark.html#rdd-apis.

Tabla 4.2. Transformaciones con pseudoconjuntos.

Transformación	Descripción
distinct()	Devuelve un RDD sin repeticiones. Advertencia: ¡Esto requiere un **shuffle**! (¡enviando datos a través de la red! puede ser lento).
union(rdd)	Devuelve la unión de dos RDD (mantiene duplicados).
intersection(rdd)	Devuelve la intersección de dos RDD (elimina duplicados). Advertencia: ¡Esto requiere de un **shuffle**!
subtract(rdd)	Devuelve los elementos que están en el primer RDD pero no en el segundo (elimina duplicados). Advertencia: ¡Esto requiere de un **shuffle**!
cartesian(rdd)	Devuelve un RDD con todos los pares de elementos de ambos RDD.

Vamos a crear dos RDD de cadenas de caracteres para probar estas operaciones.

```
rdd1 = sc.parallelize(["agua", "vino", "cerveza", "agua", "agua", "vino"])
rdd2 = sc.parallelize(["cerveza", "cerveza", "agua", "agua",\
                       "vino", "coca-cola", "limonada"])
```

Podemos usar distinct() para eliminar duplicados de un RDD:

```
rdd1.distinct().collect()
```

```
['vino', 'cerveza', 'agua']
```

Interesante, ¿esperabas la lista en un orden diferente? En un entorno distribuido, no podemos esperar un orden específico, ya que dependerá de dónde se encuentren los datos y de cuán rápido responda cada nodo.

Con union(), concatenamos los elementos de dos RDD. De manera similar, con intersection() obtenemos solo los elementos que están presentes en ambos, mientras que con subtract() obtenemos aquellos que solo están presentes en el primer RDD.

```
rdd1.union(rdd2).collect()
```

```
['agua','vino', 'cerveza', 'agua', 'agua', 'vino', 'cerveza', 'cerveza', 'agua',
'agua', 'vino', 'coca-cola', 'limonada']
```

```
rdd1.intersection(rdd2).collect()
```

```
['cerveza', 'vino', 'agua']
```

```
rdd1.subtract(rdd2).collect()
```

```
[]
```

Ten en cuenta que tanto subtract() como intersection() eliminan duplicados, lo que provoca un shuffle (es decir, tráfico de red) y, por lo tanto, pueden ser operaciones lentas dependiendo del tamaño de los RDD. Lo mismo ocurre con distinct().

Finalmente, cartesian() genera todos los pares de elementos combinando los elementos de ambos RDD. Obviamente, esto puede crear RDD enormes incluso aunque las entradas no sean muy grandes, por lo que deberías intentar evitarlo tanto como sea posible. Antes de aplicar la transformación cartesian a nuestros RDD, vamos a eliminar duplicados:

```
rdd1.distinct().cartesian(rdd2.distinct()).collect()
```

```
[('vino', 'vino'), ('vino', 'cerveza'), ('vino', 'limonada'), ('vino', 'coca-
cola'), ('vino', 'agua'), ('cerveza', 'vino'), ('cerveza', 'cerveza'),
('cerveza', 'limonada'), ('cerveza', 'coca-cola'), ('cerveza', 'agua'), ('agua',
'vino'), ('agua', 'cerveza'), ('agua', 'limonada'), ('agua', 'coca-cola'),
('agua', 'agua')]
```

Acciones

Ya hemos utilizado algunas acciones para poder entender las transformaciones. La tabla 4.3 presenta una descripción de las acciones básicas con un RDD.

Tabla 4.3. Acciones básicas con RDD.

Acción	Descripción
reduce(func)	Agrega los elementos de un RDD utilizando func. func toma dos argumentos y devuelve uno. La función debe ser conmutativa y asociativa para que se pueda calcular correctamente en paralelo.
collect()	Devuelve todos los elementos del conjunto de datos como un *array* al programa controlador. Esto suele ser útil después de un filtro u otra operación que devuelva un subconjunto suficientemente pequeño de datos.
count()	Devuelve el número de elementos en un RDD.
take(n)	Devuelve una lista de los primeros *n* elementos de un RDD.
first()	Devuelve el primer elemento de un RDD.
takeOrdered(n, key=func)	Devuelve *n* elementos en orden ascendente o en el orden determinado por la función opcional func.
foreach(func)	Aplica la función func a cada elemento del RDD. No devuelve nada. Puede ser útil para insertar datos en una base de datos.

Vamos a explorar las acciones que aún no hemos probado. Primero, crearemos un RDD con el que trabajar:

```
rdd = sc.parallelize([1, 2, 3, 4, 5, 6, 7, 8])
```

Podemos usar count() para determinar el número de elementos en nuestro RDD, lo cual puede ser útil para depuración.

```
rdd.count()
```

```
8
```

Con take(n), obtenemos los primeros n elementos de un RDD. Esta debe ser la forma de proceder en producción en lugar de usar collect() cuando se necesita recolectar datos de los trabajadores. ¿Por qué? Porque probablemente no estarás seguro de que todo el RDD quepa en la memoria principal del nodo maestro, lo que podría hacer que collect() produzca un OutOfMemory Error. Con take() siempre controlarás la cantidad de datos que recibirás en el programa controlador.

Por ejemplo, podemos tomar el primer elemento del RDD, lo que parece tener la misma funcionalidad que first():

```
rdd.take(1)
```

```
[1]
```

Sin embargo, ten en cuenta que take() devuelve una lista. ¡Pero first() no lo hará!

```
rdd.first()
```

```
1
```

Puede que encuentres la acción reduce() un poco confusa si estás pensando en MapReduce como lo explicamos en el capítulo anterior. En MapReduce, dijimos que el reduce() mantendría las cosas distribuidas y no devolvería nada al controlador. Sin embargo, en Spark, reduce() es una acción, que se comporta de manera similar a la función reduce() de Python, condensando todos los elementos de un RDD en uno solo. La función de reduce que nos permitirá hacer el MapReduce estándar se llama reduceByKey(), y es una transformación que veremos al trabajar con pares clave-valor. Probemos el reduce() para sumar los valores en el RDD:

```
rdd.reduce(lambda a, b: a + b)
```

```
36
```

Veamos ahora la acción takeOrdered(), que es muy similar a take(), pero nos permite obtener los elementos en orden, pudiendo proporcionar una función para alterar dicho orden. Por defecto, seleccionará los elementos en orden ascendente. Por ejemplo, si queremos obtener solo los primeros tres elementos de la lista en orden ascendente:

```
rdd.takeOrdered(3)
```

```
[1, 2, 3]
```

¡Perfecto! Esto ha sido fácil, pero ¿cómo lo hacemos en orden descendente? Necesitamos proporcionar una función que devuelva un valor para cada elemento del RDD. El valor devuelto por la función será el utilizado para ordenar los elementos. En este caso, nuestra función debe invertir el orden de los elementos. Veámoslo.

```
rdd.takeOrdered(3, lambda s: -1 * s)
```

```
[8, 7, 6]
```

En la instrucción anterior, la función takeOrdered() utiliza una función anónima que básicamente invierte el signo de cada elemento del rdd, de modo que el número más alto se convierte en el más bajo, consiguiendo que takeOrdered() devuelva los elementos en orden descendente.

Transformaciones clave-valor

Hasta ahora hemos trabajado con RDD «simples», pero podrías estar preguntándote, después de tanto hablar de MapReduce, ¿hemos olvidado por completo los pares clave-valor?

En realidad, no. Spark admite pares clave-valor, que son otro tipo de RDD. Para crear uno de este tipo, simplemente necesitamos definir cada elemento de un RDD como una tupla (clave, valor).

NOTA

La clave debe ser un tipo de objeto inmutable; por ejemplo, las listas no pueden actuar como claves en Spark.

Transformaciones clave-valor básicas

La tabla 4.4 presenta una lista de transformaciones clave-valor básicas junto con una breve descripción.

Tabla 4.4. Transformaciones clave-valor básicas con RDD.

Transformación	Descripción
groupByKey()	Devuelve un nuevo RDD de tuplas (k, iterable(v)). Advertencia: ¡Esto requiere de un shuffle!
reduceByKey(func)	Devuelve un nuevo RDD de tuplas (k, v) donde los valores de cada clave k se agregan utilizando la función func. Esta función debe tomar dos elementos de tipo v y devolver el mismo tipo.
sortByKey()	Devuelve un nuevo RDD de tuplas (k, v) que ha sido ordenado (por defecto en orden ascendente).

Vamos a crear nuestro primer RDD de pares clave-valor:

```
rdd = sc.parallelize([(1, 2), (3, 4), (3, 6)])
```

Podemos usar cualquiera de las transformaciones aplicadas antes, pero debemos tener en cuenta que los elementos de este RDD son tuplas. Por ejemplo, podríamos aplicar map() para tomar el valor como clave y poner un 1 como salida:

```
rdd.map(lambda k_v: (k_v[0], 1)).collect()
```

```
[(1, 1), (3, 1), (3, 1)]
```

Además de esas transformaciones, Spark tiene algunas más diseñadas para RDD de tipo clave-valor.

Por ejemplo, ahora podemos agrupar ese rdd por clave utilizando groupByKey(). Como es una transformación, no sucederá nada hasta que lancemos una acción. Vamos a agrupar por clave y luego directamente traerlo al programa controlador:

```
rdd.groupByKey().collect()
```

```
[(1, <pyspark.resultiterable.ResultIterable at 0x7fd518c7bfa0>),
 (3, <pyspark.resultiterable.ResultIterable at 0x7fd518c7b9a0>)]
```

La salida es muy interesante; no recibe la lista de valores en sí, sino que devuelve un iterador para cada clave, lo que nos permitirá recorrer todos esos elementos y hacer algo con ellos. Para ver la lista de valores, tendríamos que mapear cada par y convertir el iterador en una lista:

```
rdd.groupByKey().map(lambda x : (x[0], list(x[1]))).collect()
```

```
[(1, [2]), (3, [4, 6])]
```

Ten en cuenta que groupByKey() es bastante ineficiente porque todos los pares clave-valor se redistribuyen. Si lo que planeas hacer es alguna operación por clave, probablemente sea mejor usar reduceByKey().

```
rdd.reduceByKey(lambda a, b: a + b).collect()
```

```
[(1, 2), (3, 10)]
```

Todos los elementos con la misma clave irán al mismo nodo y se agruparán juntos, y la función que definimos reducirá la lista de valores sumándolos. Entonces, ¿por qué es mejor usar reduceByKey() que groupByKey()? Porque reduceByKey() aplica optimizaciones (mediante *combiners*) al realizar reducciones locales antes de mover los datos a través de la red y puede agregar los diferentes pares a medida que llegan al nodo sin necesidad de mantener todos los valores en memoria.

Algo relevante que podrías haber notado... Explicamos que reduce() para RDD es una acción y, como tal, devuelve un resultado al controlador. Sin embargo, reduceByKey() es una transformación. ¡Los datos permanecen distribuidos hasta que hacemos el collect()! Esto tiene mucho sentido, ya que podría haber muchas claves en nuestro RDD resultante que no necesariamente cabrán en la memoria principal del nodo principal.

RETO #1

Implementa el contador de palabras de una lista de cadenas utilizando groupByKey() y reduceByKey() ¿Cuál prefieres?

Otra transformación clave-valor interesante es sortByKey(), que nos permite ordenar (en orden ascendente por defecto) los pares de un conjunto de datos. Por supuesto, no modifica el RDD original, sino que devuelve un nuevo RDD ordenado.

```
rdd2 = sc.parallelize([(3, 'a'), (2, 'c'), (1, 'b')])
rdd2.sortByKey().collect()
```

```
[(1, 'b'), (2, 'c'), (3, 'a')]
```

Transformaciones tipo Join SQL

Al utilizar RDD de tipo clave-valor, se pueden realizar diferentes tipos de operaciones de unión, comunes al trabajar con bases de datos SQL. Brevemente, las uniones SQL permiten combinar dos tablas basándose en una columna relacionada. En el caso de los RDD, las uniones funcionan combinando dos RDD utilizando sus claves. Por lo tanto, la idea es concatenar los valores de los elementos de los RDD que tienen las mismas claves. La diferencia entre los tipos de uniones radica en cómo se tratan los elementos que no tienen una clave en el otro RDD. En el caso de las uniones externas (*outer joins*), cuando una clave no está presente en uno de los dos RDD, se utiliza el valor nulo (None) como valor. La tabla 4.5 presenta estas transformaciones con una breve explicación.

Tabla 4.5. Transformaciones tipo join con RDD.

Transformación	Descripción
join(rdd)	Unión interna entre dos RDD, donde la clave debe estar presente en ambos RDD.
leftOuterJoin(rdd)	Une los elementos de dos RDD y mantiene todas las claves del primer RDD. Si una clave no está presente en el segundo RDD, su valor será None.
rightOuterJoin(rdd)	Une los elementos de dos RDD, mantiene todas las claves del segundo RDD. Si una clave no está presente en el primer RDD, su valor será None.
fullOuterJoin(rdd)	Une los elementos de dos RDD y mantiene todas las claves presentes en cualquiera de los dos RDD. Si una clave no está presente en alguno de los RDD, su valor será None.

A continuación, mostraremos un ejemplo rápido de uso de estas operaciones. Consideraremos dos tablas (RDD): una que contiene información sobre personas y su edad, y otra con los *hobbies* que tienen las personas.

```
personas = sc.parallelize([("Juanjo", 35), ("Direnc", 35),\
                            ("Kristina", 24), ("Irene", 25)])

hobbies = sc.parallelize([("Juanjo", ["Triatlón", "Correr", "Ciclismo"]),
                          ("Direnc", ["Musculación", "Correr", "Leer"]),
                          ("Kristina", ["Cantar", "Bailar"]),
                          ("Grazziela", ["Correr", "Música"])])
```

Ten en cuenta que puede haber personas con edades o *hobbies* desconocidos que no estarían presentes en los RDD de personas o *hobbies*, respectivamente.

join(rdd)

Con join() obtendremos la combinación de los valores asociados con las claves comunes en los RDD. Para el ejemplo, obtenemos la edad y los pasatiempos de las personas presentes en ambos RDD.

```
personas.join(hobbies).collect()
```

```
[('Direnc', (35, ['Musculación', 'Correr', 'Leer'])),
 ('Juanjo', (35, ['Triatlón', 'Correr', 'Ciclismo'])),
 ('Kristina', (24, ['Cantar', 'Bailar']))]
```

Puedes comprobar cuál es el resultado cuando hay claves repetidas en cualquiera de los RDD.

leftOuterJoin(rdd)

Similar a join(), con leftOuterJoin() también obtenemos los elementos en el primer RDD que no coinciden con ningún elemento del otro RDD. El valor para la concatenación se establece en None en estos casos.

```
personas.leftOuterJoin(hobbies).collect()
```

```
[('Direnc', (35, ['Musculación', 'Correr', 'Leer'])),
 ('Juanjo', (35, ['Triatlón', 'Correr', 'Ciclismo'])),
 ('Kristina', (24, ['Cantar', 'Bailar'])),
 ('Irene', (25, None))]
```

rightOuterJoin(rdd)

Lo mismo que leftOuterJoin(), pero al revés. Es decir, también obtenemos los elementos en el segundo RDD que no coinciden con ningún elemento del primer RDD.

```
personas.rightOuterJoin(hobbies).collect()
```

```
[('Direnc', (35, ['Musculación', 'Correr', 'Leer'])),
 ('Juanjo', (35, ['Triatlón', 'Correr', 'Ciclismo'])),
 ('Kristina', (24, ['Cantar', 'Bailar'])),
 ('Grazziela', (None, ['Correr', 'Música']))]
```

fullOuterJoin(rdd)

fullOuterJoin() es como hacer leftOuterJoin() y rightOuterJoin() simultáneamente. Es decir, se mantienen todos los elementos de ambos RDD. Si no coinciden con ninguno de los otros RDD, los valores correspondientes se establecen en None.

```
personas.fullOuterJoin(hobbies).collect()
```

```
[('Direnc', (35, ['Musculación', 'Correr', 'Leer'])),
 ('Juanjo', (35, ['Triatlón', 'Correr', 'Ciclismo'])),
 ('Kristina', (24, ['Cantar', 'Bailar'])),
 ('Irene', (25, None)),
 ('Grazziela', (None, ['Correr', 'Música']))]
```

Acciones clave-valor

Como seguramente esperabas, vamos a tener acciones específicas para este tipo de RDD clave-valor. Al igual que con las transformaciones, podrás usar las acciones que mencionamos anteriormente para un RDD, pero existen algunas acciones concretas para pares clave-valor (tabla 4.6).

Tabla 4.6. Acciones clave-valor con RDD.

Acción	Descripción
countByKey()	Cuenta el número de elementos para cada clave. Devuelve un diccionario.
collectAsMap()	Recoge el RDD como un diccionario, pero solo proporciona uno de los valores en caso de que haya claves repetidas.
lookup(key)	Devuelve el valor (o valores) asociado a una clave dada.

Vamos a probarlas con nuestro RDD clave-valor favorito:

```
rdd = sc.parallelize([(1, 2), (3, 4), (3, 6)])
```

Al igual que antes, podemos contar el número total de elementos:

```
rdd.count()
```

```
3
```

Pero con RDD clave-valor, también podemos contar por clave:

```
rdd.countByKey()
```

```
defaultdict(int, {1: 1, 3: 2})
```

Ten en cuenta que si el número de claves fuera inmensamente grande, countByKey() podría causar problemas de memoria en el controlador. Por eso, generalmente preferimos usar un map() (para crear un par clave-valor como (clave, 1)) seguido de un reduceByKey() para contar (que simplemente suma el número de unos para cada clave).

Podrías transformar tu RDD clave-valor en un diccionario de Python con collectAsMap():

```
rdd.collectAsMap()
```

```
{1: 2, 3: 6}
```

Pero fíjate, ¡hemos perdido el par (3, 4)! La función collectAsMap() solo proporciona uno de los elementos, ya que los diccionarios de Python no permiten claves duplicadas.

Y finalmente, puedes buscar una clave específica y obtener los valores asociados a ella utilizando lookup():

```
rdd.lookup(3)
```

```
[4, 6]
```

Lectura y escritura de ficheros

Spark nos permite leer y escribir archivos en diferentes formatos. Esta sección introduce cómo leer/escribir con la API de RDD.

Archivos de texto

Como vimos antes, podemos leer archivos de texto con sc.textFile() desde un sistema de archivos, distribuido o no. Para ello, lo más importante es que todos los nodos trabajadores puedan acceder al archivo.

De hecho, podemos leer todos los archivos en un directorio, indicando el nombre del directorio:

```
lineas = sc.textFile("datos/")
lineas.count()
```

```
81532
```

En este caso, cada línea de cada archivo se convierte en un elemento del RDD lineas.

Y hay otra función, wholeTextFile(), que proporciona un RDD clave-valor con los nombres de los archivos como claves y su contenido como valores.

```
archivos = sc.wholeTextFiles("datos/")
archivos.count()
```

```
6
```

También podemos guardar un RDD como un archivo de texto mediante saveAsTextFile(nombre_fichero). Por ejemplo, primero podemos filtrar y luego guardar:

```
libro_RDD = sc.textFile("datos/quijote.txt")
lineas_quijote = libro_RDD.filter(lambda line: "Quijote" in line)
lineas_quijote.saveAsTextFile("datos/lineas_quijote")
```

Pero, lineas_quijote no será un solo archivo, sino un directorio con múltiples archivos (un archivo por partición). Esto se debe a que cada nodo escribirá en diferentes ubicaciones, evitando problemas de concurrencia en la escritura de los datos.

Lectura de otros formatos

¿Podemos leer archivos CSV o JSON de forma nativa con Apache Spark? Por desgracia, con la API de RDD no se puede, pero será posible con Spark SQL (próximo capítulo). Por ahora, necesitarás «parsear» los archivos.

Archivos JSON

He aquí un ejemplo para archivos JSON con la biblioteca json.

```
import json
json_rdd = sc.textFile("datos/personas.json").map(lambda x: json.loads(x))
```

```
print(f"Número de elementos en el RDD de personas.json: {json_rdd.count()}")
```

```
Número de elementos en el RDD de personas.json: 5
```

Veamos cómo se ha leído el primer elemento:

```
json_rdd.first()
```

```
{'id_empleado': 8761,
 'info_personal': {'nombre': 'Juanjo', 'edad': 35},
 'País': 'Reino Unido',
 'hobbies': ['Musculación', 'Correr', 'Leer'],
 'fecha comienzo': '2010-05-10'}
```

También podríamos escribir el RDD de vuelta en el disco como un JSON:

```
json_rdd.map(lambda x: json.dumps(x)).saveAsTextFile("datos/salida.json")
```

De nuevo, esto se escribe como un directorio. Puedes verificar el contenido de los archivos dentro del directorio (puedes simplemente abrirlos como archivos de texto) para entender mejor cómo se dividieron los elementos en particiones y se escribieron en archivos separados.

Archivos CSV

Podríamos cargar un archivo CSV y «parsearlo» de esta manera:

```
import csv
from io import StringIO
def carga_registro(linea):
    """Parsear una línea CSV"""
    datos_entrada = StringIO(linea)
    reader = csv.DictReader(datos_entrada, fieldnames=["id_empleado", "nombre",
                                                       "edad", "País",
                                                       "hobbies",
                                                       "fecha comienzo"])
    return next(reader)
```

```
input_csv_rdd = sc.textFile("datos/personas.csv").map(carga_registro)
```

```
input_csv_rdd.take(2)
```

```
[{'id_empleado': '8761',
  'nombre': 'Juanjo',
  'edad': '35',
  'País': 'Reino Unido',
  'hobbies': 'Musculación;Correr;Leer',
  'fecha comienzo': '2010-05-10'},
 {'id_empleado': '12441',
  'nombre': 'Direnc',
  'edad': '36',
  'País': 'Turquía',
  'hobbies': 'Triatlón;Correr;Ciclismo',
  'fecha comienzo': '2009-01-12'}]
```

Y puedes escribirlo de vuelta en el disco:

```
def escribe_registro(registros):
    """Escribir líneas CSV"""
    salida = StringIO()
    writer = csv.DictWriter(salida, fieldnames=["id_empleado", "nombre",
                                                "edad", "País",
                                                "hobbies",
                                                "fecha comienzo"])
    for record in registros:
        writer.writerow(record)
    return [salida.getvalue()]
```

```
input_csv_rdd.mapPartitions(escribe_registro)\
            .saveAsTextFile("datos/salida.csv")
```

Linaje de un RDD

Spark realiza un seguimiento de todas las transformaciones utilizadas para proporcionar la tolerancia a fallos. Para ello, mantiene un grafo de todas las transformaciones realizadas en un RDD y crea un plan de ejecución lógica.

Si tomamos uno de los ejemplos anteriores, por ejemplo, el producto cartesiano, primero hemos aplicado la transformación distinct() al rdd1, y lo mismo para rdd2. Si asignáramos los resultados del producto cartesiano a una variable rdd3:

```
rdd3 = rdd1.distinct().cartesian(rdd2.distinct())
```

Habría un grafo de linaje que se vería como en la figura 4.6.

En caso de que se pierda el cálculo en una partición (por ejemplo, debido a un fallo de hardware), el grafo de linaje permite a Spark retroceder, identificar las dependencias de esa partición y reconstruir o reejecutar lo que sea necesario. Por ejemplo, si hay un problema al calcular el cartesian(), Spark podrá identificar que esta transformación dependía de las dos operaciones distinct(). Así, sabrá rápidamente que el origen de los productos cartesianos proviene de rdd1 y rdd2. Esos RDD podrían estar almacenados en HDFS y luego necesitarían ser leídos y reconstruidos para generar las particiones perdidas.

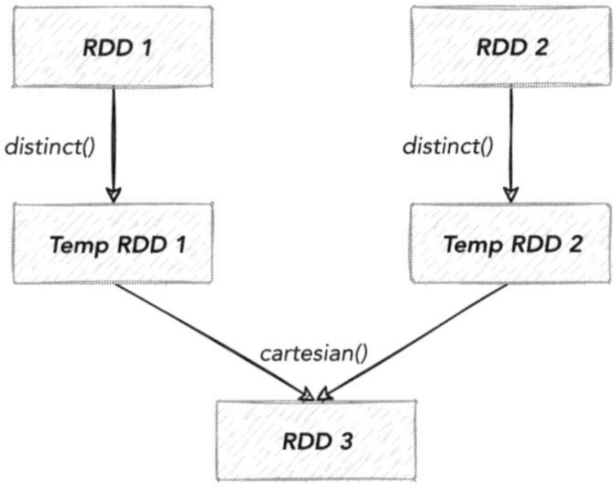

Figura 4.6. Ejemplo de linaje de un RDD. Al aplicar distinct() a rdd1 y rdd2, estamos creando de alguna manera objetos RDD temporales (sin nombre) que luego se combinan. La figura nombra esos RDD como Temp RDD1 y Temp RDD2, respectivamente.

Mantén tus RDD en memoria (caché)

Recordarás que antes hablábamos de una situación curiosa en la que habíamos creado un RDD a partir de una lista y luego aplicamos dos transformaciones diferentes más un collect. En ese caso, pudimos ver en la Spark WebUI que Spark paralelizó la lista dos veces. ¿Por qué?

Los RDD no se mantienen en memoria por defecto. Necesitas indicarle a Spark que deseas que esa estructura de datos persista en la memoria principal porque la vas a reutilizar. De lo contrario, cada vez que uses un RDD, se reconstruirá desde cero (o desde el último RDD almacenado en caché en el linaje).

Carguemos nuevamente el libro:

```
quijote_rdd = sc.textFile("datos/quijote.txt")
```

Primero usemos flatMap() para obtener un RDD de todas las palabras en el documento:

```
palabras_quijote = quijote_rdd.flatMap(lambda linea: linea.split(' '))
```

Veamos las primeras cinco palabras:

```
palabras_quijote.take(5)
```

```
['The', 'Project', 'Gutenberg', 'eBook', 'of']
```

Imagina que queremos saber cuántas veces aparecen las palabras «alcornoque» y «lanza» en el texto. Usemos filter() y count() para ello:

```
palabras_quijote.filter(lambda linea: "alcornoque" in linea).count()
```

```
17
```

```
palabras_quijote.filter(lambda linea: "lanza" in linea).count()
```

```
90
```

En este caso, cada vez que aplicamos filter() y count(), el libro se lee del disco, se hace el flatMap, se filtra y luego se cuenta. Sin embargo, ambas operaciones de filtrado comienzan desde el RDD palabras_quijote. Por lo tanto, si queremos hacerlo más eficiente, debemos asegurarnos de que este RDD esté «cacheado» en la memoria principal, simplemente usando cache() o persist():

```
palabras_quijote = quijote_rdd.flatMap(lambda linea: linea.split(" ")).cache()
```

Aunque llamamos a cache() arriba, aún no ha pasado nada. Se almacenará en caché la primera vez que ejecutemos una acción que involucre ese RDD que necesita ser almacenado en caché.

Si ahora ejecutamos los dos filtros:

```
palabras_quijote.filter(lambda linea: "alcornoque" in linea).count()
```

```
17
```

```
palabras_quijote.filter(lambda linea: "lanza" in linea).count()
```

```
90
```

Podremos ver en la Spark WebUI que palabras_quijote fue cacheado. Y, con suerte, también verás que el tiempo de ejecución fue menor en el segundo filtro (figura 4.7).

Existen diferentes niveles de persistencia o caché en Spark, incluidos solo memoria, memoria y disco, solo disco, etc. Para más información, consulta la documentación de Spark[4]. En Python, todos los objetos se serializan utilizando la biblioteca *pickle* y, por lo visto, eso significa que, en realidad, indicar cualquier nivel de persistencia no importa.

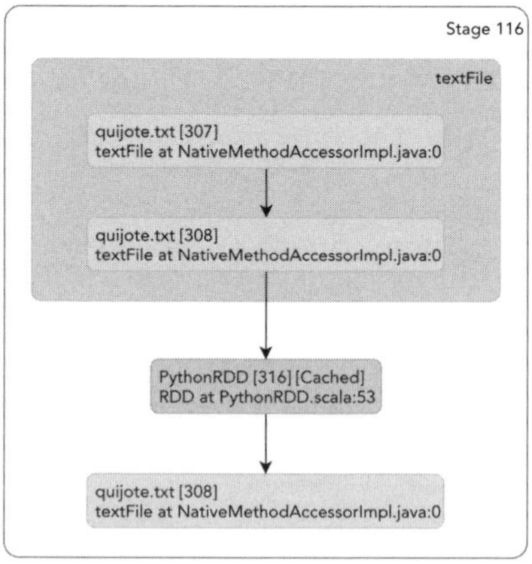

Figura 4.7. Spark WebUI: mientras mantiene en «caché» un RDD para acelerar la ejecución.

[4] https://archive.apache.org/dist/spark/docs/3.3.0/rdd-programming-guide.html#rdd-persistence.

Puedes indicarle a Spark que ya no necesitarás mantener un RDD en caché usando unpersist(). Ten en cuenta que Spark quitará automáticamente los RDD antiguos de la caché si necesita más memoria para almacenar nuevos RDD.

Conceptos avanzados

En esta sección, cubriremos brevemente algunos aspectos avanzados de los RDD, como el uso de variables compartidas, el trabajo por particiones y los RDD numéricos.

Variables compartidas

Como mencionamos antes, Spark envía las funciones y variables globales a todos los ejecutores para cada tarea, sin que haya comunicación entre los ejecutores (figura 4.8).

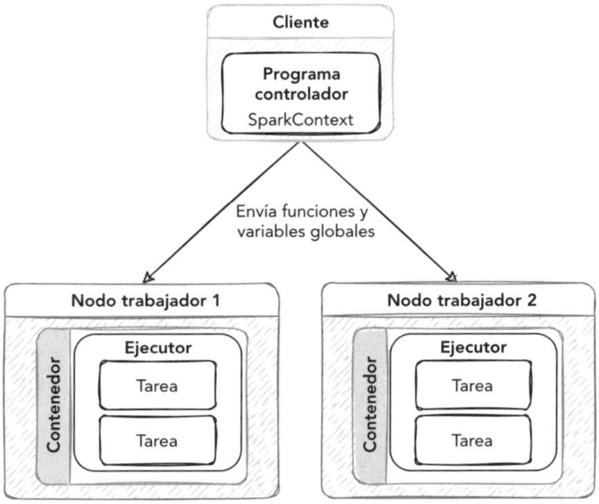

Figura 4.8. Las variables compartidas se envían a los nodos trabajadores.

Esto implica que cualquier cambio que se realice sobre las variables globales desde los ejecutores no será visible en el programa controlador. Esto también puede ser un problema para trabajos que comparten estructuras de datos relativamente grandes, ya que resulta ineficiente enviar colecciones de gran tamaño a cada trabajador.

¿Hay entonces alguna forma de compartir variables entre los ejecutores y el controlador en Spark? Sí, Spark proporciona dos tipos de variables especiales para ello: variables *broadcast* y acumuladores.

- **Variables *broadcast*:** Son variables de solo lectura que se comparten desde el controlador a los ejecutores de manera eficiente, permaneciendo en la caché de estos. Se envían solo una vez y se almacenan en la memoria principal de los ejecutores, permitiendo su uso en una o más operaciones de Spark.

- **Acumuladores:** Son variables de solo escritura para los ejecutores, cuyos valores pueden ser leídos y consultados por el controlador. Permiten a los ejecutores acumular valores, y se usan típicamente para implementar contadores eficientes y sumas paralelas.

Veamos algunos ejemplos de ambos.

Variables broadcast

Imagina que en nuestro programa necesitamos utilizar una tabla relativamente grande para realizar búsquedas o consultas. Supongamos que la tabla es grande, pero puede almacenarse en la memoria principal sin necesidad de paralelizarla. Por ejemplo, una tabla para determinar el código postal dada una dirección. Para ilustrar esto, crearemos un diccionario que nos gustaría compartir (de manera eficiente) entre todos los nodos.

```
tabla_consulta = {1: "a", 2: "b", 3: "c", 4: "d"}
```

Además de esta tabla de consulta, tenemos un gran conjunto de datos que paralelizamos utilizando un RDD:

```
rdd = sc.parallelize([1, 2, 3, 4])
```

Sin utilizar variables *broadcast*, podríamos hacer algo como esto:

```
rdd.map(lambda v: tabla_consulta[v]).collect()
```

```
['a', 'b', 'c', 'd']
```

Esto ocurre porque tabla_consulta es una variable global que se envía a todos los nodos junto con la función lambda. Sin embargo, cuando la tabla es grande, este envío se vuelve muy ineficiente.

En estos casos, deberíamos compartir la variable de la siguiente forma:

```
tabla_consulta_bc = sc.broadcast(tabla_consulta)
```

De esta forma, Spark emplea estrategias *peer-to-peer* para compartir la variable de manera más eficiente que enviarla individualmente a cada nodo. Sin embargo, ten en cuenta que esto se evalúa de manera vaga, lo que significa que no se compartirá hasta que un ejecutor la necesite para realizar una tarea.

Después de crear la variable *broadcast*, podemos usarla en nuestra función map, que, como sabemos, se ejecutará en paralelo. Presta atención al uso del atributo value para acceder al valor de la variable *broadcast*:

```
rdd.map(lambda v: tabla_consulta_bc.value[v]).collect()
```

```
['a', 'b', 'c', 'd']
```

El resultado es obviamente el mismo, pero cuando se trabaja con estructuras de datos grandes, las variables broadcast deberían ser tu opción por defecto.

Variables acumuladoras

Estas son variables globales para toda la ejecución de nuestro programa distribuido en un clúster. Todos los ejecutores pueden escribir en esta variable, aunque no pueden acceder a su valor, ya que únicamente el controlador puede leerla. Este tipo de variable es útil como contador para rastrear operaciones en ejecución.

Podemos definir una variable acumuladora de la siguiente manera:

```
acum = sc.accumulator(0)
```

Si tenemos un RDD en el que queremos aplicar una función f a cada elemento, pero no va a devolver nada, podríamos usar un acumulador para contar cuántas veces se ejecuta esta función.

```
rdd = sc.parallelize([1, 2, 3, 4])
```

Primero definimos la función que queremos aplicar a cada elemento. En este caso, simplemente incrementamos en uno el acumulador, que es una variable global.

```
def f(x):
    global acum
    acum += 1
```

Ahora aplicamos una acción foreach() para ejecutar la función f en cada elemento del rdd y veremos que no devuelve nada:

```
rdd.foreach(f)
```

Sin embargo, el valor de acum, una variable global legible solo desde el controlador, se ha actualizado como se esperaba:

```
acum.value
```

```
4
```

Por cierto, si ejecutas foreach() múltiples veces, el acumulador seguirá aumentando.

El ejemplo anterior no fue muy útil, ya que podríamos lograr lo mismo con un reduce, de forma más eficiente y elegante. Pero, ¿qué tal si leemos el libro de «Quijote» y hacemos dos cosas a la vez: extraer las palabras y contar el número de líneas en blanco?

```
quijote_rdd = sc.textFile("datos/quijote.txt")
```

Podríamos crear una función que realice ambas tareas:

```
lineas_blanco = sc.accumulator(0)

def extrae_palabra_lineas_blanco(linea):
```

```
    global lineas_blanco
    if linea == "":
        lineas_blanco += 1
    return linea.split(" ")
```

Y usar esta función dentro de flatMap():

```
quijote_palabras = quijote_rdd.flatMap(extrae_palabra_lineas_blanco)
```

Si ahora ejecutamos una acción como count(), obtendremos el número de palabras del libro:

```
quijote_palabras.count()
```

```
395743
```

Y la variable acumuladora global lineas_blanco ha registrado el número de líneas en blanco.

```
lineas_blanco.value
```

```
5798
```

Es importante tener en cuenta que usar acumuladores en transformaciones puede no ser ideal y, tal vez, sean útiles solo para depuración. Si una tarea falla, no se puede garantizar que no se sume más de una vez a la variable global, lo que podría hacer que el contador no sea exacto. Sin embargo, debido a la forma en que Spark implementa los acumuladores, esto no ocurrirá si los utilizamos con acciones, donde el resultado será exacto.

Trabajar por particiones

En lugar de aplicar una operación a cada elemento de un RDD, podríamos querer usar todos los elementos de una partición a la vez. Para esto, Spark ofrece algunas operaciones útiles (ver tabla 4.7).

Tabla 4.7. Operaciones para trabajar con RDD por particiones.

Transformación	Descripción
mapPartitions(func)	Aplica la función func a cada partición del RDD. func recibe un iterador y devuelve otro iterador, que puede ser de un tipo diferente.
mapPartitionsWithIndex(func)	Aplica la función func a cada partición del RDD. func recibe una tupla (entero, iterador), donde el entero representa el índice de la partición, el iterador contiene todos los elementos de la partición y devuelve otro iterador, que puede ser de un tipo diferente.
foreachPartition(func)	Aplica la función func a cada partición del RDD, pero no devuelve nada. func recibe un iterador y no devuelve nada.

mapPartitions(func)

En muchas ocasiones, tal vez necesitemos usar particiones de datos completas para realizar algunas operaciones. Por ejemplo, en machine learning, mapPartitions() podría ser una forma eficiente de aplicar un enfoque de divide y vencerás, aprendiendo un modelo para cada subconjunto de los datos.

Veamos la diferencia entre map() y mapPartitions() con un ejemplo. Supongamos que queremos calcular la media de un RDD de enteros.

```
rdd = sc.parallelize([1, 2, 3, 4, 5, 6, 7])
```

Similar a lo que hicimos antes con MapReduce al calcular la media, intentaremos obtener una tupla (a, b), donde a es la suma de todos los elementos y b es el contador de elementos. El map simplemente devuelve el número como clave y el valor 1 para indicar que se ha contado una vez. El reduce suma los elementos de la tupla individualmente:

```
suma_contador = rdd.map(lambda num: (num, 1))\
                .reduce(lambda x, y: (x[0] + y[0], x[1] + y[1]))
suma_contador
```

```
(28, 7)
```

La media se podría calcular como:

```
suma_contador[0] / suma_contador[1]
```

```
4.0
```

Con mapPartitions(), probablemente debemos definir una función para determinar cómo calcular la tupla en una partición completa de datos (que contiene múltiples tuplas).

Tenemos un número de particiones:

```
rdd.getNumPartitions()
```

```
16
```

```
def contador_particion(nums):
    """
    Entrada: `nums` es un iterador de los enteros de una partición dada.
    Salida: devuelve una lista (es decir, un iterador) con
            la suma de todos los elementos y el contador de elementos como una
            lista
    """
    suma_cont = [0, 0]
    for num in nums:
        suma_cont[0] += num
        suma_cont[1] += 1
    return [suma_cont]
```

Es importante tener en cuenta que la función que vamos a utilizar en mapPartitions() debe devolver un iterador, es decir, una partición. En este caso, dicho iterador contendrá un único elemento con la tupla de suma y conteo.

Con esta función ya podemos calcular la media aplicando el mismo reduce:

```
rdd.mapPartitions(contador_particion)\
    .reduce(lambda x, y: (x[0] + y[0], x[1] + y[1]))
```

```
(28, 7)
```

¿Qué versión es mejor? En un solo ordenador y para este ejemplo tan simple, no veremos mucha diferencia. Sin embargo, realizar cálculos en cada partición antes de enviar los datos a los *reducers* puede ahorrarnos mucho tiempo en algunos casos.

RETO #2

En el primer reto escribimos el contador de palabras con la operación map(). ¿Tiene sentido usar mapPartitions()?

mapPartitionsWithIndex(func)

Esta función es muy similar a mapPartitions(), pero permite determinar el índice de cada partición, lo cual puede ser útil.

```
rdd = sc.parallelize([1, 2, 3, 4, 5, 6, 7], 3)
```

En este caso, la función que definimos debe tener dos parámetros de entrada: el índice y el iterador (que permite recorrer todos los elementos de la partición). Vamos a utilizarla para imprimir tanto los índices como los elementos de cada partición:

```
def mostrar(indice, iterador):
    return [f"índice: {indice}; valores: {list(iterador)}"]
rdd.mapPartitionsWithIndex(mostrar).collect()
```

```
['índice: 0; valores: [1, 2]',
 'índice: 1; valores: [3, 4]',
 'índice: 2; valores: [5, 6, 7]']
```

Operaciones con RDD numéricos

Spark incluye algunos métodos incorporados para generar estadísticas descriptivas de un RDD numérico, es decir, un RDD cuyos elementos sean números enteros o reales. Algunos de estos métodos son stats(), count(), mean(), max(), entre otros.

stats()

Si tienes un RDD de enteros o números reales, puedes aplicar el método stats() para obtener fácilmente algunas estadísticas básicas de tu RDD.

```
rdd = sc.parallelize([1, 2, 3, 4, 5, 6, 7])
resultados = rdd.stats()
resultados
```

```
(count: 7, mean: 4.0, stdev: 2.0, max: 7.0, min: 1.0)
```

```
type(resultados)
```

```
pyspark.statcounter.StatCounter
```

Este método devuelve un objeto StatsCounter que contiene todas las estadísticas del RDD. El principal beneficio de este método es que calcula todas las estadísticas en una sola pasada sobre los datos.

También podrías aplicar operaciones específicas como count(), mean(), sum() o max(), pero si las ejecutas de forma individual, serán menos eficientes que stats() porque cada una de estas operaciones recorre los datos por separado. Por lo tanto, la siguiente instrucción proporciona exactamente la misma salida, pero es más ineficiente que stats().

```
print(f"(recuento: {rdd.count()}, media: {rdd.mean()}\
, desviación estándar: {rdd.stdev()}, máximo: {rdd.max()}, mínimo: {rdd.
min()})")
```

```
(recuento: 7, media: 4.0, desviación estándar: 2.0, máximo: 7, mínimo: 1)
```

RETO #3

Antes, implementamos el promedio de una lista utilizando mapPartitions(). El primer reto consiste en calcular la desviación estándar de esa lista sin usar stats(). Para empezar, puedes asumir que ya tienes el promedio (por ejemplo, calculado con rdd.avg() o utilizando la solución anterior). Como segundo reto, investiga si puedes aplicar algunos trucos matemáticos para implementar ambos cálculos (el promedio y la desviación estándar) en una sola pasada sobre los datos.

Funcionamiento interno

Para entender cómo funciona Spark internamente y las optimizaciones que realiza, necesitamos distinguir entre dos tipos de dependencias en las transformaciones: dependencias estrechas y dependencias amplias.

- **Dependencias estrechas:** Cada partición contribuye a solo una partición de salida. Pero, ¿qué significa esto? Quiere decir que para obtener el resultado de la transformación, no hay dependencias entre diferentes particiones, solo necesitamos un elemento de un RDD o los elementos de una partición del RDD y ninguna otra información. Por ejemplo, una función map que multiplica por dos cada elemento de un RDD (rdd.map(lambda x: x2)).

El resultado no depende de los valores de otros elementos (ni particiones), sino simplemente del elemento en sí (figura 4.9).

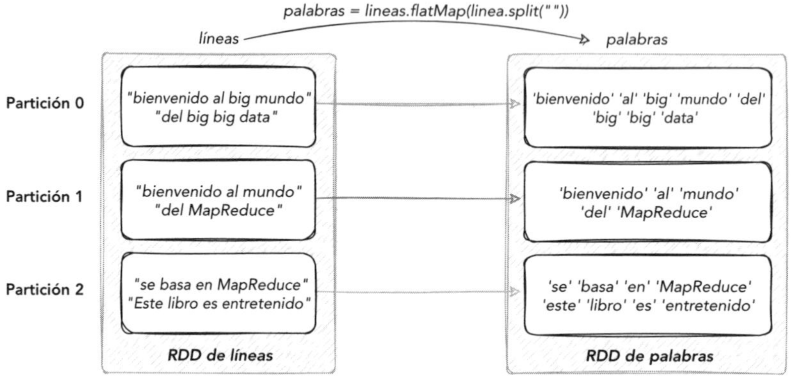

Figura 4.9. Ejemplo de una transformación estrecha.

- **Dependencias amplias:** Múltiples particiones de entrada contribuyen a muchas particiones de salida. Este tipo de transformación provoca un shuffle y, por lo tanto, genera tráfico a través de la red, ya que el resultado depende de más de una entrada y no está predefinido. Por ejemplo, un rdd.reduceByKey() es una dependencia amplia porque requiere de datos de diferentes ejecutores o particiones para crear la lista de valores para cada clave (figura 4.10).

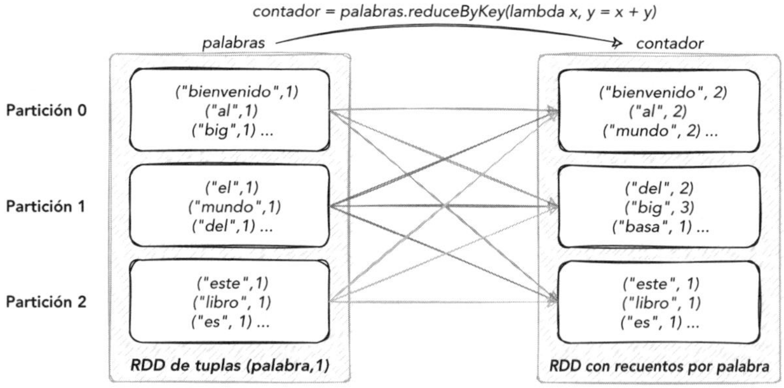

Figura 4.10. Ejemplo de una transformación amplia.

Spark realiza algunas optimizaciones. Lo interesante de esta distinción entre tipos de dependencias es que las dependencias estrechas pueden ser optimizadas (por ejemplo, un map() o un filter() después de un flatMap() pueden realizarse conjuntamente), mientras que las dependencias amplias marcan el final de una fase o etapa en Spark.

TRUCO

En muchas ocasiones, tendrás que realizar varias transformaciones en los elementos de un RDD (por ejemplo, dividir una cadena por espacios en blanco y luego convertirla en una tupla (palabra, 1)). Aunque puedes hacerlo con un único map que emplee una función compleja para realizar todas esas operaciones, te recomendamos concatenar múltiples map, filter y otras transformaciones estrechas con funciones más simples (como lambda). Por ejemplo: rdd.flatMap(lambda linea: linea.split(" ")).map(lambda x: (x, 1)).

Anatomía de una aplicación Spark

Veamos la anatomía de una aplicación Spark (figura 4.11). Spark crea un grafo acíclico dirigido para optimizar la ejecución de una aplicación.

- Una acción define un nuevo **trabajo** (por ejemplo, un count(), collect(), etc.).
- Un trabajo se divide en un número de **fases,** definidas por la aparición de transformaciones amplias (que no pueden ser optimizadas con las transformaciones precedentes).
- Cada fase está compuesta por un número de **tareas,** que básicamente consisten en aplicar una operación a cada partición de un RDD.

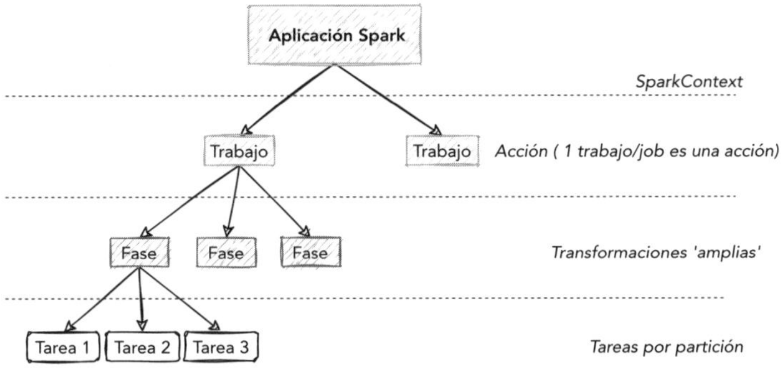

Figura 4.11. Anatomía de un trabajo de Spark.

Veamos un ejemplo simple con algo de detalle. Imagina que tenemos algunos datos sobre los cuales realizaremos una serie de operaciones, incluidas varias transformaciones y una acción final:

```
rdd = sc.parallelize([1, 2, 3, 4, 5, 6, 7, 8, 9])
rdd.filter(lambda x : x < 5)\
    .map(lambda x: (x, x))\
        .groupByKey()\
        .map(lambda k_v : (sum(k_v[1]),k_v[0]))\
        .sortByKey()\
        .count()
```

```
4
```

En el código anterior tenemos una acción: count() al final, que define un trabajo. También tenemos dos transformaciones amplias: groupByKey() y sortByKey(), que dividen el procesamiento en tres fases.

En las primeras dos líneas, eliminamos los elementos mayores o iguales a 5 y luego transformamos cada elemento en una tupla (elemento, elemento). Tanto filter() como map() son transformaciones estrechas, por lo que ambas se pueden optimizar y aplicar en una sola pasada:

```
rdd.filter(lambda x : x < 5)\.map(lambda x: (x,x))\
```

La siguiente instrucción, groupByKey(), es una transformación amplia que requiere redistribuir los datos. Por lo tanto, las dos instrucciones anteriores se agrupan en una fase que se optimiza y aplica en una sola pasada. Después de groupByKey(), no hay otra transformación amplia hasta llegar a sortByKey(), lo que significa que las siguientes dos líneas de código forman una fase diferente:

```
.groupByKey()\.map(lambda k_v : (sum(k_v[1]),k_v[0]))\
```

Aquí, agrupamos las tuplas por clave, y luego aplicamos map() para realizar una operación sobre cada clave. Por último, la última transformación amplia, sortByKey(), se agrupa con la acción count() como una fase final para completar el trabajo:

```
.sortByKey()\.count()
```

Esperamos que esta breve descripción de la anatomía de una aplicación Spark te ayude a comprender la complejidad de las distintas operaciones de tus programas y cómo Spark las procesa.

Resumen

En este capítulo, hemos aprendido que los RDD de Spark son estructuras de datos distribuidas que extienden el modelo de programación MapReduce y permiten un procesamiento interactivo, iterativo y en *streaming* de manera eficiente. Para utilizar los RDD de Spark de manera efectiva, es necesario practicar con la API y resolver problemas para ganar experiencia. Los puntos clave a recordar son:

- Un RDD es una abstracción de datos distribuidos. Puedes entender los RDD como listas de Python distribuidas a través de varios nodos, donde se pueden realizar operaciones en paralelo. Son inmutables, por lo que no podemos modificar un RDD existente, pero sí crear uno nuevo a partir de otro.
- Hay dos tipos de operaciones: transformaciones y acciones. Las transformaciones son vagas y no se ejecutan hasta que se invoca una acción.
- Algunas transformaciones pueden parecer similares, pero difieren en rendimiento y resultados; por ejemplo, map() vs. flatMap(), groupByKey() vs. reduceByKey().

- Cada operación sobre un RDD ocurre en paralelo (¡en los nodos trabajadores!). El código y las variables globales se envían a los trabajadores. Si las variables globales son grandes, Spark ofrece opciones avanzadas, como las variables compartidas (broadcast), para enviarlas de manera eficiente.
- Si se va a reutilizar un RDD, debemos usar cache() (o persist()) para mantenerlo en la memoria principal de los trabajadores, mejorando así la eficiencia.
- Entender la anatomía de una aplicación Spark e identificar los diferentes tipos de transformaciones y el movimiento a través de la red es importante. Al trabajar con RDD, realizamos una serie de transformaciones que establecen dependencias entre los diferentes RDD. Esto define dos tipos de transformaciones: estrechas (cada nueva partición depende únicamente de una partición) y amplias (cada nueva partición depende de varias particiones).

La API de RDD de Spark realiza algunas optimizaciones en segundo plano cuando múltiples transformaciones estrechas ocurren de manera consecutiva. En el próximo capítulo, exploraremos la API de Spark SQL, desarrollada para mejorar la API de RDD y permitir optimizaciones adicionales.

¿Quieres aprender más?

¿Estás dispuesto a aprender más sobre Spark y RDD?

- ***Learning Spark* (Damji, 2020):** uno de los principales libros sobre Apache Spark. Más detalles sobre la arquitectura de Spark y la programación con Scala.

Este capítulo se ha centrado en la API de RDD y te sugerimos que mantengas la documentación oficial a mano:

- **Documentación de Spark RDD[5],** para conocer todas las operaciones disponibles.

Como dijimos para Hadoop, es importante estar al día con los últimos cambios en la plataforma:

- **Sitio web de Apache Spark[6]:** para conocer las últimas funcionalidades.

Si deseas explorar otras plataformas alternativas de big data, te sugerimos investigar Flink y Dask:

- **Sitio web de Apache Flink[7],** particularmente interesante para tareas de *streaming* de datos.
- **Dask[8],** computación paralela con Python.

5 https://spark.apache.org/docs/latest/rdd-programming-guide.html.

6 https://spark.apache.org/.

7 https://flink.apache.org/.

8 https://www.dask.org/.

Solución a los retos

Reto #1

Podemos partir de las líneas de texto que teníamos antes:

```
lineas = ["bienvenido al big mundo",
       "del big big data",
       "bienvenido al mundo",
       "del MapReduce",
       "se basa en MapReduce",
       "este libro es entretenido"]
rdd = sc.parallelize(lineas)
```

Primero, necesitamos obtener todas las palabras de esa lista dividiéndola por espacios en blanco. Para ello, podríamos transformar el RDD para obtener lo que queremos. Si recuerdas, hicimos algo similar antes utilizando flatMap().

NOTA

Por razones de espacio, acortamos las salidas a 5 elementos. Si estás probando esto, es mejor que elimines el corte [:5].

```
# usa collect para visualizar la salida. Solo mostramos los primeros 5 elementos
rdd.flatMap(lambda linea: linea.split(" ")).collect()[:5]
```

```
['bienvenido', 'al', 'big', 'mundo', 'del']
```

Siguiendo lo que hicimos antes para el contador de palabras con MapReduce, ahora queremos crear una tupla (palabra, 1) para cada palabra, ¿verdad?

```
rdd.flatMap(lambda linea: linea.split(" "))\
   .map(lambda palabra : (palabra, 1)).collect()[:5]
```

```
[('bienvenido', 1), ('al', 1), ('big', 1), ('mundo', 1), ('del', 1)]
```

Ahora queremos agrupar las mismas claves y sumar la lista de unos. Podríamos hacerlo con groupByKey(), tal vez algo como esto:

```
rdd.flatMap(lambda linea: linea.split(" "))\
    .map(lambda palabra : (palabra, 1))\
    .groupByKey().map(lambda x : (x[0], len(list(x[1]))))\
    .collect()[:5]
```

```
[('MapReduce', 2), ('se', 1), ('mundo', 2), ('data', 1), ('big', 3)]
```

Pero como se dijo antes, esto sería muy lento; normalmente deberíamos usar reduceByKey() para ser más eficientes, ya que evita que la memoria de un ejecutor se llene por no poder almacenar todos los valores, además de aprovechar los *combiners* que Spark aplica para optimizar el procesamiento.

```
rdd.flatMap(lambda linea: linea.split(" "))\
   .map(lambda palabra: (palabra, 1))\
   .reduceByKey(lambda a, b: a + b).collect()[:5]
```

```
[('MapReduce', 2), ('se', 1), ('mundo', 2), ('data', 1), ('big', 3)]
```

Reto #2

En lugar de usar el segundo map en el código anterior, podríamos reemplazarlo con mapPartitions(). Para hacer esto, necesitamos implementar una función que realice el conteo de palabras en cada partición. Esta función utilizará diccionarios de Python para contar cada palabra, pero debe devolver una lista de pares clave-valor para el siguiente reduce.

```
from collections import defaultdict

def contador_particion(palabras):
    kv_dict = defaultdict(lambda: 0)

    for palabra in palabras:
        kv_dict[palabra] += 1

    # devolviendo una lista de pares clave-valor
    return list(kv_dict.items())
```

```
# solo mostramos los primeros 5 elementos [:5]
rdd.flatMap(lambda linea: linea.split(" "))\
   .mapPartitions(contador_particion)\
   .reduceByKey(lambda a, b: a + b).collect()[:5]
```

```
[('MapReduce', 2), ('se', 1), ('mundo', 2), ('data', 1), ('big', 3)]
```

Si bien tiene sentido usar mapPartitions() para hacer el contador de palabras y puede ayudar hasta cierto punto, ¿es realmente mejor que map()? Bueno, en la solución original con map(), Spark utiliza automáticamente combiners, por lo que ya está reduciendo la cantidad de datos que se envían a través de la red. Por lo tanto, los beneficios de usar mapPartitions() sobre map() en este ejemplo no son demasiado claros.

Reto #3

```
rdd = sc.parallelize([1, 2, 3, 4, 5, 6, 7])
```

La forma más sencilla de hacer esto es primero calcular el valor medio de la lista (ya sea con nuestra solución basada en mapPartitions() o utilizando operaciones numéricas de Spark).

```
media = rdd.mean()
media
```

```
4.0
```

Usando media como una variable global, podríamos utilizar mapPartitions() para calcular el número total de elementos en la partición y las diferencias al cuadrado con respecto al valor medio.

```
def desv(nums):
    suma_contador = [0, 0]
    for num in nums:
        diff = num - media
        suma_contador[0] += diff * diff
        suma_contador[1] += 1
    return [suma_contador]
```

```
resultado = rdd.mapPartitions(desv)\
   .reduce(lambda x, y: (x[0] + y[0], x[1] + y[1]))
```

```
resultado
```

```
(28.0, 7)
```

Por supuesto, aún tenemos que dividir estos dos números y calcular la raíz cuadrada (pero podemos hacer esto fácilmente en el programa controlador):

```
import math
math.sqrt(resultado[0] / resultado[1])
```

```
2.0
```

Comprobemos si coincide con lo dado por el método de Spark:

```
rdd.stdev()
```

```
2.0
```

En esta primera solución, hemos necesitado primero calcular el valor medio y luego la desviación estándar. Alternativamente, podemos intentar hacer esto más rápido calculando la desviación estándar en una sola pasada.

```
def desv_rapida(nums):
    suma_contador = [0, 0, 0]
    for num in nums:
        suma_contador[0] += num
        suma_contador[1] += num * num
        suma_contador[2] += 1
    return [suma_contador]
```

```
resultado = rdd.mapPartitions(desv_rapida)\
   .reduce(lambda x, y: (x[0] + y[0], x[1] + y[1], x[2] + y[2]))
```

```
resultado
```

```
(28, 140, 7)
```

```
media = resultado[0] / resultado[2]
varianza = resultado[1] / resultado[2] - media * media
varianza
```

```
4.0
```

```
math.sqrt(varianza)
```

```
2.0
```

Ejercicios

1. Indica si las siguientes afirmaciones sobre Spark son verdaderas o falsas:
   - ☐ Spark no es solo un motor de procesamiento de datos, ya que viene con su propio sistema de archivos distribuido.
   - ☐ Spark amplía el modelo de programación MapReduce con operaciones adicionales.
   - ☐ Spark tiene como objetivo mitigar los problemas de serialización de datos en el disco que sufre Hadoop MapReduce.
   - ☐ Spark necesita YARN para ejecutar sus aplicaciones en un clúster.

2. Tanto Hadoop como Spark son plataformas de big data que implementan el modelo de programación MapReduce. Explica brevemente por qué prefieres Spark en lugar de Hadoop MapReduce. Si tu aplicación de MapReduce consiste en una sola etapa, ¿esperarías que Spark sea más rápido que Hadoop MapReduce? Explica tu respuesta.
3. Spark no necesita necesariamente usar HDFS para ejecutar una aplicación. Sin embargo, la mayoría de los clústeres de nodos de computación utilizarán HDFS. Explica brevemente por qué es así.
4. Imagina que estás utilizando tu propio portátil para desarrollar una aplicación Spark y la pruebas en modo local utilizando múltiples hebras (es decir, opción local[*]). Pruebas el tiempo de ejecución de tu aplicación y estás satisfecho con cuánto has acelerado el procesamiento. ¿Esperarías que esta mejora se mantenga al usar un clúster de ordenadores de verdad? Explica brevemente tu respuesta.
5. Indica si las siguientes afirmaciones sobre RDD son verdaderas o falsas:
   - ☐ Los RDD no son tolerantes a fallos.
   - ☐ Un RDD puede ser creado a partir de colecciones existentes como una lista de Python.
   - ☐ Podemos crear RDD leyendo un archivo desde nuestro disco duro local.
   - ☐ Los RDD no están particionados por defecto.

6. Sin usar el ordenador, ¿cuál es la salida del siguiente programa pyspark?

```
rdd = sc.parallelize([1, 2, 3, -1, -2, -3])

rdd.filter(lambda x: x >= 0)
    .map(lambda x: (1, x) if x % 2 == 0 else (2, x))
    .reduceByKey(lambda x, y: x + y).collect()
```

7. Indica si las siguientes instrucciones son vagas o no:
   - ☐ rdd = sc.parallelize([("Aprendizaje automático", 5.4), ("Programación funcional", 6.4),("Análisis matemático",8.7)])
   - ☐ print(rdd.collect())
   - ☐ rdd.filter(lambda x: x[1] < 10)
   - ☐ rdd.mapPartitions(lambda x : x)

8. Tenemos el siguiente rdd que contiene tuplas con nombres y calificaciones de exámenes para algunos de nuestros alumnos.

```
rdd = sc.parallelize([("Iris", 4.5),
                      ("Imanol", 6.4),
                      ("Aranzazu",6.9),
                      ("Christian", 8.7),
                      ("Rubén",9.5)])
```

   Usando los RDD, escribe un programa Spark que transforme el rdd convirtiendo las calificaciones numéricas en notas. Es decir, cualquier calificación menor de 5 es un suspenso; en el intervalo [5,6.9] es un aprobado; en el intervalo [7.0,8.9] es un notable; y en el intervalo [9.0,10] es un sobresaliente. Si haces un collect() del nuevo RDD, debería devolver una lista como esta:

```
[("Iris", "suspenso"),
 ("Imanol", "aprobado"),
 ("Aranzazu", "aprobado"),
 ("Christian", "notable"),
 ("Rubén", "sobresaliente")]
```

9. Al trabajar con RDD de tipo clave-valor, explica brevemente por qué groupByKey() puede ser más ineficiente que reduceByKey().

10. El siguiente código tiene como objetivo analizar de manera eficiente grandes archivos de registro (logs). ¿Ves algún problema con él? Si es así, describe qué harías de manera diferente. Explica brevemente tu respuesta.

```
lineas = sc.textFile("hdfs://...")
errores = lineas.filter(lambda s: s.startswith("ERROR"))
mensajes = errores.map(lambda s: s.split("\t")[2])
print(mensajes.filter(lambda s: "Fallo" in s).count())
print(mensajes.filter(lambda s: "Memoria" in s).count())
```

11. Indica si las siguientes afirmaciones sobre Spark y RDD son verdaderas o falsas:
    - ☐ El linaje de RDD es simplemente una representación gráfica de las operaciones realizadas a un RDD con fines de visualización únicamente.
    - ☐ Las variables globales en un programa controlador no son accesibles en los nodos trabajadores.
    - ☐ Los objetos grandes pueden ser enviados de manera eficiente a todos los nodos trabajadores en un clúster.
    - ☐ mapPartitions() solo se puede aplicar a RDD de tipo clave-valor.

12. Hemos escrito el siguiente código para sumar 1 a cada elemento de un RDD, pero parece que no funciona. Explica brevemente por qué falla y sugiere cómo corregirlo, pero ten en cuenta que nos gustaría seguir trabajando por particiones en lugar de por elementos individuales.

```
rdd = sc.parallelize([1, 2, 3, 4, 5, 6, 7])
rdd.mapPartitions(lambda x: x + 1).collect()
```

13. Spark distingue entre transformaciones estrechas y amplias. Explica brevemente por qué Spark solo puede optimizar transformaciones estrechas.
14. Tenemos un archivo de partida que contiene números enteros en cada línea. Debemos realizar tres transformaciones: (1) filtrar números negativos, (2) luego multiplicar cada elemento por dos, (3) y finalmente agruparlos por clave (por ejemplo, para diferenciar entre números impares y pares). Indica y explica qué tipo de dependencias están asociadas a esas 3 transformaciones.
15. Spark distingue entre trabajos, fases y tareas para definir la ejecución de una aplicación. Identifica las etapas que ocurren en la ejecución del siguiente código:

```
input = sc.parallelize([1, 2, 3, 4, 5, 6, 7, 8, 9])
input\
  .filter(lambda x: x < 2)\
  .map(lambda x: (x, x))\
  .groupByKey()\
  .map(lambda (x, y): (sum(y), x))\
  .sortByKey()\
  .count()
```

5

Spark SQL

Resultados de aprendizaje:

- Comprender la importancia de los datos estructurados para optimizar el procesamiento de big data [CC].
- Conocer el concepto de DataFrames para trabajar con datos estructurados en Spark [CC].
- Operar con DataFrames, identificando las diferencias clave con los RDD [CC, HI, CPP].
- Aplicar DataFrames en la resolución práctica de problemas [HI, CPP].

Hemos visto que Spark puede optimizar la ejecución de algunas tareas con los RDD, pero esto solo es posible cuando hablamos de transformaciones estrechas, que no provocan movimiento de datos entre nodos (es decir, un *shuffle*). De este modo, la optimización que Spark puede lograr con los RDD consiste en ejecutar una serie de transformaciones estrechas consecutivas con una única pasada sobre los datos, lo que permite mejorar el rendimiento.

Debido a su diseño, Spark no puede optimizar las ejecuciones con RDD más allá de eso, ya que las transformaciones funcionan como «cajas negras». Cuando aplicamos una transformación, por ejemplo, un map, implementamos una función que se aplica a una partición de los datos (ya sea elemento por elemento o a la partición completa) y devuelve otra partición como un iterador (Partición => Iterador[T]). En este punto, dado que la función que hemos implementado es desconocida para Spark, el tipo de dato resultante (T) podría ser cualquier cosa. Además, en las transformaciones amplias, los resultados deben ser serializados para enviarlos a otros nodos. Por un lado, que Spark no necesite conocer nuestra función es positivo, ya que proporciona mucha flexibilidad; pero, al mismo tiempo, dificulta la optimización, ya que Spark no sabe qué está sucediendo en la transformación en sí. En Spark SQL, la idea es conocer «mejor» los datos que se están procesando, incluyendo su estructura y tipo(s), lo que permite realizar optimizaciones adicionales para gestionar mejor los datos en memoria y mejorar el rendimiento de las transformaciones amplias.

NOTA

Si te gusta el mundo del big data, pronto te darás cuenta de que una de las principales dificultades es mantenerse al día con los últimos avances en las distintas plataformas. Spark es un buen ejemplo de ello, porque continúa evolucionando rápidamente. Por ejemplo, el módulo Spark SQL tiene como objetivo mejorar el rendimiento de los RDD con datos estructurados y en unos pocos años se han desarrollado varias estructuras de datos con este propósito.

¿Qué es Spark SQL?

Spark SQL es un módulo de Spark para el procesamiento de datos estructurados. La idea principal de este módulo consiste en imponer estructura a los datos y permitir que Spark realice optimizaciones adicionales al conocer más sobre los datos subyacentes.

Cuando hablamos de datos estructurados, nos referimos a la organización de los datos mediante la asignación de «nombres» y tipos de datos específicos a las columnas que los definen, similar a los Pandas en Python. Si tienes experiencia previa con bases de datos, esta API te recordará a las bases de datos relacionales y a SQL (*Structured Query Language*), razón por la cual el módulo recibe este nombre. De hecho, ¡podremos ejecutar consultas

SQL directamente! No te preocupes si no estás muy familiarizado con SQL: aunque al principio pueda resultar un poco más difícil acostumbrarse a esta API, la entenderás perfectamente después de ver algunos ejemplos.

NOTA

Puede que te preguntes: ¿Con Spark SQL, los RDD quedan obsoletos? ¡No! Se siguen utilizando internamente, y podremos alternar entre la API de Spark SQL y la API de RDD cuando sea necesario.

Aunque podamos acceder a los RDD subyacentes, veremos en este capítulo que es mucho más eficiente usar directamente la API de Spark SQL. El rendimiento de Spark RDD depende en gran medida del lenguaje de programación. Por ejemplo, el código en Scala tiende a ser mucho más rápido que el código en Python. En Spark SQL, esta diferencia desaparece por completo, porque el código que se ejecuta finalmente es el mismo (¡todo se convierte a código Java!). Así, las optimizaciones proporcionadas por Spark SQL benefician por igual a todos los lenguajes de programación.

Conceptos básicos: de RDD a datos estructurados

Sin profundizar en los detalles sobre qué son exactamente estas optimizaciones y cómo funcionan, queremos ofrecerte una visión general de la evolución de las diferentes API de Spark.

DataFrames y Datasets

Desde la versión 1.0 de Spark, cuando se lanzó la API de RDD, se introdujeron dos API adicionales: DataFrames y Datasets, que más tarde se fusionaron en la versión 2.0. Dos proyectos, Catalyst y Tungsten, responsables de la optimización de ejecución y memoria, respectivamente, impulsaron este cambio de datos no estructurados (RDD) a datos estructurados. La idea de imponer límites a lo que se puede expresar es lo que permite a Spark realizar más optimizaciones.

Aunque los RDD ya ayudaban a reducir la sobrecarga de E/S en comparación con Hadoop, cuando Spark necesita escribir algo en disco o distribuirlo a través de la red, lo hace utilizando la serialización de Java[1] (y, en algunos casos, Kryo[2] para una serialización más rápida). El sobrecoste de serializar objetos en Java y Scala es elevado, ya que requiere almacenar información adicional junto a los datos en sí. Además de la serialización, también hay que considerar el sobrecoste generado por el recolector de basura, que se encarga de crear y destruir

1 https://en.wikipedia.org/wiki/Serialization.

2 https://github.com/EsotericSoftware/kryo.

objetos. En PySpark, este proceso es aún más costoso, porque todos los datos se serializan y deserializan dos veces: primero en Python (usando *cloudpickle*) y luego en Java/Scala. Tras el envío por red o escritura en disco, los objetos deben ser reconstruidos nuevamente.

Para mitigar este problema, el proyecto Tungsten[3] implementó una estrategia para reducir el sobrecoste y hacer la serialización más eficiente utilizando memoria fuera de la máquina virtual de Java (JVM), conocida como *off-heap memory*. Esto permitió reducir significativamente la cantidad de memoria ocupada por los datos y eliminar la dependencia del recolector de basura en la gestión de memoria.

El otro proyecto clave que impulsó Spark SQL fue Catalyst[4]. Su aspecto más innovador es que puede representar las operaciones a realizar de la misma manera, independientemente del lenguaje de programación utilizado (Scala, Java, Python o R). Posteriormente, aplica optimizaciones lógicas y físicas basadas en una serie de reglas. Finalmente, la solución a ejecutar se compila en *bytecode* de Java en tiempo real, lo que permite una ejecución extremadamente rápida e independiente del lenguaje de programación utilizado.

La API de DataFrames (introducida en Spark 1.3) era inicialmente bastante diferente de la API de RDD, ya que construía un plan de consulta relacional, lo que la hacía más intuitiva para desarrolladores de bases de datos, pero ya no seguía un estilo de programación orientada a objetos (POO). La API de DataFrame introdujo el concepto de esquema para describir los datos, lo que permitía a los proyectos Tungsten y Catalyst acelerar el procesamiento de datos. Sin embargo, los DataFrames presentaban un inconveniente adicional: dado que las operaciones eran interpretadas en tiempo de ejecución, algunos errores, como referirse incorrectamente al nombre de una columna en el DataFrame, no se podían detectar hasta que se ejecutaba la aplicación. Es decir, no se garantizaba la corrección de los tipos de datos en tiempo de compilación. Esto no representaba un problema para Python, porque es un lenguaje interpretado, pero sí era un gran inconveniente para lenguajes compilados como Scala y Java.

Desde Spark 2.0, las API de Dataset y DataFrame se fusionaron, de modo que un DataFrame se convirtió simplemente en un Dataset de Rows, donde un `Row` es un nuevo tipo de dato en Spark que permite usar las optimizaciones de Tungsten y Catalyst (ver la siguiente sección). Sin embargo, en Python, no tenemos Datasets y, obviamente, no hay seguridad de tipo en tiempo de compilación, porque es un lenguaje interpretado. Esto es algo inconveniente porque los Datasets proporcionan transformaciones funcionales que son muy útiles para muchos problemas de aprendizaje automático, y en este caso tendremos que usar la API de RDD al utilizar Python (lo cual es menos eficiente).

Algo más tarde (a partir de la versión 1.6), surgió la API de Datasets, con la idea de combinar lo mejor de los RDD y los DataFrames, permitiendo transformaciones funcionales (por ejemplo, `map`, `reduce`...) y verificación de tipos en tiempo de compilación,

[3] https://databricks.com/blog/2015/04/28/project-tungsten-bringing-spark-closer-to-bare-metal.html.

[4] https://databricks.com/blog/2015/04/13/deep-dive-into-spark-sqls-catalyst-optimizer.html.

aunque solo para Scala y Java. La idea era proporcionar RDD fuertemente tipados con el motor de ejecución optimizado de DataFrames.

Optimizaciones: DataFrames y Datasets vs. RDD

Para comprender las optimizaciones que proporciona Spark SQL, es necesario entender que se trabaja con columnas de un tipo de dato específico, definido por el esquema. Esto significa que, al operar con columnas, Spark tiene mucha más información sobre la operación que se va a realizar en comparación con una función lambda aplicada a un RDD.

Por ejemplo, con funciones lambda, cuando se escribe: lambda x: x==1, Spark internamente lo interpreta de la siguiente manera

```
class $anonfun$1 {
    def apply(Int):  Boolean
}
```

Es decir, una función que toma un entero y devuelve un booleano, pero Spark realmente no sabe qué es lo que está sucediendo internamente.

En cambio, al trabajar con columnas, si se escribe algo como col["x"] == 1, Spark lo interpreta de la siguiente manera:

```
EqualTo(x, Lit(1))
```

Hay una comparación entre el valor de una variable o atributo específico (x) y un valor literal (1). Así, Spark sabe exactamente qué está sucediendo, lo que permite optimizar la operación.

Para permitir este tipo de optimizaciones, Spark SQL incluye más de 100 funciones altamente optimizadas (por ejemplo, para manipular cadenas, realizar cálculos matemáticos, manejar fechas y horas, etc.), además de sus propios tipos SQL. Siempre que sea posible, deberías utilizar estas funciones[5] y los tipos de datos[6] proporcionados en PySpark SQL[7]. A lo largo del capítulo, trabajaremos con un subconjunto representativo de estas funciones. Para usarlas, es necesario importarlas desde pyspark.ark.

```
from pyspark.sql.types import * # importa los tipos de datos de Spark
import pyspark.sql.functions as sql_f # importa las funciones SQL
```

ADVERTENCIA

Ten en cuenta que importamos las sql.functions con un alias (sql_f). Hacemos esto para evitar posibles conflictos de nombres con otras funciones disponibles en Python (por ejemplo, max(), min(), etc.).

---

5 https://archive.apache.org/dist/spark/docs/3.3.0/api/python/reference/pyspark.sql/functions.html.

6 https://archive.apache.org/dist/spark/docs/3.3.0/api/python/reference/pyspark.sql/data_types.html.

7 https://archive.apache.org/dist/spark/docs/3.3.0/api/python/reference/pyspark.sql/index.html.

A modo de resumen, para entender la diferencia entre los RDD y los DataFrames, piensa que los RDD nos permiten decidir «cómo» realizar las operaciones, pero esto limita las optimizaciones que Spark puede aplicar. En cambio, los Datasets y los DataFrames nos permiten definir «qué» queremos hacer, y Spark decide cómo hacerlo de la manera más eficiente.

NOTA

Debido a su mejor rendimiento, los DataFrames se han convertido en la API principal para la biblioteca de machine learning de Spark. Esto no significa que las implementaciones de los métodos siempre se hayan realizado con DataFrames, pero para interactuar con ellos, utilizaremos DataFrames.

Spark Session: un nuevo punto de entrada a Spark

Para poder usar el módulo Spark SQL, necesitamos un nuevo punto de entrada a Spark. En vez de utilizar el SparkContext usado para los RDD, emplearemos un nuevo punto de acceso llamado SparkSession. El SparkSession unifica los diferentes contextos de Spark, es decir, sqlContext, SparkContext, StreamingContext y HiveContext. Aunque inicialicemos un punto de entrada distinto, todavía es posible acceder al SparkContext, como se muestra a continuación donde lo asignamos a la variable sc, que puede utilizarse para trabajar con la API de RDD.

```
from pyspark.sql import SparkSession

spark = SparkSession \
    .builder \
    .master("local[*]") \
    .appName("Capítulo 5: pyspark SQL") \
    .getOrCreate()

sc = spark.sparkContext
```

Veamos el contenido de spark:

```
spark
```

```
<pyspark.sql.session.SparkSession at 0x7fb3804a01f0>
```

Verás que se devuelve un enlace a la misma interfaz de usuario que vimos anteriormente con los RDD.

NOTA

Si has iniciado múltiples sesiones de Spark, es posible que obtengas una URL diferente cada vez (con un puerto distinto), la cual estará disponible en la salida anterior.

DataFrames

Al igual que hicimos en el capítulo anterior con los RDD, se mostrarán solo algunos ejemplos relevantes. Para una lista completa de operaciones con DataFrames de Spark en Python, te recomendamos que consultes la documentación oficial[8]. ¡Vamos a ello!

Un DataFrame es una estructura de datos 2D (una tabla), organizada en columnas definidas por un esquema que indica sus tipos (por ejemplo, entero, cadena, números en coma flotante, etc.). Podremos utilizar los nombres de las columnas para referirnos a su contenido y realizar diversas operaciones con ellas.

En Spark, un DataFrame es una colección distribuida de elementos de tipo Row. Un Row es muy similar a un diccionario de Python, ya que permite indexar sus elementos por nombre. Para que esto funcione, todos los elementos Row de un DataFrame deben compartir los mismos índices (denominados columnas) y los mismos tipos. Al igual que los RDD, los DataFrames son inmutables.

Vamos a crear nuestro primer Row:

```
from pyspark.sql import Row

fila = Row(nombre="Isaac", edad=38)
fila
```

```
Row(nombre='Isaac', edad=38)
```

Podemos acceder a los campos como si fueran «atributos» (al estilo de POO) o como valores de un diccionario:

```
fila.nombre
```

```
'Isaac'
```

```
fila["nombre"]
```

```
'Isaac'
```

NOTA

Te recomendamos utilizar la última opción para evitar conflictos con posibles nombres de métodos de la clase Row.

Hay algunos operadores que se pueden utilizar con este tipo de dato.

```
"nombre" in fila
```

```
True
```

8 https://archive.apache.org/dist/spark/docs/3.3.0/api/python/reference/pyspark.sql/index.html.

```
"surname" in fila
```

```
False
```

El orden de las columnas (índices) en el tipo Row es relevante. Por ejemplo, si intentas interoperar con tuples de Python (lo cual es posible):

```
("Isaac", 38) == fila
```

```
True
```

```
(38, "Isaac") == fila
```

```
False
```

Aunque pueden parecerse mucho a un diccionario, no interoperan bien. Fíjate:

```
{'nombre': "Isaac", 'edad': 38} == fila
```

```
False
```

Si lo prefieres, también puedes definir un Row solo con los índices, que funcionará como un constructor.

```
persona = Row('nombre','edad')
persona
```

```
<Row('nombre', 'edad')>
```

Por ahora, persona no tiene ningún valor, pero se pueden asignar de la siguiente manera:

```
persona("Isaac", 38)
```

```
Row(nombre='Isaac', edad=38)
```

En un DataFrame, los índices del Row se convierten en las columnas. A continuación, nos centraremos en cómo crear DataFrames, cómo transformarlos y en el concepto de Column en Spark SQL.

NOTA

¿Te preguntas si los objetos Row que hemos creado están distribuidos? No, los elementos Row se distribuirán cuando formen parte de un DataFrame.

Crear un DataFrame

Para crear un DataFrame, necesitamos proporcionar un esquema, lo que significa que debemos indicar los nombres de las columnas, los tipos y si pueden contener valores nulos. Podemos crear un DataFrame siguiendo diferentes estrategias:

- **Inferir el esquema automáticamente a partir de los datos (por ejemplo, archivos JSON, RDD de Rows).** Spark SQL intentará inferir el esquema en función de los datos. Esta opción es muy útil para implementaciones rápidas, pero puede no ser la más eficiente si se requiere una gran cantidad de datos para inferir el esquema (por ejemplo, las columnas con muchos valores perdidos pueden impedir que se infiera correctamente a partir de un subconjunto de los datos).
- **Inferir el esquema automáticamente a partir de metadatos (por ejemplo, JDBC, JavaBeans).** Al leer datos de fuentes estructuradas como bases de datos relacionales, Spark SQL puede utilizar directamente el esquema existente. De esta manera, obtener el esquema no tiene coste. No veremos este tipo de inferencia de esquema, ya que requiere una conexión a la base de datos.
- **Definir explícitamente el esquema si se conoce.** Esta opción evita la necesidad de inferir el esquema, haciendo el proceso más rápido, pero requiere que se defina en detalle.

De manera similar a los RDD, podemos crear DataFrames a partir de varias fuentes de datos, como una colección existente o distintos sistemas de almacenamiento (distribuido o no).

Inferir el esquema a partir de los datos

Vamos a crear nuestro primer DataFrame infiriendo el esquema a partir de una lista de tuplas:

```
tuplas = [('Irati', 4), ('Oroel', 26), ('Mario', 22),\
          ('Carlos', 25), ('Cris', 36), ('Eva', 40)]
```

Usando la variable de la sesión de Spark llamada spark, podemos crear un DataFrame utilizando el método createDataFrame():

```
df = spark.createDataFrame(tuplas)
```

Comprobemos el tipo de dato y su contenido:

```
type(df)
```

```
pyspark.sql.dataframe.DataFrame
```

```
df
```

```
DataFrame[_1: string, _2: bigint]
```

Podemos ver que el tipo de los datos se ha inferido automáticamente. Los detalles del esquema pueden visualizarse con la función printSchema(). Esta función nos muestra los tipos de datos y si los valores pueden ser null.

```
df.printSchema()
```

```
root
 |-- _1: string (nullable = true)
 |-- _2: long (nullable = true)
```

Pero si realmente quieres ver el contenido, necesitas usar collect() o show(), como hicimos con los RDD. Ambos son acciones y llevan los datos al nodo controlador/*driver*, por lo que debes usarlos con precaución. No obstante, show() limita la cantidad de datos mostrados por defecto.

```
df.collect()
```

```
[Row(_1='Irati', _2=4),
 Row(_1='Oroel', _2=26),
 Row(_1='Mario', _2=22),
 Row(_1='Carlos', _2=25),
 Row(_1='Cris', _2=36),
 Row(_1='Eva', _2=40)]
```

```
df.show()
```

```
+------+---+
|    _1| _2|
+------+---+
| Irati|  4|
| Oroel| 26|
| Mario| 22|
|Carlos| 25|
|  Cris| 36|
|   Eva| 40|
+------+---+
```

NOTA

La salida de show() es más visual y muestra la información en forma de tabla con los nombres de las columnas en la primera fila. Este tipo de visualización es posible con DataFrames porque Spark comprende los datos subyacentes gracias al esquema, algo que no se podía hacer con los RDD.

Quizás te hayas dado cuenta de que el DataFrame anterior no tiene nombres de columna definidos, pero Spark les ha asignado _1 y _2 para referirse a ellas (esta es la notación típica de Scala para nombrar los elementos de una tupla). Si lo deseamos, podemos especificar explícitamente los nombres de las columnas al crear el DataFrame:

```
df_nombres = spark.createDataFrame(tuplas, ['nombre', 'edad'])
df_nombres.show()
```

```
+------+----+
|nombre|edad|
+------+----+
| Irati|   4|
```

```
| Oroel|  26|
| Mario|  22|
|Carlos|  25|
|  Cris|  36|
|   Eva|  40|
+------+----+
```

Si tuplas fuera un RDD (es decir, si lo paralelizáramos), podríamos usar spark.createDataFrame() con ese RDD y obtener el mismo DataFrame. Vamos a crear un RDD con el contenido de tuplas:

```
rdd = sc.parallelize(tuplas) # usamos `sc` para crear un RDD!
df_rdd = spark.createDataFrame(rdd, ['nombre','edad'])
df_rdd.show(2) # puedes indicar el número de elementos a mostrar
```

```
+------+----+
|nombre|edad|
+------+----+
| Irati|   4|
| Oroel|  26|
+------+----+
only showing top 2 rows
```

Pero probablemente la forma más natural de obtener un DataFrame a partir de un RDD sea utilizando la función to_DF().

```
df_rdd2 = rdd.toDF(['nombre', 'edad']) # los nombres de las columnas no son
obligatorios
df_rdd2.show(2)
```

```
+------+----+
|nombre|edad|
+------+----+
| Irati|   4|
| Oroel|  26|
+------+----+
only showing top 2 rows
```

Si en algún momento necesitas realizar operaciones típicas de los RDD (como las transformaciones map o flatMap), siempre puedes acceder al RDD subyacente desde el DataFrame de la siguiente manera:

```
row_rdd = df_rdd2.rdd
row_rdd.collect()
```

```
[Row(nombre='Irati', edad=4),
 Row(nombre='Oroel', edad=26),
 Row(nombre='Mario', edad=22),
 Row(nombre='Carlos', edad=25),
 Row(nombre='Cris', edad=36),
 Row(nombre='Eva', edad=40)]
```

Y podrías aplicar cualquier operación que desees sobre ese RDD, asumiendo que cada elemento del RDD es de tipo Row:

```
row_rdd.map(lambda x: x.nombre).collect()
```

```
['Irati', 'Oroel', 'Mario', 'Carlos', 'Cris', 'Eva']
```

Por cierto, si intentas crear un DataFrame como acabamos de hacer, pero usando una lista de números, podrías llevarte una decepción, ¡porque no funcionará! Spark SQL espera una colección de tuplas, listas o diccionarios como entrada. De lo contrario, no puede inferir un esquema. Por ejemplo:

```
numeros_rdd = sc.parallelize([1, 2, 3])
spark.createDataFrame(numeros_rdd, ["numero"])
```

```
---------------------------------------------------------------------------
TypeError                                 Traceback (most recent call last)
Input In [36], in <cell line: 1>()
----> 1 spark.createDataFrame(numeros_rdd, ["numero"])
...
```

Siempre que tengas datos no estructurados en un RDD (es decir, que no sean elementos Row), primero puedes transformarlo en un RDD de elementos Row y luego proceder con el DataFrame. Veámoslo.

Como antes, creamos un constructor Persona:

```
Persona = Row('nombre', 'edad')
```

Ahora lo usamos junto con un map para acceder a cada elemento del rdd y crear un RDD de Row (Persona):

```
persona = rdd.map(lambda r: Persona(*r))
```

NOTA

*Si te preguntas qué significa el asterisco en Person(*r), es una forma de indicarle a Python que queremos desempaquetar los elementos de la tupla r y usarlos como parámetros independientes para Persona().*

Ahora usaremos el método createDataFrame():

```
df2 = spark.createDataFrame(persona)
df2.show()
```

```
+------+----+
|nombre|edad|
+------+----+
| Irati|   4|
| Oroel|  26|
```

```
| Mario|  22|
|Carlos|  25|
|  Cris|  36|
|   Eva|  40|
+------+----+
```

También podríamos hacer que funcionara con la lista de números si creamos un Row con un solo elemento. Fíjate:

```
nums = Row("numeros")
numeros_df = spark.createDataFrame(numeros_rdd.map(lambda n: nums(n)))
numeros_df.show()
```

```
+-------+
|numeros|
+-------+
|      1|
|      2|
|      3|
+-------+
```

También puedes convertir el DataFrame de Spark en un DataFrame de pandas, y viceversa. Sin embargo, ten en cuenta que esta es una acción similar a collect(), ya que envía todos los datos al nodo controlador. Por lo tanto, debes asegurarte de que quepa en su memoria principal.

```
df2.toPandas()
```

```
   nombre  edad
0   Irati     4
1   Oroel    26
2   Mario    22
3  Carlos    25
4    Cris    36
5     Eva    40
```

Podríamos crear un DataFrame de pandas a partir de tuplas.

```
import pandas as pd
pandas_df = pd.DataFrame(data=tuplas, columns=['nombre', 'edad'])
pandas_df
```

```
   nombre  edad
0   Irati     4
1   Oroel    26
2   Mario    22
3  Carlos    25
4    Cris    36
5     Eva    40
```

Y ahora lo paralelizamos con Spark:

```
df_paralelo = spark.createDataFrame(pandas_df)
```

```
df_paralelo.show()
```

```
+------+----+
|nombre|edad|
+------+----+
| Irati|   4|
| Oroel|  26|
| Mario|  22|
|Carlos|  25|
|  Cris|  36|
|   Eva|  40|
+------+----+
```

```
df_paralelo.printSchema()
```

```
root
 |-- nombre: string (nullable = true)
 |-- edad: long (nullable = true)
```

En todos los casos anteriores, el esquema se ha inferido automáticamente a partir de los datos, sin especificar los tipos de datos de cada columna.

Especificar el esquema manualmente

Por lo general, lo normal sería intentar inferir el esquema automáticamente a partir de los datos, pero en algunos casos puede ser preferible definirlo de forma manual. Esto puede ser recomendable si se requiere acceder a todos los datos para inferir el esquema correctamente. Aunque lo hemos pasado por alto hasta ahora, el método createDataFrame() tiene un parámetro samplingRatio que indica el número de filas (como un porcentaje) utilizadas para inferir el esquema. Si no se establece, solo se utiliza la primera fila, lo que hace que el proceso sea muy rápido. Sin embargo, dependiendo del origen de los datos, puede ser necesario inspeccionar una porción más grande para inferir correctamente el esquema o, de lo contrario, se podría perder información sobre columnas que no aparezcan en el primer elemento (y que serán ignoradas al no estar presentes en el esquema).

Si queremos evitar esto, podemos definir manualmente el esquema utilizando un StructType. También necesitaremos acceder a los diferentes tipos de datos de Spark[9] que importamos antes.

```
esquema = StructType([
    # False: indica que no puede ser nulo
    StructField("nombre", StringType(), False),
    # True: indica que puede ser nulo
    StructField("edad", IntegerType(), True)])
```

Una vez definido el esquema, podemos crear el DataFrame como antes, pero ahora indicaremos el esquema creado como parámetro:

9 https://archive.apache.org/dist/spark/docs/3.3.0/api/python/reference/pyspark.sql/data_types.html.

```
df3 = spark.createDataFrame(rdd, esquema)
df3.show()
```

```
+------+----+
|nombre|edad|
+------+----+
| Irati|   4|
| Oroel|  26|
| Mario|  22|
|Carlos|  25|
|  Cris|  36|
|   Eva|  40|
+------+----+
```

```
df3.printSchema()
```

```
root
 |-- nombre: string (nullable = false)
 |-- edad: integer (nullable = true)
```

También podríamos definir el esquema manualmente de una forma más rápida, de la siguiente manera:

```
spark.createDataFrame(rdd, "nombre: string, edad: int").collect()
```

```
[Row(nombre='Irati', edad=4),
 Row(nombre='Oroel', edad=26),
 Row(nombre='Mario', edad=22),
 Row(nombre='Carlos', edad=25),
 Row(nombre='Cris', edad=36),
 Row(nombre='Eva', edad=40)]
```

El esquema en la lectura/escritura de archivos

Como es lógico, también podemos crear un DataFrame leyendo datos en diferentes formatos (por ejemplo, JSON y CSV) e inferir automáticamente su esquema. Intentémoslo con el siguiente archivo JSON.

```
open('datos/personas.json', 'r').readlines()
```

```
['{"id_empleado":8761,"info_personal":{"nombre":"Juanjo","edad":35},"País":"R
eino Unido","hobbies":["Musculación","Correr","Leer"],"fecha comienzo":"2010-05-
10"}\n',
 '{"id_empleado":12441,"info_personal":{"nombre":"Direnc","edad":36},"País":"Tur
quía","hobbies":["Triatlón","Correr","Ciclismo"],"fecha comienzo":"2009-01-
12"}\n',
 '{"id_empleado":5646,"info_personal":{"nombre":"Kristina","edad":42},"País":"Ru
sia","hobbies":["Cantar","Bailar"],"fecha comienzo":"2002-10-25"}\n',
 '{"id_empleado":1233,"info_personal":{"nombre":"Grazziela","edad":46},"País":"U
K","fecha comienzo":"2018-08-14"}\n',
 '{"id_empleado":3242,"info_personal":{"nombre":"Irene","edad":22},"País":"Austr
alia","hobbies":["Correr","Música"],"fecha comienzo":"2018-08-14"}\n']
```

Cuando trabajamos con DataFrames, leer archivos JSON y CSV es tan simple como leer archivos de texto. Se puede utilizar cualquiera de las siguientes formas:

- spark.read.(filename)
- spark.read.format().options().load(filename)

que pueden ser json, csv o text, respectivamente.

Ahora podemos leer nuestro archivo JSON.

```
json_df = spark.read.json("datos/personas.json")
json_df.printSchema()
```

```
root
 |-- País: string (nullable = true)
 |-- fecha comienzo: string (nullable = true)
 |-- hobbies: array (nullable = true)
 |    |-- element: string (containsNull = true)
 |-- id_empleado: long (nullable = true)
 |-- info_personal: struct (nullable = true)
 |    |-- edad: long (nullable = true)
 |    |-- nombre: string (nullable = true)
```

```
json_df.show()
```

```
+-----------+--------------+--------------------+-----------+---------------+
|       País|fecha comienzo|             hobbies|id_empleado|  info_personal|
+-----------+--------------+--------------------+-----------+---------------+
|Reino Unido|    2010-05-10|[Musculación, Cor...|       8761|    {35, Juanjo}|
|    Turquía|    2009-01-12|[Triatlón, Correr...|      12441|    {36, Direnc}|
|      Rusia|    2002-10-25|     [Cantar, Bailar]|       5646|  {42, Kristina}|
|         UK|    2018-08-14|                null|       1233|{46, Grazziela}|
|  Australia|    2018-08-14|     [Correr, Música]|       3242|     {22, Irene}|
+-----------+--------------+--------------------+-----------+---------------+
```

En el show() anterior, se podría haber utilizado truncate=False dentro de show() para ver todos los datos en cada columna, sin importar su longitud.

Al leer un archivo JSON, si este es demasiado grande, inferir el esquema podría llevar bastante tiempo, ya que Spark necesita dar dos pasadas sobre los datos: primero para inferir el esquema y luego para leer y estructurar los datos según ese esquema. Al igual que con el método createDataFrame(), aquí también tenemos un parámetro samplingRatio, que indica a Spark qué proporción de los datos debe examinar para inferir el esquema. Sin embargo, en este caso, el valor predeterminado de este parámetro es 1.0, es decir, el 100 % de los datos. Si estás seguro de que no necesitas inspeccionar todos los datos para inferir el esquema, puedes indicarle a Spark que use solo un porcentaje de ellos:

```
json_df = spark.read.json("datos/personas.json", samplingRatio=0.1)
json_df.printSchema()
```

```
root
 |-- País: string (nullable = true)
 |-- fecha comienzo: string (nullable = true)
 |-- id_empleado: long (nullable = true)
 |-- info_personal: struct (nullable = true)
 |    |-- edad: long (nullable = true)
 |    |-- nombre: string (nullable = true)
```

```
json_df.show(truncate=False)
```

```
+-----------+--------------+-----------+---------------+
|País       |fecha comienzo|id_empleado|info_personal  |
+-----------+--------------+-----------+---------------+
|Reino Unido|2010-05-10    |8761       |{35, Juanjo}   |
|Turquía    |2009-01-12    |12441      |{36, Direnc}   |
|Rusia      |2002-10-25    |5646       |{42, Kristina} |
|UK         |2018-08-14    |1233       |{46, Grazziela}|
|Australia  |2018-08-14    |3242       |{22, Irene}    |
+-----------+--------------+-----------+---------------+
```

NOTA

Ten cuidado con esto, ya que, como te habrás dado cuenta, hemos perdido la información de «hobbies» en nuestros datos porque Spark solo ha utilizado los registros sin hobbies para inferir el esquema.

Alternativamente, también podrías proporcionar el esquema manualmente, como explicamos anteriormente. Si lo haces, la carga de datos será más rápida.

```
schema = StructType(
    [
        StructField("id_empleado", IntegerType(), True),
        StructField("hobbies", ArrayType(StringType(), True), True),
        StructField("fecha comienzo", DateType(), True),
        StructField("País", StringType(), True),
        StructField("info_personal", StructType(
                [StructField("nombre", StringType(), True),
                StructField("edad", IntegerType(), True)]
        ), True)
    ]
)

json_df = spark.read.json("datos/personas.json", schema)
json_df.printSchema()
```

```
root
 |-- id_empleado: integer (nullable = true)
 |-- hobbies: array (nullable = true)
 |    |-- element: string (containsNull = true)
 |-- fecha comienzo: date (nullable = true)
```

```
 |-- País: string (nullable = true)
 |-- info_personal: struct (nullable = true)
 |    |-- nombre: string (nullable = true)
 |    |-- edad: integer (nullable = true)
```

```
json_df.show()
```

```
+-----------+--------------------+-------------+-----------+---------------+
|id_empleado|             hobbies|fecha comienzo|       País|  info_personal|
+-----------+--------------------+-------------+-----------+---------------+
|       8761|[Musculación, Cor...|   2010-05-10|Reino Unido|   {Juanjo, 35}|
|      12441|[Triatlón, Correr...|   2009-01-12|    Turquía|   {Direnc, 36}|
|       5646|    [Cantar, Bailar]|   2002-10-25|      Rusia| {Kristina, 42}|
|       1233|                null|   2018-08-14|         UK|{Grazziela, 46}|
|       3242|    [Correr, Música]|   2018-08-14|  Australia|    {Irene, 22}|
+-----------+--------------------+-------------+-----------+---------------+
```

NOTA

Trabajar con CSV es tan simple como con JSON. También puedes leer desde archivos de texto, aunque en este caso el esquema siempre consistirá en una única columna de tipo String llamada value.

De la misma manera que Spark SQL facilita la lectura de datos en comparación con los RDD, también simplifica la escritura en los mismos formatos utilizando cualquiera de las siguientes dos formas:

- DataFrame.write.(filename),
- DataFrame.write.format().options().save(filename).

```
json_df.write.json("datos/salida.json")
```

NOTA

Importante: Al igual que con los RDD, el archivo de salida será un directorio, ya que cada partición de datos se escribirá en un bloque de datos (un archivo en nuestro sistema de archivos).

Para obtener información adicional sobre cómo leer y escribir DataFrames desde/hacia archivos, puedes consultar la documentación de entrada-salida de Spark SQL[10].

Las columnas de un DataFrame y el objeto "Column"

Como hemos visto con printSchema(), Spark asigna nombres y tipos a las columnas que componen el DataFrame. Por lo tanto, un DataFrame está compuesto por un conjunto distribuido de objetos Row, que comparten índices y tipos de datos, formando las columnas del DataFrame.

[10] https://archive.apache.org/dist/spark/docs/3.3.0/api/python/reference/pyspark.sql/io.html.

```
df2.printSchema()
df2.show()
```

```
root
 |-- nombre: string (nullable = true)
 |-- edad: long (nullable = true)

+------+----+
|nombre|edad|
+------+----+
| Irati|   4|
| Oroel|  26|
| Mario|  22|
|Carlos|  25|
|  Cris|  36|
|   Eva|  40|
+------+----+
```

Al igual que hicimos con los objetos Row, podemos acceder a una columna como un atributo o como un diccionario:

```
df2.nombre
```

```
Column<'nombre'>
```

```
df2["nombre"]
```

```
Column<'nombre'>
```

Pero quizás te haya decepcionado un poco que en las salidas anteriores no obtuviéramos la columna de datos, sino solo el nombre de la columna (un objeto de la clase Column en Spark). Entonces, ¿cómo obtenemos el contenido real? Debes entender el objeto Column como una expresión SQL que necesita ser evaluada para obtener el contenido real (también nos referiremos a ellas como expresiones columna). Por lo tanto, necesitas realizar una operación como select() con esa Column. La estudiaremos en detalle en la siguiente sección, pero veamos un ejemplo.

```
df2.select(df2["nombre"]).show()
```

```
+------+
|nombre|
+------+
| Irati|
| Oroel|
| Mario|
|Carlos|
|  Cris|
|   Eva|
+------+
```

NOTA

No esperes obtener el contenido real de una columna como una lista de Python a menos que traigas el DataFrame al nodo driver con un collect(). Los elementos Row siguen estando distribuidos incluso si decides trabajar con una sola columna.

Ese fue un objeto Column muy simple, pero estos objetos pueden representar expresiones más complejas que solo un nombre de columna. A continuación, profundizaremos en las operaciones DataFrame y las expresiones de Column.

Operaciones con DataFrames

Como acabamos de anticipar con select(), hay diferentes operaciones que se pueden realizar con DataFrames. Similar a los RDD, distinguimos dos tipos de operaciones con DataFrames:

- **Transformaciones:** Crean un nuevo DataFrame utilizando una evaluación vaga, es decir, no hay computación hasta que se realiza una acción.
- **Acciones:** Devuelven un resultado al *driver* o lo guardan en disco.

NOTA

En Spark SQL, hay varias formas de realizar las mismas operaciones. Algunas siguen un estilo más cercano a la programación orientada a objetos, mientras que otras son más similares a SQL. Usa el estilo con el que te sientas más cómodo.

NOTA

Muchas de las propiedades que aprendimos sobre los RDD (como la tolerancia a fallos mediante el linaje, la evaluación vaga y la inmutabilidad de los objetos) también son ciertas para los DataFrames.

Transformaciones

Las transformaciones que se pueden aplicar a los DataFrames se asemejan más a operaciones de tipo SQL, pero siguen comportándose de manera similar a los RDD, construyendo un nuevo DataFrame cuando se lleva a cabo una acción. Es decir, los DataFrames siguen siendo inmutables: no modificaremos su contenido, sino que crearemos nuevos mediante transformaciones. Comencemos a explorar las transformaciones más básicas que podemos realizar.

Transformaciones básicas

La tabla 5.1 proporciona una lista de las transformaciones más básicas con DataFrames y su descripción.

Tabla 5.1. Transformaciones básicas con DataFrame.

Transformación	Descripción
select(cols)	Devuelve un nuevo DataFrame utilizando una serie de expresiones que pueden ser nombres de columnas u objetos Column. Si se utiliza, se devuelven todas las columnas del DataFrame.
selectExpr(expr)	Variación de select para permitir expresiones SQL en formato String.
filter(condition) / where(condition)	Filtra las filas de acuerdo con una condición; se queda con aquellas para las que la condición es verdadera.
orderBy(cols, *kwargs) / sort(cols, **kwargs)	Devuelve un nuevo DataFrame ordenado por las columnas especificadas (en orden ascendente por defecto).

Investiguemos estas transformaciones utilizando nuevamente el mismo DataFrame de muestra:

```
tuplas = [('Irati', 4), ('Oroel', 26), ('Mario', 22),\
          ('Carlos', 25), ('Cris', 36), ('Eva', 40)]
df = spark.createDataFrame(tuplas, ['nombre', 'edad'])
```

select(*cols)

Podemos utilizar select() para crear un nuevo DataFrame a partir del contenido de otro DataFrame.

```
df.select('*').show() # seleccionar todas las columnas
```

```
+------+----+
|nombre|edad|
+------+----+
| Irati|   4|
| Oroel|  26|
| Mario|  22|
|Carlos|  25|
|  Cris|  36|
|   Eva|  40|
+------+----+
```

NOTA

Recuerda que estamos aplicando la acción show() solo para entender lo que está haciendo la transformación, de lo contrario, no se ejecutaría.

Puedes seleccionar una columna particular de diferentes maneras, todas ellas equivalentes:

```
df.select('edad').show(2)
```

```
+----+
|edad|
+----+
|   4|
|  26|
+----+
only showing top 2 rows
```

```
df.select(df.edad).show(2)
```

```
+----+
|edad|
+----+
|   4|
|  26|
+----+
only showing top 2 rows
```

```
df.select(df['edad']).show(2)
```

```
+----+
|edad|
+----+
|   4|
|  26|
+----+
only showing top 2 rows
```

A veces puede ser muy útil referirse a una columna que acabas de crear por su nombre sin necesidad de referirse al DataFrame. Para esto, puedes usar la función SQL col(). Para acceder a esta función, utilizaremos el alias sql_f.

```
df.select(sql_f.col('edad')).show(2)
```

```
+----+
|edad|
+----+
|   4|
|  26|
+----+
only showing top 2 rows
```

Con select() podemos modificar una columna aplicando una operación sobre ella. Observa este ejemplo, que añade 10 años a todos:

```
df.select(df.nombre, (df.edad + 10)).show()
```

```
+------+-----------+
|nombre|(edad + 10)|
+------+-----------+
| Irati|         14|
| Oroel|         36|
| Mario|         32|
|Carlos|         35|
|  Cris|         46|
|   Eva|         50|
+------+-----------+
```

Si deseas cambiar el nombre (actualmente edad+10) al crear este nuevo DataFrame, puedes usar el método alias().

```
df.select(df.nombre, (df.edad + 10).alias('edad')).show()
```

```
+------+----+
|nombre|edad|
+------+----+
| Irati|  14|
| Oroel|  36|
| Mario|  32|
|Carlos|  35|
|  Cris|  46|
|   Eva|  50|
+------+----+
```

NOTA

Puedes entender select() como el equivalente a map() en DataFrames. Funciona completamente en paralelo, tomando cada Row y aplicando las operaciones necesarias para generar un nuevo Row, que puede contener un subconjunto de columnas o incluir columnas adicionales obtenidas al transformar las existentes.

selectExpr(*expr)

Esta operación es similar a select(), pero añade la posibilidad de utilizar expresiones SQL. Lo siguiente puede resultarte un poco curioso:

```
df.selectExpr("edad * 2 as doble", "abs(edad)").show()
```

```
+-----+---------+
|doble|abs(edad)|
+-----+---------+
|    8|        4|
|   52|       26|
|   44|       22|
|   50|       25|
|   72|       36|
|   80|       40|
+-----+---------+
```

filter(condición) == where(condición)

filter() y where() son la misma transformación y funcionan de manera similar al filter() que utilizamos con los RDD. Recuerda que podemos seguir dos estilos diferentes: el estilo POO o el estilo SQL.

Estilo POO

```
df.filter(df.edad > 18).show()
```

```
+------+----+
|nombre|edad|
+------+----+
| Oroel|  26|
| Mario|  22|
|Carlos|  25|
|  Cris|  36|
|   Eva|  40|
+------+----+
```

```
df.where(df.edad == 4).show()
```

```
+------+----+
|nombre|edad|
+------+----+
| Irati|   4|
+------+----+
```

Estilo SQL

```
df.filter("edad > 18").show()
```

```
+------+----+
|nombre|edad|
+------+----+
| Oroel|  26|
| Mario|  22|
|Carlos|  25|
|  Cris|  36|
|   Eva|  40|
+------+----+
```

```
df.where("edad = 4").show()
```

```
+------+----+
|nombre|edad|
+------+----+
| Irati|   4|
+------+----+
```

¡Ambos estilos hacen lo mismo, elige el que te resulte más cómodo!

orderBy(cols, ascending) ≡ sort(cols, **kwargs)

Nuevamente, ambas transformaciones hacen lo mismo y comparten parámetros. Primero, indicamos las columnas que se utilizarán para ordenar el DataFrame. Luego, hay diferentes formas de decirle a Spark cómo queremos ordenarlas (de forma ascendente o descendente).

Hagámoslo en orden descendente por edad:

```
df.sort(df.edad.desc()).show()
```

```
+------+----+
|nombre|edad|
+------+----+
|   Eva|  40|
|  Cris|  36|
| Oroel|  26|
|Carlos|  25|
| Mario|  22|
| Irati|   4|
+------+----+
```

Acabamos de usar el estilo POO para acceder al atributo de edad y la función desc() para ordenarlo. El equivalente en estilo SQL sería:

```
df.sort("edad", ascending=False).show()
```

```
+------+----+
|nombre|edad|
+------+----+
|   Eva|  40|
|  Cris|  36|
| Oroel|  26|
|Carlos|  25|
| Mario|  22|
| Irati|   4|
+------+----+
```

Alternativamente, podrías hacer exactamente lo mismo usando orderBy():

```
df.orderBy(df.edad.desc()).show()
```

```
+------+----+
|nombre|edad|
+------+----+
|   Eva|  40|
|  Cris|  36|
| Oroel|  26|
|Carlos|  25|
| Mario|  22|
| Irati|   4|
+------+----+
```

Hay otras alternativas utilizando funciones SQL. Por ejemplo, para ordenar de manera ascendente por edad:

```
df.sort(sql_f.asc("edad")).show()
```

```
+------+----+
|nombre|edad|
+------+----+
| Irati|   4|
| Mario|  22|
|Carlos|  25|
| Oroel|  26|
|  Cris|  36|
|   Eva|  40|
+------+----+
```

O para hacerlo en orden descendente por edad pero ascendente por nombre:

```
df.orderBy(sql_f.desc("edad"), "nombre").show()
```

```
+------+----+
|nombre|edad|
+------+----+
|   Eva|  40|
|  Cris|  36|
| Oroel|  26|
|Carlos|  25|
| Mario|  22|
| Irati|   4|
+------+----+
```

Alternativamente, podrías hacer lo mismo así:

```
df.orderBy(["edad", "nombre"], ascending=[False, True]).show()
```

```
+------+----+
|nombre|edad|
+------+----+
|   Eva|  40|
|  Cris|  36|
| Oroel|  26|
|Carlos|  25|
| Mario|  22|
| Irati|   4|
+------+----+
```

Transformaciones adicionales

Investiguemos algunas transformaciones adicionales (tabla 5.2).

Tabla 5.2. Transformaciones adicionales con DataFrames.

Transformación	Descripción
distinct()	Devuelve un nuevo DataFrame con las filas únicas del original.
dropDuplicates(*cols)	Devuelve un nuevo DataFrame sin duplicados considerando solo las columnas especificadas.
withColumn(nombre_col, col)	Devuelve un nuevo DataFrame añadiendo una nueva columna o reemplazando una columna existente con el nombre dado.
withColumnRenamed(existente, nueva)	Devuelve un nuevo DataFrame renombrando una columna existente.
drop(col)	Devuelve un nuevo DataFrame sin la columna especificada.
limit(num)	Limita el número de filas obtenidas como resultado.
cache()	Mantiene el DataFrame en caché para reutilizarlo posteriormente de manera eficiente.

distinct() y dropDuplicates(*cols)

La diferencia entre estas dos operaciones es que en dropDuplicates() podemos especificar los campos que se utilizarán para determinar si dos filas están duplicadas.

Vamos a crear un DataFrame a partir de un RDD de Row con los atributos nombre, profesión y edad:

```
from pyspark.sql import Row
df2 = sc.parallelize([ \
    Row(nombre='Isaac', profesion='profesor', edad=38), \
    Row(nombre='Mikel', profesion='profesor', edad=38), \
    Row(nombre='Isaac', profesion='profesor', edad=38)]).toDF()
df2.show()
```

```
+------+---------+----+
|nombre|profesion|edad|
+------+---------+----+
| Isaac| profesor|  38|
| Mikel| profesor|  38|
| Isaac| profesor|  38|
+------+---------+----+
```

Si aplicamos distinct() o dropDuplicates() directamente, veremos la misma salida:

```
df2.distinct().show()
```

```
+------+---------+----+
|nombre|profesion|edad|
+------+---------+----+
| Isaac| profesor|  38|
| Mikel| profesor|  38|
+------+---------+----+
```

```
df2.dropDuplicates().show()
```

```
+------+---------+----+
|nombre|profesion|edad|
+------+---------+----+
| Isaac| profesor|  38|
| Mikel| profesor|  38|
+------+---------+----+
```

En estos ejemplos, dropDuplicates() y distinct() tienen el mismo comportamiento. Sin embargo, podemos indicarle a dropDuplicates() que solo considere dos de los campos:

```
df2.dropDuplicates(['profesion', 'edad']).show()
```

```
+------+---------+----+
|nombre|profesion|edad|
+------+---------+----+
| Isaac| profesor|  38|
+------+---------+----+
```

De acuerdo con la profesión y la edad, todas las filas eran redundantes, por lo que terminamos con solo una fila.

drop(col)

Esta transformación devuelve un nuevo DataFrame sin la columna especificada.

Eliminemos la columna de edad de df:

```
df.drop('edad').show()
```

```
+------+
|nombre|
+------+
| Irati|
| Oroel|
| Mario|
|Carlos|
|  Cris|
|   Eva|
+------+
```

Lo mismo en estilo POO:

```
df.drop(df.edad).show()
```

```
+------+
|nombre|
+------+
| Irati|
| Oroel|
| Mario|
|Carlos|
|  Cris|
|   Eva|
+------+
```

¡df permanece sin cambios!

```
df.show()
```

```
+------+----+
|nombre|edad|
+------+----+
| Irati|   4|
| Oroel|  26|
| Mario|  22|
|Carlos|  25|
|  Cris|  36|
|   Eva|  40|
+------+----+
```

limit(num)

Puedes indicar el número de filas que deseas obtener antes de aplicar una acción:

```
df.limit(1).show()
```

```
+------+----+
|nombre|edad|
+------+----+
| Irati|   4|
+------+----+
```

```
df.limit(0).show()
```

```
+------+----+
|nombre|edad|
+------+----+
+------+----+
```

withColumn(nombre_col, col)

Similar a lo que hicimos antes con select(), podemos añadir una columna indicando un nombre y una expresión de columna, que se utilizará para crear la nueva columna.

```
df.withColumn('después del cumpleaños', df.edad + 1).show()
```

```
+------+----+----------------------+
|nombre|edad|después del cumpleaños|
+------+----+----------------------+
| Irati|   4|                     5|
| Oroel|  26|                    27|
| Mario|  22|                    23|
|Carlos|  25|                    26|
|  Cris|  36|                    37|
|   Eva|  40|                    41|
+------+----+----------------------+
```

Puede que en algún momento queramos crear una columna con un valor constante. Para ello, podemos usar esta transformación junto con lit() (de pyspark.sql.functions):

```
df.withColumn('todo unos', sql_f.lit(1)).show()
```

```
+------+----+---------+
|nombre|edad|todo unos|
+------+----+---------+
| Irati|   4|        1|
| Oroel|  26|        1|
| Mario|  22|        1|
|Carlos|  25|        1|
|  Cris|  36|        1|
|   Eva|  40|        1|
+------+----+---------+
```

withColumnRenamed(existente, nueva)

Podemos renombrar las columnas:

```
df.withColumnRenamed('edad', 'edad renombrada').show()
```

```
+------+---------------+
|nombre|edad renombrada|
+------+---------------+
| Irati|              4|
| Oroel|             26|
| Mario|             22|
|Carlos|             25|
|  Cris|             36|
|   Eva|             40|
+------+---------------+
```

Transformaciones: operaciones de columna

Ya hemos dado una pista sobre lo que son los objetos columna (Column): expresiones SQL que se pueden aplicar a DataFrames dentro de una transformación y a las que denominamos expresiones columna. Spark SQL nos proporciona varias funciones y operaciones que se pueden aplicar a estos objetos, las cuales solo devuelven otra columna, es decir, una nueva expresión SQL. La clave aquí es que, para aplicar una operación columna a un DataFrame, esta debe usarse dentro de otra transformación, como por ejemplo select(). Ten en cuenta que tampoco se aplican directamente a un DataFrame; df.alias() no funcionaría.

Veamos algunos métodos importantes de la API Column[11]. La tabla 5.3 describe algunos de estos métodos.

[11] https://archive.apache.org/dist/spark/docs/3.3.0/api/python/reference/pyspark.sql/column.html.

Tabla 5.3. Algunas operaciones columna relevantes.

Operación	Descripción
alias(alias)	Renombra una columna con un nuevo nombre.
between(límite_inferior, límite_superior)	Verdadero si el valor está en el rango especificado.
isNull() / isNotNull()	Verdadero si el valor es NULL o no lo es.
when(condición, valor) / otherwise(valor)	Evalúa una lista de condiciones y realiza una transformación basada en ellas.
length(col)	Calcula la longitud de los valores en la columna.
substring(posición_inicio, longitud), like(otro), startswith(otro), endswith(otro)	Funciones para operar con cadenas.
expr(str)	Permite aplicar una expresión SQL.
isin(cols)	Verdadero si el valor está en la lista de argumentos.
lit(valor)	Crea una columna con el valor proporcionado.
explode(col)	Devuelve una nueva fila para cada elemento del *array*.

alias(*alias)

Con alias() podemos cambiar el nombre de una columna:

```
df.nombre.alias("Hola")
```

```
Column<'nombre AS Hola'>
```

Esto no ha hecho nada en absoluto en el DataFrame df, ni ha devuelto un nuevo DataFrame. Solo devuelve una expresión columna que puede usarse para modificar el nombre. Para que surta efecto, debemos aplicarla dentro de una transformación.

```
df.select(df.nombre.alias("Hola")).show()
```

```
+------+
|  Hola|
+------+
| Irati|
| Oroel|
| Mario|
|Carlos|
|  Cris|
|   Eva|
+------+
```

Nuevamente, df no se modifica, pero se devuelve un nuevo DataFrame con la columna nombre cambiada a Hola.

NOTA

Las expresiones columna siguen un estilo POO. Si quisieses usar el estilo SQL, puedes escribir la expresión SQL.

```
df.selectExpr("nombre as Hola").show()
```

```
+------+
|  Hola|
+------+
| Irati|
| Oroel|
| Mario|
|Carlos|
|  Cris|
|   Eva|
+------+
```

between(límite_inferior, límite_superior)

Vamos a obtener a las personas con edad entre 18 y 65 años. Podríamos usar una expresión columna como esta:

```
df.edad.between(20, 30)
```

```
Column<'((edad >= 20) AND (edad <= 30))'>
```

Y utilizarla como parte de una transformación (es decir, select()):

```
df.select(df.nombre, df.edad.between(20, 30)).show()
```

```
+------+-------------------------------+
|nombre|((edad >= 20) AND (edad <= 30))|
+------+-------------------------------+
| Irati|                          false|
| Oroel|                           true|
| Mario|                           true|
|Carlos|                           true|
|  Cris|                          false|
|   Eva|                          false|
+------+-------------------------------+
```

Esta operación ha devuelto un DataFrame con una nueva columna que verifica la condición y devuelve True o False. Pero también podríamos usar esa expresión columna para filtrar aquellos que son False en su lugar:

```
df.filter(df.edad.between(20, 30)).show()
```

```
+------+----+
|nombre|edad|
+------+----+
| Oroel|  26|
| Mario|  22|
|Carlos|  25|
+------+----+
```

isNull()/isNotNull()

De manera similar, podemos verificar si los valores en una columna son nulos o no:

```
df.edad.isNull()
```

```
Column<'(edad IS NULL)'>
```

```
df.edad.isNotNull()
```

```
Column<'(edad IS NOT NULL)'>
```

Usando esta operación en combinación con una transformación, por ejemplo, filter(), podemos obtener aquellas filas con valores nulos en una columna específica:

```
df.filter(df.edad.isNull()).show()
```

```
+------+----+
|nombre|edad|
+------+----+
+------+----+
```

Lo que resulta en un DataFrame vacío porque todas las filas de df tienen valores para la columna edad.

when(condición, valor) / otherwise(valor)

Esto es similar a una estructura if-else. En este caso, necesitamos iniciar la primera condición con la función when() de pyspark.sql.functions.

Podríamos definir una condición que indique que una persona es adulta si su edad es mayor que 18 años y que es un niño en caso contrario:

```
sql_f.when(df.edad > 18, "Adulto").otherwise("Niño")
```

```
Column<'CASE WHEN (edad > 18) THEN Adulto ELSE Niño END'>
```

De nuevo, debemos utilizar esta expresión junto a una transformación:

```
df.select(df.nombre, sql_f.when(df.edad > 18, 'Adulto')\
                          .otherwise('Niño').alias('categoría')).show()
```

```
+------+---------+
|nombre|categoría|
+------+---------+
| Irati|     Niño|
| Oroel|   Adulto|
| Mario|   Adulto|
|Carlos|   Adulto|
|  Cris|   Adulto|
|   Eva|   Adulto|
+------+---------+
```

Además, podemos concatenar múltiples condiciones:

```
df.select(df.nombre, df.edad, sql_f.when(df.edad > 18, 'Adulto')\
                              .when(df.edad < 12, 'Niño')\
                              .otherwise('Adolescente').alias('categoría')).show()
```

```
+------+----+---------+
|nombre|edad|categoría|
+------+----+---------+
| Irati|   4|     Niño|
| Oroel|  26|   Adulto|
| Mario|  22|   Adulto|
|Carlos|  25|   Adulto|
|  Cris|  36|   Adulto|
|   Eva|  40|   Adulto|
+------+----+---------+
```

length(col)

Podemos usar length() en una columna de cadenas de texto para calcular su longitud (como antes, usamos sql_f para acceder a la función):

```
sql_f.length(df.nombre)
```

```
Column<'length(nombre)'>
```

```
df.select(sql_f.length(df.nombre).alias('len')).show()
```

```
+---+
|len|
+---+
|  5|
|  5|
|  5|
|  6|
|  4|
|  3|
+---+
```

substring(posición_inicio, len) , like(otro), startswith(otro), endswith(otro)

Estas son operaciones comunes para trabajar con cadenas de caracteres, pero están implementadas en Spark, de modo que podamos aprovechar sus optimizaciones. Probemos algunas de ellas:

```
df.withColumn('Abreviatura', sql_f.substring(df.nombre,1, 3)).show()
```

```
+------+----+-----------+
|nombre|edad|Abreviatura|
+------+----+-----------+
| Irati|   4|        Ira|
| Oroel|  26|        Oro|
| Mario|  22|        Mar|
|Carlos|  25|        Car|
|  Cris|  36|        Cri|
|   Eva|  40|        Eva|
+------+----+-----------+
```

```
df.filter(df.nombre.like('C%')).show()
```

```
+------+----+
|nombre|edad|
+------+----+
|Carlos|  25|
|  Cris|  36|
+------+----+
```

expr(str)

Esta función permite utilizar expresiones SQL que se convertirán en expresiones columna. Por ejemplo, en vez de usar la función length(), podríamos hacer lo mismo de la siguiente forma:

```
df.select(sql_f.expr("length(nombre)")).show()
```

```
+--------------+
|length(nombre)|
+--------------+
|             5|
|             5|
|             5|
|             6|
|             4|
|             3|
+--------------+
```

A priori, puedes pensar que esto no va a ser muy útil, ¿verdad? Bueno, puede llegar a serlo en algunas ocasiones. Permítenos mostrarte un ejemplo.

Queremos usar la función substring() para eliminar la primera letra de todos los nombres. Esta función requiere la posición de inicio (es decir, el índice del carácter, que sería 2 para eliminar el primero) y la longitud de esa subcadena (ambos deben ser enteros). Sin embargo, la longitud de la cadena depende de cada nombre, por lo que deberíamos usar la operación length() dentro de substring():

```
df.withColumn('Sin primera letra',
              sql_f.substring(df.nombre,2, sql_f.length(df.nombre)))\
  .show()
```

```
---------------------------------------------------------------------------
TypeError                                 Traceback (most recent call last)
Input In [31], in <cell line: 1>()
      1 df.withColumn('Sin primera letra',
...
```

¡Eso no ha funcionado! ¿Por qué? Bueno, el parámetro len de la función substring debe ser un entero y no un objeto Column. En estos casos, el uso de expresiones SQL sería útil, ya que nos permiten usar valores de columna como entrada para estas funciones.

```
df.withColumn('Sin primera letra',\
              sql_f.expr("substring(nombre, 2, length(nombre))"))\
  .show()
```

```
+------+----+-----------------+
|nombre|edad|Sin primera letra|
+------+----+-----------------+
| Irati|   4|             rati|
| Oroel|  26|             roel|
| Mario|  22|             ario|
|Carlos|  25|            arlos|
|  Cris|  36|              ris|
|   Eva|  40|               va|
+------+----+-----------------+
```

isin(*cols)

Esto posibilita verificar si los valores especificados están en el DataFrame. Por ejemplo, podemos comprobar si alguno de los siguientes nombres está en el DataFrame:

```
df.nombre.isin("Paula", "Irati", "Elena")
```

```
Column<'(nombre IN (Paula, Irati, Elena))'>
```

Para aplicar realmente la expresión, podríamos usar filter() o select().

```
df.filter(df.nombre.isin("Paula", "Irati", "Elena")).show()
```

```
+------+----+
|nombre|edad|
+------+----+
| Irati|   4|
+------+----+
```

O, de forma alternativa, podemos utilizar corchetes [ ] (más similar a los pandas).

```
df[df.nombre.isin("Paula", "Irati", "Elena")].show()
```

```
+------+----+
|nombre|edad|
+------+----+
| Irati|   4|
+------+----+
```

lit(value)

Como hemos mencionado antes, podría ser útil crear una columna de literales:

```
sql_f.lit(0)
```

```
Column<'0'>
```

Pero, ¿para qué serviría eso? Tal vez para añadir una nueva columna (que renombraremos como 'saldo') con ceros:

```
df.select("*", sql_f.lit(0).alias("saldo")).show()
```

```
+------+----+-----+
|nombre|edad|saldo|
+------+----+-----+
| Irati|   4|    0|
| Oroel|  26|    0|
| Mario|  22|    0|
|Carlos|  25|    0|
|  Cris|  36|    0|
|   Eva|  40|    0|
+------+----+-----+
```

explode(col)

Esta es una operación importante que puede simular el uso de flatMap() en RDD, porque crea tantas filas como valores haya en un *array* o un diccionario dentro de una columna. explode() es una función de pyspark.sql.functions, así que recuerda importarla.

Básicamente, explode() expande una lista, tupla o diccionario en filas. Retomemos nuestro ejemplo de *hobbies*.

```
df3 = spark.createDataFrame([
    Row(nombre='Juanjo', hobbies=["Musculación","Correr","Leer"],
        avatar={"color de pelo": "castaño","estilo": "corto"}),
    Row(nombre='Irene', hobbies=["Triatlón", "Correr", "Ciclismo"],
        avatar={"color de pelo": "negro","estilo": "liso"}),
    Row(nombre='Kristina', hobbies=["Cantar", "Bailar"],
        avatar={"color de pelo": "rubio","estilo": "largo"}),
    Row(nombre='Eva', hobbies=["Correr", "Body Pump"],
        avatar={"color de pelo": "pelirrojo","estilo": "largo rizado"})
])
df3.show()
```

```
+--------+--------------------+--------------------+
|  nombre|             hobbies|              avatar|
+--------+--------------------+--------------------+
|  Juanjo|[Musculación, Cor...|{estilo -> corto,...|
|   Irene|[Triatlón, Correr...|{estilo -> liso, ...|
|Kristina|      [Cantar, Bailar]|{estilo -> largo,...|
|     Eva| [Correr, Body Pump]|{estilo -> largo ...|
+--------+--------------------+--------------------+
```

Si quisiéramos expandir la lista hobbies como filas, es decir, tener una fila para cada hobby:

```
df3.select("*", sql_f.explode("hobbies")).show()
```

```
+--------+--------------------+--------------------+-----------+
|  nombre|             hobbies|              avatar|        col|
+--------+--------------------+--------------------+-----------+
|  Juanjo|[Musculación, Cor...|{estilo -> corto,...|Musculación|
|  Juanjo|[Musculación, Cor...|{estilo -> corto,...|     Correr|
|  Juanjo|[Musculación, Cor...|{estilo -> corto,...|       Leer|
|   Irene|[Triatlón, Correr...|{estilo -> liso, ...|   Triatlón|
|   Irene|[Triatlón, Correr...|{estilo -> liso, ...|     Correr|
|   Irene|[Triatlón, Correr...|{estilo -> liso, ...|   Ciclismo|
|Kristina|      [Cantar, Bailar]|{estilo -> largo,...|     Cantar|
|Kristina|      [Cantar, Bailar]|{estilo -> largo,...|     Bailar|
|     Eva| [Correr, Body Pump]|{estilo -> largo ...|     Correr|
|     Eva| [Correr, Body Pump]|{estilo -> largo ...|  Body Pump|
+--------+--------------------+--------------------+-----------+
```

Como usamos el *, las columnas name, hobbies y avatar permanecen iguales pero duplicadas en cada fila. Ahora hay una nueva columna col que contiene los elementos de hobbies expandidos (solo un elemento en cada fila). De hecho, podríamos darle un nuevo nombre con alias:

```
df3.select("*", sql_f.explode("hobbies").alias("nuevo_explode")).show()
```

```
+--------+--------------------+--------------------+-------------+
|  nombre|             hobbies|              avatar|nuevo_explode|
+--------+--------------------+--------------------+-------------+
```

```
|  Juanjo|[Musculación, Cor...|{estilo -> corto,...| Musculación|
|  Juanjo|[Musculación, Cor...|{estilo -> corto,...|      Correr|
|  Juanjo|[Musculación, Cor...|{estilo -> corto,...|        Leer|
|   Irene|[Triatlón, Correr...|{estilo -> liso, ...|    Triatlón|
|   Irene|[Triatlón, Correr...|{estilo -> liso, ...|      Correr|
|   Irene|[Triatlón, Correr...|{estilo -> liso, ...|    Ciclismo|
|Kristina|    [Cantar, Bailar]|{estilo -> largo,...|      Cantar|
|Kristina|    [Cantar, Bailar]|{estilo -> largo,...|      Bailar|
|     Eva| [Correr, Body Pump]|{estilo -> largo ...|      Correr|
|     Eva| [Correr, Body Pump]|{estilo -> largo ...|   Body Pump|
+--------+--------------------+--------------------+------------+
```

Si solo quisiéramos obtener la lista de *hobbies* en una columna para medir su popularidad:

```
df3.select(sql_f.explode(df3.hobbies).alias("hobbies")).show()
```

```
+-----------+
|    hobbies|
+-----------+
|Musculación|
|     Correr|
|       Leer|
|   Triatlón|
|     Correr|
|   Ciclismo|
|     Cantar|
|     Bailar|
|     Correr|
|  Body Pump|
+-----------+
```

¡Esto será muy útil para realizar nuestro ejercicio favorito de big data, el contador de palabras!

También podemos aplicar explode() a diccionarios, como el que tenemos en la columna avatar:

```
df3.select("nombre", sql_f.explode(df3.avatar).alias("clave", "valor")).show()
```

```
+--------+-------------+------------+
|  nombre|        clave|       valor|
+--------+-------------+------------+
|  Juanjo|       estilo|       corto|
|  Juanjo|color de pelo|     castaño|
|   Irene|       estilo|        liso|
|   Irene|color de pelo|       negro|
|Kristina|       estilo|       largo|
|Kristina|color de pelo|       rubio|
|     Eva|       estilo|largo rizado|
|     Eva|color de pelo|   pelirrojo|
+--------+-------------+------------+
```

NOTA

Muchas de las operaciones que hemos realizado con expresiones columna podríamos realizarlas mediante funciones Python trabajando con RDD. Y, es posible obtener el RDD de un DataFrame. Sin embargo, te recomendamos que uses la API de DataFrame y las expresiones columna siempre que sea posible para aprovechar las optimizaciones que puede aplicar Spark. Volver a los RDD hará que pierdas las mejoras de rendimiento asociadas a SparkSQL.

Transformaciones con pseudoconjuntos

Similar a lo que aprendimos con RDD, también podemos realizar operaciones similares a las que se realizan con conjuntos entre DataFrames (tabla 5.4).

Tabla 5.4. Transformaciones con pseudoconjuntos.

Transformación	Descripción
distinct()	Devuelve un nuevo DataFrame con las filas únicas del original.
union(df)	Devuelve la unión de los elementos de dos DataFrames (mantiene duplicados).
intersect(df)	Devuelve la intersección de los elementos de dos DataFrames (elimina duplicados). Advertencia: ¡Esto requiere un **shuffle**!
subtract(df)	Devuelve un DataFrame con los elementos presentes en el primer DataFrame, pero no en el segundo. Advertencia: ¡Esto requiere un **shuffle**!
crossJoin(df)	Devuelve un DataFrame con el producto cartesiano de ambos DataFrames (todas las posibles combinaciones de filas de ambos).

Probemos con el mismo ejemplo del capítulo anterior.

```
df1 = spark.createDataFrame(["agua", "vino", "cerveza",\
                    "agua", "agua", "vino"], "string")
df2 = spark.createDataFrame(["cerveza", "cerveza", "agua", "agua",\
                    "vino", "coca-cola", "limonada"], "string")
```

Como ya hemos visto, distinct() puede eliminar duplicados de los DataFrames.

```
df1.distinct().show()
```

```
+-------+
|  value|
+-------+
|   agua|
|   vino|
|cerveza|
+-------+
```

Con union(), podemos concatenar las filas de dos DataFrames en una (si tienen esquemas compatibles). De manera similar, intersect() creará un nuevo DataFrame con los elementos Row presentes en ambos DataFrames, mientras que subtract() únicamente se quedará con los elementos presentes en el primero.

```
df1.union(df2).show()
```

```
+---------+
|    value|
+---------+
|     agua|
|     vino|
|  cerveza|
|     agua|
|     agua|
|     vino|
|  cerveza|
|  cerveza|
|     agua|
|     agua|
|     vino|
|coca-cola|
| limonada|
+---------+
```

```
df1.intersect(df2).show()
```

```
+-------+
|  value|
+-------+
|   agua|
|cerveza|
|   vino|
+-------+
```

```
df1.subtract(df2).show()
```

```
+-----+
|value|
+-----+
+-----+
```

Al igual que con los RDD, tanto subtract() como intersect() eliminan duplicados y requieren de un *shuffle* (como distinct()), por lo que pueden tener problemas de rendimiento.

También podemos obtener el producto cartesiano de las filas en dos DataFrames con crossJoin(). Sin embargo, no preferible evitarlo, porque genera una gran cantidad de datos.

```
df1.distinct().crossJoin(df2.distinct()).show()
```

```
+-------+---------+
|  value|    value|
+-------+---------+
|   agua|  cerveza|
|   vino|  cerveza|
|cerveza|  cerveza|
|   agua|     agua|
|   vino|     agua|
|cerveza|     agua|
|   agua|     vino|
|   vino|     vino|
|cerveza|     vino|
|   agua|coca-cola|
|   vino|coca-cola|
|cerveza|coca-cola|
|   agua| limonada|
|   vino| limonada|
|cerveza| limonada|
+-------+---------+
```

Transformaciones para realizar agregaciones

Ahora veremos cómo realizar agregaciones para datos numéricos en un DataFrame y cómo aplicarlas a datos que han sido previamente agrupados (tabla 5.5).

Tabla 5.5. Transformaciones para realizar agregaciones.

Transformación	Descripción
agg(*exprs)	Realiza agregaciones sobre todo el DataFrame. exprs puede ser un diccionario o una lista de expresiones.
groupBy(*cols)	Agrupa un DataFrame utilizando las columnas especificadas. Devuelve un GroupedData que puede utilizarse para realizar agregaciones sobre los grupos.

agg(*exprs)

Con este método, podemos realizar agregaciones sobre todo el DataFrame. Esto significa que podemos, por ejemplo, calcular el promedio o la suma de valores de una columna. Las agregaciones que podemos calcular incluyen: avg, max, min, sum, count. exprs puede ser:

- Un diccionario de clave-valor en el que la clave es el nombre de una columna y el valor es una función de agregación.
- Una lista de expresiones Column con agregaciones.

Con un diccionario podemos hacer algo como:

```
df.agg({"edad": "max"}).show()
```

```
+---------+
|max(edad)|
+---------+
|       40|
+---------+
```

O podemos usar una expresión columna con la función max() de Spark SQL (¡ten cuidado de no usar la de Python!).

```
df.agg(sql_f.max(df.edad)).show()
```

```
+---------+
|max(edad)|
+---------+
|       40|
+---------+
```

Si quisiéramos obtener diferentes agregaciones, por ejemplo, min y max para la edad, el diccionario no nos sirve, ya que no admite duplicados:

```
df.agg({"edad": "max", "edad": "min"}).show()
```

```
+---------+
|min(edad)|
+---------+
|        4|
+---------+
```

Para resolverlo, deberíamos usar una lista de expresiones:

```
df.agg(sql_f.min(df.edad), sql_f.max(df.edad), sql_f.mean(df.edad)).show()
```

```
+---------+---------+---------+
|min(edad)|max(edad)|avg(edad)|
+---------+---------+---------+
|        4|       40|     25.5|
+---------+---------+---------+
```

groupBy(*cols)

Esta operación agrupa las filas de un DataFrame con los mismos valores en las columnas especificadas. Crea un GroupedData[12] que se puede utilizar posteriormente para calcular agregaciones por grupos, por ejemplo, mediante la función agg() que acabamos de ver.

Por ejemplo, podemos agrupar nuestro DataFrame por nombre y, para cada nombre, contar el número de repeticiones y la edad promedio. Primero, vamos a crear un DataFrame con más datos:

```
df.show()
```

[12] https://archive.apache.org/dist/spark/docs/3.3.0/api/python/reference/pyspark.sql/grouping.html.

```
+------+----+
|nombre|edad|
+------+----+
| Irati|   4|
| Oroel|  26|
| Mario|  22|
|Carlos|  25|
|  Cris|  36|
|   Eva|  40|
+------+----+
```

```
tuplas2 = [('Gabriel', 25), ('Pilar', 45),('Irati', 20),\
           ('Lucía', 12), ('Nacho', 10)]
df2 = spark.createDataFrame(tuplas2, ['nombre', 'edad'])
df3 = df.union(df2)
df3.show()
```

```
+-------+----+
| nombre|edad|
+-------+----+
|  Irati|   4|
|  Oroel|  26|
|  Mario|  22|
| Carlos|  25|
|   Cris|  36|
|    Eva|  40|
|Gabriel|  25|
|  Pilar|  45|
|  Irati|  20|
|  Lucía|  12|
|  Nacho|  10|
+-------+----+
```

```
df3.groupBy('nombre')
```

```
<pyspark.sql.group.GroupedData at 0x7fb390c7c610>
```

Este tipo de dato no se puede mostrar ni traer al controlador:

```
df3.groupBy('nombre').collect()
```

```
---------------------------------------------------------------------------
AttributeError                            Traceback (most recent call last)
Input In [61], in <cell line: 1>()
----> 1 df3.groupBy('nombre').collect()
```

Sin embargo, hay diferentes transformaciones que podemos aplicar, por ejemplo, es posible usar directamente count() o avg(), y también realizar agregaciones utilizando agg():

```
df3.groupBy('nombre').count().show()
```

```
+-------+-----+
| nombre|count|
+-------+-----+
|  Irati|    2|
|  Oroel|    1|
|  Mario|    1|
| Carlos|    1|
|   Cris|    1|
|    Eva|    1|
|Gabriel|    1|
|  Pilar|    1|
|  Lucía|    1|
|  Nacho|    1|
+-------+-----+
```

Ten en cuenta que hemos tenido que usar show() después de count(), porque esa función count() en GroupedData no es una acción.

Veamos un ejemplo de agregación en este GroupedData:

```
df3.groupBy("nombre").agg(sql_f.mean(df3.edad), sql_f.count(df3.edad)).show()
```

```
+-------+---------+-----------+
| nombre|avg(edad)|count(edad)|
+-------+---------+-----------+
|  Irati|     12.0|          2|
|  Oroel|     26.0|          1|
|  Mario|     22.0|          1|
| Carlos|     25.0|          1|
|   Cris|     36.0|          1|
|    Eva|     40.0|          1|
|Gabriel|     25.0|          1|
|  Pilar|     45.0|          1|
|  Lucía|     12.0|          1|
|  Nacho|     10.0|          1|
+-------+---------+-----------+
```

NOTA

Usar count() o agg() dependerá de si necesitas calcular más de una agregación a la vez. En caso de ser así, tendrás que utilizar agg().

La tabla 5.6 describe las diferentes transformaciones que se pueden realizar con GroupedData.

Tabla 5.6. Transformaciones para GroupedData.

Transformación	Descripción
avg(cols) / mean(cols)	Calcula el valor promedio para cada grupo en cada columna numérica.
count()	Cuenta el número de filas para cada grupo.

Transformación	Descripción
max(cols)	Calcula el máximo para cada grupo en cada columna numérica especificada.
min(cols)	Calcula el mínimo para cada grupo en cada columna numérica especificada.
sum(cols)	Calcula la suma para cada grupo en cada columna numérica especificada.
pivot(columna_pivote, valores)	Utiliza una columna como pivote para realizar una agregación específica.
agg(exprs)	Igual que antes, pero para cada grupo del DataFrame.

La mayoría de estas transformaciones son sencillas de aplicar siguiendo su descripción, pero queremos mostrarte un ejemplo con pivot().

pivot(columna_pivote, valores)

Esta transformación permite realizar un pivote sobre una columna para luego efectuar una agregación. Esto es similar a una tabla dinámica en pandas (si estás familiarizado con ellas).

- columna_pivote indica la columna que queremos usar como pivote. Usarla como pivote significa que los valores únicos de la columna (o los valores especificados en valores) se utilizarán para crear nuevas columnas en el DataFrame resultante.
- valores especifica qué valores aparecerán en las columnas del DataFrame resultante. Si no se proporcionan, Spark los calcula automáticamente (aunque de forma menos eficiente).

Si no conoces las tablas dinámicas, las entenderás mejor con un ejemplo.

Supongamos que tenemos una gran tabla de calificaciones para cada estudiante que se ve así:

```
datos = [(2024,'Iris', 6.0, 'Programación'),
        (2024,'Iris', 2.5, 'Análisis de datos'),
        (2024,'Aranzazu', 7.0, 'Programación'),
        (2024,'Aranzazu', 9.5, 'Análisis de datos'),
        (2025,'Christian', 6.0, 'Programación'),
        (2025,'Christian', 2.5, 'Análisis de datos'),
        (2025,'Rubén', 7.0, 'Programación'),
        (2025,'Rubén', 9.5, 'Análisis de datos')]
df = spark.createDataFrame(datos, ['año', 'nombre',\
                                  'nota', 'asignatura'])
df.show()
```

```
+----+---------+----+-----------------+
| año|   nombre|nota|       asignatura|
+----+---------+----+-----------------+
|2024|     Iris| 6.0|     Programación|
```

```
|2024|     Iris| 2.5|Análisis de datos|
|2024| Aranzazu| 7.0|     Programación|
|2024| Aranzazu| 9.5|Análisis de datos|
|2025|Christian| 6.0|     Programación|
|2025|Christian| 2.5|Análisis de datos|
|2025|    Rubén| 7.0|     Programación|
|2025|    Rubén| 9.5|Análisis de datos|
+----+---------+----+-----------------+
```

¿Cómo podríamos calcular la calificación media para cada año en cada asignatura? Estarás pensando que podrías hacer esto con solo un groupBy(), y estás en lo cierto:

```
df.groupBy("año", "asignatura").avg("nota").show()
```

```
+----+-----------------+---------+
| año|       asignatura|avg(nota)|
+----+-----------------+---------+
|2024|     Programación|      6.5|
|2024|Análisis de datos|      6.0|
|2025|     Programación|      6.5|
|2025|Análisis de datos|      6.0|
+----+-----------------+---------+
```

Sin embargo, si queremos obtener una tabla más fácil de interpretar donde las diferentes columnas contengan los nombres de las asignaturas, mientras que las filas se utilicen para los años, podemos usar una tabla dinámica. Indicaremos que queremos usar el nombre de la asignatura como pivote:

```
df.groupBy("año").pivot("asignatura").avg("nota").show()
```

```
+----+-----------------+------------+
| año|Análisis de datos|Programación|
+----+-----------------+------------+
|2024|              6.0|         6.5|
|2025|              6.0|         6.5|
+----+-----------------+------------+
```

Recuerda que si no especificas los valores sobre los que pivotar, Spark necesitará escanear la columna en busca de los valores únicos antes de calcular la agregación, siendo menos eficiente. Por esta razón, también podemos indicar los nombres de las asignaturas que queremos considerar:

```
df.groupBy("año").pivot("asignatura", ["Programación", "Análisis de datos"])\
                 .avg("nota").show()
```

```
+----+-----------------------+--------------------------+
| año|Programación con Python|Análisis de datos con Spark|
+----+-----------------------+--------------------------+
|2024|                    6.5|                       6.0|
|2025|                    6.5|                       6.0|
+----+-----------------------+--------------------------+
```

Transformaciones tipo Join en SQL

Puede que sea evidente que en Spark SQL somos capaces de realizar operaciones de unión tipo SQL. Como mostramos en el capítulo anterior, las uniones SQL combinan dos tablas (DataFrames en este caso) basadas en una columna relacionada (o un conjunto de columnas relacionadas). Con DataFrames, solo necesitamos indicar las columnas sobre las que queremos hacer la unión y el tipo de unión (tabla 5.7).

Tabla 5.7. Transformaciones tipo join con DataFrames.

Transformación	Descripción
join(otro, sobre, cómo)	Une dos DataFrames.

Veamos qué significan los parámetros de esta transformación:

- **otro**: El otro DataFrame para la unión.
- **sobre**: nombre de la columna sobre la que realizar la unión. También puede ser una lista de columnas o una expresión Column.
- **cómo**: tipo de unión. Los más comunes son "inner" (por defecto), "outer»", "left_outer" y "right_outer".

Reutilizaremos nuestro ejemplo con RDD para probar las diferentes uniones.

```
personas = sc.parallelize([("Juanjo", 35), ("Direnc", 35),\
                          ("Kristina", 24), ("Irene", 25)])

hobbies = sc.parallelize([("Juanjo", ["Triatlón", "Correr", "Ciclismo"]),
                          ("Direnc", ["Musculación", "Correr", "Leer"]),
                          ("Kristina", ["Cantar", "Bailar"]),
                          ("Grazziela", ["Correr", "Música"])])

personas_df = spark.createDataFrame(personas, ["nombre", "edad"])
hobbies_df = spark.createDataFrame(hobbies, ["nombre", "hobbies"])
```

inner join

Con este tipo de unión, combinamos las filas de dos DataFrames que tienen valores coincidentes en las columnas indicadas. Por ejemplo, podemos obtener un DataFrame que contenga la edad y los hobbies de las personas a la vez. Ten en cuenta que «inner» es el valor por defecto para cómo, por lo que no necesitamos indicarlo.

```
personas_df.join(hobbies_df, 'nombre').show(truncate=False)
```

```
+--------+----+---------------------------+
|nombre  |edad|hobbies                    |
+--------+----+---------------------------+
|Direnc  |35  |[Musculación, Correr, Leer] |
|Juanjo  |35  |[Triatlón, Correr, Ciclismo]|
|Kristina|24  |[Cantar, Bailar]           |
+--------+----+---------------------------+
```

Con 'inner', si hay filas en cualquiera de los DataFrames que no coinciden, no aparecerán en el DataFrame resultante (hemos perdido la edad de Irene y también los hobbies de Grazziela).

left_outer join

Funciona como «inner», excepto por el hecho de que también obtenemos las filas del primer DataFrame que no coinciden con ninguna del segundo. En este caso, se asigna un valor null a las columnas del segundo DataFrame. De esta manera, obtendremos a Irene en nuestro DataFrame resultante a pesar de no tener sus hobbies.

```
personas_df.join(hobbies_df, "nombre", "left_outer").show(truncate=False)
```

```
+--------+----+---------------------------+
|nombre  |edad|hobbies                    |
+--------+----+---------------------------+
|Juanjo  |35  |[Triatlón, Correr, Ciclismo]|
|Direnc  |35  |[Musculación, Correr, Leer] |
|Kristina|24  |[Cantar, Bailar]           |
|Irene   |25  |null                       |
+--------+----+---------------------------+
```

right_outer join

Es exactamente lo mismo que «left_outer», pero al revés. Mantendremos aquellas filas en el segundo DataFrame que no coinciden con ninguna del primero. Por tanto, mantenemos a Grazziela en nuestro DataFrame resultante con un valor null para la columna de edad.

```
personas_df.join(hobbies_df, "nombre", "right_outer").show(truncate=False)
```

```
+---------+----+---------------------------+
|nombre   |edad|hobbies                    |
+---------+----+---------------------------+
|Juanjo   |35  |[Triatlón, Correr, Ciclismo]|
|Direnc   |35  |[Musculación, Correr, Leer] |
|Kristina |24  |[Cantar, Bailar]           |
|Grazziela|null|[Correr, Música]           |
+---------+----+---------------------------+
```

outer join

Esto es como hacer «left_outer» y «right_outer» simultáneamente. De esta forma, obtenemos todas las filas en los DataFrames de entrada aunque no coincidan. Se establece el valor null en las columnas correspondientes que no coinciden.

```
personas_df.join(hobbies_df, "nombre", "outer").show(truncate=False)
```

```
+---------+----+---------------------------+
|nombre   |edad|hobbies                    |
+---------+----+---------------------------+
|Direnc   |35  |[Musculación, Correr, Leer] |
|Grazziela|null|[Correr, Música]           |
|Irene    |25  |null                       |
|Juanjo   |35  |[Triatlón, Correr, Ciclismo]|
|Kristina |24  |[Cantar, Bailar]           |
+---------+----+---------------------------+
```

NOTA

Con Spark SQL, podemos realizar uniones utilizando más de una columna y también con expresiones columna. Consulta la documentación de PySpark13 para más ejemplos.

Acciones en DataFrames

Hemos estado utilizando algunas acciones como show() y collect() para probar transformaciones. Ahora conoceremos otras acciones básicas disponibles en Spark SQL (tabla 5.8).

Tabla 5.8. Acciones con DataFrames.

Acción	Descripción
show(n=20, truncate=True)	Muestras las primeras *n* filas del DataFrame. truncate indica si las cadenas deben ser cortadas si son demasiado largas.
count()	Devuelve el número de filas en el DataFrame.
collect()	Devuelve todas las filas del DataFrame como una lista de Row. Advertencia: Debe caber en la memoria principal del *driver*
first()	Devuelve la primera Row del DataFrame.
take(n)	Devuelve las primeras *n* filas del DataFrame como una lista de elementos Row.
toPandas()	Devuelve el contenido del DataFrame como un pandas.DataFrame. Advertencia: Debe caber en la memoria principal del driver

[13] https://archive.apache.org/dist/spark/docs/3.3.0/api/python/reference/pyspark.sql/api/pyspark.sql.DataFrame.join.html.

Acción	Descripción
columns	Devuelve los nombres de las columnas del DataFrame como una lista.
describe(*cols)	Proporciona algunas estadísticas para columnas numéricas (conteo, media, desviación estándar, mínimo y máximo).
explain(extended=False)	Imprime los planes físicos y lógicos para depuración.

Probemos algunas de ellas.

Puede que hayas notado que al usar show(), Spark imprime los resultados pero no devuelve nada. Así que, no funcionará si quisieras usar su salida para cálculos posteriores. Por ejemplo:

```
res = df.show()
print('res = ', res)
```

```
+----+---------+----+-----------------+
| año|   nombre|nota|       asignatura|
+----+---------+----+-----------------+
|2024|     Iris| 6.0|     Programación|
|2024|     Iris| 2.5|Análisis de datos|
|2024| Aranzazu| 7.0|     Programación|
|2024| Aranzazu| 9.5|Análisis de datos|
|2025|Christian| 6.0|     Programación|
|2025|Christian| 2.5|Análisis de datos|
|2025|    Rubén| 7.0|     Programación|
|2025|    Rubén| 9.5|Análisis de datos|
+----+---------+----+-----------------+

res =  None
```

Por lo tanto, para trabajar con unas pocas filas, debemos usar take(), como hicimos con RDD.

```
df.take(2)
```

```
[Row(año=2024, nombre='Iris', nota=6.0, asignatura='Programación'),
 Row(año=2024, nombre='Iris', nota=2.5, asignatura='Análisis de datos')]
```

Si solo necesitamos una fila, podemos usar first().

```
df.first()
```

```
Row(año=2024, nombre='Iris', nota=6.0, asignatura='Programación')
```

Recuerda que también podemos traer todo el DataFrame al controlador, pero debemos asegurarnos de que este quepa en la memoria principal. Esto puede ser útil después de realizar algunas transformaciones de agrupamiento seguidas de agregaciones. Podemos usar collect() como con RDD o también toPandas() para convertir el DataFrame de Spark en un DataFrame de pandas.

```
df.collect()
```

```
[Row(año=2024, nombre='Iris', nota=6.0, asignatura='Programación'),
 Row(año=2024, nombre='Iris', nota=2.5, asignatura='Análisis de datos'),
 Row(año=2024, nombre='Aranzazu', nota=7.0, asignatura='Programación'),
 Row(año=2024, nombre='Aranzazu', nota=9.5, asignatura='Análisis de datos'),
 Row(año=2025, nombre='Christian', nota=6.0, asignatura='Programación'),
 Row(año=2025, nombre='Christian', nota=2.5, asignatura='Análisis de datos'),
 Row(año=2025, nombre='Rubén', nota=7.0, asignatura='Programación'),
 Row(año=2025, nombre='Rubén', nota=9.5, asignatura='Análisis de datos')]
```

```
df.toPandas()
```

```
    año     nombre  nota         asignatura
0  2024       Iris   6.0       Programación
1  2024       Iris   2.5  Análisis de datos
2  2024   Aranzazu   7.0       Programación
3  2024   Aranzazu   9.5  Análisis de datos
4  2025  Christian   6.0       Programación
5  2025  Christian   2.5  Análisis de datos
6  2025      Rubén   7.0       Programación
7  2025      Rubén   9.5  Análisis de datos
```

Contar el número de filas en el DataFrame también es útil para depurar:

```
df.count()
```

```
8
```

Obtener los nombres de las columnas también se considera una acción. Puede que no sea obvio por qué esto es una acción y no simplemente un atributo del DataFrame. Sin embargo, si recordamos que incluso la creación de un DataFrame es una transformación vaga, entonces, para obtener sus columnas, necesitamos provocar su ejecución con una acción para conocer las columnas de las que estará compuesto el DataFrame resultante.

```
df.columns
```

```
['año', 'nombre', 'nota', 'asignatura']
```

describe(*cols)

Esta función nos permite calcular algunas estadísticas (similar a stats() en RDD). Si la ejecutas y revisas la Spark Web UI, verás que esto es definitivamente una acción (activa la computación). Sin embargo, no devuelve nada:

```
df.describe(['nota'])
```

```
DataFrame[summary: string, nota: string]
```

Ha creado un nuevo DataFrame, y necesitamos mostrarlo:

```
df.describe(['nota']).show()
```

```
df.describe(['nota']).show()
+-------+------------------+
|summary|              nota|
+-------+------------------+
|  count|                 8|
|   mean|              6.25|
| stddev|2.6859422395661667|
|    min|               2.5|
|    max|               9.5|
+-------+------------------+
```

explain(extended=False)

Con explain() podemos obtener información de bajo nivel sobre los planes físicos y lógicos del flujo de optimización de Spark:

```
df.filter(df.nota > 5).select(df.nota).explain(True)
```

```
== Parsed Logical Plan ==
Project [nota#2]
+- Filter (nota#2 > cast(5 as double))
   +- LogicalRDD [año#0L, nombre#1, nota#2, asignatura#3], false

== Analyzed Logical Plan ==
nota: double
Project [nota#2]
+- Filter (nota#2 > cast(5 as double))
   +- LogicalRDD [año#0L, nombre#1, nota#2, asignatura#3], false

== Optimized Logical Plan ==
Project [nota#2]
+- Filter (isnotnull(nota#2) AND (nota#2 > 5.0))
   +- LogicalRDD [año#0L, nombre#1, nota#2, asignatura#3], false

== Physical Plan ==
*(1) Project [nota#2]
+- *(1) Filter (isnotnull(nota#2) AND (nota#2 > 5.0))
   +- *(1) Scan ExistingRDD[año#0L,nombre#1,nota#2,asignatura#3]
```

Almacenamiento en caché de DataFrames

Al igual que con los RDD, para reutilizar eficientemente un DataFrame, debemos almacenarlo en caché explícitamente. De lo contrario, los datos y todas las transformaciones necesarias para obtener el DataFrame se ejecutarían cada vez que se utilice.

Para ilustrar la necesidad de almacenamiento en caché, implementaremos un ejemplo simple contando cuántas veces aparecen las palabras «alcornoque» y «lanza» en nuestro libro favorito utilizando dos transformaciones de filtrado diferentes (que pueden no ser muy eficientes pero sirven a nuestro propósito).

```
lines_df = spark.read.text("datos/quijote.txt")
```

Obtenemos un DataFrame con una única columna, donde cada fila es una línea del libro.

```
lines_df.show(2)
```

```
+--------------------+
|               value|
+--------------------+
|The Project Guten...|
|                    |
+--------------------+
only showing top 2 rows
```

Con RDD, usamos flatMap() para obtener un RDD de palabras. De manera similar, para obtener un DataFrame de palabras antes de filtrar y contar, utilizaremos explode() junto con la función split() de pyspark.sql.functions. split(), que toma como primer argumento una columna existente del DataFrame y como segundo, un patrón para dividir (normalmente un delimitador). Esta función devuelve un *array* del tipo Column que luego se puede explotar.

NOTA

Es importante diferenciar entre la función split() de Spark SQL y el método split() de la clase str, que realiza la misma tarea pero en Python puro. Este último no es optimizable para Spark.

Uniendo todo, podríamos crear un DataFrame palabras_df, que vamos a almacenar en caché:

```
palabras_df = lines_df.select(sql_f.explode(sql_f.split('value', ' '))\
                              .alias('palabra')).cache()
palabras_df.show(4)
```

```
+---------+
|  palabra|
+---------+
|      The|
|  Project|
|Gutenberg|
|    eBook|
```

```
+---------+
only showing top 4 rows
```

Ahora podemos contar palabras en ese DataFrame de manera muy eficiente, ya que hemos almacenado palabras_df en caché.

```
palabras_df.where(palabras_df["palabra"].like("%alcornoque%")).count()
```

```
17
```

```
palabras_df.where(palabras_df["palabra"].like("%lanza%")).count()
```

```
90
```

NOTA

Si estás trabajando en tu PC con Spark en modo local, no intentes comprobar si realmente estás obteniendo una ventaja de cache(). El libro del Quijote probablemente no sea lo suficientemente grande para eso. Deberías probar con conjuntos de datos más grandes para ver una diferencia real. Te darás cuenta de esto si haces las prácticas de laboratorio.

RETO #1

Ya hemos aprendido todas las funciones necesarias para implementar el contador de palabras con Spark SQL. Implementa una función que calcule el conteo de palabras utilizando DataFrames.

Temas avanzados

Funciones definidas por el usuario (UDF)

Aunque la mayoría de la funcionalidad que puedes imaginar para trabajar con columnas de Spark ya está implementada como funciones dentro de Spark SQL (y el equipo de desarrollo de Spark sigue añadiendo nuevas de vez en cuando), es posible que necesites realizar una operación que no está disponible. Para esto, existen las funciones definidas por el usuario, también conocidas como UDF (*User Defined Functions*).

NOTA

Incluimos esto para mostrarte que aunque es posible hacerlo, no es lo recomendable a menos que sea estrictamente necesario. Las funciones nativas están altamente optimizadas, mientras que las definidas por el usuario no serán tan rápidas (especialmente en Python, porque implican una doble serialización).

Aquí presentamos un ejemplo en el que utilizaremos la función udf() para definir una función que calcule la longitud de una cadena de texto en una columna. Solo necesitamos indicarle la función a aplicar y el tipo de dato que devolverá.

```
slen = sql_f.udf(lambda s: len(s), IntegerType())
```

Ahora podemos utilizar la UDF devuelta como si fuera cualquier otra operación columna, por ejemplo, dentro de un select().

NOTA

Vamos a medir el tiempo de ejecución («tiempo real») utilizando %time al principio de la instrucción. También podríamos usar %timeit para obtener una estimación más precisa del tiempo de ejecución (que nos da un promedio al ejecutar la instrucción varias veces). Ten en cuenta que si usas %%time o %%timeit en la primera línea de la celda de código, también puedes medir el tiempo de ejecución de todas las instrucciones en la celda.

```
%time palabras_df.select(slen(palabras_df.palabra).alias('longitud')).show(5)
```

```
+--------+
|longitud|
+--------+
|       3|
|       7|
|       9|
|       5|
|       2|
+--------+
only showing top 5 rows

CPU times: user 2.03 ms, sys: 1.44 ms, total: 3.48 ms
Wall time: 749 ms
```

Podrías hacer lo mismo de manera más eficiente con la función length() de Spark:

```
%time palabras_df.select(sql_f.length(palabras_df.palabra).alias('longitud'))
                 .show(5)
```

```
+--------+
|longitud|
+--------+
|       3|
|       7|
|       9|
|       5|
|       2|
+--------+
only showing top 5 rows

CPU times: user 1.06 ms, sys: 930 µs, total: 1.99 ms
Wall time: 131 ms
```

Estas UDF son las básicas introducidas inicialmente por Spark, que se aplican elemento por elemento y cuyo sobrecoste es muy alto. En las últimas versiones de Spark (2.3[14] y 3.0[15]), se han introducido mejoras en esta área con el objetivo de aplicar operaciones vectorizadas sobre la base de Apache Arrow[16] para reducir el sobrecoste de convertir datos de Java a Python.

NOTA

Apache Arrow define un formato de memoria columnar que se puede compartir de manera eficiente entre lenguajes de programación para realizar operaciones más rápidas y evitar el sobrecoste de serialización. Necesitarás instalar la biblioteca pyarrow para ejecutar los siguientes ejemplos.

Vamos a mostrarte un ejemplo simple con el ejemplo del cálculo de la longitud de la cadena de texto. Antes hemos utilizado una función udf(), en este caso, deberíamos usar la función pandas_udf(). Sin embargo, también es común usar un decorador (@pandas_udf()) al definir nuestra función UDF de pandas, que es equivalente a usar pandas_udf() con la función definida.

NOTA

Los decoradores en Python permiten agregar nuevas funcionalidades al código existente sin modificar explícitamente ese código.

```
import pandas as pd

@sql_f.pandas_udf('int')
def pandas_len(s: pd.Series) -> pd.Series:
    return s.str.len()

%time palabras_df.select(pandas_len(palabras_df.palabra).alias('longitud'))
                .show(5)
```

```
+--------+
|longitud|
+--------+
|       3|
|       7|
|       9|
|       5|
|       2|
+--------+
only showing top 5 rows

CPU times: user 1.73 ms, sys: 717 µs, total: 2.45 ms
Wall time: 658 ms
```

14 https://databricks.com/blog/2017/10/30/introducing-vectorized-udfs-for-pyspark.html.

15 https://databricks.com/blog/2020/05/20/new-pandas-udfs-and-python-type-hints-in-the-upcoming-release-of-apache-spark-3-0.html.

16 https://arrow.apache.org/.

NOTA

Aunque puede que no apreciemos una mejora con este ejemplo, esto se debe al tamaño del conjunto de datos. Puedes consultar comparativas de rendimiento adicionales en Pandas UDF Benchmark de Databricks17.

Puedes encontrar más información sobre cómo definir UDF eficientes en la documentación de Spark SQL[18] y también en esta publicación de blog[19].

RETO #2

Dado un DataFrame con una única columna de palabras (por ejemplo, el anterior words_df), añade una columna adicional con las palabras rotadas. Por ejemplo, con la cadena «Mikel», debería devolver «lMike». Si aplicas tu solución a palabras_df, deberías obtener la siguiente salida:

```
+---------+---------+
|  palabra| rotación|
+---------+---------+
|      The|      heT|
|  Project|  rojectP|
|Gutenberg|utenbergG|
|    eBook|    Booke|
|       of|       fo|
+---------+---------+
```

Explora dos opciones diferentes: (1) definiendo tu propia función UDF rotate, y (2) utilizando funciones de Spark SQL. Compara el tiempo requerido por ambas soluciones.

SQL en Spark

Si estás familiarizado con SQL y ya conoces su sintaxis, Spark también te permite realizar consultas SQL directamente sobre un DataFrame. Para hacerlo, debes «registrar» el DataFrame como una vista temporal SQL y darle un nombre. Vamos a reutilizar los DataFrames de personas y *hobbies* de antes para mostrarte un ejemplo:

```
personas_df.createOrReplaceTempView("personas")
hobbies_df.createOrReplaceTempView("hobbies")
```

Ahora, podemos usar la función sql() para realizar una consulta y obtener el DataFrame resultante.

17 https://docs.databricks.com/_static/notebooks/pandas-udfs-benchmark.html.

18 https://archive.apache.org/dist/spark/docs/3.3.0/api/python/reference/pyspark.sql/api/pyspark.sql.functions.pandas_udf.html#pyspark.sql.functions.pandas_udf.

19 https://databricks.com/blog/2020/05/20/new-pandas-udfs-and-python-type-hints-in-the-upcoming-release-of-apache-spark-3-0.html.

```
sql_df = spark.sql("SELECT * FROM personas")
sql_df.show()
```

```
+--------+----+
|  nombre|edad|
+--------+----+
|  Juanjo|  35|
|  Direnc|  35|
|Kristina|  24|
|   Irene|  25|
+--------+----+
```

También es posible realizar consultas más complejas.

```
spark.sql("SELECT * FROM personas INNER JOIN hobbies ON\
          personas.nombre=hobbies.nombre WHERE edad > 34").show(truncate=False)
```

```
+------+----+------+----------------------------+
|nombre|edad|nombre|hobbies                     |
+------+----+------+----------------------------+
|Direnc|35  |Direnc|[Musculación, Correr, Leer] |
|Juanjo|35  |Juanjo|[Triatlón, Correr, Ciclismo]|
+------+----+------+----------------------------+
```

NOTA

La principal diferencia con respecto al SQL puro es que no podemos usar la cláusula DELETE FROM, ya que los DataFrames son inmutables y no podremos modificar un DataFrame existente. Para eliminar filas, es necesario usar las transformaciones where()/filter().

Pandas en Spark

Hemos visto anteriormente que es posible moverse de un DataFrame de Spark a un DataFrame de pandas y viceversa (por ejemplo, utilizando toPandas() o creando un DataFrame de Spark directamente a partir de uno de pandas). Si bien esto puede ser útil en algunos casos, muchos científicos de datos familiarizados con pandas han encontrado la API de Spark SQL un poco confusa, pero no querían perder su oportunidad para trabajar con big data. Por esta razón, se inició una iniciativa para implementar la API de DataFrame de pandas sobre Spark (inicialmente conocida como «Koalas»). Este proyecto ahora se encuentra integrado de manera nativa en Spark desde la versión 3.2 (detalles completos en la API de pandas en Spark[20]).

[20] https://archive.apache.org/dist/spark/docs/3.3.0/api/python/reference/pyspark.pandas/index.html.

> **NOTA**
>
> *La API de pandas en Spark a menudo supera a pandas incluso en una sola máquina, gracias a las optimizaciones de Catalyst y al uso de múltiples hilos. Por lo tanto, si eres un usuario de pandas, podrías considerar utilizar pandas-on-Spark incluso si no estás manejando escenarios de big data «puros».*

Para utilizar la API de *pandas-on-Spark*, necesitamos importarla.

```
import pyspark.pandas as ps
```

Podemos movernos fácilmente entre DataFrames de Spark, DataFrames de pandas-on-Spark y pandas tradicionales. Para mayor claridad, añadiremos un sufijo a los nombres de nuestras variables: df para DataFrames de Spark, pd para pandas estándar y ps para *pandas-on-Spark*.

Si usamos el anterior DataFrame de Spark personas_df como ejemplo, podemos convertirlo a pandas estándar con la función toPandas(), como mostramos antes.

```
type(personas_df)
```

```
pyspark.sql.dataframe.DataFrame
```

```
personas_pd = personas_df.toPandas()
personas_pd
```

```
     nombre  edad
0    Juanjo    35
1    Direnc    35
2  Kristina    24
3     Irene    25
```

Podemos convertir el DataFrame de Spark en un DataFrame de pandas-on-Spark utilizando la función pandas_api():

```
personas_ps = personas_df.pandas_api()
type(personas_ps)
```

```
pyspark.pandas.frame.DataFrame
```

> **NOTA**
>
> *El DataFrame de pandas-on-Spark y el DataFrame de pandas son muy similares, por lo que operar con personas_pd o con personas_ps resulta muy parecido. Sin embargo, dado que personas_pd es un DataFrame de pandas estándar, no habrá paralelización al operar con él.*

No hay una función to_spark() en pandas (al menos todavía); por lo tanto, para convertir un DataFrame de pandas en un DataFrame de pandas-on-Spark, necesitamos usar la función from_pandas():

```
personas_ps = ps.from_pandas(personas_pd)
```

El DataFrame de pandas-on-Spark y el de Spark son prácticamente intercambiables, pero operan de manera diferente. Por ejemplo, quizás recuerdes que para inspeccionar el contenido de un DataFrame de Spark, necesitábamos usar show() o collect(), de lo contrario, no veríamos su contenido porque es una estructura distribuida. En cambio, con el DataFrame de pandas-on-Spark, automáticamente traerá una parte de los datos al controlador y los mostrará como si fuera un DataFrame de pandas estándar.

```
personas_df
```

```
DataFrame[nombre: string, edad: bigint]
```

```
personas_ps
```

```
     nombre  edad
0    Juanjo    35
1    Direnc    35
2  Kristina    24
3     Irene    25
```

Para cubrir todas las transformaciones disponibles, también podemos ir de pandas-on-Spark a pandas estándar.

```
personas_pd = personas_ps.to_pandas()
personas_pd
```

```
     nombre  edad
0    Juanjo    35
1    Direnc    35
2  Kristina    24
3     Irene    25
```

```
type(personas_pd)
```

```
pandas.core.frame.DataFrame
```

ADVERTENCIA

Al convertir entre pandas estándar y DataFrames de pandas-on-Spark o de Spark, los datos tendrán que ser transferidos entre múltiples máquinas y el controlador.

Ahora puedes trabajar con pandas-on-Spark de manera distribuida, al igual que con los DataFrames de Spark, y también mostrar los resultados como si fueran pandas estándar. No pretendemos cubrir toda su funcionalidad, pero te mostraremos algunas operaciones con un ejemplo simple.

Si solo quieres seleccionar la columna 'nombre' en nuestro personas_df, deberíamos usar select() y una acción como show():

```
personas_df.select("nombre").show()
```

```
+--------+
|  nombre|
+--------+
|  Juanjo|
|  Direnc|
|Kristina|
|   Irene|
+--------+
```

En la API de pandas-on-Spark, bastaría con especificar el atributo:

```
personas_ps['nombre']
```

```
0      Juanjo
1      Direnc
2    Kristina
3       Irene
Name: nombre, dtype: object
```

Para filtrar a aquellas personas que tienen menos de 30 años, podríamos usar la transformación filter() con Spark SQL:

```
personas_df.filter(personas_df.edad < 30).show()
```

```
+--------+----+
|  nombre|edad|
+--------+----+
|Kristina|  24|
|   Irene|  25|
+--------+----+
```

O aplicar la función loc en pandas-on-Spark:

```
personas_ps.loc[personas_ps.edad < 30]
```

```
     nombre  edad
2  Kristina    24
3     Irene    25
```

Como dijimos antes, pandas-on-Spark y los DataFrames de Spark son intercambiables. Para cambiar la forma en la que operas con un pandas-on-Spark al estilo de DataFrame de Spark, debes usar la función to_spark():

```
personas_ps.to_spark().filter("edad < 30").show()
```

```
/Users/pszit/.local/lib/python3.8/site-packages/pyspark/pandas/utils.py:975:
PandasAPIOnSparkAdviceWarning: If `index_col` is not specified for `to_spark`,
the existing index is lost when converting to Spark DataFrame.
  warnings.warn(message, PandasAPIOnSparkAdviceWarning)
```

Como hacemos comúnmente con los DataFrames de pandas, podemos visualizar su contenido. Por ejemplo, podemos mostrar un histograma de las edades en personas_ps.

ADVERTENCIA

Por defecto, los DataFrames de pandas-on-Spark utilizan la biblioteca plotly21 en lugar de matplotlib (el backend predeterminado en pandas) para proporcionar gráficos interactivos. Necesitarás tener plotly instalado o cambiar el backend de gráficos utilizando ps.set_option(«plotting.backend», «matplotlib»).

```
ps.set_option("plotting.backend", "matplotlib")

personas_ps['edad'].hist(cmap="Set1_r");
```

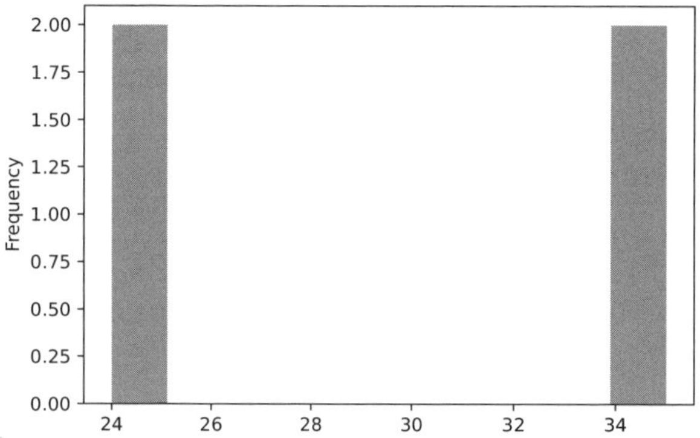

Por cierto, para utilizar varias veces personas_ps de manera eficiente, podríamos almacenarlo en caché (como harías con los DataFrames de Spark estándar). Para ello debemos usar las funcionalidades de [DataFrame.spark][22], que proporciona características que no existen en pandas, sino en Spark.

[21] https://github.com/plotly/plotly.py.

[22] https://archive.apache.org/dist/spark/docs/3.3.0/api/python/reference/pyspark.pandas/api/pyspark.pandas.DataFrame.spark.cache.html.

```
personas_ps.spark.cache()
```

```
nombre  edad
0     Juanjo    35
1     Direnc    35
2   Kristina    24
3      Irene    25
```

RETO #3

Implementa el contador de palabras utilizando la API de pandas-on-Spark y muestra un histograma de frecuencia de palabras.

Resumen

Este capítulo ha introducido el módulo SQL de Spark, cubriendo sus características clave para procesar big data. Los conceptos más importantes que nos gustaría que tuvieras en cuenta sobre este módulo son:

- Los RDD son cajas negras para Spark y eso limita las optimizaciones que se pueden realizar con ellos.
- Este módulo presenta una nueva estructura de datos distribuida llamada DataFrames (los Datasets son aún más flexibles pero solo están disponibles en lenguajes fuertemente tipados como Java y Scala), que se basa en la idea de imponer estructura a los datos para acelerar aún más el procesamiento de big data.
- Los DataFrames mejoraron sobre los RDD gracias a los proyectos Tungsten y Catalyst de Spark, permitiendo un mejor rendimiento independientemente del lenguaje de programación utilizado.
- Los DataFrames tienen un esquema, lo que significa que las columnas de los datos tienen un nombre y un tipo (por ejemplo, Integer, String), y se puede acceder a ellos y manipularlos individualmente. El esquema se puede indicar manualmente o inferir a partir de los datos.
- Operar con DataFrames tal vez resulte más natural para los desarrolladores de SQL, pero las ideas que aprendimos con los RDD siguen siendo las mismas. Es decir, (1) existen dos tipos de operaciones (paralelas): transformaciones y acciones; (2) tenemos que cachear los datos para reutilizarlos eficientemente.
- Con el módulo Spark SQL, puedes trabajar en estilo SQL o en estilo POO en la mayoría de los casos. Utiliza el que mejor se adapte a tu estilo de desarrollo, teniendo en cuenta también lo que pueda ser más expresivo para las demás personas que utilicen ese código.
- Para manipular los DataFrames por columnas, aparece el concepto de expresión columna (Column). Una expresión columna es una expresión SQL que se aplicará a una columna dada cuando esta expresión se use en conjunto con una transformación.

- Los DataFrames se pueden agrupar por el valor de una columna dada. Lo utilizaremos para realizar algunas agregaciones posteriormente (por ejemplo, contar la repetición de palabras).
- Este módulo contiene un gran conjunto de funciones altamente optimizadas que deberías usar al procesar DataFrames de Spark. ¡Es difícil no encontrar una función de Spark que ayude a resolver la mayoría de los procesos de datos que puedas necesitar! De forma alternativa, puedes definir tus propias funciones, pero no aprovecharías las optimizaciones de Spark y será, sin duda, más lento (aunque se están realizando algunas mejoras en esta dirección, por ejemplo, con las UDF de pandas).
- Si estás familiarizado con pandas, también puedes usar pandas-on-Spark, que proporciona una API similar a pandas para los DataFrames de Spark.

En resumen, la API de Spark SQL es extremadamente potente y continuará evolucionando para ser todavía más eficiente. Al trabajar con este módulo, solo necesitamos decir «qué» queremos hacer, y Spark se encargará de realizar dicha operación de manera eficiente. Spark SQL se ha convertido en la API principal para realizar machine learning con Spark, y eso es lo que veremos en el próximo capítulo.

¿Quieres aprender más?

¿Tienes ganas de saber más sobre el módulo Spark SQL? Los siguientes recursos pueden ser de interés:

- ***A Tale of Three Spark APIs***[23] - Si deseas conocer más sobre la historia de las diferentes API.
- **Artículo de Spark SQL**[24] - Este artículo de Armbrust *et al.* introduce en detalle la motivación y el funcionamiento de Spark SQL.

Mantente al día con temas avanzados:

- **La API Dataset**[25] - Si estás familiarizado con Scala, te sugerimos explorar su API de Datasets.
- **Más sobre UDF**[26] - Las UDF siguen mejorando y pueden ser muy útiles.

También tocamos algunos conceptos de Python que quizás aún no conozcas. Los siguientes recursos te resultarán útiles:

- **Tutorial de Pandas**[27] - Un tutorial para aprender Pandas.

También podrías buscar algunos recursos en línea sobre decoradores en Python.

[23] https://www.databricks.com/blog/2016/07/14/a-tale-of-three-apache-spark-apis-rdds-dataframes-and-datasets.html.

[24] https://people.csail.mit.edu/matei/papers/2015/sigmod_spark_sql.pdf.

[25] https://archive.apache.org/dist/spark/docs/3.3.0/api/scala/org/apache/spark/sql/Dataset.html.

[26] https://archive.apache.org/dist/spark/docs/3.3.0/api/python/reference/pyspark.sql/api/pyspark.sql.functions.pandas_udf.html#pyspark.sql.functions.pandas_udf.

[27] https://www.w3schools.com/python/pandas/default.asp.

Solución a los retos

Reto #1

Primero resumiremos la solución completa y luego la abordaremos paso a paso.

```
df_texto = spark.read.format("text").load("datos/quijote.txt")
df_texto.select(sql_f.explode(sql_f.split(df_texto["value"], " "))\
                .alias("palabra")) \
        .filter("palabra != ''") \
        .groupBy("palabra").count() \
        .sort(sql_f.desc("count")) \
        .show(5)
```

```
+-------+-----+
|palabra|count|
+-------+-----+
|    que|19546|
|     de|18133|
|      y|15976|
|     la|10329|
|      a| 9627|
+-------+-----+
only showing top 5 rows
```

Estos son los pasos que hemos seguido:

- Aplicar las funciones split() y explode() dentro de select() para obtener un DataFrame de palabras (equivalente a la operación flatMap() que hicimos con RDD). Usaremos el alias 'palabra' para la nueva columna.
- Filtrar las palabras vacías.
- Agrupar por palabra y contar cuántas veces se repite cada una.
- Ordenar por conteo en orden descendente.
- Mostrar el resultado.

NOTA

Recuerda que value es, por defecto, el nombre de la columna al leer datos de texto.

Ahora vamos a mostrar paso a paso la manera en la que deberías haber alcanzado esta solución.

Paso a paso: Comenzamos leyendo y almacenando en caché el archivo de texto.

```
df_texto = spark.read.format("text").load("datos/quijote.txt")
df_texto.cache()
```

```
DataFrame[value: string]
```

Podemos verificar el contenido de nuestro DataFrame.

```
df_texto.select("*").show(5)
```

```
+--------------------+
|               value|
+--------------------+
|The Project Guten...|
|                    |
|This ebook is for...|
|most other parts ...|
|whatsoever. You m...|
+--------------------+
only showing top 5 rows
```

Así obtenemos las líneas de texto en cada fila. El nombre de la columna es value. Ahora podemos dividir las líneas en palabras utilizando la función split() de Spark.

```
df_texto.select(sql_f.split("value", " ")).show(5)
```

```
+--------------------+
| split(value,  , -1)|
+--------------------+
|[The, Project, Gu...|
|          [, , , , ]|
|[This, ebook, is,...|
|[most, other, par...|
|[whatsoever., You...|
+--------------------+
only showing top 5 rows
```

Ahora tenemos un DataFrame de listas compuestas por palabras. Podemos usar explode() para generar una nueva fila con cada elemento de la lista.

```
df_texto.select(sql_f.explode(sql_f.split("value", " "))).show(5)
```

```
+---------+
|      col|
+---------+
|      The|
|  Project|
|Gutenberg|
|    eBook|
|       of|
+---------+
only showing top 5 rows
```

El nombre por defecto para esta columna es col, utilizaremos alias() para renombrarla a «palabra».

```
df_texto.select(sql_f.explode(sql_f.split("value", " ")).alias("palabra"))\
        .show(10)
```

```
+---------+
|  palabra|
```

```
+---------+
|      The|
|  Project|
|Gutenberg|
|    eBook|
|       of|
|      Don|
|  Quijote|
|         |
|         |
|         |
+---------+
only showing top 10 rows
```

Puedes ver que se han generado algunas palabras vacías ''. Las filtraremos.

```
df_texto.select(
    sql_f.explode(sql_f.split("value", " ")).alias("palabra")
).filter("palabra != ''").show(10)
```

```
+---------+
|  palabra|
+---------+
|      The|
|  Project|
|Gutenberg|
|    eBook|
|       of|
|      Don|
|  Quijote|
|     This|
|    ebook|
|       is|
+---------+
only showing top 10 rows
```

Ahora es el momento de agrupar por palabra y contar el número de ocurrencias de cada palabra.

```
df_texto.select(
    sql_f.explode(sql_f.split("value", " ")).alias("palabra")
).filter("palabra != ''").groupBy("palabra").count().show(5)
```

```
+-------+-----+
|palabra|count|
+-------+-----+
| online|    4|
| versos|   36|
| pueden|   76|
| saben,|    3|
| Platón|    1|
+-------+-----+
only showing top 5 rows
```

Finalmente, podemos ordenar por conteo en orden descendente.

```
df_texto.select(sql_f.explode(sql_f.split("value", " ")).alias("palabra"))\
        .filter("palabra != ''").groupBy("palabra").count() \
        .sort(sql_f.desc("count")).show(5)
```

```
+-------+-----+
|palabra|count|
+-------+-----+
|    que|19546|
|     de|18133|
|      y|15976|
|     la|10329|
|      a| 9627|
+-------+-----+
only showing top 5 rows
```

NOTA

Es muy útil desarrollar las soluciones a este tipo de problemas paso a paso, de modo que puedas estar seguro de que estás obteniendo lo que esperas. De lo contrario, sería difícil localizar el error en tu código.

Reto #2

Comencemos con un DataFrame de palabras:

```
palabras_df = df_texto.select(
    sql_f.explode(sql_f.split("value", " ")).alias("palabra")
)
palabras_df.show(5)
```

```
+---------+
|  palabra|
+---------+
|      The|
|  Project|
|Gutenberg|
|    eBook|
|       of|
+---------+
only showing top 5 rows
```

Podemos crear una función rotar que rotará una cadena, y luego usar udf() para definir una operación de columna:

```
def rotar(x) :
    return x[1:] + x[0:1]

rotacion = sql_f.udf(rotar, StringType())
%time palabras_df.withColumn('rotación',rotacion(palabras_df.palabra)).show(5)
```

```
+---------+---------+
|  palabra| rotación|
+---------+---------+
|      The|      heT|
|  Project|  rojectP|
|Gutenberg|utenbergG|
|    eBook|    Booke|
|       of|       fo|
+---------+---------+
only showing top 5 rows

CPU times: user 927 µs, sys: 909 µs, total: 1.84 ms
Wall time: 63.4 ms
```

De forma alternativa, podríamos intentar usar funciones de Spark SQL. Una función que podría ser particularmente útil es substring(), ya que sería el equivalente al slicing en Python. El principal problema es que no podemos hacer algo equivalente a x[1:], que indica desde el segundo carácter hasta el final, porque la función substring() requiere la longitud de la cadena como parámetro. Pero sí podemos hacer algo un poco «curioso» como esto:

```
%time palabras_df.\
withColumn('rotar', sql_f.\
           concat(sql_f.substring(palabras_df.palabra, 2, 50),\
                  sql_f.substring(palabras_df.palabra, 1, 1))).show(5)
```

```
+---------+---------+
|  palabra|    rotar|
+---------+---------+
|      The|      heT|
|  Project|  rojectP|
|Gutenberg|utenbergG|
|    eBook|    Booke|
|       of|       fo|
+---------+---------+
only showing top 5 rows

CPU times: user 1.36 ms, sys: 1.02 ms, total: 2.39 ms
Wall time: 494 ms
```

La línea anterior asume que ninguna palabra supera los 50 caracteres. Eso no es lo ideal, deberíamos usar la longitud de las palabras. Pero si lo intentamos:

```
%time palabras_df.\
withColumn('rotar',\
           sql_f.concat(sql_f.substring(palabras_df.palabra, 2\
                        , sql_f.length(palabras_df.palabra)),\
           sql_f.substring(palabras_df.palabra, 1, 1))).show(5)
```

```
---------------------------------------------------------------------------
TypeError                                 Traceback (most recent call last)
File <timed eval>:1, in <module>


...
```

¡Oh, no! Ha fallado de manera similar a lo explicado antes. La solución pasaba por usar expr():

```
%time palabras_df\
.withColumn('rotar',\
            sql_f.concat(sql_f.\
                         expr("substring(palabra, 2, length(palabra))"),\
                         sql_f.substring(palabras_df.palabra, 1, 1))).show(5)
```

```
+---------+---------+
|  palabra|    rotar|
+---------+---------+
|      The|      heT|
|  Project|  rojectP|
|Gutenberg|utenbergG|
|    eBook|    Booke|
|       of|       fo|
+---------+---------+
only showing top 5 rows

CPU times: user 1.34 ms, sys: 925 µs, total: 2.26 ms
Wall time: 477 ms
```

Reto #3

Podemos leer el archivo 'quijote.txt' como si fuera un archivo csv utilizando la clásica función read_csv() de pandas:

```
# Ten cuidado con el separador, usar el predeterminado
# eliminará cualquier cosa después de una coma
ps_texto = ps.read_csv("datos/quijote.txt",\
                       header = None, names=["palabra"], sep='\n')
```

Podemos inspeccionar el contenido de algunas filas:

```
ps_texto.head(3)
```

```
                                                           palabra
0                                The Project Gutenberg eBook of Don Quijote
1    This ebook is for the use of anyone anywhere in the United States and
2  most other parts of the world at no cost and with almost no restrictions
```

Accederemos al atributo palabra, lo dividiremos por espacios en blanco y luego lo «explotaremos»:

```
nuevo_ps = ps_texto.palabra.str.split().explode().reset_index(drop=True)
```

Por último, podemos usar la función value_counts() para que realice el conteo por nosotros:

```
nuevo_ps.value_counts().head(5)
```

```
que     19546
de      18133
y       15976
la      10329
a        9627
Name: palabra, dtype: int64
```

```
ps.set_option("plotting.backend", "matplotlib")
nuevo_ps.value_counts().head(10).plot.bar(cmap="Set1_r");
```

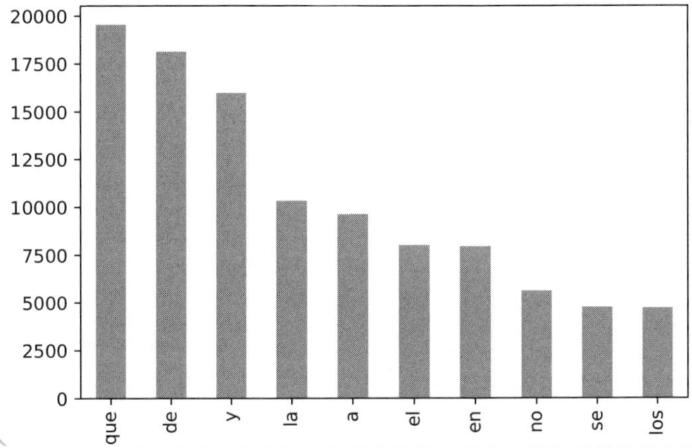

Ejercicios

1. Indica si las siguientes afirmaciones sobre Spark SQL son verdaderas o falsas:
   - ☐ Los RDD ahora están obsoletos y Spark SQL es la API «de facto».
   - ☐ Spark SQL es, por lo general, más rápido cuando se usa la API de Scala en lugar de la API de Python.
   - ☐ Spark proporciona un mecanismo de tolerancia a fallos para los RDD, pero no para DataFrames.
   - ☐ La API de Dataset aún no está disponible para Python, pero puede estarlo pronto.
2. Explica brevemente por qué los RDD de Spark no se pueden optimizar más y cómo la API de Spark SQL lo consigue.
3. Un DataFrame está formado por objetos Row. Si creamos un objeto Row:

```
row = Row(nombre = "Isaac", edad = 38)
```

   ¿Es row una estructura de datos distribuida?

4. Explica brevemente qué es el esquema de un DataFrame y cuál es su propósito.

5. Indica si las siguientes afirmaciones sobre DataFrames son verdaderas o falsas:
   - ☐ Los DataFrames son inmutables.
   - ☐ Un DataFrame se puede crear directamente a partir de cualquier colección existente, como por ejemplo una lista de enteros.
   - ☐ Se puede acceder al RDD subyacente de un DataFrame y aplicar transformaciones como map().
   - ☐ Al inferir el esquema automáticamente, Spark podrá cargar los datos más rápido que al especificarlo manualmente.
6. Podemos referirnos a la columna de un DataFrame como df[«name»], sin embargo, no veríamos ningún contenido si ejecutamos esa instrucción. ¿Cómo podríamos ver el contenido de toda una columna?
7. Indica si las siguientes instrucciones son «vagas» o no:
   - ☐ `df = rdd.toDF([«asignatura», «nota»])`
   - ☐ `df.count()`
   - ☐ `print(df.collect())`
   - ☐ `df2 = df.groupBy(«asignatura»).count()`
8. Similar a lo que hicimos en el capítulo anterior, queremos transformar las notas numéricas en calificaciones. En este caso, tenemos el siguiente DataFrame que contiene tuplas con nombres y notas de examen para nuestros ayudantes de laboratorio.

```
df = spark.createDataFrame([('Iris', 4.5),
                            ('Imanol', 6.4),
                            ('Aranzazu',6.9),
                            ('Christian', 8.7),
                            ('Rubén',9.5)], ['nombre', 'calificación'])
```

Usando funciones de Spark SQL, escribe un programa de Spark que añada una nueva columna «calificación» a df convirtiendo las notas numéricas en calificaciones. Es decir, cualquier nota inferior a 5 es un suspenso; en el intervalo [5,6.9], es un aprobado; en el intervalo [7.0,8.9], es un notable y, en el intervalo [9.0,10], es un sobresaliente. El contenido del nuevo DataFrame debería verse así:

```
+---------+------------+-------------+
|   nombre|        nota| calificación|
+---------+------------+-------------+
|     Iris|         4.5|     suspenso|
|    Imano|         6.4|     aprobado|
| Aranzazu|         6.9|     aprobado|
|Christian|         8.7|      notable|
|    Rubén|         9.5|sobresaliente|
+---------+------------+-------------+
```

NOTA

Debes usar solo funciones de Spark SQL. Sugerencia: las operaciones columna como when() pueden ser útiles.

9. En vez de usar funciones SQL, implementa una solución para el ejercicio anterior basada en UDF. ¿Cuál es más rápida? Explica brevemente por qué.
10. Tenemos un DataFrame con la salida del ejercicio anterior:

```
+---------+------------+-------------+
|   nombre|        nota| calificación|
+---------+------------+-------------+
|     Iris|         4.5|     suspenso|
|    Imano|         6.4|     aprobado|
| Aranzazu|         6.9|     aprobado|
|Christian|         8.7|      notable|
|    Rubén|         9.5|sobresaliente|
+---------+------------+-------------+
```

Estamos intentando agrupar los datos por calificación con:
`df.groupBy(«calificación»).collect()`

Sin embargo, no nos funciona. Explica brevemente qué podríamos estar haciendo mal.

11. Escribe el código necesario para calcular el número de estudiantes por calificación. La salida debería ser como esta:

```
+--------------+-----+
|  calificación|count|
+--------------+-----+
|      suspenso|    1|
|      aprobado|    2|
|       notable|    2|
| sobresaliente|    1|
+--------------+-----+
```

12. Hemos aprendido que para los RDD, podíamos calcular estadísticas de RDD numéricos con la función stats(). Con la API de Spark SQL, podemos realizar agregaciones en diferentes columnas. Siguiendo el ejemplo anterior, si ejecutamos esta instrucción:

```
df.agg({'nota':'max'}).show()
```

Debería devolver:

```
+-----------------+
|max(calificación)|
+-----------------+
|              9.5|
+-----------------+
```

Investiga la API de Spark SQL para obtener estadísticas de la columna «nota». La salida debería ser:

```
+-------+-----------------+
|summary|     calificación|
+-------+-----------------+
|  count|                5|
|   mean|              7.2|
| stddev|1.972308292331602|
|    min|              4.5|
|    max|              9.5|
+-------+-----------------+
```

13. Tenemos los siguientes dos DataFrames con notas para diferentes estudiantes:

```
df = spark.createDataFrame([('Iris',4.5),
                        ('Aranzazu', 6.4),
                        ('Christian',6.9),
                        ('Rubén', 8.7),
                        ('Eva',9.5)], ['nombre', 'Programación'])

df2 = spark.createDataFrame([('Iris',9.5),
                        ('Aranzazu', 4.4),
                        ('Christian',8.9),
                        ('Rubén', 4.7),
                        ('Cris',7.5)], ['nombre', 'Análisis de datos'])
```

Escribe el código para crear un DataFrame df3 con el siguiente contenido:

```
+---------+-----------------+-------------+
|   nombre|Análisis de datos|Programación |
+---------+-----------------+-------------+
|     Iris|              9.5|          4.5|
| Aranzazu|              4.4|          6.4|
|Christian|              8.9|          6.9|
|    Rubén|              4.7|          8.7|
|     Cris|              7.5|         null|
+---------+-----------------+-------------+
```

14. Queremos calcular algunas estadísticas en un conjunto de datos de clasificación binaria y se nos ocurrió el siguiente código:

```
df = spark.read.csv("fichero_enorme.csv")

df2 = df.groupBy('clase').cache()

print("Estadísticas de mi dataset")

df2.count().show()

for atributo in df.columns:
    df.select(atributo).mean()
```

¿Hay algún problema con este código? Si es así, ¿cómo lo harías más eficiente?

15. Indica si las siguientes afirmaciones sobre Spark y DataFrames son verdaderas o falsas:

- ☐ Las UDF son la opción preferida para operar con columnas de DataFrames porque de esa manera sabemos bien cómo se llevará a cabo la operación.
- ☐ Las operaciones columna deben usarse en conjunto con una transformación. Sin embargo, puedes diseñar una UDF que funcione directamente sobre el DataFrame.
- ☐ Aunque no hay una transformación para eliminar contenido de un DataFrame, podemos usar la cláusula DELETE FROM con spark.sql para hacerlo.
- ☐ Pandas-on-Spark puede ser más rápido que usar la biblioteca estándar de Pandas, incluso si utilizamos una sola computadora.

3

Parte

Aprendizaje automático con big data

6

Machine learning con Spark

Resultados de aprendizaje:

- Comprender la importancia del machine learning en big data [CC].
- Utilizar la biblioteca de machine learning de Spark como herramienta para definir pipelines de aprendizaje automático [CC, CPP].
- Identificar las diferencias clave entre machine learning clásico y machine learning en big data [CC].
- Comprender las limitaciones del machine learning distribuido en big data [CC].

Hasta ahora, hemos estudiado Apache Spark como una plataforma de big data, es decir, una plataforma que permite procesar big data de manera eficiente. El beneficio más importante que ofrece esta plataforma reside en sus estructuras de datos distribuidas (RDD o *DataFrames*), que permiten iterar múltiples veces sobre los datos, consultarlos de forma interactiva o procesar flujos de datos (*data streaming*) de manera eficiente.

Ahora, nos vamos a centrar en cómo aplicar machine learning en un entorno de big data. Aunque esperamos que el lector esté familiarizado con el machine learning, comenzaremos con un breve repaso de sus conceptos y la terminología básica que utilizaremos en los siguientes capítulos. A continuación, discutiremos los retos de aplicar machine learning en big data y la motivación para utilizar plataformas como Spark en este contexto. Para entrar en materia, en este capítulo exploraremos directamente cómo utilizar la biblioteca de machine learning de Apache Spark. Posteriormente, en los siguientes dos capítulos, profundizaremos en el diseño e implementación de algoritmos de machine learning escalables en big data.

NOTA

Para los lectores que no estén muy familiarizados con machine learning, se incluyen recursos adicionales en la sección ¿Quieres aprender más?

Fundamentos de machine learning y terminología clave

El machine learning o aprendizaje automático se centra en crear máquinas que aprenden de la experiencia. Es común referirse a él como aprendizaje a partir de ejemplos, ya que normalmente nos centramos en aprender de ejemplos o instancias previas del problema que se intenta resolver. Por ejemplo, un problema típico de machine learning sería hacer que la máquina aprenda a detectar defectos en la fabricación, es decir, a diferenciar entre componentes correctos y defectuosos. Pensemos en una fábrica de llantas de automóviles. En este caso, las llantas, los ejemplos, tienen algunas características o atributos, que podrían ser los píxeles de imágenes tomadas de las llantas o alguna información de telemetría sobre ellas (por ejemplo, corrientes de Foucault). Normalmente, tendríamos que proporcionar a la máquina muchos ejemplos de entrenamiento, es decir, imágenes o datos de telemetría, indicando para cada llanta si es defectuosa o no (ejemplos etiquetados). Con esta información, la máquina aprenderá un modelo que debería ser capaz de clasificar correctamente ejemplos futuros (imágenes o datos de telemetría), no vistos previamente, de los que no sabemos si son defectuosos o no. Si lo consigue, significaría que el modelo tiene una buena capacidad de generalización. Este simple ejemplo pertenece a la categoría de clasificación supervisada, que es un tipo específico de machine learning. En general, se distinguen tres paradigmas principales en machine learning:

- **Aprendizaje supervisado:** Se refiere al aprendizaje basado en ejemplos etiquetados, como en el caso de la detección de defectos mencionada. Cada ejemplo tiene una salida deseada asociada que el modelo utiliza para aprender.
- **Aprendizaje no supervisado:** En este caso, los ejemplos no están etiquetados y, por lo tanto, la salida deseada es desconocida. Sin embargo, aún es posible aprender a partir de los datos. Este aprendizaje puede enfocarse en reducir automáticamente la información almacenada manteniendo la información valiosa (reducción de dimensionalidad) o en agrupar conjuntos de ejemplos similares para descubrir patrones ocultos en los datos (*clustering*).
- **Aprendizaje por refuerzo:** Aquí, la máquina actúa y recibe recompensas dependiendo de si sus acciones son apropiadas o no. Este tipo de aprendizaje es el más similar al aprendizaje humano, ya que la máquina se adapta a su entorno, pero también es el más complejo de implementar en entornos reales, aunque esto puede cambiar rápidamente.

En este libro, abordaremos los dos primeros tipos de aprendizaje, con especial énfasis en el primero, aunque la mayoría de los conceptos que estudiaremos son comunes a todos ellos.

Aprendizaje supervisado: clasificación y regresión

En el aprendizaje supervisado, los algoritmos de machine learning tienen como objetivo encontrar la relación entre las características de entrada de los ejemplos de entrenamiento y sus etiquetas (también llamadas salidas o etiquetas objetivo). Dependiendo de la naturaleza de la etiqueta de salida, se distinguen dos tipos principales de problemas:

- **Clasificación:** la etiqueta de salida es un valor discreto, por ejemplo, diferenciar entre componentes defectuosos y no defectuosos en la fabricación (como en nuestra predicción de defectos en llantas de automóviles) o distinguir entre gatos y perros en imágenes.
- **Regresión:** la etiqueta de salida es un valor real, por ejemplo, estimar la temperatura del día siguiente o predecir los precios futuros del gas.

Además de estas categorías principales, existen variantes que abarcan problemas con más de un objetivo (aprendizaje multiobjetivo o aprendizaje multitarea), así como casos como el de múltiples etiquetas, donde cada ejemplo puede pertenecer a más de una clase simultáneamente.

Se han desarrollado diferentes métodos para establecer dicha relación entre las características de entrada y salida, siguiendo diferentes estrategias y suposiciones sobre los datos. Entre los métodos de machine learning supervisado más significativos, se encuentran la regresión lineal y la regresión logística, el clasificador Naïve Bayes, los árboles de decisión, los k-Vecinos Más Cercanos, las máquinas de vectores de soporte (SVM), las redes neuronales y los ensembles como los más conocidos y comúnmente utilizados.

Aprendizaje no supervisado: reducción de dimensionalidad y agrupamiento

Por el contrario, en el aprendizaje no supervisado no se busca encontrar la relación anterior, ya que las etiquetas de salida no existen o son desconocidas. En su lugar, el objetivo suele ser describir y entender la estructura y los patrones de los datos. Dependiendo del propósito, se distinguen dos enfoques principales:

- **Reducción de dimensionalidad:** El objetivo es resumir los datos reduciendo el número de dimensiones (características) mientras se preserva la mayor cantidad de información posible. Por ejemplo, es común utilizar estas técnicas para visualizar datos biológicos complejos y de alta dimensionalidad en dos dimensiones.
- ***Clustering*:** El objetivo es organizar ejemplos similares en clústeres. Las segmentaciones de mercado y de clientes son ejemplos bien conocidos de agrupamiento, donde los clientes se agrupan para diseñar campañas publicitarias adaptadas a cada grupo.

Entre otras, las técnicas frecuentemente utilizadas en esta categoría incluyen el análisis de componentes principales (PCA), el *embedding* estocástico de vecinos distribuidos en T (t-SNE) y la descomposición en valores singulares (SVD) para la reducción de dimensionalidad, así como el k-medias (k-means), el *clustering* basado en densidad y los modelos de mezcla gaussiana para el agrupamiento.

El ciclo de vida del machine learning

Para que una máquina aprenda algo significativo, no basta con alimentarla con datos en bruto, como una hoja de cálculo cualquiera con algunos números, y esperar que ocurra algo como por arte de magia. Primero, es necesario definir claramente qué se quiere lograr y cuál es el problema real que se intenta resolver, es decir, hay que conocer las necesidades del negocio o qué debe ser automatizado o predicho. Una vez que esto está claro, se debe implementar un proceso de recogida de datos y explorar cualquier dato existente que pueda estar relacionado con el objetivo final. Tras analizar los datos y determinar qué información es relevante, puede ser necesario preprocesarlos para que los algoritmos de machine learning puedan utilizarlos de manera efectiva.

No existe un único algoritmo que siempre proporcione la mejor solución, por lo que es necesario determinar qué modelo y qué configuraciones o (hiper)parámetros funcionarán mejor para un conjunto de datos determinado. Aunque existen estrategias recientes de auto machine learning que pueden automatizar este proceso, sigue siendo fundamental evaluar distintas opciones. Para elegir un modelo, se debe definir un mecanismo de validación que establezca métricas adecuadas para medir el éxito de la solución en relación con el objetivo original. Este proceso generará resultados que deben ser analizados e interpretados. Finalmente, cuando se obtienen resultados satisfactorios, el modelo puede desplegarse en producción y monitorearse continuamente para detectar posibles inconsistencias. Tanto el análisis de los resultados como el comportamiento del modelo en producción pueden modificar la comprensión inicial del problema, lo que puede requerir ajustes y la repetición del proceso desde el inicio.

Todas estas etapas conforman lo que se conoce como el ciclo de vida del machine learning, también denominado ciclo de vida de la ciencia de datos. En este contexto, surge el concepto de MLOps, operaciones de machine learning, que abarca un conjunto de procedimientos y prácticas diseñados para gestionar este proceso de manera eficiente y confiable. MLOps facilita la transición del laboratorio (donde los modelos son desarrollados por científicos de datos) a producción (donde los modelos son desplegados y monitoreados por ingenieros de software y de machine learning). La figura 6.1 muestra una representación gráfica de algunas de las etapas más comunes en el ciclo de vida del machine learning. A continuación, describimos brevemente las etapas clave que abordaremos en este libro.

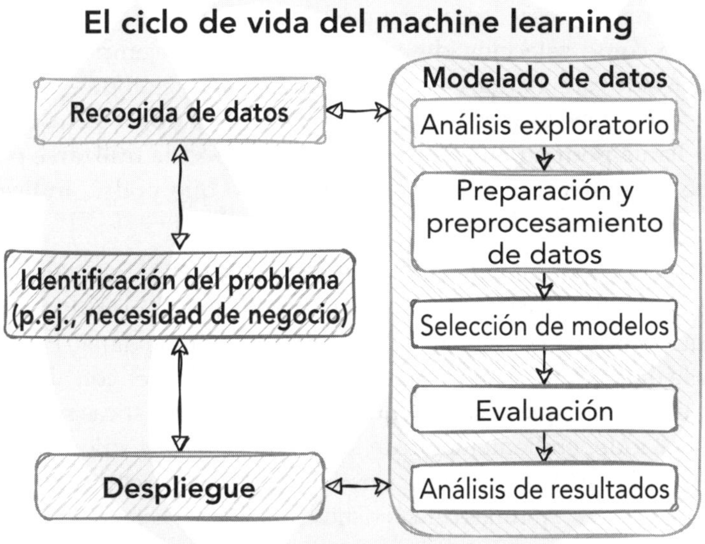

Figura 6.1. El ciclo de vida del machine learning: etapas clave.

Preparación y preprocesamiento de datos

Como mencionamos anteriormente, una vez que se ha identificado correctamente el problema y se han recopilado los datos, es necesario decidir qué datos utilizar y darles una forma que sea manejable y útil para el algoritmo de machine learning. Esto puede implicar transformaciones para extraer características de los datos en bruto, ingeniería de características, que incluye la selección y generación de características a partir de otras existentes, y la normalización de características para facilitar el entrenamiento adecuado del modelo de machine learning.

De estas tareas, la primera depende en gran medida del problema en cuestión. Siguiendo con el ejemplo de predicción de defectos en llantas de automóvil, puede ser necesario extraer características de las imágenes o datos de telemetría, especialmente si no se utilizan modelos de deep learning que puedan procesar los datos en bruto directamente. Se podrían, por ejemplo, obtener características con un histograma de gradientes (HoG) a partir de las imágenes o procesar las series temporales de los datos de telemetría para calcular estadísticas de ventana, como valores mínimos, máximos o promedios. La elección del extractor de características más adecuado dependerá del problema específico, y diferentes problemas pueden requerir extractores especializados. Sin embargo, algunos métodos son aplicables a múltiples casos, como el extractor de características TF-IDF (frecuencia de término, frecuencia inversa de documento) para representar textos.

Aunque la extracción de características también puede considerarse parte de la ingeniería de características, en esta fase se asume que ya se dispone de un conjunto de características iniciales con las que trabajar. En este punto, el objetivo es transformarlas para generar características más relevantes y descartar aquellas que sean irrelevantes para el problema, proceso conocido como selección de características. Por ejemplo, si se dispone del identificador único de cada llanta, este no aportará información útil, ya que es diferente para cada llanta y no debe usarse como patrón. Por otro lado, la fecha en que se realiza el análisis de la llanta podría parecer irrelevante, pero podría utilizarse para detectar si llantas defectuosas aparecen en ciertos momentos, lo que podría indicar fallos en la maquinaria de producción.

Una vez identificadas y preparadas las características relevantes para el algoritmo de machine learning, aún puede ser necesario asegurarse de que estén en un formato adecuado para su uso. Aquí es donde entra en juego la normalización de datos. Pero ¿qué significa normalización de datos? Un caso común en el que se requiere es con algoritmos basados en gradientes y distancias, que necesitan que todas las características sean ponderadas de manera equitativa, independientemente de la magnitud de sus valores. La solución más utilizada es el escalado estándar, que ajusta los valores de las características para que tengan la misma media y varianza. Algunas características pueden ser categóricas, como el material de las llantas de automóvil (acero, aluminio, cromo, fibra de carbono...). Estas características no pueden representarse directamente como valores numéricos, ya que no existe una relación de orden entre ellas, por lo que deben codificarse de manera diferente. La forma más sencilla es mediante la codificación *one-hot*, en la que se genera una nueva característica para cada posible valor de la característica original, asignando un uno si el ejemplo pertenece a esa categoría y un cero en caso contrario.

Algunas de estas tareas pueden parecer bastante manuales, especialmente aquellas relacionadas con la extracción e ingeniería de características, que suelen ser específicas del problema en cuestión. Sin embargo, existen diversas técnicas de machine learning que son útiles y aplicables a distintos escenarios, como la normalización de datos mencionada anteriormente. Otras técnicas de preprocesamiento bien conocidas incluyen las de reducción de dimensionalidad, reducción de instancias y la imputación de valores perdidos. En este libro, nos centramos principalmente en aquellas técnicas de preprocesamiento que son generales y que pueden aplicarse en plataformas como Spark.

NOTA

Todas las técnicas de preprocesamiento mencionadas pueden ser clave para mejorar el rendimiento de los modelos de machine learning. No realizar una adecuada preparación y preprocesamiento de los datos puede dar lugar a un modelo ineficaz, mientras que un preprocesamiento correcto, incluso para el mismo problema, puede marcar una diferencia significativa.

Evaluación y selección de modelos

Cuando se trata de seleccionar un algoritmo para nuestro problema, la gama de posibilidades aumenta rápidamente. No solo hay infinitos métodos de machine learning disponibles, sino que los modelos suelen estar acompañados de una serie de hiperparámetros que normalmente influyen y gobiernan su comportamiento y, por lo tanto, su capacidad para aprender de los datos. Esto significa que necesitamos formas de decidir qué hiperparámetros son más prometedores.

Por simplicidad y para aclarar bien la terminología, vamos a distinguir entre parámetros e hiperparámetros.

- **Parámetros:** Al hablar de parámetros, se hará referencia a aquellos parámetros que deben ser aprendidos en un modelo. Es decir, por ejemplo, para una red neuronal, los pesos que un modelo aprende para establecer la relación entre las características de entrada y la etiqueta de salida.
- **Hiperparámetros:** En este caso, se alude a aquellos parámetros de configuración de un algoritmo de aprendizaje que gobiernan su comportamiento. Por ejemplo, esto podría ser el número de capas en una red neuronal o el número de vecinos para la regla de vecino más cercano.

Por lo tanto, un algoritmo de machine learning puede aprender los parámetros, pero nosotros tenemos que establecer los hiperparámetros. Para ello, necesitamos encontrar formas de evaluar el éxito en el aprendizaje, midiendo, por ejemplo, la tasa de acierto, o de error, de clasificación. Sin embargo, dado que normalmente solo se dispone de un conjunto limitado de datos etiquetados, se requiere utilizar una estrategia de validación. Una forma clásica de hacerlo es dividir los datos proporcionados en tres subconjuntos:

- **Conjunto de entrenamiento:** Este subconjunto se utiliza para aprender un modelo de machine learning con un conjunto dado de hiperparámetros.

- **Conjunto de validación:** Cuando se ha aprendido un modelo, se verifica la tasa de error/éxito en este conjunto de validación. Se pueden entrenar varias combinaciones de un algoritmo de machine learning más un conjunto de hiperparámetros y comprobar su rendimiento en el conjunto de validación para tomar una decisión informada sobre la mejor combinación.
- **Conjunto de prueba/*test*:** Este subconjunto se deja para el final y se utiliza para evaluar el comportamiento del modelo final elegido y su configuración. La elección final se entrena normalmente utilizando los conjuntos de entrenamiento y validación, y su comportamiento se evalúa contra el conjunto de prueba. Obviamente, no se puede utilizar el conjunto de *test* para seleccionar la mejor pareja modelo/configuración, ya que eso sería poco realista y excesivamente optimista. El conjunto de prueba nos da una pista de cómo de bien funcionará el modelo en producción.

La necesidad de esta división radica en el compromiso entre sesgo y varianza (subajuste y sobreajuste) de un modelo. Generalmente, un algoritmo de machine learning puede ajustar bien sus parámetros a los datos de entrenamiento y, dependiendo de los hiperparámetros, incluso podría «memorizar» esos datos (problema conocido como sobreajuste o alta varianza). Sin embargo, eso no significa que vayan a ser buenos modelos, ya que pueden no funcionar bien cuando se usan datos no vistos (como los de validación) para evaluar su rendimiento. Esto se suele denominar falta de capacidades de generalización. Utilizar el conjunto de validación para tomar una decisión sobre la mejor combinación de modelo e hiperparámetros nos permite reducir el fenómeno de sobreajuste. Inversamente, podríamos terminar experimentando subajuste o alto sesgo, lo que significa que el modelo no es capaz de encontrar la relación entre las características de entrada y salida, incluso en el conjunto de entrenamiento. Una vez utilizado el conjunto de validación para averiguar de alguna forma los mejores hiperparámetros analizando el balance entre sesgo-varianza (selección de modelo o ajuste de hiperparámetros), el conjunto de prueba sirve como una forma realista de evaluar el rendimiento esperado del modelo y los hiperparámetros seleccionados cuando se utilizan datos no vistos. Dado que la validación se utiliza para seleccionar («entrenar») los hiperparámetros, no nos dará una buena estimación del rendimiento en datos no vistos.

Existen técnicas de validación más avanzadas, como la validación cruzada *k-fold*, que permiten obtener una mejor estimación del rendimiento del modelo. En este método, se divide el conjunto de datos en «k» particiones y se entrena un modelo con «k-1» particiones, dejando la restante para validación. Este proceso se repite «k» veces, alternando la partición de validación, lo que proporciona «k» estimaciones de rendimiento que pueden promediarse. Este enfoque mejora la fiabilidad de la evaluación, ya que asegura que todos los ejemplos sean utilizados tanto para entrenamiento como para validación. Otras estrategias de validación dependen de la naturaleza del problema y pueden incluir el particionamiento estratificado, el particionamiento agrupado, la validación que deja uno fuera (*leave-one-out*) o el particionamiento específico para series temporales.

Pipelines de machine learning

El ciclo de vida del machine learning sigue un flujo de trabajo iterativo desde la captura de datos hasta el despliegue del modelo. Las diferentes etapas pueden variar según el problema, pero la idea de codificar y automatizar parte de este flujo de trabajo es lo que comúnmente se conoce como pipeline. Los pipelines no son un paso específico dentro del ciclo de vida del machine learning, sino una herramienta fundamental en MLOps que nos ayuda a garantizar la aplicación de buenas prácticas en el desarrollo y despliegue de modelos. Es común que se cometan errores en el procesamiento de los diferentes conjuntos de datos (entrenamiento, validación y prueba) o incluso en producción. Por ejemplo, podríamos decidir aplicar normalización de datos durante el desarrollo del modelo, pero si este paso no se documenta correctamente, un ingeniero de machine learning que implemente el modelo en producción podría omitirlo, lo que provocaría predicciones erróneas.

Los pipelines de machine learning están diseñados para evitar este tipo de problemas, reduciendo la cantidad de código necesario y simplificando el proceso completo. Esta herramienta de programación nos permite agrupar un conjunto de técnicas de preprocesamiento y transformación antes de entrenar y evaluar modelos, asegurando que cualquier dato que pase por el modelo pase por el mismo pipeline, evitando potenciales errores. En bibliotecas de machine learning como scikit-learn para Python o en la biblioteca MLlib de Spark, este concepto ya está implementado.

NOTA

Es importante destacar que un pipeline puede automatizar parte del ciclo de vida del machine learning, como el preprocesamiento de datos, la evaluación del modelo o incluso su despliegue. Sin embargo, el ciclo de vida completo también incluye tareas adicionales, como la recogida de datos, que pueden requerir intervención humana.

Machine learning con big data

Al tratar con big data, todas las etapas del ciclo de vida del machine learning pueden verse afectadas. Desde la recolección y almacenamiento de datos hasta el despliegue del modelo, todos los pasos pueden encontrar problemas de escalabilidad debido a las características intrínsecas de un problema de big data. Se podría pensar qué técnicas de preprocesamiento de datos, como la selección de características, la reducción de dimensionalidad o la reducción de instancias, pueden aliviar los problemas con el volumen de big data para aprender modelos de machine learning. Si bien eso puede ser cierto hasta cierto punto, el problema principal es que esas técnicas de preprocesamiento de datos también se verán negativamente influenciadas por el tamaño y la complejidad de los datos, lo que puede limitar su papel si no están bien diseñadas para este escenario. Por el contrario, también podría suceder que no se encuentren problemas para entrenar un modelo, pero se puedan presentar problemas de escalabilidad para desplegarlo. Por lo tanto, no todas las etapas siempre se verán afectadas al mismo tiempo, y esto dependerá del problema específico.

Entonces, ¿cuál es el problema con estas técnicas en el contexto de big data?

Comencemos con un ejemplo. Imagina que te encargan analizar un enorme conjunto de datos con millones de ejemplos y deseas realizar un agrupamiento utilizando el algoritmo *k-means*. ¿Cuál será el cuello de botella? Para empezar, si el conjunto de datos es demasiado grande, simplemente es posible que no quepa en la memoria principal de un solo ordenador. Además, si recuerdas el funcionamiento del *k-means*, comenzará con algunos centroides aleatorios que definirán los clústeres encontrados, y estos se refinan iterando múltiples veces sobre los datos y calculando distancias contra todas las instancias en los datos. Esa será una operación muy costosa en términos de tiempo que requerirá mantener el conjunto de datos en la memoria principal, y el uso de computación distribuida será imprescindible para proporcionar una respuesta en un tiempo razonable.

Por lo tanto, las técnicas de machine learning estándar no siempre son apropiadas para tratar con conjuntos de datos masivos porque se enfrentan a esas «V» que definen el big data:

- Una escala creciente de los datos en diferentes niveles: instancias/ejemplos y características;
- La velocidad a la que llegan los datos;
- La variedad/complejidad de los datos, que pueden provenir de muchas fuentes variadas.

Quizás podrías estar pensando que todo lo que necesitamos hacer es reimplementar algoritmos de machine learning utilizando estructuras de datos distribuidas como RDD, o incluso mejor, con DataFrames, en lugar de estructuras de datos secuenciales tradicionales. Y sí, de alguna manera tienes razón. Entonces, ¿hay alguna «ciencia» en hacer machine learning en grandes conjuntos de datos? ¿O solo implica aprender a programar con estructuras de datos distribuidas? La ciencia radica en cómo distribuir la computación (reduciendo el movimiento de datos) para maximizar lo que se puede aprender de los datos en un tiempo razonable, y a veces adaptar o rediseñar pasos específicos que pueden ser intratables con grandes conjuntos de datos.

Para hacer esto, necesitamos tener en cuenta algunas de las propiedades básicas de los algoritmos de machine learning para desarrollar soluciones distribuidas que sean escalables. Por ejemplo:

- Algunos algoritmos pueden requerir ejecuciones largas, por lo que fallos de hardware o software pueden ser catastróficos. En consecuencia, los mecanismos de **tolerancia a fallos** serán indispensables para asegurarnos que un fallo de hardware en un solo nodo de un clúster no ponga en peligro el análisis de un enorme conjunto de datos.

- Antes de ejecutar un modelo de machine learning, puede que necesitemos un conjunto de técnicas de preprocesamiento que transformen los datos múltiples veces. Esto significa que estas **transformaciones** tendrán que realizarse en paralelo.
- Muchos algoritmos pueden requerir realizar varias iteraciones a través de los datos para construir y optimizar un modelo, manteniendo conjuntos de datos transformados **en la memoria principal**.

Arriba hemos destacado: tolerancia a fallos, transformaciones, iteraciones y en la memoria principal, que han sido términos que hemos introducido repetidamente en este libro. Aparte de esas propiedades generales del machine learning, (usualmente) necesitaremos conocer los detalles específicos del algoritmo que pretendemos aplicar en big data para diseñar cómo paralelizar sus operaciones con eficacia. También tendremos que pensar de manera diferente, ya que algunas de las operaciones e ideas intrínsecas de algunos algoritmos simplemente pueden no funcionar bien en este contexto o pueden resultar inviables o innecesarias.

Con esto en mente, esperamos que puedas ver por qué el uso de plataformas de big data será inevitable y ahora sentaremos las bases para diseñar soluciones eficientes de big data para machine learning. Pero ¿por qué estamos utilizando Apache Spark? Aparte de Hadoop y Spark, hay otros marcos y paradigmas de programación como Flink o Dask. Cada uno tiene innovaciones técnicas distintas y necesitamos elegir el más apropiado para realizar el procesamiento. En última instancia, esta fue simplemente una elección que tuvimos que hacer, pero en nuestra opinión, la eficiencia para realizar computación iterativa (en memoria) es clave en machine learning, y esta es la principal ventaja de Spark, que, junto con la integración con el procesamiento de datos estructurados, herramientas de transformaciones de datos altamente eficientes, transmisión y gráficos, lo hace muy atractivo. Además, Spark se ha consolidado globalmente como una de las plataformas más relevantes de big data y ha sido adoptado por los principales proveedores Cloud.

La biblioteca de machine learning de Spark

Una gran cantidad de usuarios finales de machine learning no conocen en detalle las técnicas existentes y lo utilizan simplemente como una herramienta. Para ello, suelen apoyarse en bibliotecas de machine learning ya desarrolladas, muchas de ellas de código abierto, para trabajar con sus conjuntos de datos.

Incluso para utilizar estas bibliotecas, se requieren unos conocimientos mínimos de machine learning: es necesario entender cómo se comportan las técnicas, su idoneidad para el problema, cómo ajustar los hiperparámetros y cómo validar el análisis. En el caso más extremo, los usuarios con mínimos conocimientos de machine learning pueden optar por utilizar bibliotecas de Auto-Machine Learning (AutoML) como auto-sk-learn[1], TPOT[2] o AutoGluon[3]. Sin embargo, las soluciones de AutoML no están ampliamente disponibles para big data, ya que pueden ser extremadamente costosas en términos de tiempo y recursos. Aun así, hay algunas iniciativas, como H2O[4], que están avanzando en esa dirección.

El ecosistema de bibliotecas de machine learning ha evolucionado rápidamente en los últimos años. Desde una perspectiva de escalabilidad, encontramos bibliotecas diseñadas para escalabilidad vertical y otras que se basan en escalabilidad horizontal. Las bibliotecas tradicionales de machine learning, como Weka, KEEL o la biblioteca scikit-learn en Python, están diseñadas para procesamiento secuencial y ofrecen una amplia colección de algoritmos (cubriendo casi cualquier necesidad). Sin embargo, su principal limitación es que no escalan bien, lo que las hace poco adecuadas para big data, además de que carecen de mecanismos de tolerancia a fallos. Con la llegada de Hadoop, se desarrolló la biblioteca Mahout[5], que implementó algunos algoritmos clásicos como k-means, Random Forest o regresión logística utilizando el modelo de programación MapReduce. Sin embargo, como era de esperar, Mahout quedó obsoleto con la aparición de nuevas plataformas de trabajo de big data como Spark, que superaron a Hadoop al proporcionar entornos más eficientes para el procesamiento iterativo.

La biblioteca de machine learning de Spark es MLlib[6]. Incluye un conjunto limitado de algoritmos distribuidos, que abarca algunos de los algoritmos clásicos de machine learning, como regresión lineal y logística, árboles de decisión, SVM y k-means, entre otros. Como veremos más adelante, su funcionalidad puede no ser tan flexible como la de sus contrapartes secuenciales debido a la complejidad de desarrollar soluciones distribuidas.

Inicialmente, la MLlib se desarrolló sobre la API de RDD, pero con la aparición de DataFrames, se adoptó esta nueva API como estándar. Desde Spark 2.0, la API basada en RDD está en modo de mantenimiento. De forma general, la MLlib ofrece herramientas de alto nivel para:

- Algoritmos tradicionales de clasificación, regresión, agrupamiento y filtrado colaborativo.
- Métodos de transformación de características como extracción de características, reducción de dimensionalidad y selección de características.
- Construcción y evaluación de pipelines de machine learning.
- Otras utilidades, como herramientas de persistencia para guardar y cargar modelos, cálculo de estadísticas y manejo de datos.

1 https://automl.github.io/auto-sklearn/master/.
2 http://epistasislab.github.io/tpot/.
3 https://auto.gluon.ai/.
4 https://docs.h2o.ai/h2o/latest-stable/h2o-docs/automl.html.
5 https://mahout.apache.org/.
6 https://spark.apache.org/docs/latest/ml-guide.html.

NOTA

Puede que te preguntes: ¿Por qué Spark MLlib no incluye todos los algoritmos disponibles en scikit-learn? La biblioteca scikit-learn está diseñada para computación secuencial, mientras que MLlib prioriza la escalabilidad. Scikit-learn ofrece una gran variedad de algoritmos de preprocesamiento y machine learning, pero adaptar estos algoritmos a un entorno distribuido no es trivial. Existen limitaciones que requieren modificaciones en los procedimientos de aprendizaje y adaptaciones para permitir el procesamiento eficiente de grandes volúmenes de datos.

Conceptos básicos: Transformadores, estimadores y pipelines

Antes mencionamos brevemente la idea de usar pipeline como una herramienta de programación que nos permite automatizar parte del ciclo de vida del machine learning. Para utilizar la MLlib y sus pipelines de manera efectiva, además de lo que ya hemos aprendido sobre DataFrames, es fundamental entender dos conceptos clave: transformador y estimador, y cómo operan sobre los DataFrames. De forma simple, estos conceptos se centran en los dos tipos principales de operaciones que se suelen realizar sobre los datos en machine learning. O bien necesitamos transformar o preprocesar los datos antes de utilizarlos para aprender un modelo (por ejemplo, aplicar codificación one-hot a variables categóricas), lo que es realizado por un transformador, o utilizamos los datos para aprender los parámetros de un modelo que luego se empleará para hacer predicciones, lo que es responsabilidad de un estimador, que a su vez generará un transformador para realizar predicciones sobre nuevos datos. Veamos estos conceptos con más detalle:

- **Transformador o** Transformer**:** Es un algoritmo que toma un DataFrame y lo transforma en uno nuevo, generalmente agregando una o más columnas. Un transformador puede ser cualquier método de preprocesamiento que no requiera ajuste de parámetros o que ya haya sido ajustado previamente mediante un estimador. Por ejemplo, la codificación one-hot no necesita ajuste de parámetros, mientras que una normalización min-max sí requiere conocer los valores máximo y mínimo de cada característica antes de aplicarse, por lo que primero necesitaríamos obtenerlos con un estimador. Además, un modelo de machine learning ya entrenado actúa como un transformador, ya que puede tomar un DataFrame de entrada con características (por ejemplo, el conjunto de prueba) y generar un nuevo DataFrame que incluya las predicciones. Los transformadores están implementados en la clase Transformer e implementan el método transform().
- **Estimador o** Estimator**:** Representa cualquier proceso o algoritmo de machine learning que requiera ajustar parámetros a partir de los datos. Un estimador toma un DataFrame de entrada, aprende los parámetros requeridos en función de los datos y devuelve un objeto Transformer. Un ejemplo común es un algoritmo de aprendizaje, cuyo resultado es un modelo que puede generar predicciones a partir de nuevos datos. Sin embargo,

también existen estimadores más simples, como la normalización min-max, que primero debe calcular los valores máximo y mínimo de cada característica antes de generar un transformador que pueda normalizar los datos. Los estimadores están implementados en la clase Estimator e implementan el método fit().

Para definir un pipeline de machine learning, es común encadenar múltiples transformadores y estimadores de manera secuencial. Por ejemplo, antes de entrenar una regresión lineal, podríamos querer transformar características categóricas utilizando la codificación one-hot y normalizar las características numéricas con una normalización estándar. En este caso, la codificación one-hot se implementaría como un transformador, mientras que la normalización requeriría un estimador, ya que debe calcular la media y la varianza de cada característica antes de poder aplicarse. Finalmente, la regresión lineal también sería un estimador.

Un pipeline de Spark nos permite concatenar múltiples transformadores y estimadores en un solo flujo de procesamiento. Curiosamente, un pipeline en Spark es un estimador, por lo que implementa el método fit(). Cuando ajustamos un pipeline, obtenemos un transformador llamado PipelineModel, que contiene todos los transformadores resultantes de ajustar los estimadores dentro del pipeline. La figura 6.2 muestra una representación esquemática de un pipeline y su correspondiente PipelineModel, junto con su relación con los conjuntos de datos de entrenamiento y prueba.

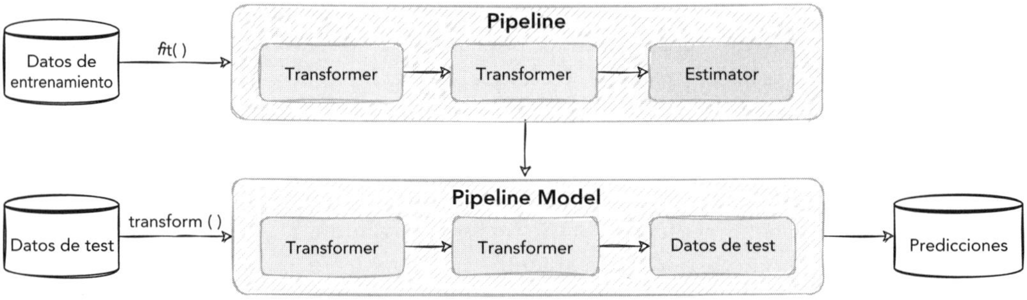

Figura 6.2. Pipeline típico de transformadores y estimadores.

ADVERTENCIA

Dado que un Pipeline es un Estimator, *podríamos esperar que su última etapa también sea un estimador, ya que implementa el método fit(). Sin embargo, Spark no impone esta restricción, por lo que es posible finalizar un pipeline con un transformador en lugar de un estimador.*

Hemos dado una definición general de lo que son un estimador y un transformador, pero hay algunos detalles más en los que nos gustaría profundizar, para lo cual utilizaremos un ejemplo práctico.

Un ejemplo con regresión lineal

Como profesores, una de las preguntas que nos interesa responder es lo bien que les irá a nuestros estudiantes en el examen final después de haber visto el trabajo que han realizado durante el curso. En este ejemplo particular, nos gustaría saber si podemos predecir la calificación del examen de un estudiante en función de las calificaciones que obtuvo en los ejercicios realizados durante el curso. Esta predicción podría ser útil tanto para los estudiantes como para los docentes.

Para abordar esta cuestión, usaremos un enfoque de regresión supervisada. Como mencionamos anteriormente, la regresión[7] es un tipo de aprendizaje supervisado que busca aprender una función que mapea un conjunto de características de entrada a una salida objetivo numérica. Dado que estamos en un escenario de aprendizaje supervisado, asumimos que contamos con datos previos que nos permiten aprender esta relación. En este caso, disponemos de los datos de 61 estudiantes y nuestro objetivo es aprender la relación entre sus calificaciones en los ejercicios del curso y la calificación obtenida en el examen. Si bien este conjunto de datos es pequeño y no representa un problema de big data, nos servirá como ejemplo para comprender cómo utilizar la MLlib antes de aplicar estos conceptos a conjuntos de datos de gran escala.

Comencemos inicializando nuestra sesión de Spark:

```
from pyspark.sql import SparkSession

spark = SparkSession \
    .builder \
    .master("local[*]") \
    .appName("Capítulo 6: MLSpark") \
    .getOrCreate()

sc = spark.sparkContext
```

También necesitamos importar todas las funciones de SQL:

```
import pyspark.sql.functions as sql_f
```

Ahora cargaremos los datos históricos de los 61 estudiantes que participaron en el curso hace unos años. Estos datos han sido completamente anonimizados y organizados en una tabla que contiene las calificaciones obtenidas en todas las evaluaciones, incluyendo tanto los ejercicios del curso como el examen. Los trabajos consistieron en cuatro ejercicios (Ej01 a Ej04), cada uno vinculado a un tema específico: MapReduce, Spark, SparkSQL y MLlib. Además, los estudiantes realizaron un proyecto en grupo en el que debían implementar una solución de big data para un problema real. El examen estuvo compuesto por cuatro partes (preguntas 1 a 4), cada una asociada a los mismos temas de los ejercicios.

[7] https://es.wikipedia.org/wiki/Regresi%C3%B3n.

La columna «Examen» representa la suma de las calificaciones obtenidas en todas las preguntas del examen, y la columna «Total» indica la calificación final de cada estudiante en el curso. Las calificaciones de todas las partes están en un rango 0 a 100.

Nuestro objetivo es analizar la relación entre las calificaciones obtenidas en los ejercicios del curso (Ej01 a Ej04 y el proyecto en grupo) y la calificación del examen final.

Los datos están en formato CSV, así que vamos a utilizar la API de DataFrame para leer los datos e inferir el esquema:

```
df = spark.read.format("csv").option("header", "true")\
                            .load("datos/calificaciones.csv")
```

Ten en cuenta que utilizamos la opción header porque el archivo CSV tiene los nombres de cada columna en la primera fila.

Como utilizaremos este DataFrame con frecuencia, es útil almacenarlo en caché.

```
df.cache()
```

```
DataFrame[Ej01: string, Ej02: string, Ej03: string, Ej04: string, Proyecto:
string, Pr1: string, Pr2: string, Pr3: string, Pr4: string, Examen: string,
Total: string]
```

¡Espera! ¿Ha inferido Spark los tipos de datos correctamente? ¿O los ha interpretado como cadenas?

```
df.printSchema()
```

```
root
 |-- Ej01: string (nullable = true)
 |-- Ej02: string (nullable = true)
 |-- Ej03: string (nullable = true)
 |-- Ej04: string (nullable = true)
 |-- Proyecto: string (nullable = true)
 |-- Pr1: string (nullable = true)
 |-- Pr2: string (nullable = true)
 |-- Pr3: string (nullable = true)
 |-- Pr4: string (nullable = true)
 |-- Examen: string (nullable = true)
 |-- Total: string (nullable = true)
```

Podríamos haber definido el esquema explícitamente antes de leer el archivo CSV. En su lugar, transformaremos esas columnas a float o double. Para ello, podemos usar la función SQL col para acceder a cada columna por su nombre y luego convertirla a float. Para hacerlo con todas las columnas, utilizaremos la comprensión de listas de Python.

```
df = df.select([sql_f.col(c).cast("float").alias(c) for c in df.columns])
df.printSchema()
```

```
root
 |-- Ej01: float (nullable = true)
 |-- Ej02: float (nullable = true)
 |-- Ej03: float (nullable = true)
 |-- Ej04: float (nullable = true)
 |-- Proyecto: float (nullable = true)
 |-- Pr1: float (nullable = true)
 |-- Pr2: float (nullable = true)
 |-- Pr3: float (nullable = true)
 |-- Pr4: float (nullable = true)
 |-- Examen: float (nullable = true)
 |-- Total: float (nullable = true)
```

Veamos cómo se ve el contenido:

```
df.show(2)
```

```
+-----+----+----+----+--------+----+----+----+----+------+-----+
| Ej01|Ej02|Ej03|Ej04|Proyecto| Pr1| Pr2| Pr3| Pr4|Examen|Total|
+-----+----+----+----+--------+----+----+----+----+------+-----+
|100.0|85.0|80.0|70.0|    80.0|18.0|16.0|23.0|22.0|  79.0| 81.0|
|100.0|85.0|80.0|90.0|    93.0|20.0|13.0|11.0|22.0|  66.0| 79.0|
+-----+----+----+----+--------+----+----+----+----+------+-----+
only showing top 2 rows
```

Nuestro objetivo es predecir la calificación del examen, que se calcula como la suma de las preguntas del examen (preguntas 1 a 4). Como queremos hacer esta predicción antes de que se realice el examen, no podemos usar estas preguntas como características de entrada, por lo que debemos eliminarlas. Asimismo, la calificación 'Total' se obtiene combinando la calificación del examen con las calificaciones del trabajo de curso y el proyecto. Dado que incluye información sobre el examen, tampoco deberíamos utilizarla. Por lo tanto, eliminaremos estas columnas con drop y usaremos solo las calificaciones de los ejercicios y del proyecto para predecir la calificación del examen.

NOTA

Quizás hubiese sido más fácil hacer esto de una vez con un select cuando hemos hecho el casting a float. Durante los próximos capítulos usaremos distintas formas para resolver algunos pasos. Nuestro objetivo es explorar un rango diverso de operaciones de Spark.

```
df = df.drop('Pr1').drop('Pr2').drop('Pr3').drop('Pr4').drop('Total')
df.show(2
df.show(2)
```

```
+-----+----+----+----+--------+------+
| Ej01|Ej02|Ej03|Ej04|Proyecto|Examen|
+-----+----+----+----+--------+------+
|100.0|85.0|80.0|70.0|    80.0|  79.0|
|100.0|85.0|80.0|90.0|    93.0|  66.0|
+-----+----+----+----+--------+------+
only showing top 2 rows
```

En machine learning, es fundamental utilizar los datos de manera adecuada. Esto significa que, si aprendemos un modelo, debemos asegurarnos de que podemos evaluar su efectividad en datos no vistos. Como mencionamos anteriormente, existen diferentes enfoques de validación en machine learning. Aquí, simplemente dividiremos los datos en una partición de entrenamiento con el 70 % de los datos, mientras que el 30 % restante se usará como test para verificar si hemos aprendido correctamente el modelo. No necesitaremos un conjunto de validación, ya que por ahora no optimizaremos los hiperparámetros.

Utilicemos la transformación randomSplit() para crear dos DataFrames distintos:

```
entrenamiento_df, test_df = df.randomSplit([0.7, 0.3], seed=123456)
entrenamiento_df.count()
```

```
39
```

```
test_df.count()
```

```
22
```

NOTA

¿Te has fijado en el uso de seed al dividir los datos? Esto se emplea para garantizar que la división aleatoria no sea completamente aleatoria, permitiendo obtener la misma partición en ejecuciones repetidas del notebook. Sin embargo, hemos observado diferencias al ejecutar este notebook en distintos ordenadores con diferentes sistemas operativos. Aún estamos investigando la causa de este comportamiento.

Con el problema definido y los datos ya particionados, ahora podemos aprender nuestro primer modelo.

Entrenar un modelo de regresión lineal con Spark

Spark ofrece varios algoritmos de regresión, pero usaremos uno simple: la regresión lineal. Para ello, primero debemos importar el módulo:

```
from pyspark.ml.regression import LinearRegression
```

Vamos a crear una instancia de LinearRegression, es decir, un Estimador:

```
lr = LinearRegression(maxIter=10, regParam=0.3)
```

Este es un Estimador porque nos referimos al algoritmo de aprendizaje que generará el modelo. Hemos definido directamente algunos hiperparámetros para esta instancia de regresión lineal. ¿Quieres conocer más sobre estos hiperparámetros? Podemos usar el objeto lr y la función explainParams() para obtener información detallada. Para simplificar, mostramos solo los primeros 200 caracteres de la salida.

```
lr.explainParams()[:200]
```

```
'aggregationDepth: suggested depth for treeAggregate (>= 2). (default: 2)\
nelasticNetParam: the ElasticNet mixing parameter, in range [0, 1]. For alpha =
0, the penalty is an L2 penalty. For alpha = 1, '
```

Hasta ahora, no hemos entrenado el modelo, solo hemos creado una instancia con algunos hiperparámetros. Ahora necesitamos ajustarlo utilizando los datos en entrenamiento_df. Sin embargo, si intentamos alimentar el modelo directamente con los datos, encontraremos algunos errores:

```
model = lr.fit(entrenamiento_df)
```

```
---------------------------------------------------------------------------
IllegalArgumentException                  Traceback (most recent call last)
Input In [16], in <cell line: 1>()
----> 1 model = lr.fit(entrenamiento_df)
...
```

¿Por qué sucede esto? Spark espera que el DataFrame tenga un formato específico, donde se indiquen claramente las características de entrada y la salida. En particular, Spark requiere que todas las características de entrada estén en una única columna de tipo Vector, un tipo especial utilizado en MLlib. Por defecto, esta columna se llama 'features', aunque podemos cambiar su nombre con el parámetro featuresCol. De manera similar, el parámetro labelCol (por defecto 'label') especifica la columna que se usará como salida.

Antes de ver cómo darle la forma adecuada al DataFrame, veamos un ejemplo simple que no necesita procesamiento adicional.

Un ejemplo simple

Como acabamos de mencionar, el DataFrame debe tener dos columnas: una para las características de entrada y otra para la etiqueta de salida. Las características de entrada deben estar codificadas en un objeto de la clase Vector. Aunque pueda parecer un poco raro, este Vector encapsula un *array* de numpy, lo que permite realizar operaciones aritméticas entre vectores. Veamos un ejemplo:

```
from pyspark.ml.linalg import Vectors
v = Vectors.dense([1.0, 2.5, 5.0])
u = Vectors.dense([0.0, -1.5, 10.0])
u + v
```

```
DenseVector([1.0, 1.0, 15.0])
```

Ahora vamos a crear un DataFrame de ejemplo muy simple con vectores de características y etiquetas:

```
entrenamiento_simple = spark.createDataFrame([
    (Vectors.dense([0.0, 1.1, 0.1]),  1.0),
    (Vectors.dense([2.0, 1.0, -1.0]), 0.0),
    (Vectors.dense([2.0, 1.3, 1.0]),  0.5),
    (Vectors.dense([0.0, 1.2, -0.5]), 1.5)], ["features", "label"])
```

En este DataFrame, hemos definido cuatro ejemplos con tres características numéricas de entrada, y la variable objetivo varía entre 0 y 1,5. Fíjate que hemos llamado a las columnas «features» y «label» para seguir los valores esperados por Spark. Ahora estamos en disposición de ajustar un modelo de regresión lineal fácilmente de la siguiente manera:

```
modelo = lr.fit(entrenamiento_simple)
```

fit() es una acción, por lo que observarás algo de procesamiento en la interfaz de usuario de Spark. La variable modelo es de tipo LinearRegressionModel, que es un transformador y nos permitirá predecir la salida para nuevos ejemplos.

Antes, hemos creado la instancia de LinearRegression especificando los hiperparámetros directamente. Alternativamente, podemos definirlos al ajustar el modelo utilizando un ParamMap, que es un conjunto de pares (parámetro, valor).

```
param_map = {lr.regParam: 0.1, lr.elasticNetParam: 0.55}
modelo = lr.fit(entrenamiento_simple, param_map)
```

¿Cómo obtenemos predicciones? Vamos a preparar algunos datos de test simples:

```
test_simple = spark.createDataFrame([
    (Vectors.dense([-1.0, 1.5, 1.3]), 1.0),
    (Vectors.dense([3.0, 2.0, -0.1]), 0.3),
    (Vectors.dense([0.0, 2.2, -1.5]), 1.5)], ["features", "label"])
```

Dado que modelo es un LinearRegressionModel, podemos usarlo para hacer predicciones aplicando el método transform() y proporcionando el DataFrame test_simple como entrada.

```
prediccion = modelo.transform(test_simple)
```

transform() es, obviamente, una transformación, por lo que necesita una acción para calcular la predicción. Al aplicarla, añade una columna llamada prediction al DataFrame:

```
prediccion.show()
```

```
+--------------+-----+------------------+
|      features|label|        prediction|
+--------------+-----+------------------+
|[-1.0,1.5,1.3]|  1.0| 2.062193252765237|
|[3.0,2.0,-0.1]|  0.3|1.1126615947167984|
|[0.0,2.2,-1.5]|  1.5|2.6273449526716033|
+--------------+-----+------------------+
```

Para quedarnos solo con las predicciones, utilizamos las transformaciones que aprendimos con Spark SQL:

```
prediccion.select('prediction').show()
```

```
+------------------+
|        prediction|
+------------------+
| 2.062193252765237|
|1.1126615947167984|
|2.6273449526716033|
+------------------+
```

Parece sencillo, pero ¿cómo hacemos lo mismo con el DataFrame leído desde un archivo CSV? Necesitamos transformar los datos a la forma correcta, y para ello, será útil hacer uso de un Pipeline.

Pipelines

Como hemos visto, vamos a tener que agrupar las columnas correspondientes a las características de entrada. Ahora mismo, nuestros datos tienen el siguiente formato:

```
entrenamiento_df.show(2)
```

```
+----+----+----+----+--------+------+
|Ej01|Ej02|Ej03|Ej04|Proyecto|Examen|
+----+----+----+----+--------+------+
|60.0|85.0|60.0|20.0|    70.0|  33.0|
|60.0|85.0|75.0|85.0|    70.0|  32.0|
+----+----+----+----+--------+------+
only showing top 2 rows
```

Para convertir nuestro DataFrame a un formato compatible con MLlib, utilizaremos un VectorAssembler. Este transformador combina una lista de columnas en una única columna de tipo vector, que es el formato requerido por los estimadores de MLlib.

Primero, importemos la clase correspondiente:

```
from pyspark.ml.feature import VectorAssembler
```

Luego, vamos a crear una lista con los nombres de las características de entrada:

```
caracteristicas_entrada = entrenamiento_df.columns
caracteristicas_entrada.remove('Examen')
caracteristicas_entrada
```

```
['Ej01', 'Ej02', 'Ej03', 'Ej04', 'Proyecto']
```

Ahora, creamos el VectorAssembler indicando las características de entrada y el nombre que le daremos a la nueva columna (en este caso 'features').

```
assembler = VectorAssembler(inputCols=caracteristicas_entrada,\
                            outputCol="features")
```

Para comprender mejor el funcionamiento de VectorAssembler, apliquémoslo a los datos de entrenamiento:

```
assembler.transform(entrenamiento_df).show(5)
```

```
+----+----+----+-----+--------+------+--------------------+
|Ej01|Ej02|Ej03| Ej04|Proyecto|Examen|            features|
+----+----+----+-----+--------+------+--------------------+
|60.0|85.0|60.0| 20.0|    70.0|  33.0|[60.0,85.0,60.0,2...|
|60.0|85.0|75.0| 85.0|    70.0|  32.0|[60.0,85.0,75.0,8...|
|65.0|90.0|90.0| 85.0|    69.0|  54.0|[65.0,90.0,90.0,8...|
|65.0|95.0|65.0| 25.0|    70.0|  10.0|[65.0,95.0,65.0,2...|
|70.0|85.0|65.0|100.0|    65.0|  64.0|[70.0,85.0,65.0,1...|
+----+----+----+-----+--------+------+--------------------+
only showing top 5 rows
```

Ahora podemos crear un modelo de regresión lineal que utilice la columna features como entrada y la columna Examen como salida. Esto se especifica mediante los parámetros featuresCol y labelCol al definir el modelo, de la siguiente manera:

```
lr = LinearRegression(
    maxIter=10, regParam=0.3, featuresCol="features", labelCol="Examen"
)
modelo_lr = lr.fit(assembler.transform(entrenamiento_df))
```

Si queremos aplicar el modelo en un conjunto de test, primero debemos transformar los datos al formato correcto (es decir, generar una columna de tipo Vector) utilizando el VectorAssembler antes de realizar las predicciones.

```
predicciones = modelo_lr.transform(assembler.transform(test_df))
predicciones.select('prediction').show(3)
```

```
+------------------+
|        prediction|
+------------------+
|0.3716762687677644|
| 44.76477287291376|
|  77.8069476890754|
+------------------+
only showing top 3 rows
```

En este ejemplo simple, el proceso consta de dos etapas: crear el vector de características y luego aplicar la regresión lineal. Pero imaginemos un escenario más complejo, como el que mencionamos antes. Además de crear el vector, podríamos querer transformar características categóricas a una codificación *one-hot* y normalizar las numéricas mediante una normalización (media y desv. típica). Si realizáramos este proceso manualmente, tendríamos que ejecutar varias operaciones en el conjunto de entrenamiento: primero aplicar la codificación one-hot (transform()), luego ajustar el Estimador que hace la normalización (fit()) y aplicarlo (transform()), y finalmente ajustar el Estimador de la regresión lineal (fit()). Para el conjunto de test, solo aplicaríamos los tres Transformadores resultantes (sin necesidad de volver a ajustarlos). A pesar de que este proceso no es especialmente complejo, es fácil olvidar algún paso, y eso sin contar el VectorAssembler necesario para organizar las características. Aquí es donde los

Pipelines resultan especialmente útiles. Nos permiten estructurar y encadenar todos estos pasos en un flujo de procesamiento único, asegurando que se apliquen de manera transparente a los conjuntos de entrenamiento, validación y test, e incluso en producción.

Vamos a crear un Pipeline para combinar el VectorAssembler y la regresión lineal:

```
from pyspark.ml import Pipeline

pipeline = Pipeline(stages=[assembler, lr])
```

Antes de probar este pipeline, consideremos algunos detalles importantes:

- **Al agregar objetos al pipeline (como** assembler **y** lr**),** debemos asegurarnos de que los nombres de las columnas de salida de cada transformador o estimador coincidan con los nombres de entrada del siguiente elemento en la secuencia.
- **Las etapas de un** Pipeline **deben ser únicas.** Esto significa que cada objeto incluido debe ser una instancia diferente. Si necesitáramos aplicar la misma operación en varias columnas, como la codificación *one-hot*, tendríamos que crear instancias separadas de ese transformador.

Ahora estamos listos para llamar al método fit() del Pipeline (recuerda que es un estimador) utilizando los datos de entrenamiento como parámetro de entrada:

```
modelo_pipeline = pipeline.fit(entrenamiento_df)
```

ADVERTENCIA

Si proporcionamos un DataFrame con un esquema incorrecto a un Pipeline, Spark lanzará un error, ya que realiza una verificación rápida en tiempo de ejecución antes de ejecutar el pipeline. Esta verificación es simplemente un control de tipos para asegurarse de que el esquema del DataFrame sea compatible con el modelo.

Ahora podemos aplicar el modelo del pipeline a test_df (sin procesar). Esto creará una columna con los vectores de características y generará las predicciones.

```
prediccion = modelo_pipeline.transform(test_df)
prediccion.select('prediction', 'Examen').show(5)
```

```
+------------------+------+
|        prediction|Examen|
+------------------+------+
|0.3716762687677644|  32.0|
| 44.76477287291376|  65.0|
|  77.8069476890754|  20.0|
|60.282789381651796|  57.0|
| 68.43688802640413|  38.0|
+------------------+------+
only showing top 5 rows
```

Al ajustar el modelo de regresión lineal, este ha aprendido una serie de parámetros que ahora podemos analizar. Como el objeto de regresión lineal lr es una de las etapas del pipeline, debemos acceder al LinearRegressionModel resultante dentro de modelo_pipeline. En particular, podemos consultar el segundo elemento de la lista stages para obtener los coeficientes (coefficients) aprendidos por el modelo en Spark.

```
modelo_pipeline.stages[1]
```

```
LinearRegressionModel: uid=LinearRegression_0d522dedf552, numFeatures=5
```

Si consultamos la documentación de Spark de LinearRegressionModel,[8] veremos que existen atributos específicos para los coeficientes y el término independiente.

```
modelo_pipeline.stages[1].coefficients
```

```
DenseVector([0.4588, -0.3587, -0.3248, 0.389, 0.4693])
```

```
modelo_pipeline.stages[1].intercept
```

```
8.712374416651206
```

Podemos visualizar esta información con los nombres de las características:

```
import matplotlib.pyplot as plt

coeff = modelo_pipeline.stages[1].coefficients
plt.bar(
    caracteristicas_entrada, coeff,
    color=["darkgray", "gray", "dimgray", "lightgray"]
)
plt.axhline(y=0, color="gray", linestyle="--", linewidth=0.5);
```

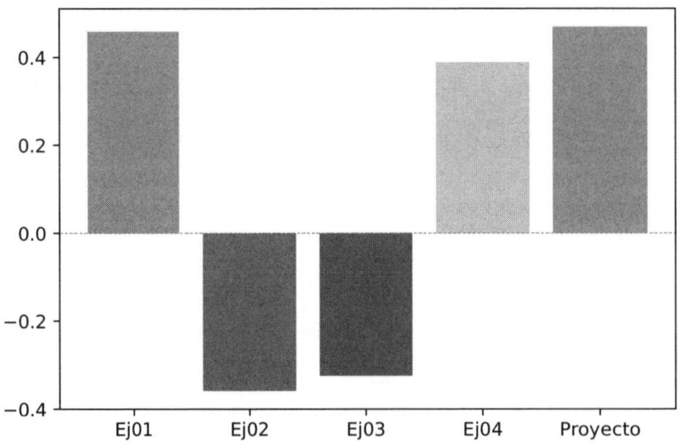

8 https://archive.apache.org/dist/spark/docs/3.3.0/api/python/reference/api/pyspark.ml.regression.LinearRegressionModel.html.

Si analizamos los coeficientes, parece que la calificación del examen está más influenciada por la forma en que el estudiante hizo los ejercicios 1, 4 y el proyecto, que por la forma en que desarrolló los ejercicios 2 y 3. Sería necesario un análisis más profundo para entender por qué ocurre esto.

RETO #1

Hemos creado un pipeline para preparar los datos y entrenar un modelo de regresión lineal. ¿Podrías añadir una etapa de preprocesamiento adicional para normalizar los datos antes del entrenamiento? Investiga cómo utilizar StandardScaler de MLlib.

Evaluación de algoritmos de machine learning

En machine learning, normalmente utilizamos métricas de rendimiento para evaluar la calidad de las predicciones. En nuestro ejemplo de regresión, emplearemos el error cuadrático medio (RMSE), una de las métricas más comunes en regresión.

La MLlib proporciona un módulo para la evaluación de modelos de regresión. Vamos a importar el módulo y crear un objeto para evaluar las predicciones del modelo.

```
from pyspark.ml.evaluation import RegressionEvaluator
evaluador_rmse= RegressionEvaluator(
    metricName="rmse", labelCol="Examen", predictionCol="prediction"
)
```

Hemos especificado la métrica ('rmse' para el error cuadrático medio), el nombre de la columna con las etiquetas reales y la columna con los valores predichos. Ahora, simplemente llamamos al método evaluate sobre el DataFrame obtenido tras transformar el conjunto de test.

```
evaluador_rmse.evaluate(prediccion)
```

```
20.963068684668492
```

Esto indica que podemos predecir la calificación del examen de un estudiante con un cierto margen de error. Si bien el resultado no es muy bueno, tampoco es tan malo.

¿Podríamos calcular el error cuadrático medio sin usar MLlib? Intentémoslo con funciones de Spark SQL:

```
mse = prediccion.agg(
    sql_f.mean(
        sql_f.pow(sql_f.col("Examen") - sql_f.col("prediction"), 2)
    ).alias("mse")
)
mse.withColumn("rmse", sql_f.sqrt(sql_f.col("mse"))).show()
```

```
+-----------------+-----------------+
|              mse|             rmse|
+-----------------+-----------------+
|439.4502486781287|20.96306868466849|
+-----------------+-----------------+
```

¿Deberíamos probar otros parámetros o modelos? Como mencionamos antes, en machine learning es común seleccionar los mejores hiperparámetros mediante un conjunto de validación extraído del conjunto de entrenamiento. Spark facilita esta tarea, veamos cómo.

Ajuste de hiperparámetros

Spark permite ajustar hiperparámetros mediante dos enfoques:

- **Validación cruzada:** Consiste en dividir los datos de entrenamiento en varias particiones y realizar una validación cruzada. Por ejemplo, con tres particiones, CrossValidator genera tres pares de conjuntos de datos (entrenamiento y validación), donde en cada iteración se utilizan 2/3 de los datos para el entrenamiento y 1/3 para la validación.
- **División de entrenamiento/validación:** Divide el conjunto de entrenamiento en dos subconjuntos, entrenamiento y validación, y selecciona los mejores hiperparámetros en función del rendimiento en el conjunto de validación.

En ambos casos, los datos de validación se utilizan para escoger los mejores hiperparámetros. Una vez identificados, el modelo final se entrena nuevamente con todos los datos de entrenamiento originales (incluidos los usados para validación). Veamos cómo implementarlo en Spark.

«CrossValidator»

Para crear un CrossValidator[9], necesitamos un estimador, un conjunto de hiperparámetros y un evaluador. También debemos especificar el número de particiones en las que se dividirán los datos de entrenamiento. Importemos las clases necesarias:

```
from pyspark.ml.tuning import CrossValidator, ParamGridBuilder
```

Primero, creamos una «rejilla» de hiperparámetros, es decir, una lista de hiperparámetros con los valores a evaluar. Para ello, utilizamos ParamGridBuilder de la siguiente manera:

```
rejilla = (
    ParamGridBuilder()
    .addGrid(lr.regParam, [0.1, 0.3])
    .addGrid(lr.maxIter, [2, 5, 10, 20])
    .build()
)
```

9 https://archive.apache.org/dist/spark/docs/3.3.0/api/scala/org/apache/spark/ml/tuning/CrossValidator.html.

La rejilla anterior analizará 2*4 combinaciones de hiperparámetros.

Ahora podemos crear un CrossValidator utilizando el pipeline que definimos antes como estimador, la rejilla para indicarle las diferentes combinaciones de hiperparámetros a analizar y el evaluador_rmse para elegir los mejores hiperparámetros en base a esta métrica. Usaremos tres particiones para la validación cruzada y estableceremos una semilla (seed) para garantizar la reproducibilidad.

```
val_cruzada = CrossValidator(
    estimator=pipeline,
    estimatorParamMaps=rejilla,
    evaluator=evaluador_rmse,
    numFolds=3,
    seed=123456,
)
```

Una vez que el CrossValidator está configurado, podemos ejecutarlo con el método fit(), ya que es un estimador.

```
cv_modelo = val_cruzada.fit(entrenamiento_df)
```

Esto debería tardar más que antes, ¿verdad? Ahora estamos construyendo varios modelos para encontrar el mejor. Ten en cuenta que, una vez identificados los mejores parámetros de la rejilla, el estimador se vuelve a ajustar utilizando todos los datos de entrenamiento.

Ahora utilizamos cv_modelo, para transformar el conjunto de test y generar predicciones.

```
prediccion = cv_modelo.transform(test_df)
```

¿Cómo de bien lo hemos hecho ahora?

```
evaluador_rmse.evaluate(prediccion)
```

```
20.963068684668492
```

Lamentablemente, no hemos mejorado los resultados. Sin embargo, veamos si los hiperparámetros seleccionados son diferentes. ¿Cómo podemos saber cuál fue la mejor configuración del modelo?

```
mejor_pipeline = cv_modelo.bestModel
```

NOTA

Si solo estás habituado a trabajar con Python, puede que la convención de nombres en Spark te resulte poco familiar, ya que utiliza camelCase en vez de snake_case (por ejemplo, bestModel en lugar de best_model). Esto se debe a su herencia de Java/Scala, y se ha mantenido para garantizar la uniformidad en todas las API.

Si queremos analizar el mejor modelo, debemos revisar la etapa 1 del pipeline, ya que la etapa 0 corresponde al VectorAssembler.

```
mejor_modelo_lr = mejor_pipeline.stages[1]
mejores_params = mejor_modelo_lr.extractParamMap()
```

Si imprimimos el contenido de mejores_params, veremos los hiperparámetros utilizados en el mejor modelo. La mayoría se han mantenido en sus valores predeterminados, pero los dos que hemos ajustado son maxIter y regParam. El mejor modelo utilizó regParam = 0.3 y maxIter = 2. En comparación con nuestra selección inicial (maxIter = 10, regParam = 0.3), podemos ver que solo se necesitaron dos iteraciones para ajustar el modelo. Esto sugiere que, debido a la simplicidad del modelo y la cantidad limitada de datos, el algoritmo de aprendizaje converge con rapidez.

También podemos analizar los coeficientes obtenidos:

```
coeff = mejor_modelo_lr.coefficients
plt.bar(
    caracteristicas_entrada, coeff,
    color=["darkgray", "gray", "dimgray", "lightgray"]
)
plt.axhline(y=0, color="gray", linestyle="--", linewidth=0.5)
coeff
```

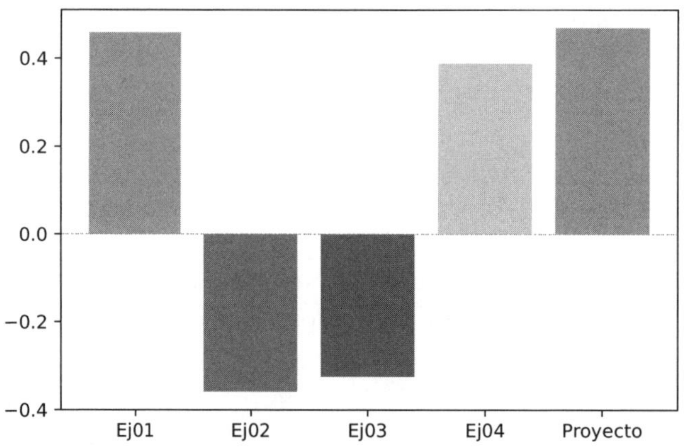


```
mejor_modelo_lr.intercept
```

```
8.712374416651206
```

Si los comparas con los anteriores, verás que, en realidad, el modelo final no ha cambiado.

RETO #2

La regresión lineal parece ofrecer una predicción aceptable, pero ¿cómo se compara con otros modelos de regresión? Explora la MLlib y prueba un algoritmo de machine learning diferente, ajustando sus hiperparámetros para evaluar su rendimiento.

«TrainValidationSplit»

El CrossValidator puede ser muy costoso en conjuntos de datos grandes. Como alternativa, podemos usar TrainValidationSplit, que evalúa cada combinación de parámetros solo una vez. Al igual que CrossValidator, requiere un estimador, un conjunto de hiperparámetros y un evaluador (usaremos los objetos creados anteriormente: pipeline, rejilla y evaluador_rmse). También debemos especificar la proporción de la división entre entrenamiento y validación, y establecer una semilla para garantizar la reproducibilidad.

```
from pyspark.ml.tuning import TrainValidationSplit
tvs = TrainValidationSplit(
    estimator=pipeline,
    estimatorParamMaps=rejilla,
    evaluator=evaluador_rmse,
    # 80% de los datos se utilizarán
    # para entrenamiento, 20% para validación.
    trainRatio=0.8,
    seed=123456,
)
tvs_modelo = tvs.fit(entrenamiento_df)
prediccion = tvs_model.transform(test_df)
evaluador_rmse.evaluate(prediccion)
```

```
20.963068684668492
```

RETO #3

Hasta ahora, hemos tratado la predicción de la nota del examen como un problema de regresión. Sin embargo, también podríamos estar interesados en predecir la calificación final del estudiante antes de que realice el examen, categorizándola en rangos como: Suspenso =90. Para hacer esto, necesitarás usar la columna 'Total', que contiene las notas numéricas finales, y transformar el DataFrame para agregar una nueva columna con las calificaciones correspondientes. Luego, elige un clasificador cualquiera de MLlib y selecciona una métrica apropiada para evaluar el rendimiento del modelo de clasificación.

Resumen

En este capítulo, hemos introducido el machine learning con big data. Tras presentar algunos conceptos clave y la motivación, nos hemos centrado en la MLlib como una herramienta para aplicar machine learning a grandes volúmenes de datos. Algunos de los mensajes más importantes de este capítulo son:

- En machine learning, normalmente seguimos una serie de etapas para extraer información de los datos. Entre otras, estas incluyen la preparación y el preprocesamiento de datos, así como la selección y evaluación de modelos.
- Los pipelines son estructuras de programación que permiten agilizar algunas etapas del ciclo de vida del machine learning. Permiten encadenar técnicas de preprocesamiento, como la normalización, con un modelo, mientras aseguran que cada ejemplo que pase por el modelo se procese de la misma manera y evitan errores potenciales.
- Los algoritmos de machine learning se ven afectados por las «V» del big data, y todas las etapas del ciclo de vida del machine learning pueden requerir soluciones para hacer frente a los requisitos del big data. No obstante, dependiendo del problema, puede que solo algunas de las fases se vean afectadas.
- Los algoritmos de machine learning se caracterizan comúnmente por requerir ejecuciones largas, realizar transformaciones a los datos (por ejemplo, en la etapa de preprocesamiento) y realizar múltiples pasadas sobre los datos para construir un modelo. Estas necesidades se adaptan bien a los principios de diseño de Spark y a sus estructuras de datos distribuidas.
- La ciencia de implementar machine learning en big data radica en diseñar soluciones que tengan en cuenta los principios de la localización de los datos y eviten operaciones innecesarias.
- La MLlib de Spark se basa en DataFrames y contiene algunos de los algoritmos de machine learning más comunes, como los árboles de decisión, la regresión logística y las máquinas de vectores de soporte, así como una serie de métodos de preprocesamiento de datos estándar.
- MLlib distingue entre estimadores y transformadores. Un transformador es un algoritmo que modifica un DataFrame agregando una o más columnas. Un estimador es cualquier proceso o algoritmo de machine learning que requiere ajustar parámetros en función de los datos. Puede ser un método de preprocesamiento o un algoritmo de machine learning y, por lo tanto, ajusta los parámetros con el DataFrame de entrada y produce un transformador con los parámetros ajustados.
- Antes de ajustar un modelo de machine learning en MLlib, los datos deben estar formateados uniendo todas las características en un Vector. MLlib ofrece herramientas para realizar esta transformación (y muchas otras) antes de entrenar un modelo.

También incluye un módulo para evaluar la calidad de las predicciones generadas por el modelo. Todos estos pasos se pueden integrar dentro de un Pipeline.

- MLlib facilita el ajuste de hiperparámetros con herramientas como CrossValidator y TrainValidationSplit.

En conclusión, implementar cualquier algoritmo de machine learning en el contexto de big data puede no ser posible (o razonable) debido a las dificultades para distribuir los cálculos de manera eficiente. La MLlib ofrece una buena cantidad de algoritmos clásicos, aunque con algunas limitaciones. En el próximo capítulo, exploraremos cómo diseñar soluciones para adaptar algoritmos de machine learning al contexto del big data.

¿Quieres aprender más?

Si no estás muy familiarizado con machine learning, hemos preparado una lista de lecturas recomendadas y cursos en línea:

- **Libros clásicos de machine learning:** *Pattern Recognition and Machine Learning* (Bishop, 2006), *The Elements of Statistical Learning* (Hastie, 2001), *Machine Learning Yearning* (Ng, 2017).
- **Libros sobre preprocesamiento de datos:** *Data Preprocessing in Data Mining* (Garcia, 2015), *Big Data Preprocessing* (Luengo, 2020).
- **Cursos en línea:** *Machine Learning Specialization by Coursera*[10], *Machine Learning in Python with Scikit-learn MOOC*[11].
- **Practica con Python:** Scikit-learn: Machine Learning Simplified (Garreta, 2017), Scikit-Learn, Keras and TensorFlow (Geron, 2022).

Para tratar con Big Data y machine learning, te sugerimos que consultes:

- **MLlib**[12]**:** Mantente al día con la última versión de MLlib para conocer las nuevas incorporaciones. También puedes consultar el artículo científico que describe los detalles de esta biblioteca (Xiangrui, 2016).
- **Spark Packages**[13]**:** Este es un repositorio comunitario de herramientas de Big Data en Spark. Incluye varios algoritmos de machine learning que no se ofrecen como parte de MLlib.
- **Otras bibliotecas:** FlinkML[14], DaskML (Daniel, 2019).

10 https://www.coursera.org/specializations/machine-learning-introduction.

11 https://inria.github.io/scikit-learn-mooc/.

12 https://spark.apache.org/docs/latest/.

13 https://spark-packages.org/.

14 https://nightlies.apache.org/flink/flink-docs-stable/.

Solución a los retos

Reto #1

Recapitulemos. Tenemos algunos datos de entrenamiento y test en los que queremos ajustar un modelo de regresión lineal para predecir las calificaciones del examen en función de las notas de los ejercicios y del proyecto de grupo.

```
entrenamiento_df.show(2)
```

```
+----+----+----+----+--------+------+
|Ej01|Ej02|Ej03|Ej04|Proyecto|Examen|
+----+----+----+----+--------+------+
|60.0|85.0|60.0|20.0|    70.0|  33.0|
|60.0|85.0|75.0|85.0|    70.0|  32.0|
+----+----+----+----+--------+------+
only showing top 2 rows
```

Por lo general, utilizamos una normalización (media/desv. típica) en modelos de machine learning basados en gradientes para simplificar la optimización de la función de coste, haciendo que todas las características tengan la misma media (0) y desviación estándar (1.0). Puede que no sea necesario normalizar los datos en este ejemplo, ya que el rango de todas las características está entre 0 y 100 puntos y, aunque las medias varían, las desviaciones estándar no son muy diferentes (podrías comprobar esto con la transformación describe()). Sin embargo, la idea es aprender a agregar este paso en un Pipeline.

Antes de crear el Pipeline, veamos cómo funciona el módulo StandardScaler en la documentación oficial[15]. Por defecto, las características se escalarán para tener una desviación estándar de 1.0, pero no se eliminará la media para que todas las características tengan una media de 0 (lo cual es el comportamiento predeterminado en otros paquetes como scikit-learn). Para que esto suceda, debemos usar el parámetro withMean=True.

StandardScaler es un estimador y, por lo tanto, tiene un método fit() que calculará la media y la desviación estándar de cada característica en la columna inputCol de nuestro DataFrame. Así que, primero necesitaremos combinar todas las características utilizando un VectorAssembler, y luego aplicar el escalado. Después de estas etapas, podremos ajustar el modelo de regresión lineal. La figura 6.3 ilustra el Pipeline que intentamos construir.

15 https://archive.apache.org/dist/spark/docs/3.3.0/api/python/reference/api/pyspark.ml.feature.StandardScaler.html.

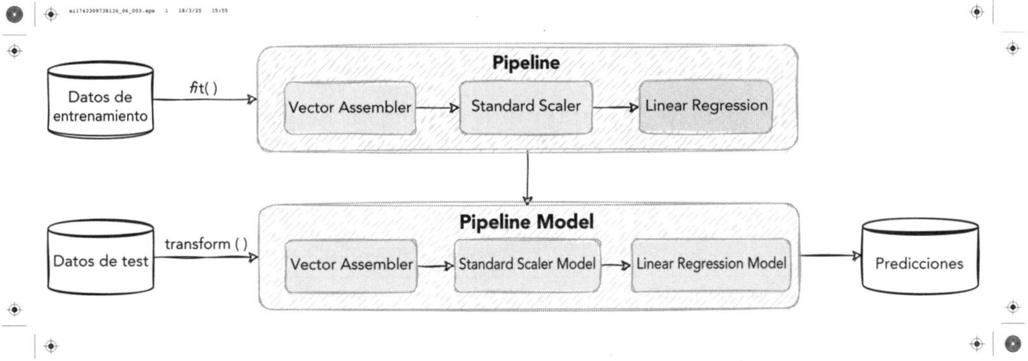

Figura 6.3. Pipeline de un transformador («VectorAssembler») con dos estimadores: «StandardScaler» y «LinearRegression».

Ahora comencemos a construir nuestro Pipeline. Primero necesitamos crear los diferentes objetos que compondrán las etapas del Pipeline. En este caso, le indicaremos al VectorAssembler que coloque los vectores en la columna 'raw_features', ya que luego utilizaremos 'features' como la salida de nuestro nuevo StandardScaler.

```
assembler = VectorAssembler(inputCols=caracteristicas_entrada,\
                            outputCol="raw_features")
```

Ahora podemos crear nuestro StandardScaler con las características de entrada proporcionadas por el VectorAssembler («raw_features») y la columna de salida «features»:

NOTA

Al concatenar múltiples procesos en Pipelines, debes asegurarte de que el outputCol de un proceso coincida con el inputCol del siguiente. Para esto, también puedes considerar usar el atributo del proceso anterior, por ejemplo, assembler.getOutputCol().

```
from pyspark.ml.feature import StandardScaler

scaler = StandardScaler(
    inputCol=assembler.getOutputCol(), outputCol="features", withMean=True
)
```

Finalmente, solo necesitamos crear el objeto de regresión lineal, poner todo en el Pipeline y ajustarlo.

```
lr = LinearRegression(
    maxIter=10, regParam=0.3, labelCol="Examen", featuresCol="features"
)
```

```
pipeline = Pipeline(stages=[assembler, scaler, lr])
modelo_pipeline = pipeline.fit(entrenamiento_df)
```

Vamos a transformar el conjunto de test para ver nuestras nuevas predicciones.

```
prediccion = modelo_pipeline.transform(test_df)
```

Si ahora echamos un vistazo al DataFrame prediccion, eliminando las columnas iniciales:

```
prediccion.
```

```
prediccion.drop("Ej01","Ej02","Ej03","Ej04","Proyecto","Examen").show(2)
+--------------------+--------------------+------------------+
|        raw_features|            features|        prediction|
+--------------------+--------------------+------------------+
|[60.0,80.0,70.0,4...|[-2.3543803544392...|0.371676268767537|
|[80.0,80.0,65.0,6...|[-0.7505229950832...|44.76477287291367|
+--------------------+--------------------+------------------+
only showing top 2 rows
```

Podemos apreciar cómo cada etapa de preprocesamiento ha añadido una nueva columna. El assembler ha creado la columna «raw_features», que se ha utilizado como entrada para el scaler. Este último añadió la columna «features» y, finalmente, el lr ha realizado la predicción.

Por curiosidad, veamos el error cuadrático medio de este Pipeline:

```
evaluador_rmse.evaluate(prediccion)
```

```
20.963068684668464
```

Hemos obtenido nuevamente el mismo resultado. Podrías estar pensando que la normalización no ha provocado ninguna diferencia porque todas sus características ya estaban en la misma escala. Curiosamente, esa no es la razón. Al leer detenidamente la documentación del modelo de regresión lineal de Spark, podrás ver que en realidad tiene incorporado el proceso de estandarización como un hiperparámetro, que es True por defecto. Por lo tanto, crear este Pipeline no supone nada diferente, aunque nos ha servido de ejemplo ilustrativo de un Pipeline.

Reto #2

Puedes elegir cualquiera de los regresores disponibles en MLlib para esta tarea. En nuestro caso, hemos seleccionado el regresor de Gradient Boosted Trees (GBT)[16].

Vamos a importarlo y crear un objeto GBTRegressor. También volveremos a crear el assembler:

16 https://archive.apache.org/dist/spark/docs/3.3.0/api/python/reference/api/pyspark.ml.regression.GBTRegressor.html#pyspark.ml.regression.GBTRegressor.

```
from pyspark.ml.regression import GBTRegressor

assembler = VectorAssembler(inputCols=caracteristicas_entrada,\
outputCol="features")
gbt = GBTRegressor(labelCol="Examen", featuresCol="features")
```

Podemos crear un Pipeline y probarlo con los parámetros predeterminados:

```
pipeline = Pipeline(stages=[assembler, gbt])

modelo_pipeline = pipeline.fit(entrenamiento_df)
prediccion = modelo_pipeline.transform(test_df)
evaluador_rmse.evaluate(prediccion)
```

```
28.21765417483108
```

Parece que GBT no está haciendo una gran predicción en comparación con la regresión lineal. Veamos si podemos ajustar sus hiperparámetros para reducir el error.

```
rejilla = ParamGridBuilder() \
    .addGrid(gbt.maxBins, [2,5,15]) \
    .addGrid(gbt.maxDepth, [2, 5, 10, 20]) \
.build()
```

ADVERTENCIA

Al crear esta rejilla, es tentador copiar y pegar de ejemplos anteriores. Al hacerlo, podrías tener problemas si los hiperparámetros añadidos no están vinculados al objeto que representa el clasificador o regresor que queremos probar. Fíjate cómo usamos gbt.maxBins para referirnos al hiperparámetro del regresor gbt que estamos probando en esta ocasión. Si, por error, usas un objeto existente pero incorrecto (por ejemplo, lr), Spark no se quejaría si colocas este paramGrid dentro de un CrossValidator, pero, por supuesto, no probaría esos hiperparámetros.

```
crossval = CrossValidator(
    estimator=pipeline,
    estimatorParamMaps=rejilla,
    evaluator=evaluador_rmse,
    numFolds=3,
    seed=123456,
)
cv_modelo = crossval.fit(entrenamiento_df)
prediccion = cv_modelo.transform(test_df)
evaluador_rmse.evaluate(prediccion)
```

```
19.78548564472623
```

En este caso particular, el ajuste de hiperparámetros ha sido exitoso, y hemos reducido el error considerablemente en comparación con la configuración original de hiperparámetros, aunque todavía estamos lejos del modelo de regresión lineal. Invitamos a aquellos lectores familiarizados con machine learning a que echen un vistazo a los mejores hiperparámetros ejecutando:

```
mejor_gbt = cv_modelo.bestModel.stages[1]
mejor_gbt.extractParamMap()
```

y a que analicen lo que podrían significar. En todo caso, el conjunto de datos es bastante pequeño y puede ser un difícil obtener conclusiones claras.

Reto #3

Como necesitamos recuperar la columna 'Total' del conjunto de datos original, vamos a volver a cargar el conjunto de datos. En este caso, usaremos el casting para elegir las columnas necesarias:

```
df = spark.read.format("csv").option("header", "true").load("datos/
calificaciones.csv")

# en este caso quitamos las preguntas y hacemos al casting a la vez
df = df.select([sql_f.col(c).cast("float").alias(c) for c in ["Ej01", "Ej02",
"Ej03", "Ej04", "Proyecto", "Total"]])
```

Tenemos que transformar la columna de notas 'Total' en una calificación (una cadena de texto). Haremos esto antes de particionar el conjunto de datos en entrenamiento y test usando las transformaciones de Spark SQL.

```
df = df.withColumn('Clasificación',
                   sql_f.when(df.Total < 50, 'Suspenso')\
                        .when(df.Total < 70, 'Aprobado')\
                        .when(df.Total < 90, 'Notable')\
                        .otherwise('Sobresaliente'))

entrenamiento_df, test_df = df.randomSplit([0.7, 0.3], seed=123456)
entrenamiento_df.show(2)
```

```
+----+----+----+----+--------+-----+-------------+
|Ej01|Ej02|Ej03|Ej04|Proyecto|Total|Clasificación|
+----+----+----+----+--------+-----+-------------+
|60.0|85.0|60.0|20.0|    70.0| 48.0|     Suspenso|
|60.0|85.0|75.0|85.0|    70.0| 53.0|     Aprobado|
+----+----+----+----+--------+-----+-------------+
only showing top 2 rows
```

Si ahora intentamos usar, por ejemplo, un clasificador de Random Forest para esto, nos encontraremos con un problema:

```
caracteristicas_entrada = entrenamiento_df.columns
caracteristicas_entrada.remove("Clasificación")

assembler = VectorAssembler(inputCols=caracteristicas_entrada,\
outputCol="features")
```

```
from pyspark.ml.classification import RandomForestClassifier

rf = RandomForestClassifier(labelCol="Clasificación",\
                            featuresCol="features")
pipeline = Pipeline(stages=[assembler, rf])
pipeline_model = pipeline.fit(entrenamiento_df)
```

```
---------------------------------------------------------------------------
IllegalArgumentException                  Traceback (most recent call last)
Input In [80], in <cell line: 1>()
----> 1 pipeline_model = pipeline.fit(entrenamiento_df)
...
```

Aunque el RandomForestClassifier, así como cualquier otro clasificador en Spark, están diseñados para tareas de clasificación, esperan que la columna con las etiquetas de salida sea de tipo numérico y no una cadena. Para ello, necesitamos transformar la columna 'Clasificación', y MLlib nos facilita la tarea. Por ejemplo, el StringIndexer[17]() realiza precisamente esta transformación. Vamos a probarlo primero:

```
from pyspark.ml.feature import StringIndexer

labelIndexer = StringIndexer(inputCol="Clasificación",\
                             outputCol="ClasificaciónIndex")
indexado = labelIndexer.fit(entrenamiento_df)
```

Utilizamos fit() porque el StringIndexer es un estimador, que necesita conocer las diferentes etiquetas existentes en la columna de entrada. Una vez que se conocen las etiquetas, el transformador resultante añadirá una columna 'ClasificaciónIndex':

```
indexado.transform(entrenamiento_df).show(2)
```

```
+----+----+----+----+--------+-----+-------------+------------------+
|Ej01|Ej02|Ej03|Ej04|Proyecto|Total|Clasificación|ClasificaciónIndex|
+----+----+----+----+--------+-----+-------------+------------------+
|60.0|85.0|60.0|20.0|    70.0| 48.0|     Suspenso|               2.0|
|60.0|85.0|75.0|85.0|    70.0| 53.0|     Aprobado|               1.0|
+----+----+----+----+--------+-----+-------------+------------------+
only showing top 2 rows
```

17 https://archive.apache.org/dist/spark/docs/3.3.0/api/python/reference/api/pyspark.ml.feature.StringIndexer.html#pyspark.ml.feature.StringIndexer.

Así que ahora podemos crear el Pipeline, añadiendo el labelIndexer como una etapa.

```
rf = RandomForestClassifier(labelCol="ClasificaciónIndex",\
                            featuresCol="features")

pipeline = Pipeline(stages=[assembler, labelIndexer, rf])
```

Vamos a ajustar este Pipeline con los hiperparámetros predeterminados de Random Forest y verificar su rendimiento.

```
modelo_pipeline = pipeline.fit(entrenamiento_df)
prediccion = modelo_pipeline.transform(test_df)
```

Para evaluar las predicciones realizadas por este clasificador, necesitamos revisar las herramientas disponibles en el paquete de evaluación de MLlib. En particular, estamos tratando con un problema de clasificación multiclase, ya que tenemos cuatro etiquetas diferentes. Importemos la clase apropiada y verifiquemos el rendimiento:

```
from pyspark.ml.evaluation import MulticlassClassificationEvaluator

evaluador_acc = MulticlassClassificationEvaluator(
    metricName="accuracy", labelCol="ClasificaciónIndex"
)
evaluador_acc.evaluate(prediccion)
```

```
0.9545454545454546
```

Ejercicios

1. Explica brevemente qué es el ciclo de vida del machine learning. Nombra algunas de las etapas clave.
2. Indica si las siguientes afirmaciones sobre Machine Learning son verdaderas o falsas:
   - ☐ El preprocesamiento de datos consiste en distribuir los datos de manera uniforme en un clúster de nodos de computación.
   - ☐ Se necesitan estrategias de evaluación para realizar el ajuste de hiperparámetros.
   - ☐ Un Pipeline es un algoritmo para encontrar automáticamente el mejor modelo de machine learning para un conjunto de datos dado.
   - ☐ El sobreajuste de los datos de entrenamiento puede resultar en modelos que no funcionen bien en datos no vistos.
3. ¿Cuál es la diferencia entre parámetros e hiperparámetros?
4. ¿Cuáles son los aspectos clave de los algoritmos de machine learning que deben considerarse para desarrollar soluciones de Big Data?
5. ¿Por qué preferirías Spark sobre Hadoop para realizar machine learning? Explica brevemente tu respuesta.

6. Explica las diferencias entre un Pipeline y un PipelineModel, e indica si son transformadores y/o estimadores.
7. ¿Podrías crear un Pipeline que contenga solo transformadores? Explica brevemente tu respuesta.
8. ¿Tendría sentido concatenar un estimador de regresión logística justo después de uno de un árbol de decisión y de otro de SVM en un Pipeline?
9. Antes, hemos visto que al crear un objeto CrossValidator, podemos usar un Pipeline como un Estimador:

```
crossval = CrossValidator(estimator=pipeline,
                          estimatorParamMaps=rejilla,
                          evaluator=evaluador_rmse,
                          numFolds=3,
                          seed=123456)
```

   ¿Sería posible (y tendría sentido) crear un Pipeline que incluya un objeto CrossValidator? Algo como esto:

```
cv = CrossValidator(estimator=lr,\
                    evaluator=evaluador_rmse,\
                    estimatorParamMaps=rejilla)
pipeline = Pipeline(stages=[vectorAssembler, cv])
```

   Explica brevemente tu respuesta.
10. Estás utilizando tu propio ordenador para ejecutar la regresión logística de MLlib, y la estás probando en modo pseudo-distribuido (es decir, con la opción local[*]). Pruebas la precisión y estás satisfecho con ella; sin embargo, tarda tres días en entrenar el modelo. Si fueras a utilizar un clúster «real» de nodos de computación (por ejemplo, con diez nodos), ¿esperarías que la precisión se mantuviera igual? Explica brevemente tu respuesta.

7

Diseño de algoritmos de machine learning para big data

Resultados de aprendizaje:

- Comprender los distintos enfoques para diseñar soluciones de machine learning aplicadas al big data: local y global [CC].
- Aplicar estos enfoques al diseño de soluciones de big data para árboles de decisión [CC].
- Medir la escalabilidad de una solución de big data [CC, HI, CPP].
- Implementar una solución basada en un enfoque local para árboles de decisión en big data [HI, CPP].

La premisa del big data es que un mundo rico en datos puede permitir que los algoritmos de machine learning aprendan modelos más precisos que nunca y, por lo tanto, generen más valor. Sin embargo, los métodos clásicos no cumplen los requisitos para manejar correctamente la complejidad, volumen y velocidad de estos datos. Como hemos mencionado anteriormente, la «ciencia» de implementar machine learning en el contexto del big data reside en cómo distribuir de manera efectiva la computación para aprovechar todos los datos disponibles. Gracias al uso de tecnologías distribuidas, la aparición del modelo de programación MapReduce y plataformas de big data como Spark, algunos algoritmos tradicionales de machine learning han sido adaptados a este nuevo entorno.

En el capítulo anterior, exploramos cómo utilizar la biblioteca MLlib de Spark, la cual contiene múltiples soluciones de big data para una amplia variedad de algoritmos de machine learning y nos permite crear *pipelines* con diversos métodos para resolver un problema. Sin embargo, aún no hemos discutido cómo se diseñan estas técnicas o si ejecutan exactamente el mismo procedimiento que la versión original (es decir, secuencial) de las mismas.

Diseño de métodos de machine learning en big data

Se han desarrollado múltiples estrategias basadas en MapReduce para adaptar algoritmos tradicionales de machine learning al contexto del big data. La mayoría de estos métodos son aproximaciones de los algoritmos originales, y solo unos pocos son réplicas exactas de las versiones secuenciales. Las primeras soluciones se basaron en Hadoop y se implementaron en la biblioteca Mahout, donde encontramos tanto réplicas exactas como aproximaciones o variaciones. Un pequeño espóiler: la MLlib proporciona soluciones que intentan imitar los algoritmos originales tanto como sea posible, aunque en ocasiones se sacrifican ciertas características.

Antes de profundizar en definiciones, centrémonos en un ejemplo sencillo.

Ejemplo con árboles de decisión

Sin entrar en muchos detalles, los árboles de decisión[1] son un método clásico de machine learning supervisado para problemas de clasificación y regresión. La forma más sencilla de entender cómo funciona este método es observar su resultado. La figura 7.1 presenta un árbol de decisión extremadamente simple para decidir si un banco debería conceder un préstamo a un cliente, basándose en un par de características: su «estado civil» y su «salario». Si tuviéramos a una persona solicitando un préstamo, podríamos utilizar

1 https://es.wikipedia.org/wiki/Aprendizaje_basado_en_%C3%A1rboles_de_decisi%C3%B3n.

el árbol para tomar la decisión. Comenzando desde el nodo raíz de ese árbol (el «salario»), primero consideraríamos si la persona gana menos de 20 000 €. Si así fuese, seguiríamos la rama izquierda, lo que significaría que no se le concedería el préstamo. En el caso de que gane al menos 20 000 €, descenderíamos por el árbol por la rama derecha. Comprobaríamos su estado civil (el nodo «Casado»), lo que nos llevaría a dos escenarios diferentes. Si está casado, el salario tendría que ser mayor o igual a 30 000 € para que el modelo concediera el préstamo, pero si no lo está, su salario tendría que ser igual o superior a 40 000 €.

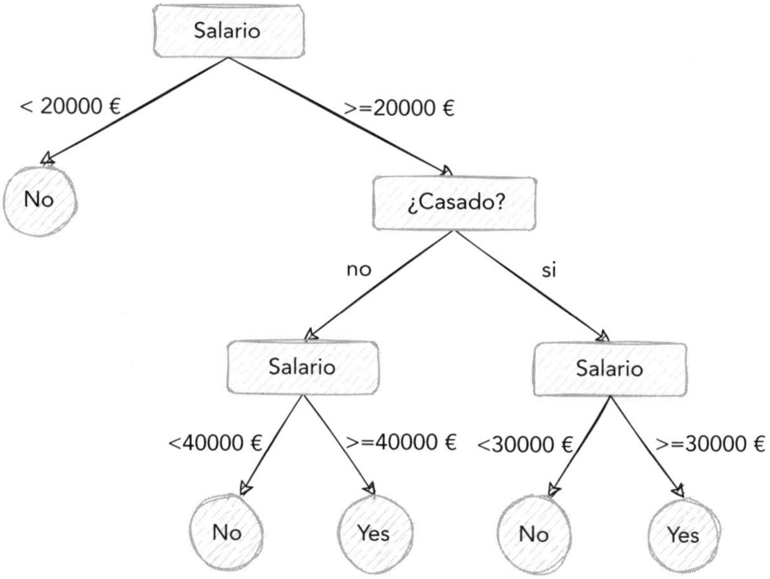

Figura 7.1. Ejemplo de árbol de decisión para la predicción de préstamos.

El problema en machine learning es construir ese árbol basándose en datos de entrenamiento. De forma muy resumida, esta técnica divide los datos en diferentes subconjuntos que dependen de las características de entrada. Para ello, se mide la capacidad de cada atributo o característica de entrada para dividir los datos en grupos de la misma naturaleza (por ejemplo, con la misma etiqueta de clase), utilizando métricas de dispersión, como por ejemplo, el índice Gini[2] o la entropía[3]. La característica y el valor con mayor capacidad para dividir los datos se seleccionan como nodo raíz, y los datos se dividen en dos nodos hijos (por lo general, se construyen árboles binarios). Este proceso se aplica de forma recursiva hasta que el tamaño de cada nodo alcanza un cierto límite en el que no se desea dividir más los datos. El modelo final es una estructura en forma de árbol que nos permite predecir la salida de casos no vistos.

2 https://es.wikipedia.org/wiki/Coeficiente_de_Gini.

3 https://es.wikipedia.org/wiki/Entrop%C3%ADa_(informaci%C3%B3n).

Algunas de las propiedades más relevantes de los árboles de decisión son: (1) pueden manejar tanto datos numéricos como categóricos; (2) son bastante interpretables; y (3) realizan un proceso de selección de características implícito que proporciona información sobre la importancia de las características. Los árboles de decisión se utilizan comúnmente en métodos basados en *ensembles* de clasificadores como Random Forests.

Para mostrar un ejemplo más realista, vamos a construir un árbol de decisión con los datos del capítulo anterior. En lugar de desarrollar un modelo de regresión para predecir la calificación del examen de los estudiantes, basándonos en las notas de los ejercicios realizados durante el curso y el proyecto de grupo, en este capítulo nos centraremos en sus calificaciones finales. Por ello, en vez de predecir la nota final numérica, lo abordaremos como un problema de clasificación con el objetivo de determinar si un estudiante obtendrá una calificación de aprobado (nota final >=50) o no. Procedemos a inicializar Spark, leer los datos y transformar el DataFrame adecuadamente.

```
from pyspark.sql import SparkSession
import pyspark.sql.functions as sql_f
import pandas as pd

spark = SparkSession \
    .builder \
    .master("local[*]") \
    .appName("Capítulo 7: MLbig") \
    .getOrCreate()

sc = spark.sparkContext
```

Cargaremos los mismos datos que utilizamos en el capítulo anterior. Esta vez, lo haremos de manera un poco diferente: definiremos manualmente el esquema al cargar los datos.

```
from pyspark.sql.types import *

esquema = StructType(
    [
        StructField("Ej01", FloatType(), True),
        StructField("Ej02", FloatType(), True),
        StructField("Ej03", FloatType(), True),
        StructField("Ej04", FloatType(), True),
        StructField("Proyecto", FloatType(), True),
        StructField("Pregunta 1", FloatType(), True),
        StructField("Pregunta 2", FloatType(), True),
        StructField("Pregunta 3", FloatType(), True),
        StructField("Pregunta 4", FloatType(), True),
        StructField("Examen", FloatType(), True),
        StructField("Total", FloatType(), True),
    ]
)
```

Con este enfoque, vamos a leer los datos, crear una columna que indique la clasificación («aprobado» vs «suspenso») y eliminar las columnas que no sean necesarias. Las columnas que contienen las notas de las preguntas 1 a 4 forman parte del examen, pero nuestro objetivo es predecir si los estudiantes obtendrán una calificación de aprobado antes de que el examen tenga lugar. Por lo tanto, eliminaremos esas columnas y la de «Total», que hemos transformado en nuestra clase objetivo denominada «Clasificación».

```
df = spark.read.format('csv').option("header", 'true')\
            .schema(esquema).load("datos/calificaciones.csv")

df = df.withColumn('Clasificación', sql_f.when(df.Total<50, 'suspenso')
                                          .otherwise('aprobado'))

df = df.drop("Pregunta 1").drop("Pregunta 2").drop("Pregunta 3")\
        .drop("Pregunta 4").drop("Examen").drop("Total")
df.show(2)
```

```
+-----+----+----+----+--------+-------------+
| Ej01|Ej02|Ej03|Ej04|Proyecto|Clasificación|
+-----+----+----+----+--------+-------------+
|100.0|85.0|80.0|70.0|    80.0|     aprobado|
|100.0|85.0|80.0|90.0|    93.0|     aprobado|
+-----+----+----+----+--------+-------------+
only showing top 2 rows
```

Dado que el tamaño de los datos es reducido, podemos emplear la biblioteca scikit-learn de la siguiente forma (recuerda que es necesario transformar nuestro DataFrame de Spark en un DataFrame de Pandas).

NOTA

Es importante tener en cuenta que para ejecutar este código debemos tener el paquete sklearn instalado.

```
import pandas as pd
from sklearn.model_selection import train_test_split
from sklearn.tree import DecisionTreeClassifier

# Transformar el DataFrame de Spark en un DataFrame de Pandas
resultados = df.toPandas()

# dar forma al DataFrame de Pandas para scikit-learn
X = resultados.iloc[:, :-1]
y = resultados["Clasificación"]

# hacemos una división aleatoria 70/30
X_train, X_test, y_train, y_test = train_test_split(
    X, y, test_size=0.3, random_state=1
)
```

```
# entrenamos el modelo con una profundidad de 2
clf = DecisionTreeClassifier(random_state=0, max_depth=2)
clf.fit(X_train.values, y_train.values)
```

```
DecisionTreeClassifier(max_depth=2, random_state=0)
```

La figura 7.2 muestra el árbol generado con la biblioteca scikit-learn.

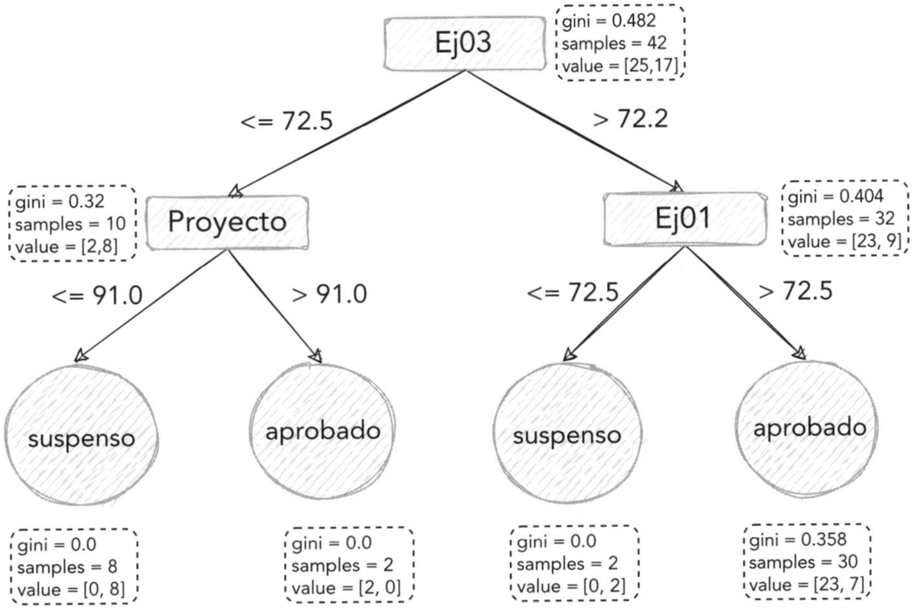

Figura 7.2. Árbol generado con un árbol de decisión de profundidad máxima de 2.

El árbol es tan «pequeño» (solo dos niveles) porque usamos intencionadamente el hiperparámetro max_depth=2 al crearlo. Puede que quieras experimentar con ese hiperparámetro para comprobar si el resultado varía.

Dado que estamos tratando con un problema de clasificación binaria, en cada hoja se establece la clase predicha como aquella con el mayor número de elementos en una hoja. Scikit-learn lo representa en cada hoja como value = [x, y], donde x indica el número de muestras de la clase 0 e y las de la clase 1. La clase 0 representa «aprobado» y la clase 1 denota «suspenso». De este modo, podemos interpretar el árbol de la siguiente manera:

- Si la nota de Ej03 es menor o igual a 72.5 y la del proyecto es menor o igual a 91.0, entonces la clasificación final será «suspenso».
- Si la nota de Ej03 es menor o igual a 72.5 y la del proyecto es mayor a 91.0, entonces la clasificación final será «aprobado».
- Si la nota de Ej03 es mayor a 72.5 y la de Ej01 es menor o igual a 72.5, entonces la clasificación final será «suspenso».

- Si la nota de Ej03 es mayor a 72.5 y la de Ej01 es mayor a 72.5, entonces la clasificación final será «aprobado».

Hemos construido este árbol usando la biblioteca scikit-learn, que es una biblioteca para algoritmos de machine learning estándar sin paralelización. ¿Qué sucedería si le proporcionamos un conjunto de datos muy grande a esta biblioteca? Pues bien, tardaría muchísimo en crear el árbol o podríamos quedarnos sin memoria para construirlo. Sin recurrir a la MLlib, ¿por qué no intentamos hacerlo con lo que hemos aprendido hasta ahora sobre Spark?

¿Cuál es la forma más sencilla de aplicar machine learning a grandes conjuntos de datos? DIVIDE Y VENCERÁS.

Cuando cargamos los datos con Spark, estos se distribuyen entre los nodos trabajadores. Usando la idea de MapReduce (divide y vencerás), ¿por qué no crear simplemente un árbol de decisión independiente para cada partición de los datos (utilizando solo los datos de esa partición)?

Imaginemos que los datos se dividen en tres particiones (P0, P1 y P2). Aprendemos tres árboles de decisión diferentes, uno en cada nodo trabajador. Esto sucedería en paralelo y con menos datos, lo que reduce considerablemente el tiempo de ejecución y las limitaciones de memoria necesarias para construir un modelo. La figura 7.3 representa cómo se vería esta fase de entrenamiento.

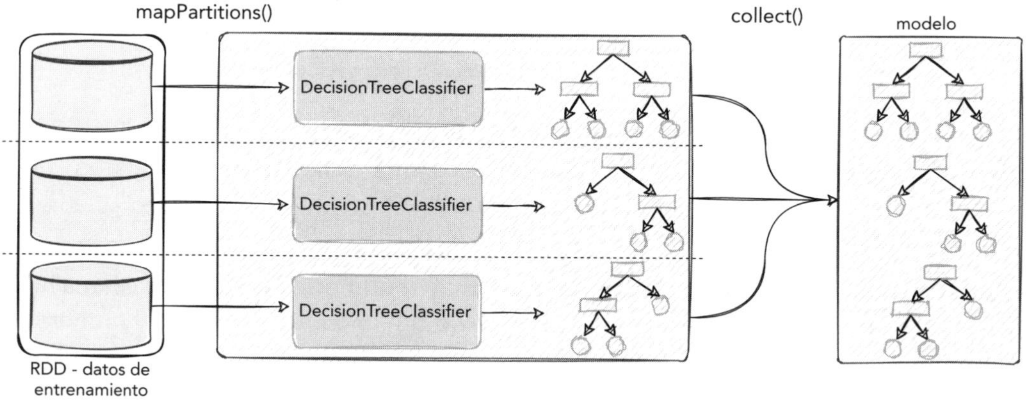

Figura 7.3. Construcción de un árbol de decisión con un enfoque divide y vencerás.

El problema radica entonces en cómo combinar todos estos modelos para hacer predicciones. La forma más sencilla de hacerlo sería utilizar cada modelo como un clasificador independiente que nos proporciona un «voto» sobre la salida predicha para un ejemplo no visto. Supongamos que el modelo aprendido con P0 predice un «aprobado» para un ejemplo no visto, el modelo aprendido con P1 predice un «suspenso», y el modelo de P2 considera que es un «aprobado». Un voto mayoritario de los 3 clasificadores sugeriría una predicción de «aprobado». Si estuviéramos tratando con un problema de regresión, la agregación podría ser simplemente el promedio de las calificaciones predichas en cada partición. En otras palabras, vamos a crear un *ensemble* de árboles.

NOTA

Existen agregaciones más sofisticadas. Por ejemplo, podríamos considerar no solo la salida predicha, sino también la probabilidad asociada con esa predicción, y aplicar un promedio o voto ponderado.

Por cierto, ¿será esta forma de «fusionar» los diferentes modelos general para todos los modelos de machine learning? Por supuesto que no. Hay métodos que no crean modelos; por ejemplo, los métodos de aprendizaje perezoso y vago, o algoritmos de agrupamiento. Pero para la mayoría de los métodos de Eager Learning[4] que construyen un modelo, este enfoque realmente funcionaría para utilizar todos los datos. Por supuesto, puede haber algunas advertencias que se deben tener en cuenta, como discutiremos más adelante.

Comencemos dividiendo los datos en particiones de entrenamiento y test:

```
entrenamiento_df, test_df = df.randomSplit([0.7, 0.3], seed=123456)
```

No haremos uso de la MLlib. En su lugar, queremos implementar esto nosotros mismos utilizando Spark. Por desgracia, para aplicar un enfoque de divide y vencerás, la API de DataFrame no es suficientemente flexible y en Python no disponemos de Datasets de Spark, los cuales nos permitirían realizar transformaciones similares a `map`, como hacíamos con RDD. Sin embargo, si recordamos el capítulo sobre RDD de Spark, había una transformación llamada mapPartitions() que realiza exactamente lo que necesitamos: aplicar una función a toda una partición de datos.

Aunque hemos cargado los datos como un DataFrame, vamos a emplear el RDD subyacente (evidentemente, esto no es lo ideal, ya que la API de RDD no es tan eficiente, pero nuestro objetivo aquí es diseñar una solución distribuida para big data). Como recordarás, la API de DataFrame determina automáticamente el número de particiones al cargar los datos. Dado que estamos utilizando un conjunto de datos muy pequeño, es probable que df tenga solo una partición. Para ilustrar la estrategia de divide y vencerás propuesta, vamos a dividir manualmente los datos de entrenamiento en tres particiones utilizando repartition() y lo almacenaremos en una nueva variable:

```
entrenamiento_rdd = entrenamiento_df.rdd.repartition(3)
```

También dividiremos el conjunto de test en dos particiones para poder paralelizar la fase de test.

[4] https://en.wikipedia.org/wiki/Eager_learning (en inglés).

```
test_rdd  = test_df.rdd.repartition(2)
```

Necesitaremos conocer los nombres de las columnas más adelante, así que las almacenamos en una variable global.

```
columnas = df.columns
```

Construcción del modelo en paralelo

La idea es usar mapPartitions(func) para construir un modelo con cada partición de los datos. Recordemos cómo funciona esta operación. En la tabla 4.7 se describió su funcionamiento de la siguiente manera: aplica la función func a cada partición del RDD. func recibe un iterador y devuelve otro iterador que puede ser de un tipo diferente.

En nuestro caso, la función func creará un modelo de árbol de decisión utilizando los datos de la partición, lo que significa que aprenderemos un árbol de manera local en cada nodo trabajador. En lugar de implementar nuestro propio árbol de decisión, emplearemos la biblioteca scikit-learn. Esta función recibirá un iterador, que nos permitirá recorrer todas las instancias o filas de una partición, devolviendo un modelo para cada partición. Así, transformaremos los datos en entrenamiento_rdd en un modelo de árbol de decisión por cada partición.

En resumen, pretendemos implementar una función construir_modelo(), de la siguiente manera:

```
entrenamiento_rdd.mapPartitions(construir_modelo)

def construir_modelo(iterador_particion):
    # Código para construir un modelo a partir de data_partition

    return [modelo]  # necesitamos devolver un iterador,
                     # aunque solo contenga un elemento
```

iterador_particion es un iterador. Antes de proporcionar los ejemplos al árbol de decisión de scikit-learn, debemos crear un DataFrame de pandas a partir de este iterador. Esto se puede lograr con una única instrucción, como se muestra en el código a continuación. Luego, simplemente podemos copiar el código que tenemos para entrenar un clasificador de árbol de decisión con scikit-learn.

```
def construir_modelo(iterador_particion):
    # transformar el iterador a pandas
    particion_pandas = pd.DataFrame(iterador_particion, columns=columnas)

    clf = DecisionTreeClassifier(random_state=0, max_depth=2)

    # dar forma al DataFrame de Pandas para scikit-learn
    X_entr = particion_pandas.iloc[:, :-1]
    y_entr = particion_pandas["Clasificación"]
```

```
    # ajustar el modelo
    modelo = clf.fit(X_entr.values, y_entr.values)

    return [modelo]
```

Algunos detalles sobre el código anterior:

- Puede sorprendernos que la API de Pandas sea capaz de crear un DataFrame de Pandas a partir de un iterador (una lista) de objetos RDD. Pero, ¿por qué funciona? Porque cada elemento en iterador_particion es de tipo Row, que es una extensión de tuple.
- Por simplicidad, hemos escrito directamente los nombres de la columna de etiqueta ('Clasificación') y de las columnas (particion_pandas.iloc[:, :-1]). Posiblemente, esta no sea una buena práctica de programación, ya que este código solo funcionaría para el conjunto de datos que proporcionamos, asumiendo que la columna de salida siempre está al final. Dejamos esto como un punto de mejora para el lector.
- Está devolviendo una lista con un único elemento, ¿por qué? Porque para que esta función funcione dentro de mapPartitions() necesitamos devolver un iterador.
- Fíjate cómo estamos utilizando la variable columnas dentro de esta función. Recuerda que Spark envía funciones y variables globales a los trabajadores, y columnas es actualmente una variable global en este cuaderno Jupyter.

Ahora vamos a entrenar el modelo; esto será nuestro equivalente a la función fit() de la MLlib. Dado que los modelos serán relativamente ligeros, podemos traerlos de vuelta al controlador usando collect():

```
modelos = entrenamiento_rdd.mapPartitions(construir_modelo).collect()
```

¿Cuántos elementos tenemos en modelos?

```
len(modelos)
```

```
3
```

Como teníamos tres particiones en el entrenamiento, hemos creado un árbol independiente para cada una de ellas. Cambiar el número de particiones también alteraría el número de clasificadores aprendidos. ¿Ves algún problema con esto? ¿Qué sucedería si utilizamos un número muy alto de particiones?

Evaluación del modelo en paralelo

Tenemos los datos de test como un RDD en test_rdd y ahora queremos clasificar todos sus ejemplos en paralelo. Dado que tenemos tres modelos, nuestro objetivo es realizar predicciones para cada ejemplo usando los tres modelos y, posteriormente, determinar la predicción final mediante el voto mayoritario. Para lograrlo, dividiremos el proceso en dos fases.

En la primera fase, realizamos las predicciones. Para ello, definiremos una función denominada predice(). Esta función aceptará como parámetro una ejemplo del conjunto de test y generará una lista de predicciones tras evaluar el ejemplo con cada uno de los modelos disponibles en modelos. A continuación, mostramos cómo implementar esta función:

```
def predice(ejemplo):
    return [m.predict([ejemplo[:-1]])[0] for m in modelos]
```

Simplemente pasamos el ejemplo a la función predict() de scikit-learn como una lista que contiene un único ejemplo. Después, extraemos la predicción del primer elemento ([0]).

Es posible que recuerdes que modelos es una variable que existe en el programa «controlador». En esta función, necesitamos que los modelos estén disponibles para los trabajadores, ya que estamos distribuyendo la fase de test. Si el tamaño de la variable modelos fuera demasiado grande, deberíamos realizar un broadcast de los modelos (y esperamos que los lectores sigan este consejo). Sin embargo, en este caso, es una lista de modelos muy pequeña, así que la pasaremos como una variable global a los trabajadores.

Comprobemos si funciona:

```
test_rdd.map(predice).take(3)
```

```
[['suspenso', 'suspenso', 'suspenso'],
 ['suspenso', 'aprobado', 'suspenso'],
 ['aprobado', 'aprobado', 'aprobado']]
```

Para agregar las predicciones y calcular la clase mayoritaria, podríamos crear un diccionario y contar cuántas veces encontramos un «suspenso» y cuántas, un «aprobado», para una lista dada de predicciones. Por último, obtendríamos la clave de la clase con el mayor número de votos:

```
def agregar_predicciones(preds):
    predicciones = { "aprobado": 0, "suspenso" : 0 }

    for elem in preds:
        predicciones[elem]+= 1

    return max(predicciones, key=predicciones.get)
test_rdd.map(predice).map(agregar_predicciones).take(5)
```

```
['suspenso', 'suspenso', 'aprobado', 'aprobado', 'aprobado']
```

También podríamos haber utilizado la función multimode() de la biblioteca de estadísticas en Python para hacer esto de una manera aún más sencilla:

```
from statistics import multimode

test_rdd.map(predice).map(lambda l: multimode(l)[0]).take(5)
```

```
['suspenso', 'suspenso', 'aprobado', 'aprobado', 'aprobado']
```

Por supuesto, podríamos haber realizado tanto la predicción como la agregación de forma simultánea. Sin embargo, recomendamos mantener ambas funciones separadas para aumentar la reutilización del código. Por ejemplo, podríamos querer experimentar con distintos mecanismos de agregación o reutilizar la función predice() para abordar problemas de regresión.

Podemos emplear estas funciones para hacer que la salida se asemeje más al funcionamiento de la MLlib. Crearemos una nueva función llamada transform() que utilizará las funciones de predicción y agregación para transformar el RDD de entrada (de Rows) y añadirá una nueva columna con la predicción.

```
def transform(ejemplo):
    return Row(**ejemplo.asDict(),\
               raw_prediction=agregar_predicciones(predice(ejemplo)))
```

Puede que hayas notado que estamos creando un nuevo objeto Row con el contenido del ejemplo original, y un nuevo elemento adicional 'raw_prediction' que incluye la predicción agregada. Hacemos esto porque los objetos Row también son inmutables. Probémoslo:

```
pred = test_rdd.map(transform).toDF()
pred.show(2)
```

```
+----+----+----+----+--------+-------------+--------------+
|Ej01|Ej02|Ej03|Ej04|Proyecto|Clasificación|raw_prediction|
+----+----+----+----+--------+-------------+--------------+
|60.0|80.0|70.0|40.0|     0.0|     suspenso|      suspenso|
|80.0|80.0|65.0|60.0|    55.0|     aprobado|      suspenso|
+----+----+----+----+--------+-------------+--------------+
only showing top 2 rows
```

Para evaluar el rendimiento en clasificación de nuestra solución divide y vencerás, el módulo MulticlassClassificationEvaluator de MLlib es una herramienta adecuada, porque nos permite medir la precisión de la clasificación. No obstante, hay que tener en cuenta que la MLlib no acepta las predicciones en formato de cadena (por ejemplo, «aprobado» frente a «suspenso»), sino que requiere que estén expresadas en un formato de número de tipo double. Por suerte, podemos ajustar nuestro DataFrame de predicciones de la siguiente manera:

```
pred_num = pred.select(
    (pred["Clasificación"] == "aprobado").cast("double").alias("label"),
    (pred["raw_prediction"] == "aprobado").cast("double").alias("pred"),
)
from pyspark.ml.evaluation import MulticlassClassificationEvaluator

acc_evaluator = MulticlassClassificationEvaluator(
    metricName="accuracy", labelCol="label", predictionCol="pred"
)
acc_evaluator.evaluate(pred_num)
```

```
0.9545454545454546
```

Con la actual división de datos del 70/30 y sin considerar los hiperparámetros de los árboles, el modelo parece distinguir con bastante precisión entre estudiantes de «aprobado» y «suspenso» en la fase de test.

RETO #1

Hemos utilizado «map» para clasificar las instancias en el conjunto de test. Ahora se te pide que reimplementes la fase de test utilizando «mapPartitions()» en lugar de «map». ¿Esperarías que fuera más rápido? ¿Por qué?

Hemos finalizado la implementación inicial de una solución de big data, en la que dividimos los datos originales en fragmentos para aplicar modelos que operen de manera local y de forma independiente. Podríamos denominar este procedimiento como enfoque local, que esencialmente, es una aproximación simplificada del árbol de decisión convencional. En lugar de considerar los datos en su totalidad, los procesa en distintos fragmentos. En las primeras versiones de Apache Mahout (en combinación con Hadoop), se implementó una técnica similar para la paralelización de árboles de decisión.

¿Cómo se diferencia esto de usar la implementación secuencial? Nuestra aproximación debería ser peor, ¿verdad? Utilicemos scikit-learn con los mismos datos de entrenamiento y test.

```
entrenamiento_pd = entrenamiento_df.toPandas()
test_pd = test_df.toPandas()
from sklearn.tree import DecisionTreeClassifier

clf = DecisionTreeClassifier(random_state=0, max_depth=2)

X_train = entrenamiento_pd.iloc[:, :-1]
y_train = entrenamiento_pd["Clasificación"]

clf.fit(X_train, y_train)
```

```
DecisionTreeClassifier(max_depth=2, random_state=0)
```

```
from sklearn.metrics import accuracy_score

X_test = test_pd.iloc[:, :-1]
y_pred = clf.predict(X_test)

y_test = test_pd['Clasificación']
accuracy_score(y_test, y_pred)
```

```
0.9090909090909091
```

Oh, esto es divertido. Hemos utilizado un modelo local, que evidentemente no ve todos los datos a la vez, ¡y hemos obtenido un resultado mejor! ¿Cómo es eso posible? Cuando se logra un resultado más alto, puede deberse a lo que llamamos el «efecto de ensemble». El aprendizaje de *ensembles* o conjuntos de clasficadores[5] es un enfoque bien conocido en el ámbito del machine learning, que mejora la precisión de modelos individuales combinando varias variaciones del mismo modelo. Se supone que los diferentes modelos en el conjunto son diversos, lo que ayuda a corregir sus errores. En consecuencia, se espera que el conjunto supere a todos sus homólogos. En nuestro caso, tenemos 3 particiones y, por tanto, 3 clasificadores «débiles» que agregamos para obtener el resultado final. Aunque cada modelo puede ser menos preciso que el modelo único aprendido con scikit-learn, su combinación ha dado lugar a una mejor precisión final. No es raro superar el rendimiento de ese modelo único si los modelos han sido entrenados adecuadamente. Sin embargo, en nuestro caso, esto dependerá del número de particiones que utilicemos. Aquí, hemos aprovechado muy bien el concepto de *ensemble* de clasificadores para reducir el error y utilizar todos los datos de una manera sencilla con poco esfuerzo, y probablemente el modelo se pueda construir muy rápido.

Realizar este enfoque local ha sido realmente fácil, ni siquiera hemos necesitado entender mucho sobre el «modelo subyacente». Podríamos reemplazar los árboles de decisión con cualquier otro algoritmo de regresión o clasificación de la biblioteca scikit-learn. Entonces, ¿deberíamos siempre desarrollar este tipo de enfoque local? Como mencionamos antes, la fase de fusión puede volverse complicada, o incluso inviable, para métodos que no construyen un modelo. Pero esa no es la única razón por la que los enfoques locales pueden no ser siempre la mejor opción. Para profundizar más en esto, nos gustaría retomar una de las preguntas que nos planteábamos al construir el modelo: ¿qué sucederá si aumentamos el número de particiones? La figura 7.4 presenta el cambio en el rendimiento esperado al incrementar el número de particiones. Discutamos esto en más detalle:

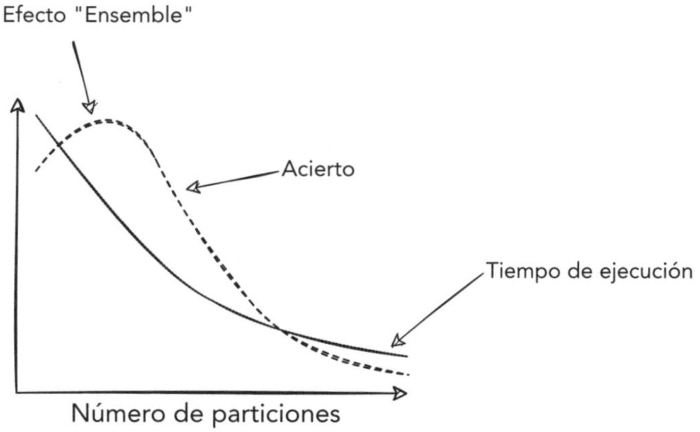

Figura 7.4. Cambios hipotéticos en el rendimiento al aumentar el número de particiones. El tiempo de ejecución de la fase de construcción tenderá a reducirse, pero se estabilizará en algún momento. La precisión disminuirá a medida que el número de particiones aumente, pero podemos observar un efecto *ensemble* con el número adecuado de particiones. La forma real de esas líneas dependerá del conjunto de datos y del método de machine learning que estemos paralelizando.

5 https://es.wikipedia.org/wiki/Aprendizaje_por_conjuntos.

- La fase de construcción probablemente será más rápida, ya que trabajamos con menos datos en cada partición, y podemos paralelizar el proceso aún más.
- El rendimiento final (es decir, tasa de aciertos o errores) dependerá del número de particiones que hagamos.
  - Si dividimos los datos en unas pocas particiones, podemos observar el «efecto ensemble» que mejora el rendimiento de un modelo individual.
  - Sin embargo, si dividimos los datos en demasiadas particiones, ¡podríamos acabar con datos insuficientes para aprender un modelo significativo!
- La fase de test se volverá más lenta, ya que tendríamos un mayor número de modelos que deberán hacer predicciones, y deberemos agregarlas.

¿Cuál es la alternativa a este modelo local?

La alternativa a esto sería crear un modelo global utilizando todos los datos disponibles de manera simultánea. En otras palabras, tratar de obtener el mismo modelo que obtendríamos si el método pudiera ejecutarse en un solo nodo. ¿Qué implica esto? Implica que necesitamos conocer muy bien cómo funciona el método y paralelizar sus operaciones, en lugar de dividir la ejecución del método en las particiones de los datos.

Como mencionamos antes, la MLlib tiene como objetivo proporcionar soluciones que se ajusten a los algoritmos originales tanto como sea posible (a veces sacrificando algunas características), y esto significa que implementan métodos globales para aprovechar todos los datos disponibles en conjunto, en lugar de abordar los datos por particiones como si estas fueran independientes. Con Spark, no estamos limitados a una única etapa de MapReduce, lo cual hace que sea una plataforma adecuada para implementar modelos globales en los que podemos necesitar iterar a través de los datos varias veces.

Árboles de decisión globales: La implementación de MLlib

La MLlib tiene como objetivo distribuir los mecanismos internos de un árbol de decisión y proporcionan una solución basada en un modelo global. Databricks ofreció una excelente presentación que describe en detalle cómo Spark paraleliza los árboles de decisión, que puedes ver aquí[6]. Aunque se implementó utilizando RDD, las ideas subyacentes permanecen igual.

NOTA

Si deseas consultar el código fuente[7], observarás que el árbol de decisión se implementa como un bosque aleatorio (Random Forest) de un solo árbol utilizando todas las características; por lo tanto, deberías revisar este código[8].

6 https://speakerdeck.com/jkbradley/mllib-decision-trees-at-sf-scala-baml-meetup.

7 https://github.com/apache/spark/blob/master/mllib/src/main/scala/org/apache/spark/ml/regression/DecisionTreeRegressor.scala.

8 https://github.com/apache/spark/blob/master/mllib/src/main/scala/org/apache/spark/ml/tree/impl/RandomForest.scala.

Nuestro objetivo en esta sección no es profundizar en todos los detalles sobre cómo se implementa esta solución específica, sino proporcionarte una idea de cómo se ha distribuido el procesamiento, para que puedas apreciar cuán diferente es este enfoque con respecto al local. Te mostraremos nuestros propios ejemplos de soluciones de big data basadas en un modelo global en los siguientes capítulos.

Como mencionamos antes, un árbol de decisión busca identificar la mejor característica o atributo, así como el valor del punto de corte, para dividir nuestros datos en dos grupos que sean más similares entre sí en relación con el objetivo final. Este proceso se realiza de forma recursiva para construir el árbol completo. Cuando vamos a implementar esta idea con un enfoque global en el ámbito de big data, aparecen dos problemas principales:

- **La recursividad puede generar un número excesivo de trabajos.** En las implementaciones tradicionales de árboles de decisión se suele emplear la recursividad para construir los nodos del árbol, decidiendo cómo subdividir cada nodo. Esto puede resultar en hasta 2^D divisiones que necesitan ser calculadas (donde D es la máxima profundidad del árbol). Los nodos del árbol representan subconjuntos de datos que comparten ciertas características comunes (por ejemplo, el nodo «Casado» en la figura 7.1 agrupa todos los datos de entrenamiento con un salario igual o superior a 20 000 €), y la cantidad de datos considerados en cada nodo disminuye a medida que el árbol se subdivide más (por ejemplo, el nodo «Casado» se divide en subconjuntos de sí y no).
  Si implementáramos las divisiones de manera recursiva en Spark, estaríamos lanzando trabajos completos para realizar cálculos cada vez más pequeños a medida que avanzamos en la recursividad, lo que resultaría en una baja utilización y rendimiento de la CPU. Aunque el almacenamiento en caché ayuda a iterar sobre grandes conjuntos de datos, existen ciertos costes asociados al lanzamiento de trabajos en Spark. Por lo tanto, para lograr una solución eficiente es necesario minimizar el número de trabajos, realizando todos los cálculos posibles en cada uno de ellos. Para lograrlo, el árbol de decisión se aprende nivel a nivel. Esto significa que todos los nodos del mismo nivel se procesan simultáneamente, lo que lleva a un máximo de D trabajos y, en consecuencia, a menos iteraciones sobre los datos.
- **El tratamiento de atributos continuos puede ser problemático.** En una característica categórica, como el color —que puede ser verde, rojo o azul—, podemos medir la dispersión de la variable objetivo cuando la característica de entrada es uno de esos colores y determinar cuál es el mejor para dividir los datos. Sin embargo, en el caso de un atributo numérico o continuo, esto es un poco más complicado, ya que si los valores de una característica varían en el intervalo [0, 10], existen infinitos puntos de corte posibles que podríamos probar. En la mayoría de las implementaciones secuenciales de árboles de decisión, se ordenarían todos los valores existentes en los datos de entrenamiento para un atributo continuo y se consideraría cada punto medio entre dos valores como un posible punto de corte. Esto podría no ser complicado para conjuntos de datos pequeños, pero con millones de instancias, se vuelve inviable.

> Una solución ampliamente reconocida para reducir el número de puntos de corte considerados en atributos numéricos es discretizarlos, un proceso conocido como «binning». Solo se seleccionan algunos puntos del intervalo continuo (por ejemplo, los cuartiles o puntos equidistantes en el intervalo). Siguiendo con el ejemplo de un atributo continuo en el rango [0, 10], podríamos discretizar uniformemente este atributo en doce contenedores, y solo considerar los puntos de corte en 0, 1, 2,..., 9 y 10. Utilizar esta técnica en big data es clave para minimizar el número de cálculos a realizar.

Teniendo en mente estos problemas, veamos cómo se implementan los árboles de decisión en paralelo con Spark. Es importante destacar que el árbol en sí no se espera que sea una estructura de datos muy grande, ya que contiene nodos con información sobre qué atributos son más relevantes y los valores usados para «dividir» los datos virtualmente. En la implementación de árboles de decisión en Spark, el modelo es una variable que reside en el nodo controlador y se construye iterativamente a partir de la información y las estadísticas proporcionadas por los trabajadores. Para lograrlo, el modelo actual debe ser compartido o distribuido entre todos los trabajadores en cada iteración (usando broadcast). Este proceso se desarrolla en dos pasos principales, que se repiten a lo largo de varias iteraciones, como se ilustra en la figura 7.5. Suponemos que los datos de entrenamiento están disponibles como un DataFrame o un RDD, distribuidos y almacenados en caché en la memoria principal de múltiples nodos trabajadores, de manera que cada trabajador tenga acceso a una parte de los datos.

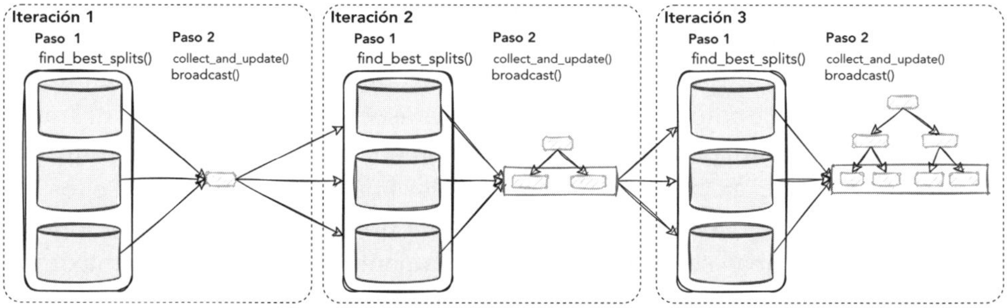

Figura 7.5. Visión general de la implementación de los árboles de decisión basados en un modelo global en Spark. Las mejores divisiones se calculan iterativamente para cada nivel del árbol.

A continuación, presentamos una breve descripción de los dos pasos principales que se llevan a cabo en cada iteración:

- **Paso 1.** Encontrar las mejores divisiones de un nodo del árbol en paralelo: al considerar la división de un nodo del árbol (inicialmente el nodo raíz), necesitamos identificar los mejores puntos de corte utilizando métricas de impureza como Gini u otras métricas de dispersión para cada característica en los datos de entrenamiento. Este proceso implica el cálculo de ciertas estadísticas para cada atributo, lo cual se puede realizar fácilmente en paralelo. Calcular la impureza puede ser similar al contador de palabras, ya que normalmente se cuenta el número de ejemplos de una clase dada con un valor específico para la característica en cuestión. Así, cada trabajador solo necesita recorrer su subconjunto de ejemplos, recopilando estadísticas (parciales) sobre la división (es decir, el conteo). Las estadísticas de cada trabajador se agregan usando un reduceByKey(), que selecciona el par global de mejor (característica, división) o decide detener el proceso de división si se cumplen los criterios de parada.

NOTA

Si te preguntas por qué se utiliza «reduceByKey()» y qué representa la clave, esto se refiere al nodo del árbol que se está procesando. Inicialmente, solo es el nodo raíz, por lo que es manejado por un solo nodo trabajador. En las iteraciones siguientes del algoritmo, se gestionan simultáneamente múltiples nodos (en el mismo nivel), y las estadísticas de cada nodo del árbol se agrupan en un único nodo trabajador.

- **Paso 2.** Recopilar estadísticas, actualizar y difundir el modelo actual a todos los trabajadores: el programa controlador recopila las decisiones tomadas, es decir, la característica y la división para cada nodo en la iteración actual, y actualiza el modelo. En la primera iteración, se recopila una única decisión (una característica y una división) correspondiente al nodo raíz, mientras que en iteraciones posteriores, se recopilan varias decisiones, una por nodo del árbol en el nivel actual, para actualizar el modelo. Para continuar con el aprendizaje, todos los trabajadores deben conocer la estructura actual del árbol. Por lo tanto, el modelo actual se transmite a todos los trabajadores antes de calcular el siguiente nivel del árbol mediante un broadcast.

Estos dos pasos se aplican iterativamente para cada nivel hasta alcanzar una profundidad determinada del árbol, que es el número máximo de niveles a considerar para construir el modelo. Ser capaz de procesar todos los nodos de un nivel al mismo tiempo implicaría teóricamente que el tiempo de ejecución escalaría linealmente con el tamaño del conjunto de datos. Sin embargo, en la práctica, no escala linealmente con la profundidad del árbol. Si has ejecutado y analizado el árbol de decisión de la MLlib, habrás notado que cada iteración se vuelve más lenta, debido al número de transformaciones y cálculos necesarios para agregar las estadísticas de cada nodo del árbol, los cuales aumentan con la profundidad de este.

Aunque las estadísticas se calculan de manera global, de forma similar a la implementación original del árbol de decisión en modo secuencial, existen algunas diferencias:

- La discretización para atributos continuos siempre es necesaria y el número máximo de bins está limitado.
- La profundidad máxima del árbol (es decir, el número de niveles o iteraciones) está limitada para controlar el tiempo de ejecución requerido para construir el árbol. Además, como mencionamos anteriormente, el tiempo de ejecución para construir cada nivel aumenta.

- Aunque tener una profundidad máxima puede ser relativamente problemático, el principal inconveniente que podríamos encontrar con los árboles de decisión es que pueden sobreajustarse a los datos de entrenamiento si se construyen árboles muy profundos. Normalmente, se emplean técnicas de poda para mitigar el sobreajuste, pero esto no se ha incluido en MLlib.

En una reflexión final, la pregunta clave es: ¿es esta implementación global mejor que el modelo local que realizamos antes?

Definiciones: Global frente a local

En los ejemplos anteriores, hemos observado que al diseñar algoritmos de machine learning para grandes conjuntos de datos, podemos optar principalmente por dos enfoques diferentes.

- **Modelos locales:** Los enfoques locales aprovechan el hecho de que los datos están distribuidos en particiones, por lo que aplican el algoritmo original localmente en cada una de ellas. Con posterioridad, los resultados de cada partición individual se combinan (inteligentemente). Evidentemente, estos modelos son parciales, ya que se generan considerando solo una porción de los datos y sin interacción con el resto.
- **Modelos globales:** Los modelos globales buscan emular el comportamiento de la versión secuencial al analizar el conjunto de datos como un todo, en lugar de como una suma de partes más pequeñas. Esto implica que necesitamos entender a fondo cómo funciona el método de machine learning original y cuáles podrían ser los cuellos de botella al distribuir su procesamiento. Todos los algoritmos de machine learning desarrollados en la biblioteca MLlib de Spark son modelos globales. Aunque en algunas ocasiones es posible replicar exactamente el comportamiento del algoritmo original, normalmente encontramos aproximaciones de estos algoritmos originales o versiones distribuidas con ciertas limitaciones.

Compararemos estos dos enfoques. La tabla 7.1 resume las diferencias clave.

Tabla 7.1. Local vs. global: resumen de ventajas y desventajas.

	Modelos locales	Modelos globales
Idea clave	Divide y vencerás. Generar múltiples modelos.	Usar todo el conjunto de datos. Modelo único.
Ventajas	✓ Simplicidad. ✓ Algoritmos existentes pueden aplicarse en cada partición.	✓ El comportamiento del algoritmo se asemeja más a la versión secuencial. ✓ El rendimiento no se ve afectado por el número de particiones o el grado de paralelismo.
Desventajas	✗ Las interrelaciones entre diferentes particiones pueden ser ignoradas. ✗ El rendimiento depende del número de particiones y del grado de paralelismo.	✗ Debe soportar inherentemente cálculos distribuidos. ✗ Difícil de implementar.

Ventajas de los modelos locales sobre los modelos globales:

- Los modelos locales suelen ser más rápidos en la fase de entrenamiento, ya que se construyen varios modelos de machine learning (uno por partición) en paralelo con subconjuntos de los datos.
- Los modelos locales son conceptualmente muy fáciles de entender y podríamos modelar virtualmente cualquier modelo de machine learning de esa manera. En cambio, los modelos globales requieren un diseño minucioso. El único aspecto que necesita un diseño meticuloso en los modelos locales es la fase de agregación, la cual puede no ser sencilla en algunos casos. Por ejemplo, aunque es posible, no vemos una manera directa de implementar k-means con un modelo local.
- Si encontramos un buen número de particiones para nuestro conjunto de datos, podríamos beneficiarnos del «efecto ensemble». Sin embargo, determinar el mejor número de particiones para un conjunto de datos requiere de validación experimental. Un número excesivo de particiones puede resultar en una disminución del rendimiento.

Ventajas principales de los modelos globales frente a los modelos locales:

- El comportamiento de una solución global para un algoritmo de machine learning debería asemejarse a su versión secuencial. No obstante, puede haber diferencias en determinadas características (por ejemplo, la ausencia de poda en el árbol de decisión global en Spark).
- En los modelos globales, la totalidad de los datos se consideran conjuntamente, lo que, en teoría, debería hacerlos más robustos y ofrecer una mayor precisión. Sin embargo, esto no siempre ocurre en la práctica.
- El rendimiento en clasificación o regresión de los modelos globales es independiente del número de particiones. Si disponemos de más núcleos, podemos dividir aún más los datos, obteniendo el mismo resultado con mayor rapidez. En contraste, en los modelos locales, el rendimiento final, el error o precisión y el tiempo de ejecución están condicionados por el número de particiones. Al incrementar el número de particiones, podríamos reducir el tiempo de ejecución, pero también podría verse comprometida la precisión.
- Aunque los modelos globales no obtienen beneficios inherentes del efecto ensemble por diseño, podemos implementar *ensembles* globales que no se limiten a construir modelos a partir de datos de una sola partición.
- La fase de test de un modelo global es rápida, dado que trabajamos con un único modelo. Sin embargo, en un diseño local, con un exceso de modelos, la fase de test puede llegar a ser muy lenta.

En este punto, podrías estar preguntándote: ¿existe algo más allá de los modelos locales y globales cuando se diseñan soluciones de big data? Bueno, ¡no todo es blanco o negro! Hemos mencionado que la diferencia esencial radica en que los enfoques globales intentan paralelizar todas las operaciones del algoritmo original. Pero puede haber situaciones en las que un enfoque híbrido tenga sentido, como un intento de crear una solución global con ciertas características locales. Existen muchas técnicas compuestas por múltiples pasos (a veces algoritmos completos), y estos pueden plantearse como soluciones híbridas, donde algunos componentes están completamente paralelizados y otros se diseñan como soluciones locales.

RETO #2

Compara el rendimiento del árbol de decisión local que implementamos anteriormente con el árbol de decisión disponible en MLlib. ¿Qué ocurriría con el rendimiento (en tiempo y precisión) si variamos el número de particiones de los datos de entrenamiento?

Medidas de escalabilidad: ¿Es escalable mi algoritmo?

Acabamos de aprender dos enfoques clave para diseñar una solución de big data para machine learning. Sin embargo, ¿cómo podemos saber si la solución que hemos propuesto es escalable? Es decir, queremos asegurarnos de que la solución sea capaz de manejar un conjunto de datos de tamaño arbitrariamente grande (siempre que contemos con suficientes recursos computacionales) sin incurrir en un coste adicional significativo. Este coste estará determinado por la forma en que dividimos el trabajo en paralelo. Por ejemplo, si olvidamos almacenar en caché un DataFrame o utilizamos una transformación que genera demasiado tráfico en la red, nuestra solución puede no escalar adecuadamente. Para comprobar el rendimiento de la solución, debemos probarla empíricamente en diferentes escenarios con diversos tamaños de datos y distintas disponibilidades de recursos. En esta sección, presentaremos algunas métricas clásicas de escalabilidad que podemos emplear para hacer esto e investigaremos la escalabilidad del modelo local de árboles de decisión.

Medir el rendimiento de algoritmos distribuidos es un tema bien estudiado y existen diversas métricas. Aquí presentamos tres métricas clásicas que consideramos que son las más adecuadas para el procesamiento de datos a gran escala. Para calcularlas, se tienen en cuenta dos factores principales: la potencia computacional (p.ej., el número de núcleos disponibles) y el tamaño de los datos con los que trabajamos.

Aceleración o speed-up

La aceleración (speed-up) busca responder a la pregunta: ¿Cuánto más rápido podemos procesar la misma cantidad de datos con n núcleos en lugar de con un único núcleo? Esto se puede calcular de la siguiente manera:

$$\text{speed-up}(n) = \frac{\text{tiempo de ejecución en 1 nucleo}}{\text{tiempo de ejecución en } n \textit{ nucleos}}$$

Los datos de entrada permanecen constantes independientemente de cuántos núcleos utilicemos. Para calcular la aceleración de nuestra solución, deberíamos variar n de 1 hasta el mayor número de núcleos que podamos emplear. Idealmente, buscamos una aceleración lineal (es decir, $\text{speed-up}(n) = n$), lo que significa que, si tenemos 5 núcleos, obtendríamos los resultados 5 veces más rápido. No obstante, en la práctica, esto no suele ser así, ya que no podemos disponer de un número ilimitado de núcleos en un solo ordenador y por eso escalamos de manera horizontal, lo que puede ralentizar el proceso debido a los costes de red y sincronización.

Dependiendo del tamaño del conjunto de datos, ejecutar una versión secuencial del algoritmo con un solo núcleo puede volverse muy lento (o incluso imposible, por ejemplo, debido a problemas de memoria). Cuando esto sucede, podemos considerar dos alternativas. Normalmente, consideraremos un mayor número de núcleos como base (por ejemplo, 10), y n debería crecer a partir de esa base (por ejemplo, 10, 20, 40, 80, etc.). Así, si utilizamos b núcleos como nuestra base, la fórmula sería la siguiente:

$$\text{speed-up}(n) = \frac{\text{tiempo de ejecución en } b \textit{ nucleos}}{\text{tiempo de ejecución en } b \cdot n \textit{ nucleos}}$$

Si no disponemos de suficientes recursos para aumentar el número de núcleos base, podríamos calcular la aceleración utilizando un subconjunto de los datos originales que permita ejecutar la versión secuencial del algoritmo. Sin embargo, es importante recordar que el tamaño de los datos que procesamos debe ser suficientemente grande como para asegurar que la sobrecarga añadida por la platforma de big data que estamos usando (por ejemplo, Spark) no limite nuestro estudio de escalabilidad. Por esta razón, el análisis será más robusto si calculamos la aceleración para diferentes tamaños de datos.

Aumento de tamaño o size-up

El aumento de tamaño (size-up) se centra en la capacidad de un algoritmo para manejar cantidades mayores de datos. Para ello, se trata de responder a la pregunta: ¿Cuánto tiempo tarda en procesar un conjunto de datos n veces más grande? Esto se puede calcular de la siguiente manera:

$$\text{size-up}(n) = \frac{\text{tiempo de ejecución para procesar } n \cdot \textit{datos}}{\text{tiempo de ejecución para procesar } \textit{datos}}$$

En este caso, mantenemos fijo el número de núcleos, ya que queremos medir exclusivamente el impacto del tamaño de los datos. Sin embargo, podríamos calcular el aumento de tamaño con diferentes configuraciones de núcleos para obtener resultados más sólidos. Para calcular esta medida, podemos crear subconjuntos de los datos de entrenamiento originales, tales como 10 %, 20 %, 30 %, hasta llegar al 100 %. Podríamos considerar el 10 % como el tiempo de ejecución más bajo esperado y después analizar cuánto se incrementa este tiempo en subconjuntos más grandes. De manera similar a la aceleración, en un mundo ideal, el aumento de tamaño conseguido debería ser lineal (es decir, $\text{size-up}(datos, n) = n$). A pesar de esto, pocos algoritmos muestran una relación lineal con respecto al tamaño de los datos.

NOTA

Es importante tener en cuenta que conjuntos de datos más grandes pueden requerir más recursos, por ejemplo, más memoria RAM, y la disponibilidad de estos no debería limitar la correcta evaluación de esta métrica. Esto significa que, al medir el aumento de tamaño, debemos mantener fija la configuración del clúster, asegurándonos de que la ejecución más grande ($n \cdot data$) no pierda rendimiento por falta de memoria RAM. Además, debemos estar seguros de que trabajamos con suficientes datos (incluso para el 10 %) para extraer conclusiones significativas.

Aumento de escala o scale-up

El aumento de escala (scale-up) mide la capacidad de un sistema para procesar un conjunto de datos que es n veces más grande con un sistema que también es n veces más grande. Se calcula de la siguiente manera:

$$\text{scale-up}(n) = \frac{\text{tiempo de ejecución para procesar } datos \text{ en 1 núcleo}}{\text{tiempo de ejecución para procesar } n \cdot datos \text{ en } n\text{·núcleos}}$$

De este modo, comparamos la versión secuencial con la ejecución en diferentes configuraciones en las que tanto el número de núcleos como el tamaño de los datos se incrementan proporcionalmente. Es decir, si duplicamos el tamaño de los datos, también duplicamos el número de núcleos. Por ejemplo, el 10 % de los datos con 1 núcleo, el 20 % con 2 núcleos, etc. El aumento de escala perfecto sería 1 ($\text{scale-up}(datos, n) = 1$). No obstante, pocos algoritmos logran un aumento de escala de 1, ya que debemos considerar la desaceleración provocada por la comunicación de red.

Como en las situaciones anteriores, puede que la versión secuencial no sea posible de ejecutar con un solo núcleo y el 10 % de los datos. En tal caso, podemos establecer un caso base factible (por ejemplo, 8 núcleos con el 10 % de los datos). A partir de ahí, tanto el número de núcleos como el tamaño de los datos se multiplican por el mismo factor (por ejemplo, 16 núcleos con el 20 % de los datos, 24 núcleos con el 30 %, y así sucesivamente).

Para tener una mejor comprensión de estas medidas, te presentamos a continuación los resultados hipotéticos de tiempo de ejecución que se obtendrían con un algoritmo escalable linealmente, para distintos números de núcleos y tamaños del conjunto de datos (tabla 7.2). Con estos tiempos de ejecución, podemos emplear las fórmulas anteriores para calcular las medidas de aceleración, aumento de tamaño y escala, que se ilustran en la figura 7.6. Te recomendamos modificar los números en esta tabla para entender mejor cómo influirían en las medidas correspondientes.

Tabla 7.2. Tiempo de ejecución ideal hipotético de un algoritmo escalable linealmente al variar el tamaño del conjunto de datos y el número de núcleos. Usamos 8 núcleos como referencia inicial, que luego se incrementan hasta 80 núcleos (es decir, 10 veces más).

Tamaño del conjunto de datos	8 núcleos	16 núcleos	32 núcleos	64 núcleos	80 núcleos
10 %	10	5	2.5	1.25	1
20 %	20	10	5	2.5	2
40 %	40	20	10	5	4
80 %	80	40	20	10	8
100 %	100	50	25	12.5	10

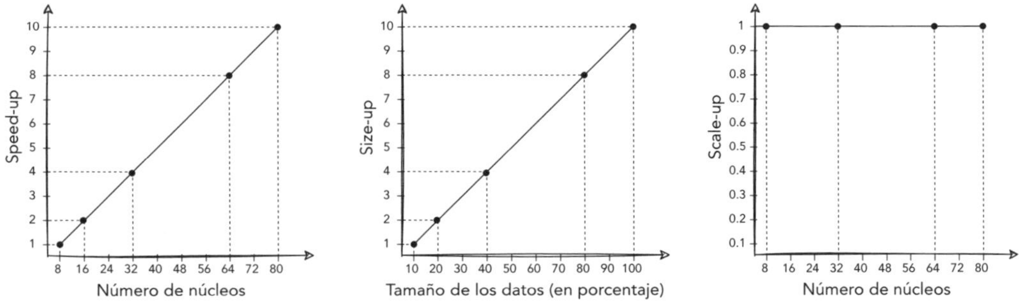

Figura 7.6. Gráficas ideales de aceleración, aumento de tamaño y aumento de escala según los tiempos de ejecución en la tabla 7.2.

En la próxima sección, pondremos esto en práctica calculando estas métricas en la solución local que propusimos previamente.

Prueba con árboles de decisión

Para llevar a cabo este tipo de análisis, necesitaremos ajustar el número de núcleos y el tamaño de un conjunto de datos. En lugar de emplear un clúster real, utilizaremos una sola máquina, de modo que puedas replicar este análisis en casa. Sin embargo, cabe destacar que esto implica que los resultados podrían ser demasiado optimistas, dado que no estaremos considerando los costes de red. Ejecutar este tipo de análisis en un Jupyter Notebook puede no ser sencillo, ya que previamente hemos inicializado una SparkSession para utilizar todos los núcleos disponibles en nuestra computadora.

Creación de un programa pyspark independiente

Vamos a aprovechar esta oportunidad para mostrar cómo crear programas independientes de PySpark fuera de los Notebooks de Jupyter. Aunque los Notebooks de Jupyter son realmente útiles para hacer pruebas y presentar resultados, trabajar con programas independientes es probablemente la mejor manera de diseñar nuevos algoritmos de machine learning y probarlos. Para lograr esto, simplemente debemos crear un nuevo archivo de Python (con extensión .py) que podamos editar en nuestro IDE de Python favorito. Este archivo debe contener una función main() que recibirá una lista argv como parámetro, y necesitamos una forma de invocar esa función al ejecutar el programa de forma independiente:

```
def main(argv):
    # Cuerpo principal del programa

if __name__ == "__main__":
    main(sys.argv[1:])
```

Si colocamos este código en un archivo llamado train.py, podríamos ejecutarlo en una terminal (Powershell en Windows) de la siguiente manera:

```
python train.py
```

El programa no haría nada porque aún no hemos añadido ningún código.

¿Qué es esta lista argv? ¿Y por qué hemos hecho el corte/slicing sys.argv[1:]? Hemos lanzado el comando anterior sin ningún parámetro, pero como vamos a cambiar el número de núcleos y el tamaño de los datos, necesitaremos dos parámetros adicionales. Para utilizar 4 núcleos y el 100 % de los datos podríamos ejecutar el programa así:

```
python train.py 4 100
```

En este caso, argv contendría '4' y '100' (¡como cadenas!). Hacemos el corte en sys.argv para eliminar el nombre del archivo ('train.py').

Por lo tanto, dado que estos parámetros se leen como cadenas, lo primero que necesitamos hacer es convertirlos a su tipo de dato correcto. Deberíamos realizar esta conversión dentro de la función main():

```
def main(argv):
    nucleos = int(argv[0])
    porcentaje = int(argv[1])
    ...
```

Justo después de eso, podemos inicializar la SparkSession de acuerdo con el número de núcleos. Es posible que necesitemos aumentar la cantidad de memoria asignada a un ejecutor de Spark dependiendo de la cantidad de datos utilizados.

```
from pyspark.sql import SparkSession
import pyspark.sql.functions as sql_f

spark = (
    SparkSession.builder.master(f"local[{nucleos}]")
    .appName(f"Local DT con {nucleos} particiones")
    .config("spark.driver.memory", "16g")
    .config("spark.executor.memory", "16g")
    .getOrCreate()
)

sc = spark.sparkContext
```

Ahora estamos listos para cargar los datos. En lugar de utilizar el conjunto de datos usado anteriormente, que era bastante pequeño, hemos optado por uno más grande del repositorio de la UCI machine learning. En particular, hemos seleccionado el conjunto de datos SUSY[9], que es un conjunto de datos de clasificación que tiene como objetivo distinguir entre el fondo y la señal en experimentos de física de alta energía. Este conjunto de datos contiene 18 atributos, que miden propiedades cinemáticas obtenidas por los detectores de partículas en el acelerador de partículas y características derivadas de ellas, siendo todas numéricas. La primera columna de los datos indica si la muestra es considerada señal (1) o fondo (0).

Hemos descargado los datos y nombrado el archivo como 'susy-100.csv' para indicar que se trata del conjunto de datos completo (100 %).

NOTA

Si intentamos medir la escalabilidad de un algoritmo con un conjunto de datos muy pequeño, la sobrecarga causada por el lanzamiento de trabajos de Spark puede impedirnos analizar correctamente su escalabilidad.

Así que ahora vamos a leer el conjunto de datos como un DataFrame, renombrando la primera columna como 'output' y convirtiendo todas las columnas a valores numéricos (flotantes).

```
df = (spark.read.format("csv").option("header", "false")
        .load(f"data/susy-{porcentaje}.csv")
     )
df = df.withColumnRenamed("_c0", "output")
df = df.select([sql_f.col(c).cast("float").alias(c) for c in df.columns])
```

Recordemos que disponemos de la implementación «local» para construir un modelo y de la clasificación del conjunto de test. En este análisis, solo vamos a estudiar la escalabilidad de la fase de construcción, ya que suele ser la que más tiempo consume.

9 https://archive.ics.uci.edu/ml/datasets/SUSY.

Por lo tanto, no vamos a dividir los datos en conjuntos de entrenamiento y test, y utilizaremos todos los datos para entrenar. Luego, emplearemos repartition() para asegurarnos de que tenemos el mismo número de particiones y núcleos:

```
datos_rdd = df.rdd.repartition(nucleos).cache()
```

Ten en cuenta que hemos almacenado en caché nuestros datos después de la repartición. Como verás más adelante, podemos realizar múltiples acciones sobre los datos, por lo que queremos que la división y la repartición se realicen solo una vez.

Puede que recuerdes que la función para construir un modelo necesitaba tener acceso a los nombres de las columnas, así que añadimos las siguientes tres líneas de código a la función principal:

```
global columnas
columnas = df.columns

modelos = entrenamiento_rdd.mapPartitions(construir_modelo).collect()
```

Puede que hayas notado que hemos utilizado global columnas, algo que no necesitamos hacer en un Notebook. Esto se debe a que estamos trabajando dentro de la función main() y necesitamos decirle explícitamente a Python que nos referimos a la variable global para que se envíe a los trabajadores. Además, la función de construcción del modelo utiliza el DecisionTreeClassifier de scikit-learn y DataFrames de Pandas. Esas bibliotecas, utilizadas por los trabajadores y el controlador, deben importarse al principio del archivo de Python.

```
import pandas as pd
from sklearn.tree import DecisionTreeClassifier
```

Por último, pero no menos importante, deberíamos detener la SparkSession. Esta es una buena práctica, aunque si olvidamos incluir esto, la SparkSession se detendrá igualmente al finalizar nuestro script de Python.

```
spark.stop()
```

Por supuesto, debemos incluir la función construir_modelo() en este fichero, pero fuera de la función main(). Hemos realizado dos ligeras modificaciones a esta función. Por un lado, la profundidad del árbol (max_depth) no la hemos limitado a 2, sino que permitimos que scikit-learn haga crecer un árbol tan grande como sea necesario de acuerdo a la complejidad del conjunto de datos (esto afectará nuestras medidas de escalabilidad). Por otro lado, este conjunto de datos en particular tiene la etiqueta de clase en la primera columna en lugar de en la última, por lo que debemos seleccionar las columnas en consecuencia al crear X_entr:

```
clf = DecisionTreeClassifier(random_state=0, max_depth=None)
X_entr = partition.iloc[:,1:]
```

El script completo está disponible en el material suplementario en '07-MLbig/codigo/escalabilidad-localDT.py'.

Por cierto, no es necesario ir a una terminal para ejecutar esto, ya que podemos ejecutar comandos en un Notebook de Jupyter utilizando el signo de exclamación (!) antes de la instrucción.

```
!python code/escalabilidad-localDT.py 4 100
```

Medición del tiempo de ejecución

Ahora estamos casi listos para analizar la escalabilidad de este modelo, pero tenemos que considerar algunos aspectos para medir el tiempo de ejecución y la escalabilidad de la implementación. Si quisiéramos medir el tiempo de ejecución de la siguiente manera:

```
%time !python code/escalabilidad-localDT.py 4 100
```

El tiempo total de ejecución obtenido incluiría el tiempo para iniciar una SparkSession y leer el conjunto de datos, lo cual es común para todos los experimentos que debemos ejecutar para calcular las diferentes métricas. En este caso, observaríamos muy pocas diferencias en el tiempo total de ejecución, ya que la mayor parte del tiempo se destinaría a iniciar los trabajos, leer los datos y reparticionarlos según fuera necesario.

Por esta razón, para establecer una comparación justa, deberíamos medir el tiempo de ejecución dentro del programa. Sin embargo, tenemos un pequeño inconveniente con la evaluación vaga de Spark. La división y repartición de los datos, así como su almacenamiento en caché, no se efectuarán hasta que se realice una acción, lo que añade tiempo a la ejecución. Como solución alternativa para realizar un análisis de escalabilidad más justo, hemos añadido una línea para count() el número de elementos en el conjunto de datos después de la re-partición y el almacenamiento en caché. A partir de ese momento, iniciamos el temporizador, ejecutamos la función mapPartitions() junto con un collect(), y medimos el tiempo necesario para construir el método.

Además de eso, también queremos investigar la sobrecarga causada por Spark, es decir, el tiempo que no se dedica a construir el árbol. Para ello, deberíamos medir cuánto tiempo realmente se necesita para construir el árbol de decisión y compararlo con el tiempo total requerido para ejecutar todo el trabajo. Por lo tanto, hemos modificado ligeramente la función construir_modelo() para medir con precisión el tiempo de ejecución necesario para construir el árbol de decisión en cada trabajador. En lugar de devolver el modelo, esta versión de la función devuelve ese tiempo de ejecución junto con el modelo. Esto significa que, cuando hacemos el collect() de mapPartitions(), obtenemos un tiempo de ejecución para cada partición de los datos. Simplemente promediamos esos tiempos y los tomamos como un tiempo de ejecución representativo para construir un árbol de decisión en un trabajador sin contabilizar la sobrecarga de Spark.

Al final del programa, guardamos toda esa información en un archivo, cuyo nombre se proporciona como un parámetro de entrada del script de Python. Este archivo estará en formato CSV, y cada línea contendrá el resultado de una ejecución, con la siguiente información: nucleos, pct (porcentaje), runtime, runtime_sin_sobrecarga.

ADVERTENCIA

Este será el resultado de una única ejecución con una configuración dada. Como estamos ejecutando esto sobre un sistema operativo que puede estar llevando a cabo otros procesos, los resultados pueden variar (ligeramente) de una ejecución a otra. Por ello, recomendamos ejecutar esto varias veces y calcular el tiempo promedio para obtener métricas más representativas.

Hipótesis iniciales

Antes de ejecutar los experimentos, ¿qué deberíamos esperar que suceda con las métricas introducidas anteriormente? Lo primero que debemos considerar es la complejidad del modelo de machine learning que estamos construyendo localmente. El árbol de decisión tiene una complejidad de $O(n \cdot \log n \cdot d)$ donde n es el número de instancias o ejemplos y d el número de características. Por tanto, el número de instancias es relevante y no podemos esperar que su tiempo de ejecución sea lineal. Por ejemplo, si para 1000 instancias el árbol de decisión toma 100 segundos, para 2000 instancias (manteniendo el mismo número de características), no podemos esperar que tome 200 segundos; sería más tiempo.

Con esto en mente y considerando que estamos aprendiendo modelos de árboles de decisión de manera local en cada partición, podemos esperar los siguientes comportamientos para las tres métricas:

- **Aceleración:** Probablemente podamos conseguir una aceleración super lineal (mejor que lineal) ya que estamos ejecutando todo en un solo ordenador sin la sobrecarga de comunicación de la red. Además, debido a la complejidad del árbol de decisión, al disponer de más núcleos, reducimos el número de instancias por partición, haciendo que el aprendizaje de cada árbol de decisión se acelere, disminuyendo así el tiempo total de ejecución.
- **Aumento de tamaño:** Si mantenemos fijo el número de particiones, el tiempo de ejecución necesario para procesar particiones más grandes aumentará de acuerdo con el número de instancias. La complejidad no lineal del árbol de decisión probablemente nos impedirá lograr un aumento de tamaño idealmente lineal.
- **Aumento de escala:** Al modificar tanto el número de núcleos como el tamaño del conjunto de datos de manera proporcional, compensamos el aumento en el tamaño del conjunto de datos con el número de núcleos, de modo que aún tendremos la misma cantidad de datos en cada partición. Suponiendo una sobrecarga de comunicación despreciable al ejecutar todo en un solo ordenador, podríamos lograr un comportamiento cercano al lineal.

¡Veamos qué sucede en la práctica!

RETO #3

El script de Python está diseñado para analizar la escalabilidad y el tiempo de ejecución necesario al variar el número de núcleos y el tamaño de los datos. Ahora, nos gustaría que analices la diferencia en términos de precisión de clasificación cuando incrementamos el número de particiones. Crea un nuevo script de Python para esto y utilices el conjunto de datos SUSY.

Aceleración o speed-up

Vamos a investigar el tiempo de ejecución utilizando diferentes cantidades de núcleos:

```
num_nucleos = [1, 2, 4, 8, 12]
```

Optamos por un rango de 1 a 12 núcleos, considerando que el ordenador utilizado para ejecutar esto tiene un total de 16 núcleos. Para considerar la posible variabilidad del tiempo de ejecución entre pruebas, vamos a ejecutar cada configuración 10 veces, registrando el tiempo de cada ejecución:

```
for i in range(10):
    for j in num_nucleos:
        !python code/escalabilidad-localDT.py {j} 100 speedup.csv
```

Podemos leer el archivo CSV con los resultados de este análisis y calcular el tiempo de ejecución promedio para las 10 ejecuciones con cada número de núcleos:

```
resultados = pd.read_csv('speedup.csv', names=['núcleos', 'pct',
                         'runtime', 'runtime_sin_sobrecarga'])
resultados_medios = resultados.groupby('núcleos').mean()
resultados_medios['sobrecarga'] = resultados_medios['runtime'] \
    - resultados_medios['runtime_sin_sobrecarga']
resultados_medios
```

```
           pct     runtime  runtime_sin_sobrecarga  sobrecarga
núcleos
1        100.0  275.955786              275.549436    0.406350
2        100.0  125.233562              124.242992    0.990570
4        100.0   60.596741               59.865748    0.730993
8        100.0   31.586154               30.666868    0.919285
12       100.0   22.409688               21.656439    0.753249
```

NOTA

En este caso, la sobrecarga es bastante pequeña, aunque esto puede variar considerablemente dependiendo del ordenador y su configuración. Este experimento se ha llevado a cabo en un AMD Ryzen 9 5950X 16x3.4 GHz con el sistema operativo Linux Fedora 35.

Con estas estadísticas, podemos calcular los valores de aceleración tanto para el tiempo de ejecución total como para el tiempo de ejecución sin sobrecarga:

```
def speed_up(resultados, runtime_col):
    return resultados[runtime_col].iloc[0] / resultados[runtime_col]
resultados_medios['speed-up'] = speed_up(resultados_medios, 'runtime')
resultados_medios['speed-up_sin_sobrecarga'] = speed_up(resultados_medios,
        'runtime_sin_sobrecarga')
resultados_medios[['runtime', 'runtime_sin_sobrecarga', 'speed-up',
            'speed-up_sin_sobrecarga']]
```

```
            runtime  runtime_sin_sobrecarga   speed-up  \
núcleos
1        275.955786              275.549436   1.000000
2        125.233562              124.242992   2.203529
4         60.596741               59.865748   4.553971
8         31.586154               30.666868   8.736606
12        22.409688               21.656439  12.314129

         speed-up_sin_sobrecarga
núcleos
1                       1.000000
2                       2.217827
4                       4.602789
8                       8.985249
12                     12.723672
```

Podemos visualizarlo junto con la aceleración lineal. Crearemos una función auxiliar para ello, que reutilizaremos para todas las medidas.

```
from matplotlib import pyplot as plt

def plot_metrica_escalabilidad(nombre, estadisticas, xlabel, x_vals, linear_
vals):
    # Crear el gráfico
    fig, ax = plt.subplots(1, 2, figsize=(9, 4))
    fig.suptitle(
        f"{nombre.capitalize()} de un modelo local con árboles de decisión"
    )

    # Graficar la medida con y sin sobrecarga
    ax[0].plot(x_vals, estadisticas[nombre], "k", label=f"{nombre} real")
    ax[1].plot(x_vals, estadisticas[f"{nombre}_sin_sobrecarga"], "k",
               label=f"{nombre} sin sobrecarga")

    # Graficar los valores lineales para la medida
    for i in [0, 1]:
        ax[i].plot(x_vals, linear_vals, "--", color="gray",
            label=f"{nombre} lineal", linewidth=1)
        ax[i].set(xlabel=xlabel, ylabel=nombre.capitalize())
        if nombre == "scale-up":
            ax[i].set_ylim([0, 1.1])
        ax[i].legend()
```

```
plot_metrica_escalabilidad('speed-up', resultados_medios, 'Número de núcleos',
num_nucleos, num_nucleos)
```

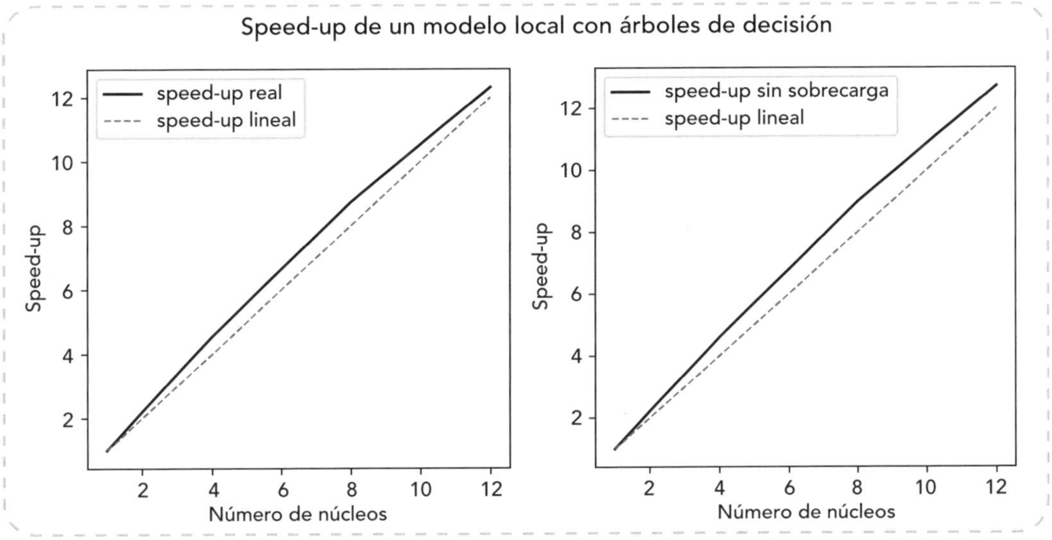

Al observar los resultados, parece que efectivamente hemos mejorado más del doble al pasar de 1 a 2 núcleos (de 275s a 124s, logrando una aceleración superior a 2). No obstante, esta progresión se ralentiza al llegar a 8 y 12 núcleos, donde la mejora no es tan significativa (aunque seguimos obteniendo aceleraciones superiores a las lineales, en comparación con los tiempos de ejecución de 4 núcleos, no duplicamos la velocidad con 8 núcleos). Podría parecer que la complejidad del árbol de decisión es menor de la prevista, pero tras realizar algunas pruebas con la implementación de scikit-learn comprobamos que su aumento de tamaño funciona como se esperaba (ver más adelante aumentos de tamaño sin sobrecarga). Por lo tanto, es más probable que el ordenador no esté alcanzando su máximo potencial, ya sea porque Spark no lo aprovecha completamente o porque hay otros procesos compitiendo por recursos.

NOTA

Para llevar a cabo un análisis de escalabilidad riguroso, deberíamos asegurarnos de que el(los) ordenador(es) en los que ejecutamos los experimentos dispongan de suficiente potencia de cálculo para realizar los experimentos planificados.

Si ahora observamos la aceleración en los gráficos, podemos confirmar que la aceleración real no es exactamente la que asumimos anteriormente. Sin embargo, la aceleración sin sobrecarga parece estar más cerca de la aceleración super lineal (mejor que lineal) que esperábamos. Aun así, esperábamos que la diferencia con la aceleración lineal fuera mayor. Como hemos explicado antes, hay varios factores que podrían estar impidiendo alcanzar una mejor aceleración:

- Estamos ejecutando esto en modo pseudodistribuido sobre un sistema operativo que está ejecutando otros procesos, lo cual podría estar afectando la capacidad de explotar todos los núcleos disponibles.
- La sobrecarga causada por Spark se incrementa en proporción al tiempo total de ejecución con un mayor número de núcleos, limitando los valores de aceleración.

Aumento de tamaño o size-up

Para calcular esta métrica, primero creamos conjuntos de datos con tamaño variable. Para simplificar el proceso, utilizaremos pandas:

```
proporcion = [10, 20, 40, 80, 100]
entero = pd.read_csv('datos/susy-100.csv')

for fraccion in proporcion[:-1]:
    entero.sample(frac=fraccion/100)\
        .to_csv(f"datos/susy-{fraccion}.csv",index=False)
```

Ahora, podemos registrar el tiempo de ejecución utilizando las diferentes versiones del conjunto de datos. Hemos seleccionado 8 núcleos para este experimento, que mantendremos fijos para todas las ejecuciones.

```
for i in range(10):
    for fraccion in proporcion:
        !python codigo/escalabilidad-localDT.py 8 {fraccion} sizeup.csv
```

Al igual que antes, leeremos el archivo CSV generado y calcularemos la media de las 10 ejecuciones para realizar el análisis:

```
resultados = pd.read_csv('sizeup.csv', names=['núcleos', 'pct',
                'runtime', 'runtime_sin_sobrecarga'])
resultados_medios = resultados.groupby('pct').mean()
resultados_medios['sobrecarga'] = resultados_medios['runtime'] \
    - resultados_medios['runtime_sin_sobrecarga']
```

Podemos emplear estos datos para calcular los valores de aumento de tamaño para el tiempo de ejecución total y para el tiempo de ejecución total sin sobrecarga:

```
def size_up(resultados, runtime_col):
    return resultados[runtime_col] / resultados[runtime_col].iloc[0]
resultados_medios['size-up'] = size_up(resultados_medios, 'runtime')
resultados_medios['size-up_sin_sobrecarga'] = size_up(resultados_medios,
        'runtime_sin_sobrecarga')
resultados_medios[['runtime', 'runtime_sin_sobrecarga', 'size-up',
          'size-up_sin_sobrecarga']]
```

```
      runtime  runtime_sin_sobrecarga    size-up  size-up_sin_sobrecarga
pct
10   2.612993                2.092479   1.000000                1.000000
20   5.331032                4.745066   2.040202                2.267676
```

```
40    11.312207                10.742516   4.329215                5.133870
80    24.880583                24.170563   9.521872               11.551160
100   31.997075                31.073377  12.245374               14.850029
```

Podemos observarlo mejor al graficar esto utilizando un incremento lineal del tamaño, que es 2, 4, 8 y 10 veces mayor que el conjunto de datos más pequeño (10 %):

```
sizeup_lineal = [1, 2, 4, 8, 10]
plot_metrica_escalabilidad('size-up', resultados_medios, 'Tamaño de los datos
(%)', proporcion, sizeup_lineal)
```

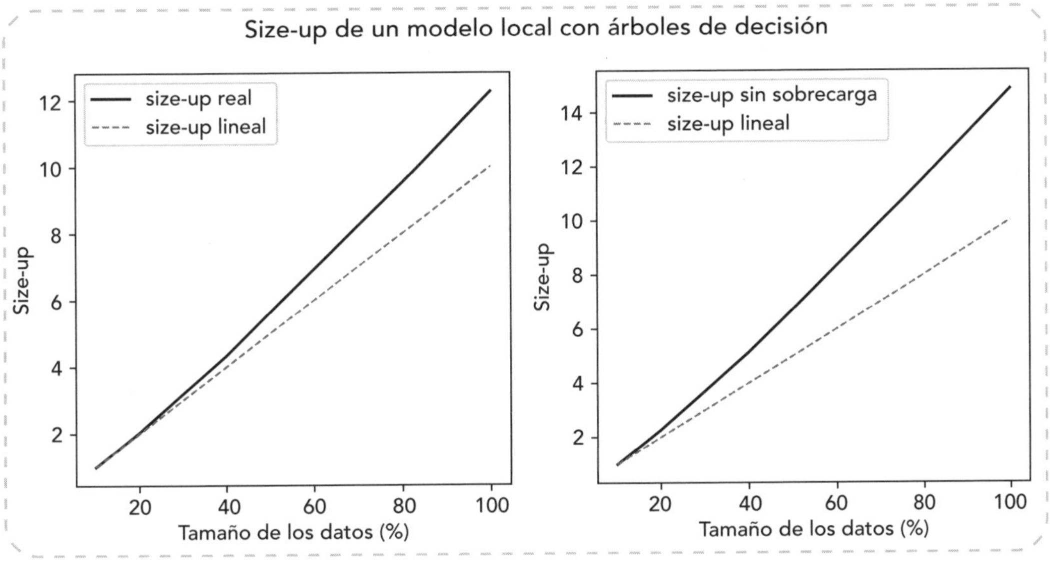

Al igual que con la aceleración, no hemos obtenido el resultado que esperábamos. El aumento de tamaño es peor que el lineal, lo cual era de esperar debido a la complejidad del árbol de decisión. Sin embargo, el aumento de tamaño para el tiempo de ejecución total es mejor de lo que inicialmente habíamos previsto. Podemos observar que el tiempo de ejecución crece de manera lineal para el 20 % y el 40 % (2 y 4,3, respectivamente), pero no tanto para el 80 % y el 100 % (9,5 y 12,24, respectivamente). Los resultados sin tener en cuenta la sobrecarga son bastante diferentes, lo que muestra que el árbol de decisión no escala linealmente ni siquiera para el 20 % de los datos (con una aceleración de 2,27). ¿Por qué ocurre esto? Deberíamos examinar las sobrecargas. Parecen ser muy similares para todos los porcentajes de datos. Para el 10 % tenemos casi la misma sobrecarga que para el 20 % y el 40 %, por lo que no está subiendo linealmente con el tamaño de los datos. Esto significa que la sobrecarga de Spark es muy alta para el 10 % del conjunto de datos en relación al tiempo de ejecución, en comparación con la proporción en conjuntos de datos más grandes, lo que está alterando los resultados que observamos. Mostremos esta sobrecarga en términos de porcentaje respecto al tiempo de ejecución:

```
resultados_medios["sobrecarga"] / resultados_medios["runtime"] * 100
```

```
pct
10      19.920208
20      10.991612
40       5.036073
80       2.853710
100      2.886821
dtype: float64
```

¡El porcentaje de sobrecarga es casi del 20 % del tiempo de ejecución del caso base! Como podemos observar, este porcentaje disminuye con mayores volúmenes de datos. Por lo tanto, si buscamos estimaciones más precisas, sería recomendable emplear un conjunto de datos más grande como caso base.

NOTA

El caso base utilizado para el cálculo de las métricas de escalabilidad puede tener un gran impacto en los resultados obtenidos, por lo que debe elegirse con cuidado, dependiendo del problema en cuestión.

Aumento de escala o scale-up

Ahora vamos a aumentar proporcionalmente la cantidad de núcleos con los tamaños de los conjuntos de datos, de modo que utilizaremos 1 núcleo con el conjunto de datos más pequeño (10 %), 2 núcleos con el 20 %, y así sucesivamente.

```
num_nucleos = [1, 2, 4, 8, 10]
proporcion = [10, 20, 40, 80, 100]
for i in range(10):
    for j in range(len(num_nucleos)):
        !python codigo/escalabilidad-localDT.py {num_nucleos[j]} \
                                  {porporcion[j]} scaleup.csv
```

Calculamos el aumento de escala respecto al tiempo de ejecución necesario utilizando 1 núcleo y el 10 % de los datos:

```
resultados = pd.read_csv("scaleup.csv",
    names=["núcleos", "pct", "runtime", "runtime_sin_sobrecarga"],
)
resultados_medios = resultados.groupby(["núcleos", "pct"]).mean()
resultados_medios["sobrecarga"] = (
    resultados_medios["runtime"] - resultados_medios["runtime_sin_sobrecarga"]
)
def scale_up(resultados, runtime_col):
    return resultados[runtime_col].iloc[0] / resultados[runtime_col]
resultados_medios['scale-up'] = scale_up(resultados_medios, 'runtime')
resultados_medios['scale-up_sin_sobrecarga'] = scale_up(resultados_medios,
                                        'runtime_sin_sobrecarga')
resultados_medios[['runtime', 'runtime_sin_sobrecarga', 'scale-up',
           'scale-up_sin_sobrecarga']]
```

```
                   runtime  runtime_sin_sobrecarga  scale-up  \
núcleos pct
1       10   20.411578                20.004176  1.000000
2       20   20.504888                20.026253  0.995449
4       40   21.840869                21.086643  0.934559
8       80   24.491947                23.789118  0.833400
10      100  26.250733                25.222097  0.777562

             scale-up_sin_sobrecarga
núcleos pct
1       10                  1.000000
2       20                  0.998898
4       40                  0.948666
8       80                  0.840896
10      100                 0.793121
```

En un mundo perfecto, el aumento de escala siempre sería 1.

```
scaleup_ideal = [1] * 5
plot_metrica_escalabilidad('scale-up', resultados_medios, 'Número de núcleos',
num_nucleos, scaleup_ideal)
```

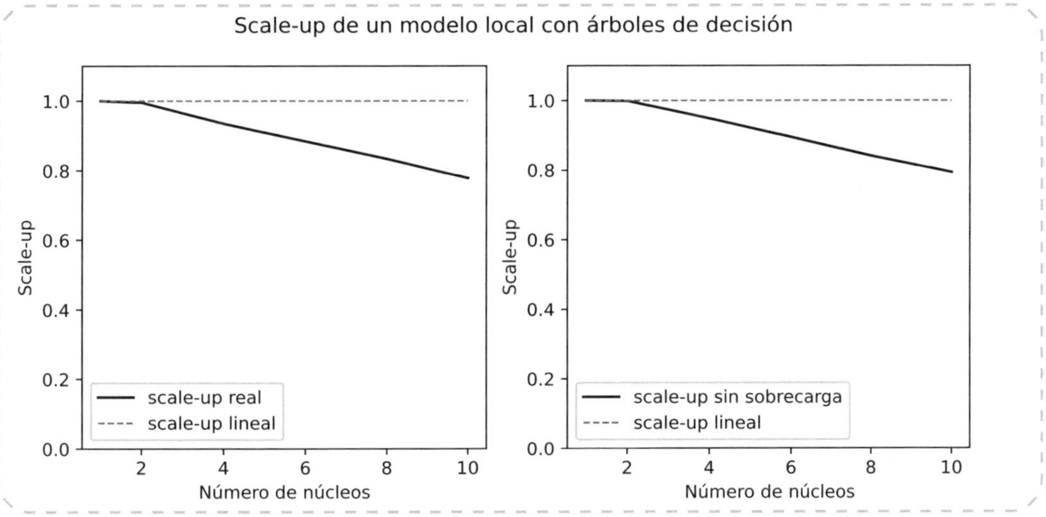

Una vez más, no hemos podido obtener exactamente lo que esperábamos. En ambos casos, con y sin sobrecarga, observamos patrones similares: valores que comienzan cerca de 1, pero que disminuyen a 0.8 con el 100 % y 10 núcleos. Recordemos que esperábamos escalar linealmente, ya que hemos aumentado los núcleos de manera proporcional con los datos. Entonces, ¿de dónde proviene esta diferencia inesperada? Ya descartamos la sobrecarga de Spark, pero debemos tener en cuenta que Spark se está ejecutando sobre un sistema operativo que también maneja otros procesos que compiten por recursos computacionales. Puede ser que Spark no logre explotar todo el potencial del ordenador o que haya otros procesos que compiten por los recursos, lo cual impide que Spark alcance un aumento de escala lineal.

Conclusión sobre las medidas de escalabilidad

En conclusión, estas métricas son muy útiles para verificar si nuestro diseño es realmente escalable. No obstante, hay que tomar ciertas precauciones al evaluar la escalabilidad de un diseño cuando se ejecuta en un entorno real:

- Es esencial medir correctamente el tiempo de ejecución dentro del código para evitar problemas con las operaciones vagas en Spark. En nuestras pruebas, utilizamos un pequeño truco con `count()` para asegurarnos de que solo estábamos evaluando el tiempo de ejecución necesario para construir el modelo.
- A pesar de haber eliminado el impacto de algunas de las operaciones comunes a todos los experimentos, como la inicialización de la `SparkSession`, la lectura de datos y el truco mencionado, existe una sobrecarga inherente al ejecutar trabajos de Spark. Cuantos más trabajos ejecutemos, mayor será la sobrecarga. Debemos asegurarnos de que, si vamos a paralelizar utilizando muchos núcleos, la reducción en el tiempo de ejecución compense los costes de sobrecarga.
- En caso de ejecutar esto en un clúster, que sería el escenario más común en big data real, se debería investigar la influencia de la red. Esto nos permitirá descubrir si estamos enviando una gran cantidad de datos entre nodos, lo cual deberíamos evitar en la medida de lo posible.

RETO #4

Compara la escalabilidad del modelo local con el árbol de decisión de MLlib.

Resumen

En lugar de utilizar la biblioteca MLlib, hemos dedicado este capítulo a diseñar nuestras propias soluciones para ejecutar algoritmos de machine learning en el contexto de big data. En la primera parte del capítulo, hemos introducido dos enfoques diferentes para lograr esto: los hemos llamado estrategias local y global. Las soluciones basadas en un enfoque local aplican implementaciones secuenciales de machine learning a distintas particiones de un gran conjunto de datos, lo que obliga a buscar formas de agregar lo aprendido en cada bloque de datos por separado. Por otro lado, un diseño basado en el enfoque global busca imitar el comportamiento del algoritmo original de machine learning, paralelizando aquellas operaciones del método que están limitadas por el tamaño de los datos. Para ilustrar el funcionamiento de estas dos estrategias, nos hemos centrado en el clásico algoritmo de árboles de decisión, revisando su funcionamiento básico y los aspectos que deben modificarse si deseamos tratar con grandes volúmenes de datos.

Al comparar estrategias locales y globales, nos gustaría resaltar las siguientes ideas:

- Los modelos locales son sencillos de entender e implementar. Muchos métodos de machine learning podrían emplearse fácilmente dentro de este marco, sin necesidad de conocer en profundidad el modelo subyacente. La clave está en cómo agregar los modelos generados a partir de cada partición. Para ello, comúnmente utilizamos estrategias similares a los *ensembles*, como el voto mayoritario.
- En cuanto a resultados, el rendimiento de los modelos locales depende del número de particiones. Cuantas más particiones se utilicen, más rápida será la fase de construcción, pero esto podría impactar negativamente en el rendimiento de clasificación o regresión. Dicho esto, con un número adecuado de particiones, podríamos beneficiarnos del efecto de ensemble.
- Los modelos globales son más complejos de implementar y requieren un conocimiento más profundo del método de machine learning que pretendemos paralelizar.
- Aún no hemos visto nuestra propia implementación de un modelo global (lo haremos en el próximo capítulo), pero hemos explorado en profundidad la solución de MLlib para paralelizar el árbol de decisión. Por ejemplo, hemos visto cómo una versión iterativa del método es más adecuada para big data, ya que reduce el número de trabajos necesarios. Para lograr esto, la paralelización se plantea a nivel de cada capa (en vez de nodo).
- Los modelos globales pueden presentar ciertas limitaciones. En muchas ocasiones, son aproximaciones del método original. Por ejemplo, el árbol de decisión de MLlib requiere discretización para reducir el número de cálculos y limita la profundidad del árbol, ya que cada nivel adicional se vuelve más lento.
- Aunque Spark permite reutilizar datos almacenándolos en caché, ejecutar múltiples trabajos conlleva un coste que debe tenerse en cuenta al diseñar una solución global.

En resumen, es complicado determinar qué opción es mejor; depende del problema específico. Probar un modelo basado en el enfoque local suele ser más sencillo, mientras que uno basado en el global es más desafiante, salvo que se utilicen soluciones preexistentes como las de MLlib.

En la segunda parte del capítulo, hemos aprendido a medir la escalabilidad. En particular, hemos introducido la aceleración, el aumento de tamaño y el aumento de escala como tres métricas diferentes que nos ayudan a entender la calidad de nuestra solución paralela.

- La aceleración nos indica cuán rápida será una implementación si utilizamos un mayor número de núcleos con el mismo conjunto de datos. El aumento de tamaño mide cuán lenta se vuelve una implementación al incrementar el tamaño de los datos. Por último, el aumento de escala evalúa si una implementación toma el mismo tiempo cuando tanto el tamaño del conjunto de datos como el número de núcleos se incrementan de manera proporcional.
- Un buen diseño paralelo idealmente presentará valores óptimos en estas métricas (es decir, un comportamiento lineal). Sin embargo, en big data, debemos considerar que estas métricas pueden verse afectadas por la complejidad del algoritmo que

estamos paralelizando, los posibles costes de comunicación de red y el número de trabajos que hay que ejecutar.

- Al calcular las métricas de escalabilidad, la teoría y la realidad pueden diferir significativamente debido a la complejidad del sistema distribuido subyacente que se ejecuta sobre un sistema operativo.
- Para asegurar que las métricas se calculen correctamente: (1) hemos de medir cuidadosamente el tiempo de ejecución (evitando problemas con operaciones vagas en Spark); (2) deberíamos establecer un caso base significativo con un tamaño de conjunto de datos apropiado, de modo que la sobrecarga de Spark no sea el factor dominante en los cálculos; (3) debemos verificar que los recursos del sistema sean suficientes para los experimentos planificados; (4) deberíamos repetir múltiples veces los experimentos y calcular el tiempo de ejecución promedio.

¿Quieres aprender más?

Hasta donde sabemos, no existen fuentes que discutan en detalle los diferentes enfoques para diseñar soluciones de big data para machine learning. Sin embargo, hay algunos artículos de investigación donde estos métodos podrían haber sido utilizados o mencionados brevemente:

- **Tutorial sobre el diseño de soluciones de big data** (Ramírez, 2018). Es importante tener en cuenta que la definición de «global» y «local» no es exactamente la misma que utilizamos en este libro, ya que no consideramos que los enfoques globales sean exactos (dado que pueden estar limitados), ni que los modelos locales se refieran a aproximaciones.

Si deseas obtener más información sobre la implementación basada en enfoques globales de árboles de decisión:

- **Documentación de Spark[10]:** Recomendamos consultar la documentación de Spark para aprender más sobre la solución basada en un enfoque global.
- **Artículos de investigación relacionados con la implementación de árboles de decisión en MLlib:** PLANET (Panda, 2009), YGGDRASIL (Abuzaid, 2016).

Puede que te preguntes si la solución basada en enfoques globales para árboles de decisión en MLlib es la única existente. Existen algunos artículos de investigación que han buscado mejorar esta implementación, especialmente en el uso de árboles de decisión dentro de Random Forest, o que los han utilizado para desarrollar soluciones con mejor rendimiento:

- **Artículos que mejoran los árboles de decisión o Random Forests para big data en Spark:** *ReForeSt: Random Forests en Apache Spark* (Lulli, 2017), *Parallel Random Forest on Spark* (Chen, 2017), *Rotation Forest for big data* (JuezGil, 2021), *Fuzzy Decision Trees* (Segatori, 2018).

[10] https://archive.apache.org/dist/spark/docs/3.3.0/ml-classification-regression.html#decision-tree-classifier.

Hemos introducido tres métricas clave para medir la escalabilidad de algoritmos distribuidos. Algunas de nuestras referencias favoritas sobre escalabilidad son:

- «**Sistemas de bases de datos paralelas**» (DeWitt, 1992)**:** Una referencia clásica que introduce conceptos de aceleración y aumento de escala.
- «**Evaluación de la escalabilidad de sistemas distribuidos**» (Jogalekar, 2000)**:** Otro clásico para profundizar en las métricas de escalabilidad en sistemas distribuidos.

Es fácil encontrar algunos artículos de investigación que exploran el rendimiento de MLlib; uno de ellos es el siguiente:

- «**Evaluación del rendimiento de algoritmos de clasificación en Spark**» (Hai, 2017)**:** Este artículo evalúa las implementaciones de Random Forest y Naive Bayes utilizando las mismas métricas que hemos introducido en este libro.

Solución a los retos

Reto #1

Dado que ya hemos construido el modelo localmente y la variable modelos almacena una lista de árboles de decisión de la biblioteca scikit-learn, necesitamos elaborar una función llamada predice_conjunto(). Esta función debe ser compatible con mapPartitions. En consecuencia, en lugar de recibir una única instancia como parámetro, deberá procesar un conjunto de instancias. Así, podemos iterar sobre cada una de las instancias del conjunto y realizar una predicción con cada modelo, generando, de este modo, una lista doble de predicciones: una predicción para cada instancia y para cada modelo.

```
def predice_conjunto(ejemplos):
    return [[m.predict([ejemplo[:-1]])[0] for m in modelos]\
            for ejemplo in ejemplos]
```

Si lo probamos tomando el primer elemento de ese RDD:

```
test_rdd.mapPartitions(predice_conjunto).take(1)
```

```
[['suspenso', 'suspenso', 'suspenso']]
```

Ahora podemos realizar la agregación utilizando la misma función agregar_predicciones de antes.

```
test_rdd.mapPartitions(predice_conjunto).map(agregar_predicciones).take(4)
```

```
['suspenso', 'suspenso', 'aprobado', 'aprobado']
```

¿Deberíamos compararlo con el tiempo necesario para usar map en su lugar?

```
%time test_rdd.mapPartitions(predice_conjunto).map(agregar_predicciones).
collect()[:5]
```

```
CPU times: user 3.73 ms, sys: 2.46 ms, total: 6.19 ms
Wall time: 28.9 ms
```

```
['suspenso', 'suspenso', 'aprobado', 'aprobado', 'aprobado']
```

```
%time test_rdd.map(predice).map(agregar_predicciones).collect()[:5]
```

```
CPU times: user 2.41 ms, sys: 1.36 ms, total: 3.77 ms
Wall time: 22.3 ms
```

```
['suspenso', 'suspenso', 'aprobado', 'aprobado', 'aprobado']
```

Uno podría haber pensado que usar mapPartitions() sería más rápido que usar map(). En el capítulo 4, vimos un ejemplo en el que calculábamos el promedio de una lista de números, mostrando que al precomputar las cosas en cada partición, ahorraríamos tiempo. En aquel caso, mapPartitions() reducía la cantidad de datos enviados entre los trabajadores (de la fase de map a la fase de reduce). No obstante, en este caso, no reducimos la cantidad de datos enviados a través de la red, ya que solo transformamos cada instancia de prueba en su predicción mediante dos transformaciones estrechas. Por tanto, al final, estamos realizando casi lo mismo y no obtenemos mucha ventaja al usar mapPartitions() en esta situación.

Reto #2

Hemos logrado obtener una precisión de aproximadamente 0.9545 con el modelo local. Utilizando los mismos datos, vamos a crear un pipeline para construir un árbol de decisión con MLlib.

```
from pyspark.ml.feature import VectorAssembler
caracteristicas_entrada = entrenamiento_df.columns
caracteristicas_entrada.remove('Clasificación')
caracteristicas_entrada
```

```
['Ej01', 'Ej02', 'Ej03', 'Ej04', 'Proyecto']
```

```
assembler = VectorAssembler(inputCols=caracteristicas_entrada,\
                            outputCol="features")
```

Como MLlib no acepta cadenas como características de salida, debemos transformarlas utilizando StringIndexer.

```
from pyspark.ml.feature import StringIndexer

indexador_etiquetas = StringIndexer(inputCol='Clasificación',
                             outputCol='Clasificación_indice')

# Esta importación es para evitar sobrescribir DecisionTreeClassifier de sklearn

import pyspark.ml.classification as spark_ml

dt = spark_ml.DecisionTreeClassifier(labelCol='Clasificación_indice',
        featuresCol='features')
```

Ahora estamos listos para construir y ajustar el pipeline:

```
from pyspark.ml import Pipeline

pipeline = Pipeline(stages=[assembler, indexador_etiquetas, dt])

modelo_pipeline = pipeline.fit(entrenamiento_df)
```

Transformamos el conjunto de test y lo evaluamos empleando el evaluador de clasificación multiclase:

```
prediccion = modelo_pipeline.transform(test_df)
prediccion.select('Clasificación_indice','prediction').show(4)
```

```
+--------------------+----------+
|Clasificación_indice|prediction|
+--------------------+----------+
|                 1.0|       0.0|
|                 0.0|       0.0|
|                 0.0|       0.0|
|                 0.0|       0.0|
+--------------------+----------+
only showing top 4 rows
```

```
acc_evaluator = MulticlassClassificationEvaluator(
    metricName="accuracy",
    labelCol="Clasificación_indice",
    predictionCol="prediction",
)
acc_evaluator.evaluate(prediccion)
```

```
0.8636363636363636
```

En este caso, el modelo global implementado en MLlib ha obtenido un peor resultado que el modelo local. Pero, ¿por qué está sucediendo esto? ¿Se debe únicamente a la comparación entre global y local? Bueno, no necesariamente; pueden existir varias razones por las cuales los resultados pueden diferir. Si recordamos lo anterior, realmente ejecutamos el árbol de decisión de scikit-learn en todos los datos (que equivaldría a un modelo global), y el resultado de 0.9090. Entonces, ¿por qué la versión global de MLlib está funcionando peor en este caso? Para empezar, los hiperparámetros pueden haberse configurado de manera distinta. Por ejemplo, la profundidad máxima se estableció en 2 al utilizar la biblioteca scikit-learn, mientras que empleamos el valor predeterminado para MLlib, que es 5. Además de eso, podrían existir algunas diferencias sutiles entre las implementaciones de scikit-learn y MLlib que podrían influir en los resultados.

Pasemos a explorar qué sucedería al cambiar el número de particiones en el modelo global. Llevaremos a cabo un experimento rápido variando el número de particiones:

```
particiones = [2, 4, 8, 16]

for i in particiones:
    train_df_repartition = entrenamiento_df.repartition(i).cache()
```

```
    # Modelo global
    modelo_pipeline = pipeline.fit(train_df_repartition)
    prediccion = modelo_pipeline.transform(test_df)
    print(
        f"Acierto del modelo global con "
        f"{i} particiones: {acc_evaluator.evaluate(prediccion)}"
    )
```

```
Acierto del modelo global con 2 particiones: 0.8636363636363636
Acierto del modelo global con 4 particiones: 0.8636363636363636
Acierto del modelo global con 8 particiones: 0.8636363636363636
Acierto del modelo global con 16 particiones: 0.8636363636363636
```

Como probablemente esperabas, con un enfoque global el resultado es siempre el mismo, independientemente del número de particiones. Pero, ¿qué sucederá con el modelo local? ¿Podemos llevar a cabo el mismo análisis?

```
for i in particiones:
    # Modelo local
    entrenamiento_rdd = entrenamiento_df.rdd.repartition(i).cache()

    modelos = entrenamiento_rdd.mapPartitions(construir_modelo).collect()
    prediccion_local = test_rdd.map(transform).toDF()
    prediccion_num = prediccion_local.select(
        (prediccion_local["Clasificación"] == "aprobado")
        .cast("double").alias("Clasificación_indice"),
        (prediccion_local["raw_prediction"] == "aprobado")
        .cast("double").alias("prediction"),
    )

    print(
        f"Acierto del modelo local con "
        f"{i} particiones: {acc_evaluator.evaluate(prediccion_num)}"
    )
```

```
Acierto del modelo local con 2 particiones: 0.9545454545454546
Acierto del modelo local con 4 particiones: 0.9545454545454546
25/03/17 13:16:34 ERROR Executor: Exception in task 3.0 in stage 73.0 (TID 1200)
...
```

Nos damos cuenta de que el conjunto de datos de juguete que estamos utilizando en este capítulo es tan pequeño que, al superar las cuatro particiones, pueden aparecer particiones vacías. Esto provoca un error al construir el modelo. Podemos verificar fácilmente que este es el problema:

```
entrenamiento_rdd.mapPartitions(lambda p: [len(list(p))]).collect()
```

```
[10, 10, 7, 0, 0, 0, 10, 10]
```

Podemos observar que la partición no es uniforme, lo cual provoca que nuestra función construir_modelo falle. Por supuesto, podríamos haber previsto esto dentro de nuestra función para que funcionara adecuadamente, pero no podíamos dar por sentado que una partición estará vacía en análisis de big data.

Reto #3

Como no estamos interesados en medir el tiempo de ejecución, podríamos hacer esto con un programa independiente o directamente en el Notebook de Jupyter. De hecho, en el reto anterior, ya hicimos esto en el Notebook utilizando ese pequeño conjunto de datos. El objetivo de este reto era que nos familiarizáramos con la creación de programas independientes y observáramos el impacto de cambiar el número de particiones en un conjunto de datos del mundo real. El script completo con nuestra solución está disponible en el material suplementario en 07-MLbig/codigo/performance-localDT.py.

¿Cuáles son los cambios clave necesarios en el script de Python para hacer esto?

- Para empezar, vamos a medir el rendimiento de clasificación, así que necesitamos incluir las funciones para hacer predicciones y agregarlas (es decir, predice, agregar_predicciones y transform). Ten en cuenta que codificamos la función agregar_predicciones para trabajar con las clases «aprobado» vs. «suspenso», y eso necesita ser cambiado. También codificamos la posición de la etiqueta en predice, así que no olvidemos cambiar esto de acuerdo con el conjunto de datos. Finalmente, tenemos que añadir algunas importaciones también (por ejemplo, from pyspark.sql import Row).
- Necesitamos añadir el código para dividir los datos en conjuntos de entrenamiento y test. La repartición solo es necesaria para el entrenamiento_rdd, ya que sabemos que para la fase de test, el resultado no cambiaría si dividimos aún más el test (solo aceleraría el procesamiento).
- Deberíamos deshacernos de todos los trucos que hicimos para medir el tiempo de ejecución de manera efectiva. Por ejemplo, había un count() adicional que ya no es necesario, o la función construir_modelo no estaba devolviendo solo el modelo, sino también el tiempo de ejecución.
- Necesitamos registrar la precisión obtenida en el archivo de salida.

Una vez realizados esos cambios, podemos ejecutar el script como hicimos antes. Como no estamos midiendo el tiempo de ejecución, podríamos aumentar el número de particiones a un valor mayor que el número de núcleos disponibles.

```
num_nucleos = [1, 2, 4, 8, 12, 24, 48, 128]
for i in num_nucleos:
    !python code/performance-localDT.py {i} 100 acc_local.csv
```

Puede que hayas notado que no estamos ejecutando esto múltiples veces, ya que en este caso no estamos midiendo el tiempo de ejecución y el algoritmo es determinista. Vamos a leer los resultados y graficar la precisión obtenida con diferentes números de núcleos:

```
resultados = pd.read_csv('acc_local.csv', names=['núcleos', 'pct',
                         'precisión'])
plt.figure(figsize=(5, 4))
plt.plot(resultados['núcleos'], resultados['precisión'], 'k',
         label='Acierto del árbol de decisión Local')
plt.xlabel('Número de núcleos')
plt.ylabel('Acierto (%)')
plt.legend();
```

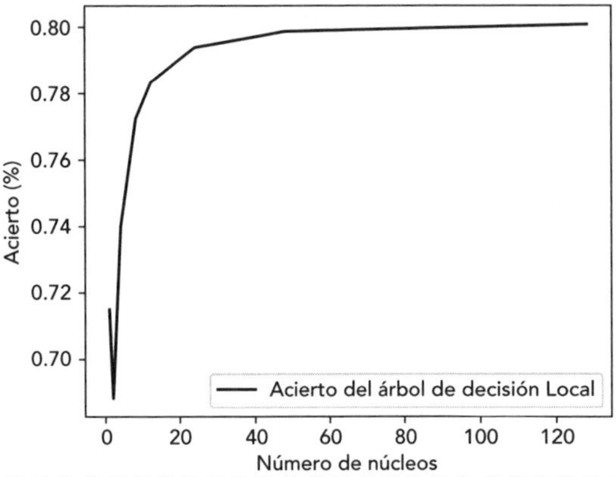

Quizás esto sea una sorpresa. A excepción de la ligera disminución al pasar de 1 a 2 particiones, la precisión no solo no decrece a medida que incrementamos el número de núcleos, sino que, de hecho, está aumentando. En este conjunto de datos en particular, aún no hemos alcanzado un número suficiente de particiones para observar la caída esperada, y lo que vemos en este gráfico es exclusivamente el efecto ensemble. No pudimos ir más allá de 128 particiones debido a limitaciones de memoria.

¿Cómo se compara esto con la precisión del árbol de decisión de MLlib? Hemos creado un nuevo script que está disponible en el material suplementario en 07-MLbig/codigo/performance-globalDT.py. Cabe destacar que una comparación directa puede no ser del todo justa, ya que la implementación del árbol no es exactamente la misma. Hemos fijado la profundidad máxima del árbol en 30, pues esto sería lo más cercano a hacer crecer el árbol «completamente» en la biblioteca scikit-learn. Lo ejecutamos con 12 núcleos, ya que debería ser más rápido y ofrecer el mismo resultado:

```
!python code/performance-globalDT.py 12 100
```

¡Esto es realmente interesante! La precisión (0,7263) es bastante inferior a la de la mayoría de los resultados que hemos obtenido con el modelo local. De hecho, es solo ligeramente superior a la que encontramos con una sola partición. Esto demuestra cómo el efecto ensemble puede ser muy beneficioso en ciertos casos, y el conjunto de datos SUSY es un claro ejemplo de ello.

Reto #4

Tenemos que crear un script similar utilizando el árbol de decisión de MLlib. El script completo con nuestra solución está disponible en el material suplementario en 07-MLbig/codigo/escalabilidad-globalDT.py. Una vez más, debemos recordar realizar un count() y almacenar en caché el DataFrame antes de iniciar el temporizador. Además, para centrarnos únicamente en el tiempo de construcción del modelo, probablemente deberíamos prescindir de las operaciones para crear el VectorAssembler y transformar la etiqueta de clase con StringIndexer. Sin embargo, eso implicaría hacerlo sin pipelines, y consideramos que el coste es despreciable. Así que, en nuestra solución, estamos considerando todas las operaciones para crear un pipeline de entrenamiento como parte de la ejecución. Una vez que el modelo esté ajustado, podemos detener el temporizador.

NOTA

Ten en cuenta que, en esta ocasión, no podemos medir la sobrecarga de Spark de la misma manera que lo hicimos para el modelo local.

Una vez más, para hacer una comparación estricta con el modelo local, probablemente deberíamos permitir que los árboles crezcan hasta la profundidad máxima que permite MLlib (es decir, 30), ya que el modelo local deja que los árboles crezcan todo lo que puedan. Sin embargo, como explicamos antes, cuanto mayor sea la profundidad máxima, más lento se volvería el árbol de decisión de MLlib. Por lo tanto, para este experimento, te mostraremos los resultados con maxDepth = 10.

Para evitar repetir el código al calcular las métricas de escalabilidad y crear los gráficos, simplemente vamos a presentar los resultados que hemos obtenido. No obstante, el código necesario para ejecutar todo y obtener los gráficos está disponible en 07-MLbig/codigo/plot-escalabilidad-global.py. La figura 7.7 muestra todas las métricas de escalabilidad para este experimento.

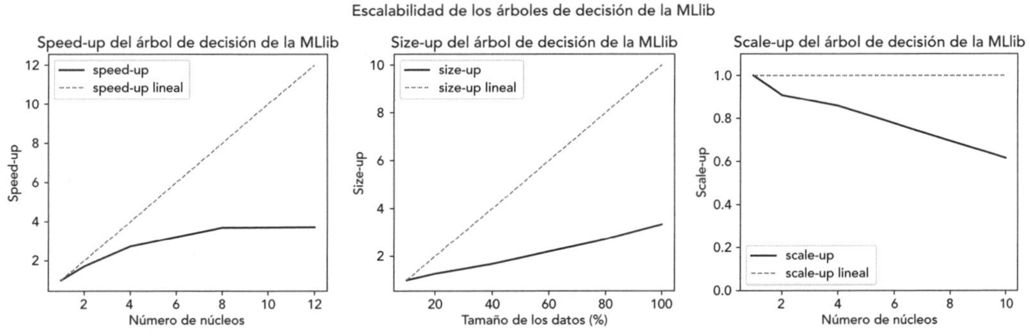

Figura 7.7. Métricas de escalabilidad para los algoritmos de árboles de decisión en MLlib (maxDepth = 10).

Como probablemente esperabas, la escalabilidad del modelo local es mucho mejor que la del global. Si observamos la aceleración, por ejemplo, podemos ver que aumentar el número de núcleos más allá de 8 no parece marcar una gran diferencia. Esto probablemente se deba a la sobrecarga creada por Spark. Es importante tener en cuenta que, si configuráramos maxDepth = 30, podríamos observar resultados aún peores. Dicho esto, un experimento más extenso en un clúster con múltiples nodos de computación podría arrojar resultados diferentes.

Al analizar estos resultados junto con los de la prueba anterior, podríamos pensar que los modelos locales son superiores, ya que escalan mejor y han obtenido mayor precisión. Sin embargo, esto no siempre tiene por qué ser cierto, ya que depende del conjunto de datos que estemos utilizando.

Ejercicios

1. Indica si las siguientes afirmaciones sobre las soluciones de enfoques locales son verdaderas o falsas:
   - ☐ Los resultados obtenidos dependen del grado de paralelización (por ejemplo, el número de particiones).
   - ☐ La fase de test puede volverse muy lenta si dividimos el conjunto de datos de entrenamiento en un gran número de particiones.
   - ☐ Generan un único modelo al final de la fase de construcción.
   - ☐ No se benefician del efecto ensemble como lo hacen los modelos globales.

2. ¿Podemos siempre diseñar una solución local para cualquier algoritmo de machine learning existente? Explica tu respuesta utilizando uno o más ejemplos.
3. Indica si las siguientes afirmaciones sobre las soluciones de enfoques globales son verdaderas o falsas:
   - ☐ Los enfoques globales suelen crear un único modelo.
   - ☐ La fase de prueba no ocurre en paralelo.
   - ☐ El número de particiones no afecta el rendimiento de precisión/error, pero sí cambia el tiempo de ejecución requerido.
   - ☐ El comportamiento del método es más cercano a la versión secuencial, pero puede venir con características limitadas.

4. Ejecutamos el árbol de decisión de la MLlib en un conjunto de datos relativamente pequeño y obtenemos un resultado bastante diferente al conseguido utilizando la biblioteca scikit-learn. Explica brevemente por qué podría estar pasando esto.
5. La premisa del big data es que al utilizar más datos se pueden obtener mejores modelos. Con esto en mente, ¿qué tipo de enfoque, local o global, esperaríamos que lograra los mejores resultados? Explica por qué y proporciona un ejemplo en el que tener más datos pueda no ser útil.

6. Explica por qué la implementación basada en global de árboles de decisión en Spark es iterativa en lugar de recursiva.
7. Estás utilizando tu propio ordenador para ejecutar la regresión logística de MLlib y la estás probando en modo pseudodistribuido (es decir, opción local[*]). Compruebas la precisión y estás satisfecho con ella, sin embargo, tarda tres días en entrenar el modelo. Si utilizaras un clúster «real» de nodos de computación (por ejemplo, 10 nodos), ¿esperarías que la precisión se mantuviera igual?
8. Después del experimento anterior, decidimos implementar nuestra propia solución local para la regresión logística. Explica brevemente cómo se diseñarían las fases de entrenamiento y test.
9. Usando los mismos datos que en el ejercicio 7, ejecutas tu solución local en tu propio ordenador en modo pseudodistribuido (es decir, opción local[*]), ¿también esperarías tardar alrededor de tres días en entrenar un modelo? Al probarlo en el «clúster» real, ¿esperarías que la precisión se mantuviera igual? Explica brevemente tus respuestas.
10. Imagina un problema de clasificación desbalanceada en el que hay alrededor de 1000 instancias positivas (clase minoritaria) y 2 millones de instancias negativas (clase mayoritaria). ¿Podríamos aplicar un enfoque local para abordar este problema? Si es así, explica brevemente cómo lo harías. De lo contrario, indica por qué no sería adecuado.
11. En lugar de utilizar la biblioteca scikit-learn, queremos construir un modelo local utilizando MLlib. Hemos logrado producir el siguiente código para LinearRegression:

```
rdd = sc.textFile("mlbig-dataset.csv")

def construir_modelo(ejemplos):
    from pyspark.ml.regression import LinearRegression
    # transformar el iterador a pandas
    partition_data_df = pd.DataFrame(ejemplos,\
                                     columns = columnas)

    df = spark.createDataFrame(partition_data_df)
    lr.fit(df)
    ...

rdd.mapPartitions(construir_modelo)
```

Sin embargo, esto parece no funcionar. Explica por qué y, si puedes, encuentra una solución para ello.

12. Queremos construir un modelo local que realice la fase de test directamente. Luego tendremos que agregar los resultados después de mapPartitions(), pero por ahora, hemos logrado producir el siguiente código:

```
# Leemos un archivo en formato CSV como un DataFrame
df = spark.read.csv("datos.csv")
```

```
entrenamiento, test = df.randomSplit([0.8, 0.2]) # dividir en entrenamiento y
prueba
# definimos una función que recibe dos argumentos,
# una partición de los datos de entrenamiento y la prueba.
def mi_metodo_ml(particion, test):
    # este método utiliza la biblioteca sklearn para ajustar
    # un modelo y tiene como objetivo predecir la prueba
# usamos esta función dentro de `mapPartitions`
entrenamiento.rdd.mapPartitions(lambda particion: mi_metodo_ml(particion, test))
```

Sin embargo, esto parece no funcionar. Explica por qué y proporciona una solución para ello. Ten en cuenta que la salida de la función randomSplit() son dos DataFrames de Spark, entrenamiento y test.

13. Indica si las siguientes afirmaciones sobre las medidas de escalabilidad son verdaderas o falsas:
    - ☐ La complejidad de un algoritmo es un factor importante al analizar la escalabilidad de una solución distribuida.
    - ☐ Si analizamos la escalabilidad de una solución en modo pseudodistribuido, podemos obtener una evaluación pesimista de la solución.
    - ☐ Para calcular estas métricas no tenemos que usar grandes conjuntos de datos, podríamos hacerlo con conjuntos pequeños.
    - ☐ Siempre necesitamos poder ejecutar una versión secuencial del algoritmo (es decir, utilizando 1 núcleo) para establecer un caso base significativo.

14. La escalabilidad de una solución de big data en un entorno real puede verse afectada por varios factores. Describe brevemente cuáles son las principales advertencias que debemos tener en cuenta para medir correctamente la escalabilidad.
15. Hemos implementado nuestra propia solución global para el algoritmo de árbol de decisión. La hemos probado en un clúster real con un conjunto de datos de 10 millones de instancias y hemos obtenido los siguientes resultados.

Tamaño del conjunto de datos	1 núcleo	2 núcleos	4 núcleos	8 núcleos
10 %	25	15	10	6
20 %	55	32	22	13
40 %	140	72	44	26
80 %	250	130	90	54
100 %	325	170	120	65

Calcula la aceleración, el aumento de tamaño y el aumento de escala, y discute si los resultados son los esperados o no.

8

Implementación de modelos clásicos: k-means y regresión lineal

Resultados de aprendizaje:

- Diseñar y analizar enfoques globales [CC, HI].
- Implementar algoritmos tradicionales de machine learning en big data con un enfoque global [HI, CPP].

Hemos aprendido dos enfoques distintos para diseñar soluciones de machine learning para big data: enfoque local y enfoque global. El primero es una estrategia simple de divide y vencerás que nos permite aprovechar implementaciones de machine learning secuenciales existentes y aplicarlas de manera independiente en cada partición de datos. El segundo enfoque requiere conocer bien la técnica que se pretende implementar para poder paralelizar sus operaciones.

En el capítulo anterior, nos centramos en los árboles de decisión como una técnica clásica de clasificación. En este capítulo, queremos abordar técnicas de *clustering* y regresión. Para ello, implementaremos dos métodos tradicionales de machine learning: k-means y regresión lineal, respectivamente. Comenzaremos discutiendo brevemente cómo implementar estos métodos de manera no distribuida, para luego examinar detenidamente los cuellos de botella de estos métodos al trabajar con big data. Esto nos permitirá diseñar soluciones basadas en enfoques globales mediante la API de DataFrames de Spark. Aunque nos centraremos en los principios básicos para diseñar soluciones globales para big data, algunos de los retos de este capítulo te permitirán investigar herramientas específicas de Spark para acelerar aún más el procesamiento.

NOTA

Si lo necesitas, puedes refrescar tus conocimientos o aprender sobre regresión lineal y k-means con las notas de Andrew Ng (Ng, 2012), así como con cualquiera de las referencias de machine learning proporcionadas en la sección «¿Quieres aprender más?».

Clustering k-means

K-means es un algoritmo de aprendizaje no supervisado cuyo objetivo es identificar estructuras y patrones dentro de los datos agrupando la información según su similitud. Agrupar los datos nos permite describirlos y comprenderlos mejor y ha demostrado ser fundamental para tomar decisiones en numerosas aplicaciones del mundo real.

Sin entrar en detalles sobre su función de coste o propiedades de convergencia, presentaremos una descripción intuitiva y de alto nivel de k-means. Supongamos que tenemos un conjunto de datos con un número de instancias o ejemplos para los cuales conocemos varios atributos (por ejemplo, podríamos tener datos de varios pacientes, que serían las instancias, y la información que tenemos sobre ellos serían los atributos). El objetivo de k-means es agrupar esos ejemplos por similitud. De forma muy concisa, el algoritmo k-means funciona de la siguiente manera.

- Comienza inicializando aleatoriamente un número de clústeres `k` predefinido y que corresponde al número de grupos que queremos obtener. Para ello, simplemente se seleccionan aleatoriamente k ejemplos del conjunto de datos, y sus valores definirán los «centroides» de los clústeres. k es en un hiperparámetro del algoritmo k-means. Existen métodos más avanzados que encuentran automáticamente el número más adecuado de clústeres.

- A continuación, necesitamos asignar cada ejemplo del conjunto de datos al centroide más cercano. Para ello, calculamos la distancia (por ejemplo, la distancia euclídea) entre los centroides y todos los ejemplos del conjunto de datos y asignamos cada ejemplo a su centroide más cercano (la distancia más pequeña). Ten en cuenta que esta operación puede ser bastante costosa en términos de tiempo si trabajamos con un conjunto de datos grande.
- El siguiente paso es recalcular los centroides de los clústeres. Después de haber asignado temporalmente cada ejemplo del conjunto de datos a un centroide (elegido inicialmente al azar), ahora podemos «refinar» esos centroides calculando el valor medio de todos los ejemplos que pertenecen a un clúster.

Sin embargo, eso no sería el fin del algoritmo. Necesitamos repetir los dos últimos pasos durante un número de iteraciones hasta que los centroides «se estabilicen», es decir, hasta que no se desplacen (o al menos no mucho) de una iteración a la siguiente. Cuando eso sucede, decimos que el algoritmo ha convergido y ha encontrado los centroides. A continuación, presentamos un breve pseudocódigo:

```
1   Inicializar k centroides
2   Repetir hasta la convergencia:
          2.1 Asignar cada ejemplo al centroide más cercano.
          2.2 Recalcular cada centroide como el promedio
          de los ejemplos asignados al centroide.
```

Para ilustrar el uso de k-means, utilizaremos los mismos datos que en el capítulo anterior con las notas de los estudiantes. En lugar de diferenciar entre clases predefinidas, como aprobado o suspenso, el objetivo del *clustering* es identificar diferentes grupos de estudiantes que muestran un rendimiento similar en los diferentes ejercicios y proyectos. Comencemos la sesión de Spark y leamos los datos:

```
from pyspark.sql import SparkSession
import pyspark.sql.functions as sql_f

spark = SparkSession \
    .builder \
    .master("local[*]") \
    .appName("Capítulo 8: ejemplos") \
    .getOrCreate()

sc = spark.sparkContext
from pyspark.sql.types import *
```

```
esquema = StructType(
```

```
    [
        StructField("Ej01", FloatType(), True),
        StructField("Ej02", FloatType(), True),
        StructField("Ej03", FloatType(), True),
        StructField("Ej04", FloatType(), True),
        StructField("Proyecto", FloatType(), True),
        StructField("Pr1", FloatType(), True),
        StructField("Pr2", FloatType(), True),
        StructField("Pr3", FloatType(), True),
        StructField("Pr4", FloatType(), True),
        StructField("Examen", FloatType(), True),
        StructField("Total", FloatType(), True),
    ]
)
df = spark.read.format('csv').option("header", 'true')\
            .schema(esquema).load("datos/calificaciones.csv")

df = df.drop('Pr1','Pr2','Pr3','Pr4','Examen','Total')
```

Veamos la forma de nuestro DataFrame y algunos de los ejemplos:

```
df.printSchema()
```

```
root
 |-- Ej01: float (nullable = true)
 |-- Ej02: float (nullable = true)
 |-- Ej03: float (nullable = true)
 |-- Ej04: float (nullable = true)
 |-- Proyecto: float (nullable = true)
```

```
df.show(4)
```

```
+-----+-----+-----+----+--------+
| Ej01| Ej02| Ej03|Ej04|Proyecto|
+-----+-----+-----+----+--------+
|100.0| 85.0| 80.0|70.0|    80.0|
|100.0| 85.0| 80.0|90.0|    93.0|
|100.0|100.0| 85.0|30.0|    70.0|
| 95.0| 95.0|100.0|55.0|    87.0|
+-----+-----+-----+----+--------+
only showing top 4 rows
```

En el algoritmo k-means se utiliza la distancia euclídea para calcular la similitud entre ejemplos (aunque se podrían emplear otras métricas de distancia). Por esta razón, es habitual normalizar el conjunto de datos, para que, al calcular las distancias entre ejemplos, no existan características que contribuyan más al resultado que otras, debido a su magnitud. Aunque en nuestro conjunto de datos todas las características están en el rango [0, 100], es una buena práctica en el *clustering* aplicar una normalización min-max. Para ello, necesitaremos crear primero el VectorAssembler:

```
caracteristicas = df.columns
from pyspark.ml.feature import VectorAssembler

assembler = VectorAssembler(inputCols=caracteristicas, outputCol="features")

df = assembler.transform(df)
```

Después de crear la columna con las características, podemos deshacernos del resto de las columnas.

```
df = df.drop('Ej01','Ej02','Ej03','Ej04','Proyecto')
```

Finalmente, aplicamos el MinMaxScaler de MLlib a la columna features y se crea una nueva columna scaled_features:

```
from pyspark.ml.feature import MinMaxScaler

norm_min_max = MinMaxScaler(inputCol="features", outputCol="características
normalizadas")
modelo_min_max = norm_min_max.fit(df)
df = modelo_min_max.transform(df)
df.show(3, truncate=False)
```

```
+----------------------------+------------------------------------------------+
|features                    |características normalizadas
|
+----------------------------+------------------------------------------------+
|[100.0,85.0,80.0,70.0,80.0] |[1.0,0.625,0.6363636363636364,0.701,0.8]|
|[100.0,85.0,80.0,90.0,93.0] |[1.0,0.625,0.6364,0.9,0.93]             |
|[100.0,100.0,85.0,30.0,70.0]|[1.0,1.0,0.7272,0.3,0.701]   |
+----------------------------+------------------------------------------------+
only showing top 3 rows
```

Como ahora queremos trabajar con las características normalizadas, podríamos seleccionar solo esa columna y renombrarla como features:

```
df = df.select(df['características normalizadas'].alias('features'))
df.show(3, truncate=False)
```

```
+---------------------------------------------------------+
|features                                                 |
+---------------------------------------------------------+
|[1.0,0.625,0.6363636363636364,0.7000000000000001,0.8]|
|[1.0,0.625,0.6363636363636364,0.9,0.93]                  |
|[1.0,1.0,0.7272727272727273,0.3,0.7000000000000001]  |
+---------------------------------------------------------+
only showing top 3 rows
```

Ahora estamos preparados para implementar el algoritmo k-means. Esta técnica es tan sencilla que, en lugar de utilizar la biblioteca scikit-learn, vamos a programarla nosotros mismos en Python antes de ver cómo paralelizarla con Spark.

Implementación secuencial

Para implementar k-means con Python, usaremos la biblioteca numpy para manipular nuestros datos. Vamos a traernos el DataFrame anterior al *driver* y convertirlo en un *array* de numpy:

```
import numpy as np

datos_brutos = df.collect()

# sin squeeze obtenemos un array de 3 dimensiones
datos = np.array(datos_brutos).squeeze()
datos[:3]
```

```
array([[1.        , 0.625     , 0.63636364, 0.7       , 0.8       ],
       [1.        , 0.625     , 0.63636364, 0.9       , 0.93      ],
       [1.        , 1.        , 0.72727273, 0.3       , 0.7       ]])
```

NOTA

Hemos utilizado la función «squeeze()» para no tener demasiados arrays anidados. Al traer los datos desde el DataFrame, obtenemos una lista de «Rows», cada una de las cuales contiene un «DenseVector». Si forzamos esto a un «np.array()», se crearía un array de listas dobles, las cuales se eliminan con esta función.

Ahora que hemos preparado los datos, vamos a definir nuestra función de k-means. Pero primero, implementaremos una función para calcular la distancia euclídea, que utilizaremos a lo largo de esta sección. Para simplificar, hemos optado por mantener la raíz cuadrada en el cálculo de la distancia euclídea, aunque realmente no es imprescindible para k-means, ya que encontrar el centroide más cercano no se vería afectado si usáramos la distancia al cuadrado.

```
def distancia(a, b, axis=1):
    return np.sqrt(np.sum((a - b)**2, axis=axis))
```

Es posible que hayas notado que hemos incluido un parámetro adicional axis, el cual nos permite: (1) calcular la distancia total entre dos matrices o *arrays* (cuando axis es None); o (2) calcular las distancias entre cada fila de una matriz y un *array* (axis = 1), que es el comportamiento predeterminado que necesitamos.

```
def kmeans(X, k, umbral=0.001, semilla=12345):

    # Fijar la semilla aleatoria
    np.random.seed(semilla)

    # Elegir aleatoriamente k ejemplos de los datos de entrenamiento
```

```
    centroides = X[np.random.permutation(X.shape[0])[:k], :]

    convergido = False
    while not convergido:

        #  Paso 1: Asignar cada ejemplo a su centro más cercano
        distancias = np.zeros((X.shape[0], centroides.shape[0]))
        for i in range(centroides.shape[0]):
            distancias[:, i] = distancia(X, centroides[i])
        # Almacenar el índice del clúster más cercano para cada instancia
        c_cercano = np.argmin(distancias, axis=1)

        # Paso 2: Crear nuevos centroides
        nuevos_centroides = np.zeros((centroides.shape[0], centroides.shape[1]))
        for i in range(centroides.shape[0]):
            nuevos_centroides[i, :] = np.mean(X[c_cercano == i, :], axis=0)

        # Paso 3: Comprobar si hemos convergido
        # Calcular la diferencia entre los nuevos centroides y los anteriores
        diff = distancia(nuevos_centroides, centroides, axis=None)
        if diff < umbral:
            convergido = True
        else:
            centroides = nuevos_centroides

    return centroides, c_cercano
```

Primero, inicializamos los centroides mediante la selección de filas aleatorias de X. A continuación, iniciamos un bucle para optimizar su posición. En este bucle, el primer paso consiste en asignar cada ejemplo a su centroide más cercano. Para ello, calculamos la distancia euclídea entre todos los elementos de los datos y cada centroide. Observa cómo esto genera una matriz de distancias que utilizamos para identificar el centroide más cercano, empleando el argmin de esa matriz. Tras esto, el segundo paso consiste en calcular los nuevos centroides como el valor medio de los ejemplos que han sido asignados al mismo índice de clúster. Por último, para determinar si el algoritmo ha convergido, calculamos la diferencia entre los centroides actuales y los nuevos. Si esta diferencia es mínima (por debajo de un umbral dado), el algoritmo se detendrá; de lo contrario, continuará reasignando los ejemplos a su centroide más cercano.

Fijaremos el número de clústeres que queremos encontrar en k=2.

```
k = 2
centroides, c_cercano = kmeans(datos, k)
centroides
```

```
array([[0.525     , 0.45      , 0.5       , 0.6225    , 0.679     ],
       [0.90853659, 0.75304878, 0.74944568, 0.79268293, 0.80853659]])
```

Aunque tenemos un problema de cinco dimensiones, podríamos intentar representar gráficamente el resultado del *clustering* usando solamente dos de sus características. Por ejemplo, si seleccionamos «Ej02» y «Proyecto» para visualizar los datos junto con los centroides resultantes, obtendríamos algo como esto:

```
import matplotlib.pyplot as plt

plt.figure(figsize=(5, 4))
plt.scatter(datos[c_cercano==0, 1], datos[c_cercano==0, 4],
           c='lightgray', marker='o', s=100, label='Clúster 1')
plt.scatter(datos[c_cercano==1, 1], datos[c_cercano==1, 4],
           c='dimgray', marker='+', s=100, label='Clúster 2')
plt.scatter(centroides[0, 1], centroides[0, 4], marker='o',
           c='k', s=400, label='Centroide del clúster 1')
plt.scatter(centroides[1, 1], centroides[1, 4], marker='x',
           c='k', s=400, label='Centroide del clúster 2')
plt.legend(loc='lower right', markerscale=0.5);
plt.show()
```

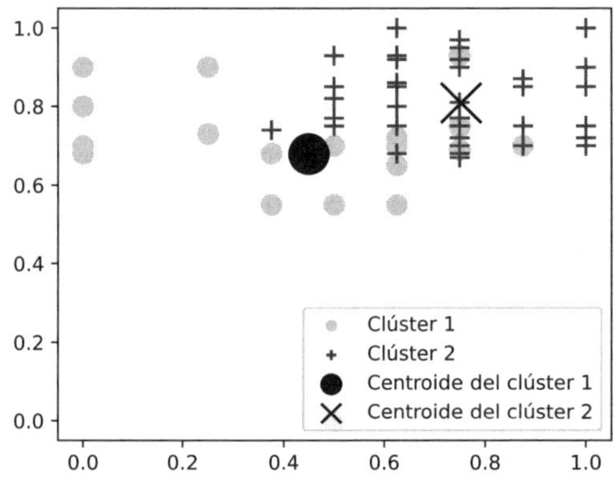

Esta implementación simple funciona muy bien. Pero, ¿cuál sería el problema si tenemos un conjunto de datos grande? ¿Cuál es el principal cuello de botella del algoritmo k-means? De forma intuitiva podríamos pensar que la limitación principal parece estar en el número de cálculos de distancia que necesitamos realizar en cada iteración del bucle. Además, recalcular los centroides también requeriría paralelización, ya que esto implica calcular el promedio de muchas muestras (¡lo cual sería muy similar a lo que aprendimos en el capítulo 4 para calcular el promedio de una lista de elementos!). Entonces, ¿cómo distribuimos k-means con Spark?

Implementación distribuida

K-means es un algoritmo bastante eficiente. Si nos fijamos en su complejidad, podemos ver que es $O(n \cdot d \cdot k \cdot i)$, donde n representa el número de ejemplos, d, el número de características, k, el número de grupos e i, el número de iteraciones. Este método requiere calcular la distancia euclídea de los k centroides contra todo el conjunto de datos para asignar cada ejemplo de entrenamiento a su centro más cercano, y esto puede convertirse en su talón de Aquiles. En esta sección, diseñaremos una solución paralela que tiene como objetivo permitir que k-means aborde conjuntos de datos con un gran número de instancias n, ya que, en la mayoría de los casos prácticos, este será el factor principal que incrementa el tiempo necesario para ejecutar k-means.

NOTA

Se podría argumentar que, en algunos escenarios, el número de características también puede ser elevado. Sin embargo, esto no solo significaría un cálculo más lento, sino que la distancia calculada se vería afectada por la «maldición de la dimensionalidad», por lo que se deberían considerar otras estrategias.

Teniendo esto en cuenta, pensemos cuidadosamente en cómo podríamos implementar k-means en paralelo. Si tenemos un conjunto de datos $X = (x^{(1)}, \ldots, x^{(m)})$, es probable que el número de instancias m sea grande. Distribuiremos esos m ejemplos a través de varias máquinas, leyéndolos como un DataFrame de Spark. De hecho, eso ya lo hemos hecho. El principal reto está en calcular el centroide más cercano para cada uno de los elementos de ese DataFrame (paso 1). Por suerte, esto se puede realizar en paralelo siempre que tengamos los centroides disponibles en cada nodo trabajador para este cálculo. El conjunto de centroides, $C = (c^{(1)}, \ldots, c^{(k)})$, estará compuesto por un pequeño número de ejemplos, k, que son fácilmente manejables en memoria. Por ello, podemos mantenerlos en el *driver* y transmitirlos (cada vez que los actualizamos) a los trabajadores para calcular el centroide más cercano a cada elemento del DataFrame en paralelo.

Una vez que hayamos determinado el centroide más cercano a cada instancia de los datos de entrenamiento, el paso 2 consiste en agrupar esas instancias con el mismo índice de clúster y calcular su valor medio. De hecho, ya hemos visto diversas maneras de realizar agregaciones con DataFrames.

El bucle principal repetirá los pasos 1 y 2, lo que significa que necesitaremos acceder repetidamente a los datos para recalcular los centroides. Por lo tanto, será fundamental almacenar en caché nuestro DataFrame. La figura 8.1 presenta una visión general de esta solución distribuida y muestra cómo, en el primer paso, asignamos a cada instancia de los datos un centroide más cercano (representado como el índice del clúster), y esas instancias que pertenecen al mismo clúster se agrupan para crear los nuevos centroides (que deben ser traídos nuevamente al driver y *transmitidos*, mediante *broadcast*, a todos los trabajadores en la siguiente iteración).

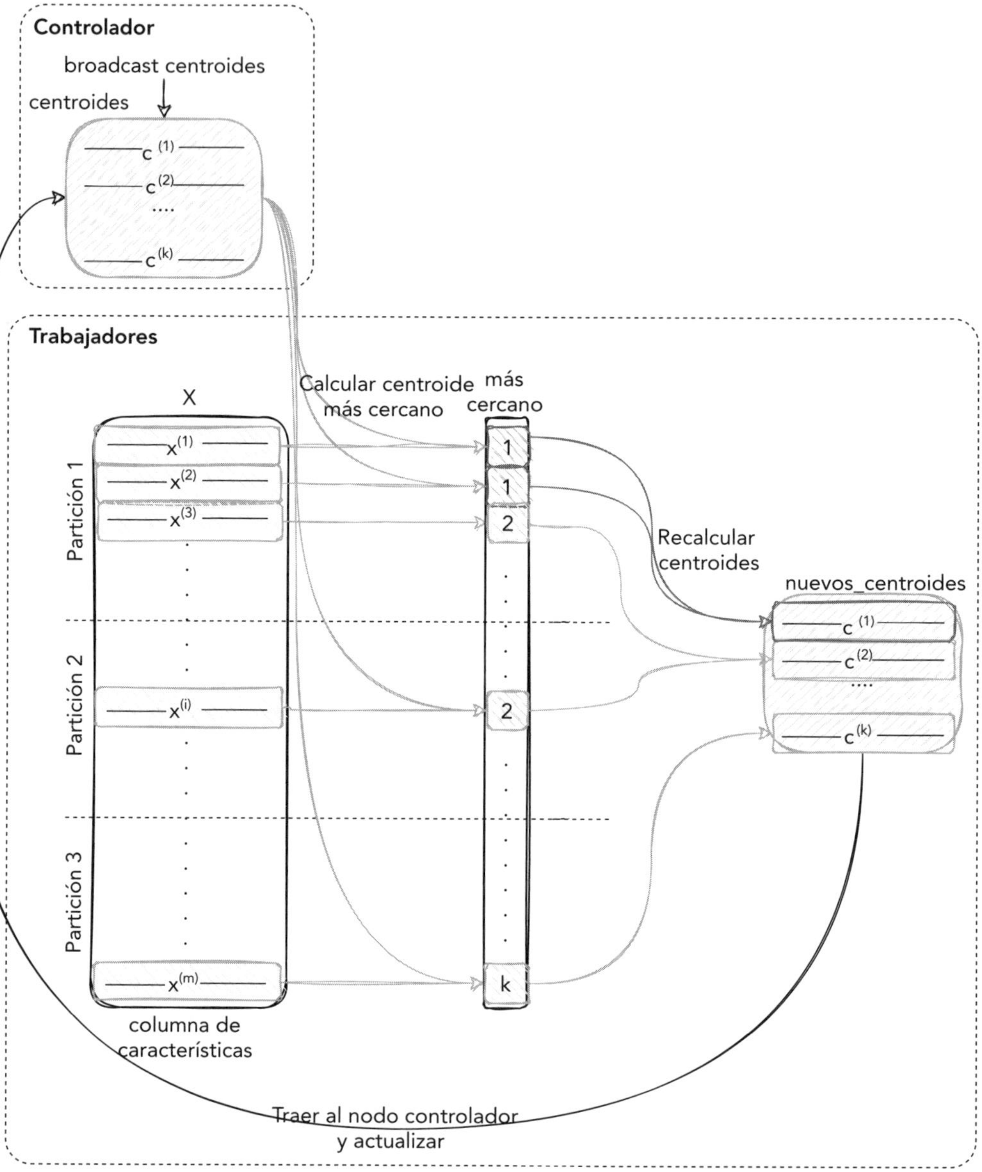

Figura 8.1. Flujo de trabajo de k-means con DataFrames de Spark. En este ejemplo, las instancias 1 y 2 se asignan al clúster 1, la instancia «i» al clúster 2 y la última instancia al clúster 3.

¿Cambiaría el resultado obtenido con este diseño si variamos el número de particiones del DataFrame? Por supuesto que no, hemos hecho un diseño global. De hecho, sería una réplica exacta del algoritmo original y el número de particiones que utilizamos no influirá en el resultado final. Así que, aquí tenemos una solución global muy sencilla e intuitiva. Por desgracia, no va a ser tan fácil para todos los métodos de machine learning, pero este es un buen ejemplo de simplicidad y rendimiento.

¡Pongámonos manos a la obra e implementémoslo! Lo primero que no queremos olvidar es almacenar en caché los datos de entrenamiento, porque vamos a iterar sobre ellos en múltiples ocasiones.

```
df = df.cache()
```

Una vez en caché, lo que necesitamos hacer es elegir aleatoriamente k centroides iniciales a partir del DataFrame con los datos. Como se mencionó antes, los centroides son un número muy limitado de ejemplos, por lo que podemos mantenerlos en la memoria principal. Sin embargo, necesitamos que estén disponibles para todos los trabajadores. Por lo tanto, llevaremos esos centroides al nodo controlador para luego enviarlos a los trabajadores.

Para ello, utilizaremos una transformación llamada sample en el DataFrame. Esta función nos permite obtener una fracción aleatoria del conjunto de datos y la fracción debe estar en el rango [0.0, 1.0]. Por desgracia, la función no garantiza que se proporcione exactamente la fracción especificada del total de elementos del DataFrame. Esto no supone un gran problema, ya que podemos emplear la función limit() para obtener exactamente k elementos. Sin embargo, debemos asegurar que la fracción sea lo suficientemente grande como para obtener al menos k elementos. En este ejemplo, seleccionaremos una fracción del 5 % de los datos (que en nuestro conjunto de datos corresponde a aproximadamente 3-4 instancias) y nos quedaremos con dos.

```
centroides = df.sample(fraction=0.05, seed=123456).limit(2).collect()
centroides
```

```
[Row(features=DenseVector([0.125, 0.875, 0.3636, 0.25, 0.7])),
 Row(features=DenseVector([0.625, 0.25, 0.4545, 0.0, 0.73]))]
```

Ahora mismo, centroides es una lista de objetos de tipo Row. Como hemos utilizado la MLlib anteriormente para normalizar los datos, cada elemento de la columna «features» es de tipo DenseVector. Dado que vamos a calcular distancias entre estos vectores densos y cada DenseVector dentro de las columnas de características, necesitamos transformar estos elementos en *arrays* «adecuados». Para ello, podemos hacer uso nuevamente de np.array y la función squeeze().

```
centroides = np.array(centroides).squeeze()
centroides
```

```
array([[0.125     , 0.875     , 0.36363636, 0.25      , 0.7       ],
       [0.625     , 0.25      , 0.45454545, 0.        , 0.73      ]])
```

En este ejemplo en particular, los centroides son pequeños y podrían utilizarse como una variable global. No obstante, considerando que podrían ser más y aumentar el tamaño, se los transmitiremos a todos los nodos trabajadores mediante *broadcast*:

```
centroides_bc = sc.broadcast(centroides)
```

Ahora que tenemos los centroides accesibles desde cualquier lugar, el siguiente paso es asignar todos los elementos de df a su centroide más cercano. Lamentablemente, Spark no ofrece una función específica que realice esta tarea de forma sencilla. Por lo tanto, necesitamos definir una función UDF, centroide_mas_cercano, que transforme una instancia dada en el índice de su centroide más cercano. En la implementación secuencial, creamos una matriz de distancias que contenía las distancias entre todos los datos y los centroides. En esta versión distribuida, aplicaremos esta operación de forma individual. Para cada instancia del DataFrame, calcularemos su distancia respecto a todos los centroides y devolveremos el índice del más cercano.

```
centroide_mas_cercano = sql_f.udf(
    lambda x: int(np.argmin(distancia(centroides_bc.value, x)))
)
```

Podemos aplicar esa UDF a df para añadir una nueva columna con el índice:

```
df_cercano = df.withColumn('mas_cercano', centroide_mas_cercano('features'))
df_cercano.show(4)
```

```
+--------------------+-----------+
|            features|mas_cercano|
+--------------------+-----------+
|[1.0,0.625,0.6363...|          1|
|[1.0,0.625,0.6363...|          1|
|[1.0,1.0,0.727272...|          1|
|[0.875,0.875,1.0,...|          1|
+--------------------+-----------
```

Lo último que nos queda por hacer ahora es recalcular la posición de los centroides en función de la columna mas_cercano. Para lograrlo, debemos agregar todos esos DenseVectors que comparten el mismo centroide más cercano. Para facilitar esta tarea, podemos utilizar una función de Spark MLlib llamada Summarizer.[1] Esta herramienta nos permite calcular agregaciones (como la media, el mínimo, el máximo, etc.) sobre columnas de Vector de MLlib.

```
from pyspark.ml.stat import Summarizer

nuevos_centroides_df = df_cercano.groupBy("mas_cercano").agg(
    Summarizer.mean(sql_f.col("features"))
)
```

1 https://archive.apache.org/dist/spark/docs/3.3.0/api/python/reference/api/pyspark.ml.stat.Summarizer.html.

ADVERTENCIA:

Hay que tener en cuenta que «groupBy» y «Summarizer» son transformaciones amplias y provocan cierto tráfico en la red. No obstante, debido a la forma en que se realizan las agregaciones, es posible efectuar agregaciones parciales en cada trabajador antes de enviar la información a través de la red (¿recuerdas los combiners?), lo cual las hace muy eficientes.

Echemos un vistazo a los nuevos centroides:

```
nuevos_centroides_df.show(truncate=False)
```

```
+-----------+-------------------------------------------------------------+
|mas_cercano|mean(features)                                               |
+-----------+-------------------------------------------------------------+
|0          |[0.6422414, 0.7887931, 0.6645768, 0.7827586, 0.7437931]      |
|1          |[0.9101562, 0.5312500, 0.6704545, 0.6953125, 0.7862500]      |
+-----------+-------------------------------------------------------------+
```

De ese DataFrame, solo nos interesan los nuevos centroides (columna mean(features)), que debemos traer al nodo controlador. De nuevo, collect() nos proporciona una lista de filas, que convertimos en *arrays* de numpy.

```
centroides = np.array(
    nuevos_centroides_df.select("mean(features)").collect()
).squeeze()
centroides
```

```
array([[0.64224138, 0.7887931 , 0.6645768 , 0.78275862, 0.7437931 ],
       [0.91015625, 0.53125   , 0.67045455, 0.6953125 , 0.78625   ]])
```

NOTA

Puede que hayas notado que usamos «collect()» con bastante frecuencia en esta implementación paralela. Antes mencionamos que, en general, no es una buena idea y solo debería emplearse cuando estamos seguros de que los datos que se envían al driver son muy pequeños. Esta es una de esas excepciones, dado que la cantidad de clústeres debe ser un conjunto muy reducido de números.

¡Y eso es todo! Tenemos todos los elementos de este rompecabezas. Ahora podemos ponerlo en un bucle y continuar actualizando los centroides hasta que converjamos. Vamos a crear una función similar a la anterior, pero que tome un DataFrame de Spark con una columna «features» como DenseVector:

```
def kmeans_distribuido(df, k, fraccion, umbral=0.001, semilla=12345):

    # Fijar la semilla aleatoria
    np.random.seed(semilla)
```

```
    # Elegir aleatoriamente k ejemplos de los datos de entrenamiento
    centroides = df.sample(fraction=fraccion, seed=semilla).limit(k).collect()
    # Convertirlos en arrays de np:
    centroides = np.array(centroides).squeeze()

    convergido = False
    while not convergido:

        # Transmitir los centroides actuales
        centroides_bc = sc.broadcast(centroides)

        #  Paso 1: Asignar cada ejemplo a su centro más cercano
        centroide_cercano = sql_f.udf(
            lambda x: int(np.argmin(distancia(centroides_bc.value, x)))
        )
        df_cercano = df.withColumn("mas_cercano", centroide_cercano("features"))

        # Paso 2: Crear nuevos centroides
        nuevos_centroides_df = df_cercano.groupBy("mas_cercano").agg(
            Summarizer.mean(sql_f.col("features"))
        )

        # Traer los centroides agregados al nodo controlador
        # y convertirlo a arrays de numpy
        nuevos_centroides = np.array(
            nuevos_centroides_df.select("mean(features)").collect()
        ).squeeze()

        # Paso 3: Comprobar si hemos convergido
        # Calcular la diferencia entre los nuevos centroides
        # y los anteriores
        diff = distancia(nuevos_centroides, centroides, axis=None)

        if diff < umbral:
            convergido = True
        else:
            centroides = nuevos_centroides

    return centroides, df_cercano
centroides, c = kmeans_distribuido(df, k, fraccion=0.05)
```

NOTA

Ten en cuenta que, debido a la forma en que funciona la función «sample» con DataFrames, necesitaríamos algún conocimiento previo sobre el tamaño del conjunto de datos para determinar la fracción apropiada de los datos que necesita ser muestreada para asegurarnos de obtener «k» elementos. Podríamos calcular esto de antemano, calculando el número total de elementos en «df».

Veamos los centroides que hemos encontrado:

```
centroides
```

```
array([[0.91032609, 0.69293478, 0.73715415, 0.77717391, 0.79913043],
       [0.39166667, 0.53333333, 0.45454545, 0.61333333, 0.66466667]])
```

¡Oh, estos no son los mismos centroides! ¿Por qué ocurre esto? ¿No habíamos dicho que estamos implementando una réplica exacta del algoritmo k-means original? Así es, lo estamos haciendo correctamente. Sin embargo, aunque estamos utilizando las mismas semillas, la forma en la que obtenemos los centroides iniciales no es exactamente la misma. Esto significa que el punto de partida para k-means no es el mismo. Si encontráramos una manera de asegurar que los centroides iniciales sean idénticos, entonces los centroides finales también lo serían.

RETO #1

El k-means es un buen ejemplo de algoritmo que se puede paralelizar de forma directa con la filosofía de MapReduce. Por lo tanto, nos gustaría que pensaras en cómo implementarlo mediante pares clave-valor, y que implementes una solución global usando la API de RDD de Spark en lugar de DataFrames. A continuación, compara la eficiencia de ambas implementaciones.

Regresión lineal

La implementación global del algoritmo k-means no ha presentado demasiados retos, salvo por la distribución de los cálculos de distancias y la actualización de los centroides. Ahora queremos diseñar una solución global para la regresión lineal, lo que requiere de algunas consideraciones adicionales para implementarla de manera efectiva en big data.

La regresión lineal es uno de los algoritmos más simples y clásicos dentro del aprendizaje automático. No obstante, con una correcta ingeniería de características (por ejemplo, mediante características polinómicas, que están disponibles en MLlib), podemos construir modelos no lineales más complejos.

La premisa básica de la regresión lineal es que la variable objetivo (o de salida) puede modelarse como una combinación lineal de las características de entrada. Esta relación se representa mediante una función $h_\theta(x)$, comúnmente conocida como hipótesis:

$$h_\theta(x) = \theta_0 x_0 + \theta_1 x_1 + \theta_2 x_2 + \theta_3 x_3 + \ldots + \theta_n x_n,$$

donde n representa el número de características de entrada, $x = (x_0, \ldots, x_n)$ es el ejemplo de entrada y $\theta = (\theta_0, \ldots, \theta_n)$ son los parámetros del modelo, también conocidos como pesos o coeficientes. Fíjate que usamos una característica ficticia x_0, que siempre toma el valor 1. Esto simplifica el uso de la notación matricial, la cual es muy común en este contexto. Si definimos x y θ como vectores columna, podemos reescribir $h_\theta(x)$ como:

$$h_\theta(x) = \theta^T x,$$

donde θ^T es la transpuesta de θ.

El reto aquí es cómo aprender los parámetros θ que mejor se ajusten a los datos de entrenamiento. Sin embargo, esto es demasiado abstracto para que una máquina lo comprenda, por lo que necesitamos una manera de definir cuán bien un modelo se ajusta a nuestros datos. Este es el propósito de la función de coste, que por lo general suma la pérdida obtenida para cada ejemplo $(x^{(i)}, y^{(i)})$, donde $x^{(i)}$ representa las características de entrada del ejemplo e $y^{(i)}$ su correspondiente etiqueta u objetivo. En el capítulo anterior, empleamos el error cuadrático medio (RMSE) como métrica en MLlib. En el contexto de regresión lineal, utilizamos el MSE (sin la raíz cuadrada) como función de coste:

$$J(\theta) = \frac{1}{2m} \sum_{i=1}^{m} (h_\theta(x^{(i)}) - y^{(i)})^2,$$

donde $J(\theta)$ es la función de coste para un conjunto de parámetros θ dado, y m representa el número total de ejemplos en nuestro conjunto de datos. Por tanto, en la regresión lineal, medimos el error a través de la diferencia al cuadrado entre la predicción y la salida real para cada ejemplo.

Optar por la diferencia al cuadrado en lugar de, por ejemplo, la diferencia absoluta, no solo facilita la optimización de la función de coste, sino que también hace que los errores más altos tengan un mayor impacto en el coste. Tal vez hayas observado que esta fórmula no es exactamente el MSE, sino la mitad de él, debido al factor 2 en el denominador. Esto únicamente altera la magnitud del error, pero no la forma de la función de coste, de modo que los parámetros óptimos permanecen inalterados, mientras que simplifica las ecuaciones de las derivadas que necesitamos calcular.

Una vez que se ha definido la función de coste, el aprendizaje consiste en encontrar los parámetros θ que la minimizan:

$$\min_\theta J(\theta)$$

Para determinar estos parámetros, consideraremos dos enfoques: la solución analítica (o directa) y el algoritmo de descenso por gradiente. Para cada enfoque, exploraremos si es posible implementar modelos globales en Spark que repliquen de manera exacta los algoritmos originales no distribuidos.

Solución analítica

Algo realmente interesante sobre la función de coste basada en el error cuadrático medio es que esta es continua, derivable y convexa. Por lo tanto, contamos con un único mínimo global, lo que hace que el problema sea relativamente fácil de optimizar. Podemos hallar una solución directa al problema derivando la función de coste con respecto a cada parámetro y luego igualando a cero (consulta las notas de Andrew Ng (Ng, 2012) para aprender más sobre este procedimiento). Siguiendo este proceso, obtenemos la siguiente igualdad:

$$(X^T X)\theta = X^T y,$$

donde X es una matriz que contiene todos los ejemplos (uno por fila, es decir, $m \times (n+1)$) e y es un vector columna con todos los valores objetivo. A partir de ahora, usaremos $d = n + 1$ por simplicidad, de modo que X es una matriz de $n \times d$. A partir de la ecuación presentada, podemos derivar θ de la siguiente manera:

$$\theta = (X^T X)^{-1} X^T y.$$

Esta es conocida como la solución analítica o directa y se puede implementar fácilmente en Python. Veamos un ejemplo antes de continuar con Spark.

Implementación secuencial

Para ilustrar esta sección, comenzaremos creando un conjunto de datos sintético con el objetivo de predecir los precios de casas a partir de su tamaño en metros cuadrados.

```
import matplotlib.pyplot as plt
import numpy as np
import pandas as pd

def gen_precio_casas(n, semilla):
    np.random.seed(semilla)  # Para reproducibilidad
    # Generación de muestra aleatoria (x, y) - (tamaño, precio)
    X = np.random.randint(60, 200, n).reshape(-1, 1)  # tamaño
    # precio en €
    y = 10 + X * 2.5 + np.random.randint(-60, 60, n).reshape(-1, 1)
    # Añadimos la característica ficticia de unos como la primera columna
    X = np.hstack((np.ones((X.shape[0], 1)), X))
    return X, y

X, y = gen_precio_casas(10, semilla=123456)
```

Vamos a representar gráficamente nuestro conjunto de datos.

```
def mostrar_datos(X, y, etiqueta_x, etiqueta_y):
    fig, ax = plt.subplots(figsize=(5, 4))
    # La columna 0 es la característica ficticia, así que pintamos la columna 1
    ax.plot(X[:, 1], y, '+', markersize=8, color='dimgray')
    ax.set_xlabel(etiqueta_x)
    ax.set_ylabel(etiqueta_y)
    return ax

mostrar_datos(X, y, 'Tamaño ($m^2$)', 'Precio (k€)');
```

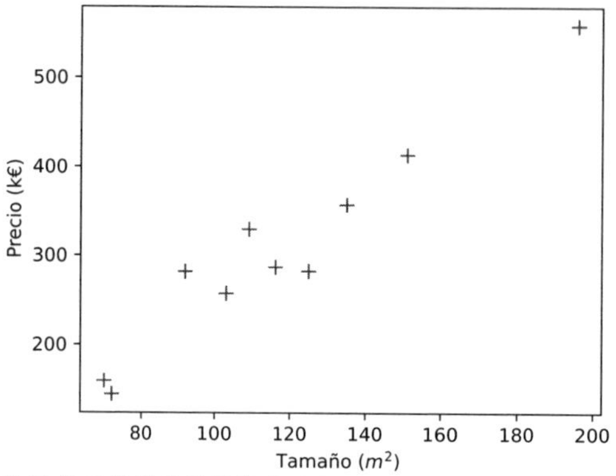

Ahora estamos buscando el mejor conjunto de θ para este conjunto de datos. La solución analítica podría implementarse de la siguiente manera:

```
def solucion_analitica(X, y):
    thetas = np.linalg.pinv(X.T.dot(X)).dot(X.T).dot(y)
    return thetas
```

Si no estás muy familiarizado con numpy, X.T se refiere a la transposición de la matriz X, el método dot implementa la multiplicación de matrices y la función pinv de np.linalg nos permite calcular la pseudoinversa de una matriz.

Ahora, usemos esta función para aprender los parámetros.

```
parametros = solucion_analitica(X, y)
parametros
```

```
array([[-52.39524522],
       [  3.07566506]])
```

¿Podemos comprobar si los parámetros tienen sentido? Representemos gráficamente nuestro modelo sobre el gráfico anterior del conjunto de datos. Para ello, crearemos una función que use los parametros, el objeto donde estamos pintando (ax) y xlim, que se refiere al rango en el que representaremos nuestro modelo.

```
def mostrar_regresion_lineal(parametros, ax, xlim):
    # Crear un conjunto de puntos (ejemplos) en el rango xlim
    X = np.linspace(*xlim).reshape(-1, 1)
    # Añadir la variable ficticia como la primera columna
    X = np.hstack((np.ones((X.size, 1)), X))
    # Calcular la regresión lineal
    y = X.dot(parametros)
    # Pintar el modelo
    ax.plot(X[:, 1], y, linewidth=2, color='black')
    # Añadir algunas anotaciones
```

```
    ax.annotate(r'$h_\theta(x)={:.2f} + {:.2f}x$'\
              .format(parametros[0, 0], parametros[1, 0]),
              (np.min(X[:, 1]), np.max(y)), fontsize=11)
ax = mostrar_datos(X, y, 'Tamaño ($m^2$)', 'Precio (k€)')
mostrar_regresion_lineal(parametros, ax=ax, xlim=(60, 200))
```

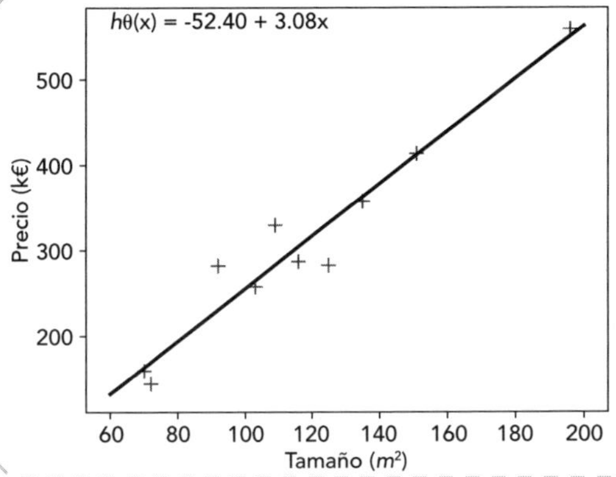

Parece que nuestra implementación de una solución directa funciona adecuadamente. ¿Percibes algún inconveniente con esta solución? Es conocido que las soluciones analíticas pueden tener problemas cuando (X^TX) no es invertible. Este escenario puede ocurrir debido a la presencia de características redundantes (por ejemplo, tener metros cuadrados y pies al cuadrado al mismo tiempo) o porque hay más características que ejemplos, lo que conlleva a que la solución no sea única. Claro que podríamos abordar esta situación eliminando variables o adoptando técnicas de regularización. Sin embargo, en este libro estamos más interesados en los problemas relacionados con el volumen. Por lo tanto, ¿anticipas algún problema si tuviésemos que implementar esto con Spark?

Implementación distribuida

Intentemos responder a esta pregunta (si es que es posible). Para ello, necesitamos calcular la siguiente ecuación en Spark:

$$\theta = (X^TX)^{-1}X^Ty$$

Es importante que pensemos detenidamente cómo hacerlo. Revisemos los pasos necesarios para obtener θ siguiendo la figura 8.2. X es una matriz de $n \times d$ e y tiene un tamaño $m \times 1$. En consecuencia, X^T tendrá un tamaño de $d \times m$. Esto implica que X^TX da como resultado una matriz de $d \times d$ (paso 1), cuya inversa mantendrá esa forma (paso 2). Luego, esta matriz inversa se multiplica por X^T, dando una matriz de $d \times m$ (paso 3), cuyo producto con y finalmente llevará a una matriz de $d \times 1$ (vector columna) con los parámetros θ aprendidos (paso 4). ¿Por qué deberíamos prestar atención a esto? Porque los tamaños de m y d son relevantes en el contexto de big data.

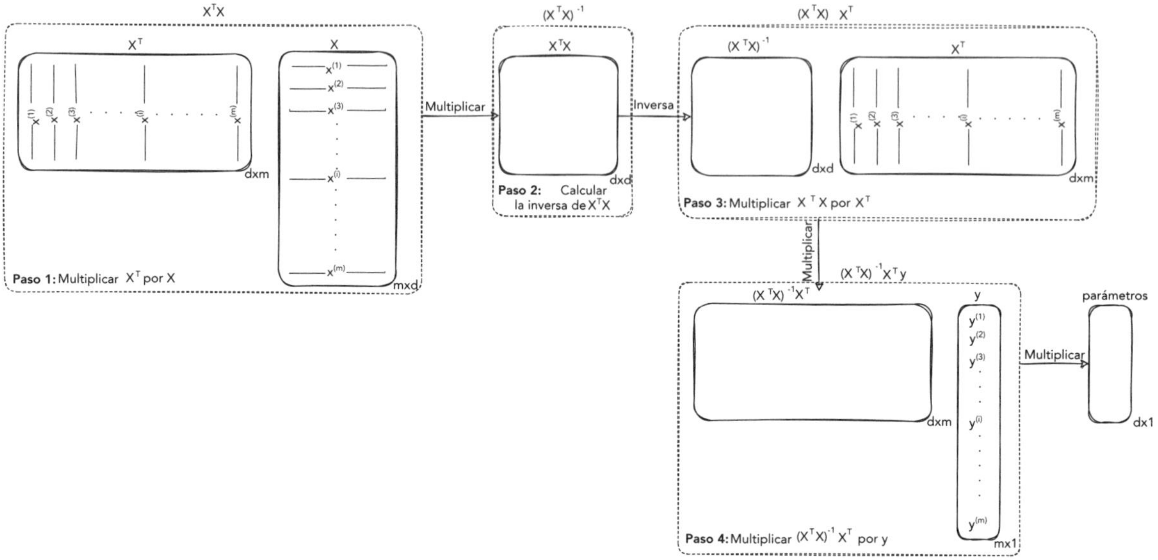

Figura 8.2. Resumen de los cálculos requeridos y las formas de las matrices resultantes en la solución analítica.

Cuando m se vuelve demasiado grande para trabajar con una sola máquina, se hace evidente que utilizaremos un RDD o un DataFrame para almacenar X, distribuyendo los ejemplos entre los distintos nodos trabajadores. Con suficientes recursos, esto no presentará un problema, debido a que la necesidad de recursos escala linealmente con el número de ejemplos (y el X^T también se distribuirá por ejemplos, puesto que, con un m grande, no podemos asumir que una característica cabrá en un solo nodo). Pero, ¿cómo podemos calcular X^TX con la forma que en se distribuyen los datos en Spark?, es decir, con un particionamiento por filas.

Por lo general, el producto entre matrices requiere combinar todas las filas de la primera matriz con todas las columnas de la segunda. Te recomendamos que tomes papel y lápiz para verlo con claridad, utilizando la figura 8.3 como referencia. Para realizar el producto, necesitamos tener acceso a todos los valores de los ejemplos para una característica y combinarlos con todos los valores de las demás características, ¡pero hemos distribuido los datos por ejemplos/filas, no por características! ¿Deberíamos cambiar este enfoque? Tal como mencionamos, cambiarlo no sería una buena idea, por lo que puede que no podamos resolver la solución analítica con Spark, ¿o sí?

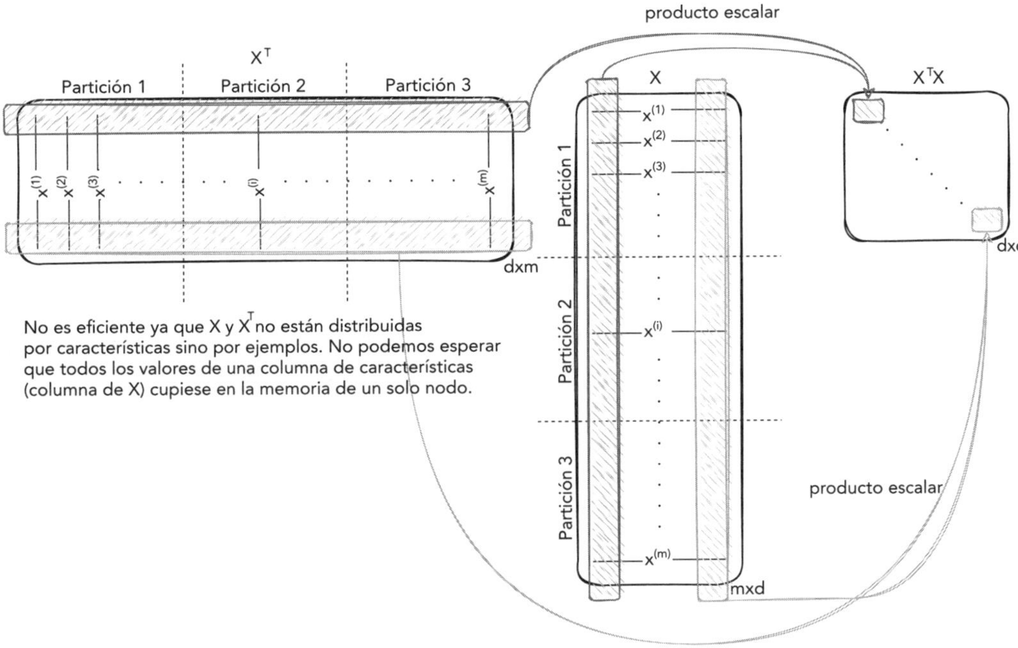

Figura 8.3. Forma tradicional de calcular la multiplicación entre X y X^T con X y X^T distribuidos por ejemplos (filas y columnas, respectivamente) en tres particiones diferentes.

Este es un ejemplo de cómo el big data nos obliga a pensar de manera diferente a la hora de abordar un problema. Por suerte, existen otras formas de realizar la multiplicación de matrices (consultar para más información[2]), aunque no sean tan conocidas. Una de ellas es calcular la multiplicación como la suma de productos externos. Esto implica que podemos realizar la multiplicación de matrices entre cada columna de la primera matriz ($d \times 1$ en nuestro caso) y la fila correspondiente de la segunda matriz ($1 \times d$ en nuestro caso), es decir, el producto externo, y sumar todas las matrices resultantes de $d \times d$ para obtener finalmente la matriz producto de la misma dimensión. Veámoslo primero con dos matrices aleatorias:

$$\boldsymbol{A} = \begin{pmatrix} 1 & 2 & -1 \\ 3 & 4 & 1 \end{pmatrix} \qquad \boldsymbol{B} = \begin{pmatrix} -1 & -3 \\ 4 & 5 \\ 2 & -1 \end{pmatrix}$$

Si realizamos la multiplicación de matrices tradicional con los productos punto de cada fila de A y con cada fila de B, obtendremos:

$$\boldsymbol{AB} = \begin{pmatrix} 5 & 8 \\ 15 & 10 \end{pmatrix}$$

[2] http://mlwiki.org/index.php/Matrix-Matrix_Multiplication.

Sin embargo, podríamos lograr el mismo resultado sumando los productos externos de cada columna de A y la columna correspondiente de B:

$$AB = \begin{pmatrix} -1 & -3 \\ -3 & -9 \end{pmatrix} + \begin{pmatrix} 8 & 10 \\ 16 & 20 \end{pmatrix} + \begin{pmatrix} -2 & 1 \\ 2 & -1 \end{pmatrix} = \begin{pmatrix} 5 & 8 \\ 15 & 10 \end{pmatrix}$$

Fíjate que la primera matriz se obtiene multiplicando la primera columna de A por la primera fila de B, la segunda matriz se obtiene multiplicando la segunda columna de A con la segunda fila de B, y así sucesivamente.

¿Podríamos entonces aplicar esta estrategia a nuestro problema de manera eficiente? Si seleccionamos una columna de X^T y la fila correspondiente de X, comprobaremos que, afortunadamente, estamos utilizando el mismo ejemplo $x^{(i)}$ dos veces y calculando el producto externo de él consigo mismo. ¡Esto es ideal para nuestra estrategia de distribución de datos, ya que solamente necesitamos calcular el producto externo para cada ejemplo consigo mismo y luego sumar todos los productos externos! Esto será suficiente para realizar la multiplicación (la figura 8.4 ilustra esta idea).

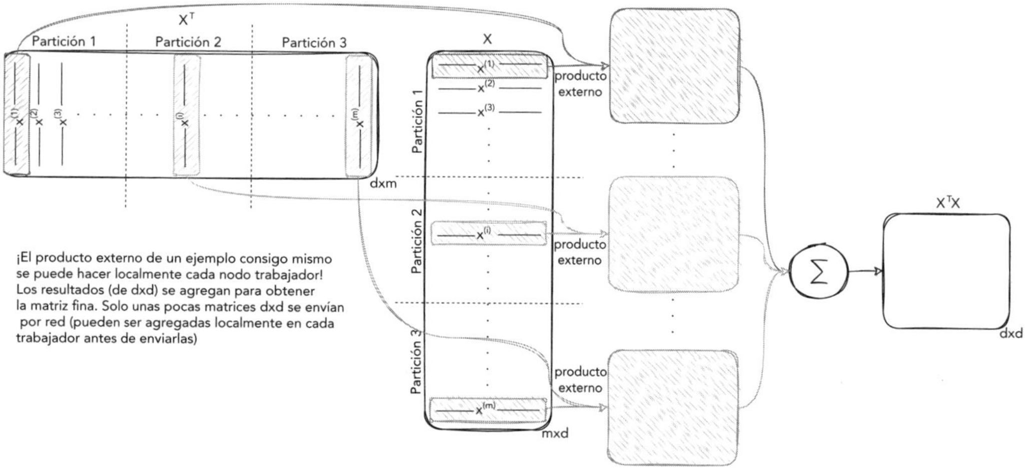

Figura 8.4. Un esquema de cómo calcular $X^T X$ como la suma de productos externos, que se puede realizar eficientemente con el conjunto de datos distribuido por ejemplos.

Por lo tanto, al implementar esto, no tendremos dos copias de X distribuidas como X y X^T, sino que trabajaremos con una única copia de X distribuida por filas. La usaremos para calcular el producto de cada ejemplo consigo mismo. La figura 8.5 muestra esta simplificación. Como es natural, todos estos cálculos se llevarán a cabo en los nodos trabajadores.

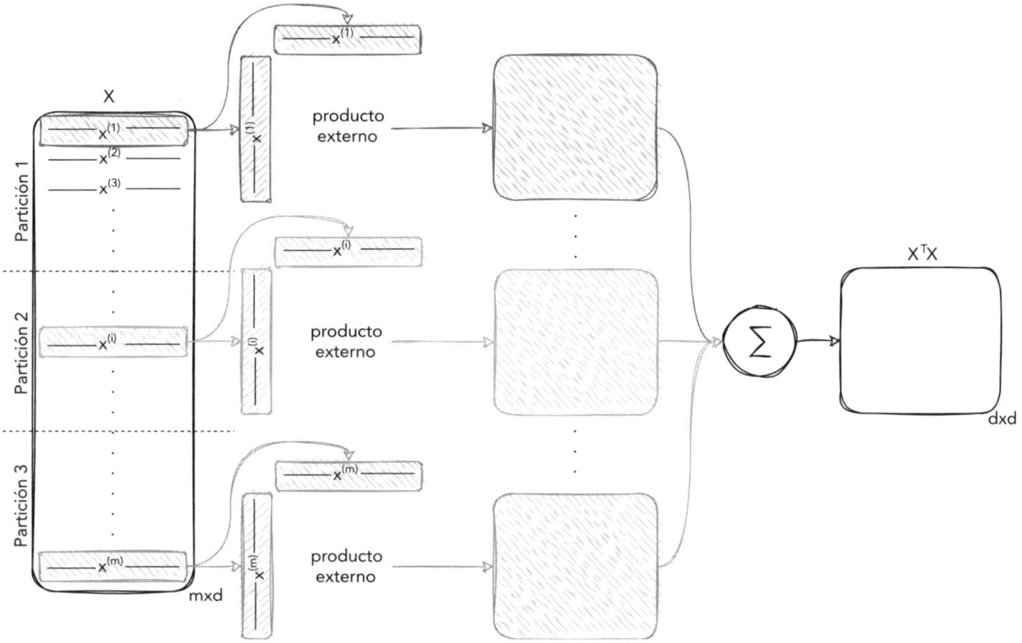

Figura 8.5. Un esquema de cómo se puede distribuir el cálculo de X^TX con una única copia de X distribuida por ejemplos (filas) - (simplificación de la figura 8.4).

NOTA

El problema con esta multiplicación es que el resultado de cada producto externo y la matriz agregada es de tamaño $d \times d$. *Almacenar matrices de* $d \times d$ *podrían convertirse en un problema con valores grandes de* d. *Así que aquí encontramos una de las limitaciones de la solución directa en big data.*

Vamos a implementar esto en Spark adoptando un enfoque global. Aunque programar esto con RDD puede resultar en una solución más intuitiva, en este caso, utilizaremos DataFrames para acostumbrarnos a ellos e intentar beneficiarnos de su mayor rendimiento. Por desgracia, necesitaremos utilizar algunas UDF. Naturalmente, si buscáramos una solución muy eficiente, deberíamos optar por Scala, donde podríamos sacar partido de los Datasets.

NOTA

En lo que sigue, encontrarás algunos trucos de implementación que tienen más relación con Spark que con los conceptos generales de machine learning en big data. Por lo tanto, si usas otra plataforma de big data tendrías que hacer modificaciones significativas, aunque la idea general seguirá siendo la misma.

Vamos a crear un DataFrame que contenga una columna con nuestras características de entrada (de tipo `DenseVector`) y otra columna con la salida objetivo. Utilizar el tipo `Vector` de Spark MLlib para las características nos permitirá realizar operaciones vectorizadas dentro de las UDF.

```
from pyspark.ml.linalg import Vectors
pandas_df = pd.DataFrame(np.hstack((X, y)),\
                         columns=['ficticia', r'$m^2$', 'Precio (k€)'])
df = spark.createDataFrame(pandas_df)
```

Necesitamos añadir la característica ficticia a los metros cuadrados para formar la columna 'features', y posteriormente eliminar las columnas innecesarias. Dado que reutilizaremos el DataFrame en varias ocasiones, no debemos olvidar almacenarlo en caché.

```
assembler = VectorAssembler(inputCols=['ficticia', '$m^2$'],\
                            outputCol='features')
df = assembler.transform(df)
df = df.drop('$m^2$').drop('ficticia')\
     .withColumnRenamed('Precio (k€)', 'label').cache()
df.show(4)
```

```
+-----+-----------+
|label|   features|
+-----+-----------+
|282.5|[1.0,125.0]|
|329.5|[1.0,109.0]|
|287.0|[1.0,116.0]|
|257.5|[1.0,103.0]|
+-----+-----------+
only showing top 4 rows
```

Ahora, debemos centrarnos en la columna 'features' y calcular, para cada ejemplo, el producto externo consigo mismo (recuerda el esquema de la figura 8.5). Nuestras características son de tipo Vector en Spark, así que es importante verificar cómo podemos calcular el producto externo de un Vector consigo mismo antes de crear una UDF.

```
v = Vectors.dense([1, 2, 3])
np.outer(v, v)
```

```
array([[1., 2., 3.],
       [2., 4., 6.],
       [3., 6., 9.]])
```

Hemos utilizado la función outer proporcionada por numpy que calcula el producto externo. Sin embargo, el resultado es un array de NumPy, y no un Vector ni una Matrix. De hecho, existe un tipo de Matrix en Spark MLlib, que podríamos sentirnos tentados a usar. A pesar de ello, no lo utilizaremos ya que la suma de matrices no está todavía implementada en Spark, a diferencia de lo que ocurre con el tipo `Vector`. Por lo tanto, representaremos nuestra matriz en un vector con un formato de orden por filas, lo que significa que las filas de la matriz se concatenan una tras otra en un solo vector (en orden por columnas, las columnas se concatenan). Evidentemente, podremos restaurar la forma original más adelante, ya que conocemos de antemano la dimensión que tendrá la matriz.

Ahora pongamos todo esto en una UDF, para poder aplicarlo a nuestro DataFrame.

```
from pyspark.ml.linalg import VectorUDT
@sql_f.udf(returnType=VectorUDT())
def producto_externo(v):
    return Vectors.dense(np.outer(v, v).ravel())
```

Quizás hayas notado algunos detalles en esta UDF. En primer lugar, hemos empleado lo que se conoce como un decorador en Python (@sql_f.udf). Este nos ayuda a crear un código más conciso y comprensible, ya que le indicamos a Python que tome la función que aparece justo después como una UDF de Spark SQL. En segundo lugar, estamos utilizando VectorUDT como tipo de salida de la UDF, que debemos importar de la MLlib. Esto es necesario para garantizar que la salida sea compatible con DataFrames, dado que no podemos codificar vectores de numpy directamente. Por este motivo, creamos un vector denso antes de devolver nuestra matriz en forma de vector. Finalmente, el método ravel() de numpy nos permite precisamente eso, aplanar la matriz en un vector concatenando todas las filas.

Ahora podemos aplicar esto a nuestro DataFrame y obtener un nuevo DataFrame con los productos externos.

```
outer_product_df = df.select(producto_externo(sql_f.col('features'))\
                             .alias('producto_externo'))
outer_product_df.show(4, truncate=False)
```

```
+-------------------------+
|producto_externo         |
+-------------------------+
|[1.0,125.0,125.0,15625.0]|
|[1.0,109.0,109.0,11881.0]|
|[1.0,116.0,116.0,13456.0]|
|[1.0,103.0,103.0,10609.0]|
+-------------------------+
only showing top 4 rows
```

Recordemos que, aunque las almacenemos como vectores, en realidad son matrices. Esto nos permite emplear de nuevo el Summarizer de la MLlib para calcular agregaciones sobre dichos vectores. Por ejemplo, podemos sumar todos los productos externos, lo que, finalmente, nos proporcionará el resultado de $X^T X$.

```
xtx_df = outer_product_df.agg(Summarizer.\
                              sum(outer_product_df['producto_externo']))
```

Por supuesto, esto sigue siendo un DataFrame, aunque ya sabemos que contiene una única matriz de $d \times d$ almacenada como un vector. Como recordarás, para poder calcular la solución analítica asumimos que d es lo suficientemente pequeño como para caber en un solo nodo, así que lo recopilaremos en el driver (usando first()):

```
xtx = xtx_df.first()[0] # obtener el vector resultante
xtx
```

```
DenseVector([10.0, 1169.0, 1169.0, 149561.0])
```

Para recuperar la forma de la matriz, solo necesitamos un reshape, puesto que podemos trabajar con el tipo Vector de Spark de la misma manera que lo haríamos con numpy.

```
xtx = xtx.reshape(2, 2)
xtx
```

```
array([[1.00000e+01, 1.16900e+03],
       [1.16900e+03, 1.49561e+05]])
```

Hemos reestructurado el vector en una matriz de 2×2. Sería una práctica más adecuada deducir la forma de la matriz, pero dejamos esta tarea para el lector. Siguiendo con nuestras suposiciones, incluso si estuviéramos manejando un conjunto de datos muy grande, mientras el número de características se mantenga bajo, la matriz resultante sería suficientemente pequeña para poder calcular su inversa localmente en el nodo controlador usando numpy. Así, continuaremos con el resto de los pasos distribuyendo la matriz resultante a los trabajadores y realizando las multiplicaciones restantes en paralelo, dejando estos cálculos a cargo de los trabajadores.

NOTA

Como mencionamos previamente, con un d elevado, podríamos enfrentarnos problemas con el almacenamiento de la matriz resultante de $X^T X$. Sin embargo, probablemente los problemas surgirían antes en el cálculo de la matriz inversa, ya que su complejidad aumenta cúbicamente con respecto a d.

```
xtx_inv = np.linalg.pinv(xtx)
xtx_inv
```

```
array([[ 1.15894738e+00, -9.05857465e-03],
       [-9.05857465e-03,  7.74899457e-05]])
```

De nuevo, hemos usado la función linalg.pinv() de numpy para calcular la pseudoinversa de la matriz. Con ella, nos aseguramos de obtener algo equivalente a una matriz inversa, incluso si no existe.

El siguiente paso consiste en multiplicar esta matriz por X^T, sin olvidar que permanece distribuido por columnas (ya que X está distribuido por filas). Teniendo en cuenta las dimensiones, nuestra matriz inversa es de $d \times d$ (con $d = 2$) y X^T es de $d \times m$. Por tanto, su multiplicación resultará en una matriz de $d \times m$ ($2 \times m$). Sabemos que nuestra matriz inversa es lo suficientemente pequeña para caber en una sola máquina, por lo que podemos transmitirla (*broadcast*) a todos los nodos trabajadores y calcular el producto entre ella y cada ejemplo, que es exactamente lo que buscamos. La figura 8.6 representa este paso. Es importante destacar que cada columna de la matriz resultante se obtiene al multiplicar la matriz inversa por cada columna de X^T, ¡lo cual es equivalente a multiplicar por cada ejemplo! De este modo, podemos seguir calculándolo en paralelo, en los trabajadores, para todos los ejemplos. Te sugerimos que lo pienses detenidamente con papel y bolígrafo.

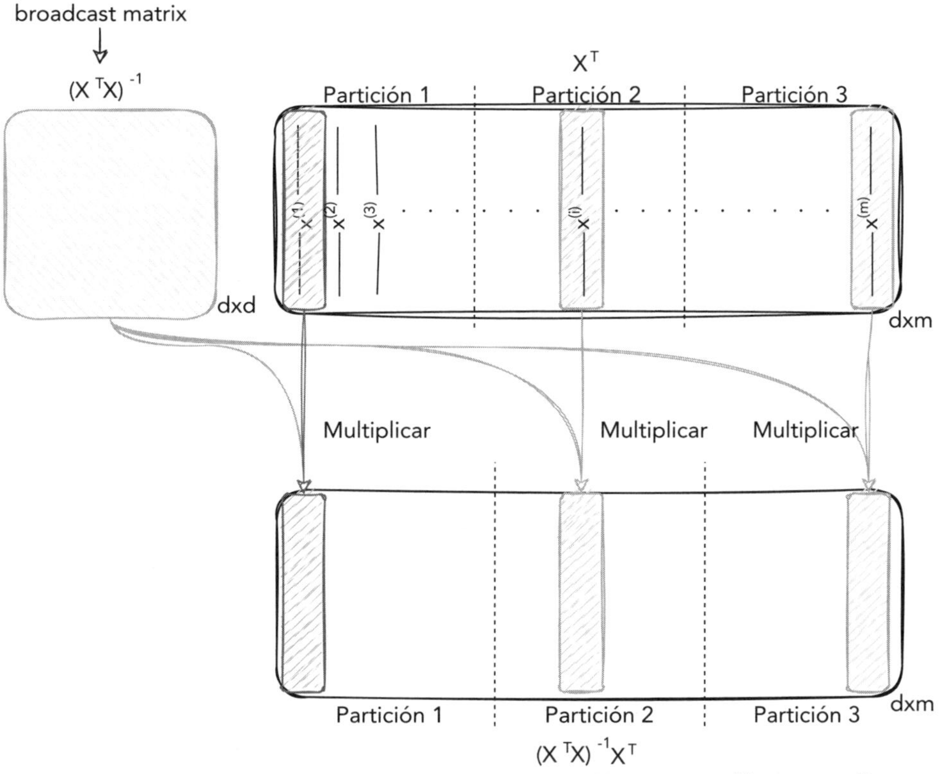

Figura 8.6. Un esquema de cómo realizar la multiplicación de $(X^TX)^{-1}$ por X^T, siendo X^T distribuida por columnas (ejemplos).

Ahora implementemos esto en Spark. Primero transmitiremos nuestra matriz inversa y luego crearemos una UDF para realizar el trabajo.

```
xtx_inv_bc = spark.sparkContext.broadcast(xtx_inv)
@sql_f.udf(returnType=VectorUDT())
def multiplicar_matriz_bc(v):
    return Vectors.dense(xtx_inv_bc.value.dot(v.reshape(-1, 1)))
```

En nuestra UDF, tendremos disponible nuestra matriz inversa, por lo que solo necesitamos realizar el producto matricial con el vector de características correspondiente, v (es necesario reformatear explícitamente el vector como un vector columna para que las dimensiones del producto coincidan correctamente). Esto se llevará a cabo para cada ejemplo en nuestro conjunto de datos.

```
producto_df = df.select(multiplicar_matriz_bc('features')\
                        .alias('producto'), 'label')
producto_df.show(4, truncate=False)
```

```
+-------------------------------------------+-----+
|producto                                   |label|
+-------------------------------------------+-----+
|[0.02662554533552508,6.276685600040861E-4] |282.5|
|[0.1715627397345968,-6.121705708690365E-4] |329.5|
|[0.10815271718500297,-6.974095111204545E-5] |287.0|
|[0.22591418763424875,-0.0010771102449464564]|257.5|
+-------------------------------------------+-----+
only showing top 4 rows
```

Podríamos estar esperando una matriz de $2 \times m$, pero dado que tenemos nuestros datos paralelizados por ejemplos, es decir, los m ejemplos están distribuidos en paralelo, parece que hemos obtenido una matriz de $m \times 2$. Realmente depende de cómo lo miremos. Es mejor pensar que tenemos una matriz distribuida por columnas (como hicimos con X^T).

El último producto que debemos implementar es por y, es decir, la columna 'label' de nuestro DataFrame. De nuevo, si lo vemos con detenimiento (ver figura 8.7), notaremos que solo necesitamos multiplicar cada columna de nuestra matriz, es decir, la fila de la columna 'producto' en nuestro DataFrame, con el valor objetivo correspondiente (columna 'label'). Esta será una operación elemento a elemento que requerirá una agregación posterior.

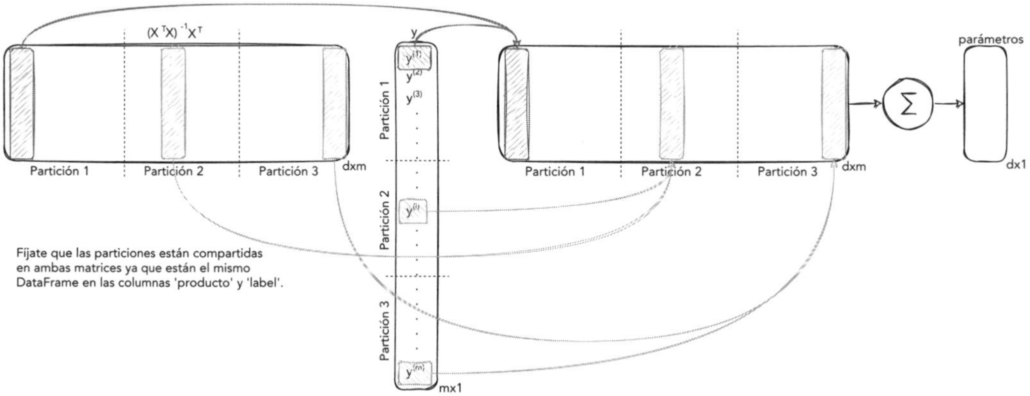

Figura 8.7. Un esquema de cómo realizar la multiplicación de $(X^TX)^{-1}X^T$ por y, siendo y distribuida por filas.

```
@sql_f.udf(returnType=VectorUDT())
def multiplicar(x, y):
    return x * y
parametros_parcial_df = producto_df.select(multiplicar('producto', 'label')\
                                    .alias('parametros_parcial'))
parametros_parcial_df.show(truncate=False)
```

```
+------------------------------------------+
|parametros_parcial                        |
+------------------------------------------+
|[7.521716557285835,0.17731636820115435]   |
|[56.529922742549644,-0.20171020310134752]|
|[31.03982983209585,-0.020015652969157045]|
|[58.172903315819056,-0.27735588807371253]|
|[-86.37907306528673,1.0926353555627475]   |
|[91.80749947697818,-0.5441189005729272]   |
|[-344.6420894389891,3.4263651791187426]   |
|[83.45069702209116,-0.5778502739271909]   |
|[72.96912025667287,-0.5010189927858908]   |
|[-22.865771916092424,0.5014180660059239]  |
+------------------------------------------+
```

Bueno, en realidad no hemos terminado el producto por y, cuyo resultado debería ser de $d \times 1$. El paso final es agregar todas esas filas en una sola sumando todos los vectores. Vamos a utilizar nuevamente el Summarizer:

```
parametros_df = parametros_parcial_df.groupBy().agg(
    Summarizer.sum(parametros_parcial_df["parametros_parcial"])
)
```

Esto seguirá siendo un DataFrame. De hecho, no hemos realizado la última transformación porque aún no hemos aplicado ninguna acción. Dado que ya sabemos que el resultado serán nuestros parámetros θ, podemos activar la ejecución y llevar los resultados al driver utilizando first():

```
parametros = parametros_df.first()[0]
parametros
```

```
DenseVector([-52.3952, 3.0757])
```

¿Es el mismo resultado que con numpy? Vuelve y compruébalo... ¡Sí! Exactamente el mismo que obtuvimos con numpy, pero ahora implementado para conjuntos de datos enormes.

RETO #2

Hemos implementado nuestro propio algoritmo de regresión lineal en pyspark, pero ¿cómo se compara esta solución con la solución de la MLLib? ¿Alcanza el mismo resultado? Si no, ¿podrías explicar por qué?

Descenso por gradiente

Hemos logrado implementar satisfactoriamente la solución analítica en big data, pero aún tendremos problemas con valores de d más elevados. A medida que d aumenta, es necesario explorar otras metodologías para determinar los parámetros de la regresión lineal, ya que calcular la matriz inversa se volverá inabordable. Por lo tanto, nuestra segunda opción es el algoritmo de descenso por gradiente, posiblemente el método de optimización más utilizado en machine learning. Recordemos en qué consiste.

Conceptualmente, el descenso por gradiente es un algoritmo de optimización sumamente sencillo. Comenzamos con valores aleatorios de los parámetros que buscamos optimizar (θ en este caso). Una vez situados en esa posición, observamos la dirección en la que la función de coste se reduce en mayor medida y damos un paso en esa dirección, lo que implica modificar los valores que estamos buscando optimizar. En realidad, esa dirección es opuesta a la que señala el gradiente de la función de coste en ese punto, de ahí el nombre de esta estrategia. De manera esquemática, el algoritmo podría representarse así:

- Asignamos valores aleatorios a $\theta = \{\theta_0, \ldots, \theta_n\}$.
- Repetimos hasta la convergencia (un número determinado de iteraciones o hasta que $|J(\theta_{it}) - J(\theta_{it-1})| < \text{umbral}$).

$$\theta_j = \theta_j - \alpha \frac{\partial J(\theta)}{\partial \theta_j} \qquad \text{para } j = 0, \ldots, n$$

NOTA:

Todos los θ_j deben actualizarse simultáneamente.

Tenemos un hiperparámetro α que controla la magnitud del paso que damos, conocido como el factor (o tasa) de aprendizaje, y es fundamental para que el descenso por gradiente funcione correctamente. Es bien sabido que si usamos un factor de aprendizaje excesivamente grande, corremos el riesgo de divergir y no encontrar el mínimo de la función. Por otro lado, usar una tasa de aprendizaje muy baja podría resultar en una convergencia lenta. La ventaja de la regresión lineal respecto a otros modelos de aprendizaje automático que también emplean el descenso por gradiente, como las redes neuronales, es que con un factor de aprendizaje adecuado, la convergencia está asegurada. Esto se debe a que la función de coste del modelo de regresión lineal es convexa, lo que implica que hay un único mínimo, el mínimo global. No obstante, pueden surgir problemas de convergencia debido a la variabilidad entre los rangos y escalas de las características, dado que generalmente se utiliza el mismo factor de aprendizaje para todas ellas. En este caso, es muy aconsejable normalizar las características antes de aplicar el descenso por gradiente (quizás recuerdes de uno de los retos del capítulo anterior que Spark garantiza esto para la regresión lineal, incluso si no lo has hecho explícitamente).

Otro aspecto clave de la fórmula de actualización es el gradiente ($\frac{\partial J(\theta)}{\partial \theta_j}$), que nos indica la dirección en la que la función aumenta de manera más rápida. Hay que considerar que la regla de actualización va en la dirección opuesta al gradiente (de ahí el uso del signo $-$), ya que estamos intentando minimizarlo.

Para aplicar el descenso por gradiente, solo necesitamos calcular los gradientes de nuestra función de coste, derivando la función de coste con respecto a cada parámetro. Si hacemos esto, llegamos a:

$$\frac{\partial J(\theta)}{\partial \theta_j} = \frac{1}{m}\sum_{i=1}^{m}(h_\theta(x^{(i)}) - y^{(i)}) \cdot x_j^{(i)} \qquad \text{para } j = 0, \ldots, n$$

Por lo tanto, la regla de actualización se definirá como:

$$\theta_j = \theta_j - \alpha\frac{1}{m}\sum_{i=1}^{m}(h_\theta(x^{(i)}) - y^{(i)}) \cdot x_j^{(i)} \qquad \text{para } j = 0, \ldots, n$$

Los gradientes son, en consecuencia, el promedio de los gradientes de cada ejemplo i, calculado como $(h_\theta(x^{(i)}) - y^{(i)}) \cdot x_j^{(i)}$ (esto puede darte una pista de que este trabajo podría hacerse en paralelo). Si ya has trabajado con plataformas como PyTorch o Tensorflow, sabrás que no necesitarías calcular los gradientes de forma manual, pues cuentan con mecanismos de autogradiente que los calculan para cualquier función derivable. Sin embargo, en este caso, es una excelente forma de practicar cómo podemos distribuir su cálculo.

Implementación secuencial

Como hicimos anteriormente con la solución analítica, empezaremos por implementarlo usando numpy antes de intentar distribuirlo con Spark. Continuaremos con nuestro ejemplo de precios de casas. Lo primero que haremos será normalizar la característica de los metros cuadrados usando la media y la desviación estándar para encontrar el mínimo más fácilmente.

```
x = X[:, 1].reshape(-1, 1)
x_norm = (x - x.mean()) / x.std()
x_norm[:3]
```

```
array([[ 0.22547983],
       [-0.21991243],
       [-0.02505331]])
```

Ahora podemos agregar la variable ficticia (que no tiene que estar normalizada).

```
X_norm = np.hstack((np.ones(x_norm.shape), x_norm))
X_norm[:3]
```

```
array([[ 1.        ,  0.22547983],
       [ 1.        , -0.21991243],
```

```
       [ 1.        , -0.02505331]])
```

Ten en cuenta que más adelante necesitaremos transformar las características de entrada antes de pasárselas al modelo o aplicar una transformación a los parámetros θ, de modo que podamos trabajar con el espacio de características original. Resolveremos esto más adelante.

Ahora, implementemos el descenso por gradiente. En el bucle for, también calcularemos el coste mediante el error cuadrático medio, utilizando la biblioteca scikit-learn, para ver cómo evoluciona a lo largo de las iteraciones.

```
from sklearn.metrics import mean_squared_error

def descenso_gradiente_regresion_lineal(X, y, alpha=0.01, num_iters=1500):
    historial_coste = np.zeros(num_iters)

    # Añadimos la característica ficticia a X
    X = np.hstack((np.ones((X.shape[0], 1)), X))

    # Inicializar los parámetros a ceros (podrían ser aleatorios)
    parametros = np.zeros((X.shape[1], 1))

    # Realizar el descenso por gradiente
    for i in np.arange(num_iters):
        # Calcular gradientes y actualizar
        h = X.dot(parametros) # salida del modelo
        # gradientes
        grad = np.mean(X * (h - y), axis=0).reshape(-1, 1)
        parametros = parametros - alpha * grad # regla de actualización

        # Mantener un registro del error
        # Podríamos reutilizar h para ser más eficientes,
        # pero se prioriza la legibilidad
        h = X.dot(parametros) # salida del modelo
        historial_coste[i] = mean_squared_error(y, h)
        print(f'Gradientes = {grad.round(2).ravel().tolist()},\t'
              f'Parámetros = {parametros.round(2).ravel().tolist()}\t'
              f'Coste = {historial_coste[i]:.2f}')

    return parametros, historial_coste
```

Habrás notado que solo necesitábamos dos instrucciones para calcular los gradientes. En primer lugar, calculamos $h_\theta(x^{(i)})$ para cada ejemplo i simultáneamente utilizando numpy, y luego hacemos lo mismo con los gradientes, calculándolos para todos los ejemplos con X * (h - y) para promediarlos después.

Probemos el algoritmo de aprendizaje. Puedes experimentar con diferentes valores para el factor de aprendizaje y el número de iteraciones, aunque nosotros sabemos que los siguientes valores funcionan bien.

```
parametros, historial_coste = descenso_gradiente_regresion_lineal(x_norm, y, 
0.5, 10)
parametros

print(f'Parámetros: {parametros.ravel().round(2)}')
print(f'Último coste: {historial_coste[-1].round(2)}')
```

```
Gradientes = [-307.15, -110.49], Parámetros = [153.57, 55.24]   Coste = 27474.63
Gradientes = [-153.58, -55.24],  Parámetros = [230.36, 82.87]   Coste = 7496.73
Gradientes = [-76.79, -27.62],   Parámetros = [268.76, 96.68]   Coste = 2502.26
Gradientes = [-38.39, -13.81],   Parámetros = [287.95, 103.58]  Coste = 1253.64
Gradientes = [-19.2, -6.91],     Parámetros = [297.55, 107.04]  Coste = 941.49
Gradientes = [-9.6, -3.45],      Parámetros = [302.35, 108.76]  Coste = 863.45
Gradientes = [-4.8, -1.73],      Parámetros = [304.75, 109.63]  Coste = 843.94
Gradientes = [-2.4, -0.86],      Parámetros = [305.95, 110.06]  Coste = 839.06
Gradientes = [-1.2, -0.43],      Parámetros = [306.55, 110.27]  Coste = 837.84
Gradientes = [-0.6, -0.22],      Parámetros = [306.85, 110.38]  Coste = 837.54
Parámetros: [306.85 110.38]
Último coste: 837.54
```

Podemos ver la curva de aprendizaje para asegurarnos que ha convergido.

```
plt.figure(figsize=(5, 4))
plt.plot(np.arange(1, 11), historial_coste, color='black')
plt.ylabel('Coste'); plt.xlabel('Iteraciones');
```

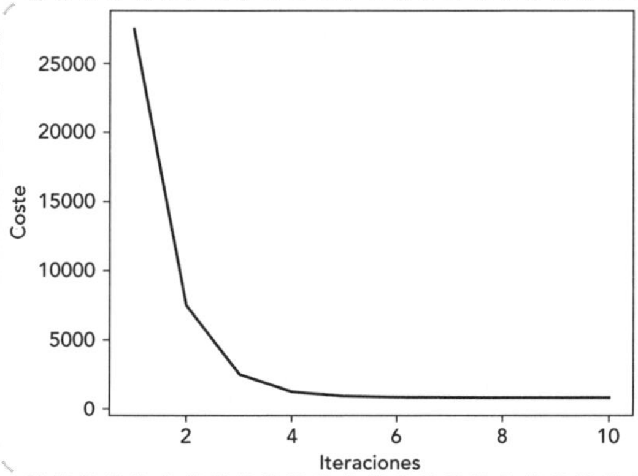

Ahora podemos ver si hay alguna diferencia con el modelo encontrado con la solución analítica.

```
parametros
```

```
array([[306.85004883],
       [110.3804188 ]])
```

¡Estos parámetros no tienen nada que ver con los anteriores! ¿Qué ha pasado? Puede que recuerdes que hemos normalizado las características de entrada, por lo que nuestros parámetros ahora están en una escala diferente, y por tanto, no son comparables. Podríamos visualizar el modelo para comprobar esto, pero necesitaríamos normalizar los datos de entrada o denormalizar nuestros parámetros. Optaremos por la segunda opción, implementando una función para hacerlo:

$$\theta_j = \begin{cases} \theta'_0 - \sum_{i=1}^{n} \theta'_i \frac{\mu_{X_i}}{\sigma_{X_i}}, & j = 0 \\ \frac{1}{\sigma_{X_j}} \theta'_j, & j > 0 \end{cases}$$

Siguiendo la fórmula anterior, el θ_0 se puede denormalizar como:

```
parametros[0] - parametros[1] * x.mean() / x.std()
```

```
array([-52.34407799])
```

Y θ_1 sería:

```
parametros[1] / x.std()
```

```
array([3.07266148])
```

Vamos a poner esto en una función más general que podamos reutilizar más adelante.

```
def denormalizar_parametros(parametros, media, std):
    parametros_denorm = np.zeros(parametros.shape)
    parametros_denorm[0, 0] = parametros[0, 0] - np.sum(
        parametros[1:, :] * media.reshape(-1, 1) / std.reshape(-1, 1)
    )
    parametros_denorm[1:, 0] = parametros[1:, :] / std.reshape(-1, 1)
    return parametros_denorm
parametros_denorm = denormalizar_parametros(parametros, x.mean(), x.std())
parametros_denorm
```

```
array([[-52.34407799],
       [  3.07266148]])
```

¿Recuerdas los valores de los parámetros de la solución analítica? ¡Nos hemos quedado cerca! Si te fijas, verás ligeras diferencias a partir del segundo decimal. Por supuesto, el descenso por gradiente no proporciona una solución exacta, así que estamos satisfechos con esto. Si lo mostrásemos visualmente, apenas notaríamos una diferencia.

Implementación distribuida

Ahora centrémonos en «traducir» esta implementación a una solución global en Spark. Continuaremos utilizando DataFrames y, para empezar, distribuiremos nuestros datos (por simplicidad, distribuiremos los datos normalizados). Solo necesitamos seguir los mismos pasos que antes.

```
pandas_df = pd.DataFrame(np.hstack((X_norm, y)),\
                         columns=['ficticia', r'$m^2$_norm', 'Precio (k€)'])
df = spark.createDataFrame(pandas_df)

# Concatenar la columna ficticia y los metros cuadrados normalizados
assembler = VectorAssembler(inputCols=['ficticia', '$m^2$_norm'],\
                            outputCol='features')
df = assembler.transform(df)

# Eliminar columnas innecesarias y asegurarse de que esté en caché
df = df.drop('$m^2$_norm').drop('ficticia')\
       .withColumnRenamed('Precio (k€)', 'label').cache()

df.show(4, truncate=False)
```

```
+-----+--------------------------+
|label|features                  |
+-----+--------------------------+
|282.5|[1.0,0.2254798291651637]  |
|329.5|[1.0,-0.21991242597590072]|
|287.0|[1.0,-0.025053314351685032]|
|257.5|[1.0,-0.3869345216537999] |
+-----+--------------------------+
only showing top 4 rows
```

Vamos a construir nuestra solución paso a paso, con el fin de paralelizar las operaciones que más tiempo consumen, es decir, el cálculo de los gradientes. La ecuación del gradiente nos indica que calculamos este para cada ejemplo i como $(h_\theta(x^{(i)}) - y^{(i)}) \cdot x^{(i)}$ (donde $\cdot$ representa un producto elemento a elemento, lo que resulta en un vector de gradientes), y luego promediamos estos resultados. Esto es genial porque tenemos el conjunto de datos distribuido por ejemplos. Esto significa que podemos utilizar fácilmente cada ejemplo para calcular sus gradientes correspondientes y posteriormente sumarlos todos. Podremos hacer esto en paralelo para cada ejemplo, ya que tanto $x^{(i)}$ como $y^{(i)}$ son una Row de nuestro DataFrame. La figura 8.8 ilustra esta idea.

Como habrás notado, para calcular los gradientes necesitamos acceder a los parámetros θ del modelo, los cuales serán compartidos por todos los trabajadores. Para lograr esto de manera eficiente, comenzaremos inicializándolos en el nodo del driver y luego hacemos un *broadcast*.

```
parametros = np.zeros((2)) # En este caso usamos un vector fila
parametros_bc = sc.broadcast(parametros)
```

Ahora estamos listos para crear una UDF que calcule los gradientes de un solo ejemplo. Esta devolverá un tipo VectorUDT(), lo que significa que calculamos los gradientes con respecto a todas las características simultáneamente.

```
@sql_f.udf(returnType=VectorUDT())
def gradiente(x, y):
    h = (x * parametros_bc.value).sum()
    return (h - y) * x
```

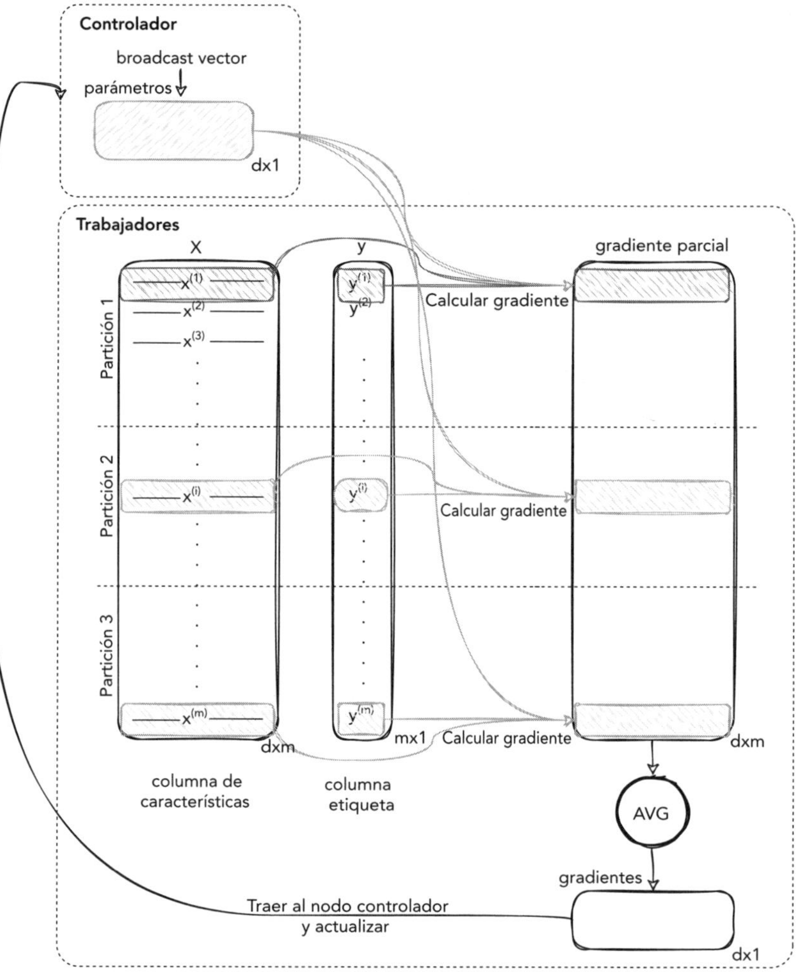

Figura 8.8. Un esquema de cómo distribuir el cálculo de los gradientes.

Vamos a comprobar si esto funciona:

```
grads_df = df.select(gradiente('features', 'label').alias('grad'))
grads_df.show(4, truncate=False)
```

```
+---------------------------+
|grad                       |
+---------------------------+
|[-282.5,-63.69805173915875]|
|[-329.5,72.46114435905929] |
|[-287.0,7.190301218933604] |
|[-257.5,99.63563932585348] |
+---------------------------+
only showing top 4 rows
```

Podemos comprobar manualmente que los gradientes se calculan correctamente. Como trabajamos con gradientes de tipo Vector de Spark MLlib, podemos emplear un Summarizer para calcular el promedio de los gradientes en todo el conjunto de datos. Esto generará un DataFrame de una única fila que llevaremos al driver.

```
promedio_grads_df = grads_df.agg(Summarizer.mean(grads_df['grad']))
promedio_grads = promedio_grads_df.first()[0]
promedio_grads
```

```
DenseVector([-307.15, -110.4883])
```

Bueno, tenemos la implementación casi lista. Solo necesitamos aplicar la regla de actualización, que obviamente se aplicará en el driver, donde tenemos nuestros parámetros, y acabamos de obtener nuestros gradientes.

NOTA

En el descenso por gradiente, incluso si tenemos un d *grande, no esperamos problemas para almacenar los parámetros y los gradientes, ya que siguen siendo vectores unidimensionales cuyas necesidades de recursos escalan linealmente con* d.

```
alpha = 0.5
parametros = parametros - alpha * promedio_grads
parametros
```

```
array([153.575     ,  55.24415877])
```

Podemos poner todo esto en un bucle y lo tendremos resuelto. Sin embargo, como antes, también nos gustaría hacer un seguimiento de cómo reducimos el coste en cada iteración, por lo que necesitamos calcular esto utilizando Spark. En este caso, en vez del error cuadrático medio de la biblioteca scikit-learn, utilizaremos el Evaluator de la MLlib.

```
from pyspark.ml.evaluation import RegressionEvaluator

evaluador_mse = RegressionEvaluator(metricName="mse",\
                                    labelCol="label", \
                                    predictionCol="pred")
Vamos a hacer las predicciones de cada ejemplo utilizando una UDF:
from pyspark.sql.types import DoubleType

parametros_bc = sc.broadcast(parametros) # transmitir los nuevos thetas

@sql_f.udf(returnType=DoubleType())
def prediccion(x):
    h = (x * parametros_bc.value).sum()
    return float(h)
```

Ahora podemos usar esta función para hacer predicciones en el conjunto de entrenamiento y calcular el error cuadrático medio con el evaluador.

```
preds_labels_df = df.select(prediccion('features').alias('pred'), 'label')
evaluador_mse.evaluate(preds_labels_df)
```

```
27474.631889098335
```

Juntando todo:

```
# Hiperparámetros
iteraciones = 10
alpha = 0.5

# Inicialización
parametros = np.zeros(2)
errores = np.zeros(iteraciones)

# ¡df está en caché! No olvides hacerlo
parametros_bc = sc.broadcast(parametros)
for i in range(iteraciones):
    # Cálculo de gradientes
    gradiente = sql_f.udf(
        lambda x, y: ((x * parametros_bc.value).sum() - y) * x, VectorUDT()
    )

    grads_df = df.select(gradiente("features", "label").alias("grad"))
    promedio_grads_df = grads_df.agg(Summarizer.mean(grads_df["grad"]))
    promedio_grads = promedio_grads_df.first()[0]

    # Regla de actualización
    parametros = parametros - alpha * promedio_grads
    parametros_bc = sc.broadcast(parametros)  # transmitir los nuevos parámetros

    # Calcular el error en la iteración actual
    prediccion = sql_f.udf(
        lambda x: float((x * parametros_bc.value).sum()), DoubleType()
    )

    preds_labels_df = df.select(prediccion("features").alias("pred"), "label")
    historial_coste[i] = evaluador_mse.evaluate(preds_labels_df)

    print(
        f"Gradientes: {promedio_grads.round(2)}\t"
        f"Parámetros: {parametros.round(2)}\t"
        f"Error: {historial_coste[i]:.2f}"
    )
```

```
Gradientes: [-307.15 -110.49] Parámetros: [153.57  55.24]     Error: 27474.63
Gradientes: [-153.57  -55.24] Parámetros: [230.36  82.87]     Error: 7496.73
Gradientes: [-76.79 -27.62]   Parámetros: [268.76  96.68]     Error: 2502.26
Gradientes: [-38.39 -13.81]   Parámetros: [287.95 103.58]     Error: 1253.64
Gradientes: [-19.2   -6.91]   Parámetros: [297.55 107.04]     Error: 941.49
Gradientes: [-9.6  -3.45] Parámetros: [302.35 108.76] Error: 863.45
Gradientes: [-4.8  -1.73] Parámetros: [304.75 109.63] Error: 843.94
Gradientes: [-2.4  -0.86] Parámetros: [305.95 110.06] Error: 839.06
Gradientes: [-1.2  -0.43] Parámetros: [306.55 110.27] Error: 837.84
Gradientes: [-0.6  -0.22] Parámetros: [306.85 110.38] Error: 837.54
```

Debemos tener en cuenta los siguientes tres aspectos:

- Almacenar en caché el DataFrame es fundamental, ya que estamos iterando sobre los datos en múltiples ocasiones. Si olvidamos hacerlo, no aprovecharemos adecuadamente las capacidades de Spark.
- Puede que hayas notado que estamos transmitiendo `parametros` y definiendo las UDF en cada iteración. Esto es necesario porque estamos alterando los valores de `parametros` en cada paso del bucle. Cuando una variable cambia, es imprescindible transmitirla y redefinir la función que la utiliza para que Spark use el nuevo valor. Aunque podríamos haber hecho esto de otra manera, añadiendo parámetros adicionales a la función de gradiente, hemos preferido mantenerlo más legible en este caso.
- Aunque no nos hemos centrado en el rendimiento, es posible que te hayas percatado del tiempo extra requerido para calcular el coste en cada iteración, lo que ha hecho que el tiempo de entrenamiento se duplique. Esto no es imprescindible, pero, aunque podríamos implementar otras soluciones reutilizando parte del cálculo del error para calcular los gradientes, hemos priorizado la simplicidad. Además, es importante mencionar que existe un coste adicional asociado al uso de la computación distribuida de Spark. Con un conjunto de datos pequeño, el tiempo que toma este coste supera con creces el tiempo de cálculo, por lo que no ofrece ventajas sobre una implementación no distribuida. Por supuesto, esta situación cambia cuando el tamaño del conjunto de datos es lo suficientemente grande para que dicho coste sea insignificante en comparación con el tiempo de computación requerido por el trabajo.

Bien, ahora verifiquemos si los resultados siguen siendo los mismos. Echa un vistazo a la curva de aprendizaje:

```
plt.figure(figsize=(5, 4))
plt.plot(np.arange(1, 11), historial_coste, color='black')
plt.ylabel('Coste'); plt.xlabel('Iteraciones');
```

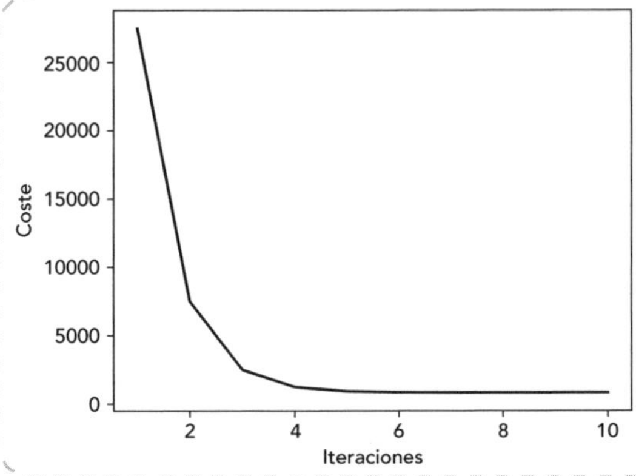

Parece que ha convergido. Si comparas las salidas con las de numpy, no verás ninguna diferencia, aparte del tiempo tomado para realizar cada iteración.

Ahora podemos ver los parámetros denormalizados:

```
parametros_denorm = denormalizar_parametros(parametros.reshape(-1, 1),\
                                            x.mean(), x.std())
parametros_denorm
```

```
array([[-52.34407799],
       [  3.07266148]])
```

¡Exactamente los mismos que con numpy! Tenemos una solución global para el descenso por gradiente, como la que teníamos para la solución analítica.

RETO #3

Hemos conseguido una buena solución para la regresión lineal. ¿Podrías modificar la solución que hemos desarrollado para aprender un modelo de regresión logística para clasificación? Solo tendremos que considerar dos cambios:

- *El modelo de regresión logística es el modelo de regresión lineal pasado a través de la función sigmoide ($g(z) = \frac{1}{1+\exp -z}$).*
- *La función de coste es la entropía cruzada binaria:*

$$J(\theta) = -\frac{1}{m}\sum_{i=1}^{m} y^{(i)} \log(h_\theta(x^{(i)})) + (1 - y^{(i)}) \log(1 - h_\theta(x^{(i)})).$$

A pesar de estos cambios, la regla de actualización del gradiente es exactamente la misma (excepto por el cambio en el modelo).

Resumen

Este capítulo se ha centrado en la implementación de dos algoritmos clásicos de machine learning, k-means y regresión lineal, en el ámbito del análisis de datos a gran escala, especialmente cuando el número de ejemplos es considerablemente alto. Para ambos algoritmos, hemos diseñado soluciones que siguen una estrategia global. A diferencia del enfoque local que abordamos en el capítulo anterior, pronto nos hemos percatado de que diseñar una solución global requiere tener un conocimiento exhaustivo de todos los pasos asociados a un algoritmo. Hemos tenido que pensar muy cuidadosamente en cada una de las operaciones que debíamos llevar a cabo, encontrando los principales cuellos de botella para lidiar con un gran número de ejemplos.

También hemos explorado brevemente la complejidad de los algoritmos para determinar qué operaciones eran las más costosas en términos de computación y requisitos de memoria, y hemos priorizado aquellas que requerían de paralelización. Al diseñar una solución basada en el enfoque global, recomendamos dibujar el flujo de trabajo o de datos que permita identificar la mejor estrategia para paralelizar la aplicación. Sugerimos considerar los siguientes principios generales para un diseño eficaz:

- Intentar diseñar una solución que escale linealmente. Esto debe contemplar tanto los cálculos a realizar como el uso de memoria, de modo que, si aplicamos las métricas de escalabilidad estudiadas en el capítulo anterior, logremos idealmente un comportamiento cercano a dicha linealidad.
- Realizar tantos cálculos como sea posible en paralelo, pero sin excedernos Recordemos que Spark (y cualquier plataforma de big data) tienen un coste adicional, y podría convertirse en el factor dominante en el tiempo de ejecución si los datos son pequeños.
- Almacenar en caché los datos si los reutilizas. No podemos enfatizar esto lo suficiente. Es fácil olvidar qué objetos debemos almacenar en caché.
- Ser cauteloso con el uso de acciones como collect(), que transfieren muchos datos. Evitemos usarlo a menos que sea absolutamente necesario, y consideremos cuántos datos se trasladarán al driver (y sus limitaciones de memoria).
- Minimizar la comunicación en red. Asegurémonos de comprender bien la complejidad de las operaciones empleadas (por ejemplo, diferencias entre transformaciones amplias y estrechas).

Para atenernos a estos principios, podemos formularnos preguntas como las siguientes:

- ¿Es necesario repetir una operación múltiples veces? Almacenemos en caché los datos relevantes.
- ¿Podemos agrupar el mayor número de operaciones posible? Esto reduciría el número de trabajos de Spark y maximizaría el uso de la CPU.
- ¿Es necesario conservar algo en el driver o en todos los trabajadores? Si es así, asegurémonos de que no crezca en exceso.
- ¿Los datos aumentarán significativamente tras alguna transformación a realizar? Prestemos atención al tamaño de los datos y al impacto de cada operación.
- ¿Estas operaciones requieren datos de otras particiones? ¿Podemos pensar en un enfoque alternativo? Debemos minimizar el movimiento de datos a través de la red tanto como sea posible; una vez más, el principio de localidad de datos es clave.

Tras esbozar una posible solución, aconsejamos realizar una primera implementación que no sea excesivamente compleja. Utilicemos las operaciones más sencillas que encontremos. Luego, al analizar su comportamiento, es posible que queramos explorar las particularidades del motor de datos (en nuestro caso, Spark). Hemos observado cómo esto puede ser relevante para reducir el tiempo de ejecución. Por ejemplo, al comparar RDD con DataFrames.

Si nos centramos en los dos algoritmos utilizados en este capítulo, los mensajes clave a recordar son:

- La complejidad del algoritmo k-means es relativamente baja, pero un número creciente de instancias puede impedirnos manejar grandes colecciones de datos. El factor limitante principal es el número de cálculos de distancia requeridos en cada iteración, junto con la actualización de los centroides. Su paralelización de manera similar a MapReduce es bastante sencilla: (1) los centroides se almacenan en el driver y se distribuyen entre los trabajadores en cada iteración; (2) identificamos el centroide más cercano a cada ejemplo del conjunto de datos de entrenamiento (mediante una función map usando RDD, o una UDF con DataFrames); (3) agregamos aquellos ejemplos asignados al mismo clúster (reduceByKey con RDD o un Summarizer con DataFrames). Los pasos 2 y 3 se repiten hasta la convergencia. Considerando las preguntas y principios mencionados:
    - La única información que mantenemos en el driver y todos los trabajadores son los centroides, que deberían ser una estructura de datos muy pequeña. Es la única vez en la que empleamos collect() en la solución.
    - El algoritmo calcula repetidamente las distancias entre los centroides y los datos, por lo que almacenamos en caché estos últimos desde el inicio.
    - Es inevitable enviar cierta información a través de la red. Realizamos una transformación amplia (un groupBy para agrupar los ejemplos que pertenecen al mismo clúster), pero dado que esto se implementa con operaciones de Spark, está sumamente optimizado (por ejemplo, mediante combiners).
- Para la regresión lineal, hemos discutido dos implementaciones diferentes: analítica y descenso por gradiente. La primera nos proporciona una solución exacta, mientras que la segunda es una aproximación. Algunas observaciones sobre estas implementaciones:
    - Hemos tenido algunos desafíos al implementar la solución directa. Por ejemplo, hemos tenido que pensar de manera diferente sobre cómo hacer la multiplicación de matrices. Hemos optado por la suma de productos externos como alternativa, lo que significa que tenemos que calcular el producto externo para cada ejemplo consigo mismo, y luego sumar todos los productos externos. Esto es genial porque reducimos el tráfico de red y las implicaciones de memoria por realizar la multiplicación de matrices tradicional.
    - No hemos paralelizado todas las operaciones de la solución analítica. Por ejemplo, no ayudaría calcular la inversa de la matriz en paralelo, así que lo hemos hecho en el driver ya que la cantidad de datos es relativamente pequeña. Sin embargo, este también es su punto más débil, porque no escalará bien cuando la dimensionalidad del problema sea muy alta, debido a que el cálculo de la matriz inversa sería difícil de calcular incluso con matrices que se ajusten bien en la memoria principal. Por desgracia, esto no es algo en lo que realmente podamos ayudar con una solución distribuida, y es la principal motivación para alternativas como el descenso por gradiente.

- El descenso por gradiente busca iterativamente los valores óptimos de los parámetros. La operación más costosa en tiempo es el cálculo de los gradientes de cada ejemplo de los datos de entrenamiento, que ocurre en cada iteración y luego se agrega. Así, este diseño es de alguna manera similar al que discutimos para k-means. Una vez más, almacenar en caché el conjunto de datos se vuelve esencial, mientras que los parámetros en sí son pequeños, lo que nos permite seguir moviéndolos del nodo controlador a los nodos trabajadores en cada iteración.

¿Quieres aprender más?

Tanto para k-means como para la regresión lineal, sugerimos echar un vistazo a la documentación de Spark para entender las implementaciones globales de MLlib:

- **k-means[3] y Regresión Lineal[4] en Spark.** Puede que desees revisar el código de ambos: Regresión Lineal[5] y k-means[6].

Aunque están en Scala, puede valer la pena revisar a estas implementaciones globales y observar las diferencias con respecto a las presentadas en este libro.

Además, también te animamos a investigar los métodos de *clustering* y regresión disponibles en Spark.

- ***Clustering*[7]:** Aparte de k-means, también encontramos implementaciones basadas en globales para otros algoritmos de *clustering*, como modelos de mezcla gaussiana (*gaussian mixture models*) o k-means para *clustering* jerárquico.
- **Regresión[8]:** Puede valer la pena revisar algoritmos como la regresión lineal generalizada, árboles de decisión o la regresión isotónica.

Si estás buscando implementaciones basadas en Spark más allá de las disponibles en la MLlib:

- **Paquetes de Spark[9]:** Aparte de los algoritmos disponibles en MLlib, también puedes encontrar algunas implementaciones que no están disponibles en Spark por defecto pero que se basan en él. Por ejemplo, puedes encontrar una implementación para k-means generalizado.

3 https://archive.apache.org/dist/spark/docs/3.3.0/mllib-clustering.html#k-means.
4 https://archive.apache.org/dist/spark/docs/3.3.0/ml-classification-regression.html#linear-regression.
5 https://github.com/apache/spark/blob/master/mllib/src/main/scala/org/apache/spark/ml/regression/LinearRegression.scala.
6 https://github.com/apache/spark/blob/master/mllib/src/main/scala/org/apache/spark/ml/clustering/KMeans.scala.
7 https://spark.apache.org/docs/latest/mllib-clustering.html.
8 https://spark.apache.org/docs/latest/ml-classification-regression.html.
9 https://spark-packages.org/?q=tags%3A%22Machine%20Learning%22.

En la literatura, puedes encontrar algunos artículos de investigación que describen soluciones basadas en globales para otros algoritmos clásicos de Machine Learning.

- **«k-Vecinos más Cercanos Global» (Maillo, 2017):** Este artículo de investigación introduce una solución basada en un estrategia global para clasificar grandes conjuntos de datos utilizando el algoritmo de k-vecinos más cercanos, utilizando DataFrames de Spark.
- **«Clustering Difuso» (Akram, 2022):** Este artículo presenta una implementación basada en Spark para una versión difusa del algoritmo k-means.

Solución a los retos

Reto #1

En la solución anterior, hemos empleado DataFrames para implementar una solución distribuida de k-means. Como discutimos en el capítulo 5, usar DataFrames debería ser normalmente la opción preferida para implementaciones en Python, ya que son más rápidos que los RDD. Sin embargo, el algoritmo k-means es uno de los casos más claros de aplicación de MapReduce, y por eso os invitamos a regresar a lo aprendido en el capítulo 2 y a empezar a pensar en cómo distribuir el procesamiento de k-means en términos de pares clave-valor. Si estuviésemos implementando esto con Datasets de Spark, probablemente sería una buena elección. De hecho, internamente los DataFrames realizan operaciones de tipo MapReduce.

En términos generales, podríamos contemplar la función UDF que hemos construido antes como una función similar a un map, que transforma instancias en índices de clúster. El Summarizer agrega aquellos con el mismo índice de clúster, lo cual encaja perfectamente con la idea de reduceByKey. Vamos a detallar cómo serían las fases de MapReduce. La figura 8.9 muestra una solución a MapReduce para una sola iteración del algoritmo k-means.

- **Fase de map:** Suponiendo que tenemos acceso a los centroides actuales desde cada nodo trabajador, la fase de map asignaría cada ejemplo al centroide más cercano. Así, la entrada de la fase de map podría ser cada instancia del conjunto de datos como <k1, v1>, donde k1 no es relevante y v1 es la instancia. La salida de esa fase map podría ser pares <k2, v2>, en los que k2 es el índice de su clúster más cercano y el valor se mantiene igual.
- **Fase de reduce:** La fase de shuffle reunirá todos los ejemplos que pertenecen al mismo clúster, definido por k2. El reduce podría ahora recalcular un nuevo centroide para el clúster y la salida <k3, v3>, serán los nuevos centroides. Dado que estamos calculando un valor promedio, puede que necesitemos encontrar una manera de contar el número de elementos en cada clúster, lo cual será utilizado más tarde para dividir el valor acumulado resultante.

Sin embargo, eso solo constituiría una sola iteración del algoritmo. Necesitamos ejecutar ese proceso MapReduce múltiples veces hasta que los centroides sean similares a la iteración anterior o se alcance un número máximo de iteraciones.

NOTA

Esta fue, de hecho, la solución propuesta por (Esteves, 2011) utilizando Apache Mahout. Pero, no era particularmente rápida ¿Por qué? Bueno, porque Mahout utilizaba Apache Hadoop, y aquí estamos realizando múltiples iteraciones sobre el conjunto de datos, lo que generaría altos costes al volver a cargar los datos.

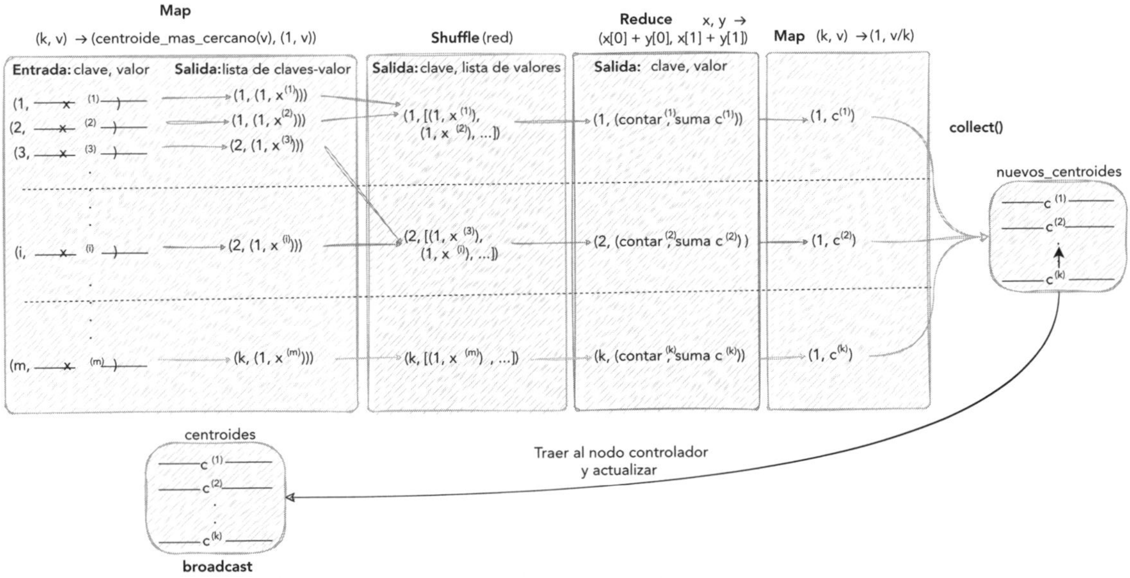

Figura 8.9. Flujo de trabajo MapReduce para k-means distribuido. En este ejemplo, las instancias 1 y 2 se asignan al clúster 1, la instancia i al clúster 2, y la última instancia al clúster 3. Hemos añadido una fase de map adicional al final para calcular el centroide, dividiendo el centroide agregado por el número de elementos en cada clúster.

Hagámoslo. En primer lugar, utilizaremos el RDD subyacente del DataFrame que ya hemos normalizado y lo almacenaremos en caché:

```
datos_rdd = df.rdd.map(lambda row: row["features"]).cache()
```

De manera similar al problema que hemos tenido anteriormente al traer el DataFrame al driver, cada elemento del RDD subyacente es de tipo Row. No obstante, en este caso solo necesitamos el DenseVector que representa el ejemplo. Por este motivo, hemos utilizado map para extraer el vector contenido dentro de Row.

Seguimos con la idea de mantener los centroides en el driver y enviarlos a los trabajadores en cada iteración. De esta manera, podemos empezar con un subconjunto aleatorio de ese RDD. Con los RDD, podemos utilizar la función takeSample,[10] en la que debemos especificar si queremos usar reemplazo (en este caso no), el número de muestras y una semilla aleatoria.

```
centroides = datos_rdd.takeSample(False, k, 123456)
centroides
```

```
[DenseVector([0.75, 0.625, 0.6364, 0.6, 0.55]),
 DenseVector([0.5, 0.5, 0.3636, 0.6, 0.55])]
```

Como antes, para transmitirlos, vamos a convertirlos en arrays de numpy:

```
centroides = np.array(centroides)
centroides_bc = sc.broadcast(centroides)
```

La función map ahora calculará para cada elemento de ese RDD su centroide más cercano. Podemos definir una función centroide_mas_cercano que tome una única instancia y devuelva el índice del centroide más cercano. Esto es muy similar a la función UDF usada con DataFrames.

```
def centroide_mas_cercano(vect):
    return np.argmin(distancia(centroides_bc.value, vect))
```

Veamos si funciona dentro de la función map si traemos al driver los índices de las primeras diez instancias:

```
datos_rdd.map(lambda vect: centroide_mas_cercano(vect)).take(10)
```

```
[0, 0, 0, 0, 1, 0, 0, 0, 0, 0]
```

Eso parece estar funcionando. Pero eso aún no es lo que dijimos que debería hacer la fase de map. Para cada elemento de datos_rdd, la fase de map debería devolver pares (centroide más cercano, ejemplo), utilizando la función anterior. Posiblemente algo como esto: cercano = datos_rdd.map(lambda p: (centroide_mas_cercano(p), p)).

Después de eso, debemos agrupar los elementos de los datos que pertenecen al mismo clúster y calcular el centroide. Calcular el centroide es similar a calcular un promedio; y sabemos que esto no es una operación conmutativa ni asociativa. Necesitamos contar los elementos que se agrupan en ese clúster. Por lo tanto, vamos a modificar el map anterior para que devuelva un «1» junto con el ejemplo actual.

```
cercano = datos_rdd.map(lambda p: (centroide_mas_cercano(p), (1, p)))
```

Ahora, el reduceByKey debería agregar tanto los elementos de cada ejemplo en ese clúster como el total de elementos. Como estamos utilizando los DenseVectors, podemos simplemente hacer x+y para sumar dos arrays, pero necesitamos hacerlo para cada elemento de la tupla (uno para el contador, otro para la agregación).

[10] https://archive.apache.org/dist/spark/docs/3.3.0/api/python/reference/api/pyspark.RDD.takeSample.html.

```
nuevos_centroides_rdd = cercano.reduceByKey(lambda x, y: (x[0]+y[0],\
                                                   x[1]+y[1]))
```

Finalmente, podemos calcular el centroide dividiendo los valores acumulados por el contador:

```
nuevos_centroides = nuevos_centroides_rdd.map(lambda x: x[1][1]/x[1][0])\
                                          .collect()
np.array(nuevos_centroides)
```

```
array([[0.90104167, 0.68489583, 0.73106061, 0.76979167, 0.79229167],
       [0.34615385, 0.53846154, 0.43356643, 0.61538462, 0.66923077]])
```

Y ahora estamos listos para poner todo esto en una nueva función:

```
def kmeans_distribuido_rdd(rdd, k, umbral=0.001, semilla=12345):

    # Fijar la semilla aleatoria
    np.random.seed(semilla)

    # Elegir aleatoriamente k ejemplos de los datos de entrenamiento
    centroides = datos_rdd.takeSample(False, k, semilla)
    # Convertirlos en arrays de np:
    centroides = np.array(centroides)

    convergido = False
    while not convergido:

        # Transmitir los centroides actuales
        centroides_bc = sc.broadcast(centroides)

        #  Paso 1: Asignar cada ejemplo a su centro más cercano
        cercano = datos_rdd.map(lambda p: (centroide_mas_cercano(p), (1, p)))

        # Paso 2: Crear nuevos centroides
        nuevos_centroides_rdd = cercano.reduceByKey(
            lambda x, y: (x[0] + y[0], x[1] + y[1]))

        # Traer los centroides agregados y convertirlo a arrays de np
        nuevos_centroides = nuevos_centroides_rdd.map(
            lambda x: x[1][1] / x[1][0]).collect()
        nuevos_centroides = np.array(nuevos_centroides)

        # Paso 3: Comprobar si hemos convergido
        # Calcular la diferencia entre los nuevos centroides y los anteriores
        diff = distancia(nuevos_centroides, centroides, axis=None)
        if diff < umbral:
            convergido = True
        else:
            centroides = nuevos_centroides

    return centroides, cercano
```

¡Y *voilà*! ¡Hemos terminado! Probémoslo nuevamente y comparemos su eficiencia con respecto a la versión con DataFrame:

```
%time centroides, c = kmeans_distribuido_rdd(datos_rdd,k)
```

```
CPU times: user 11.3 ms, sys: 5.12 ms, total: 16.5 ms
Wall time: 131 ms
```

```
%time centroides, c = kmeans_distribuido(df, k, fraccion=0.05)
```

```
CPU times: user 24.2 ms, sys: 11.5 ms, total: 35.7 ms
Wall time: 700 ms
```

Con este pequeño conjunto de datos, parece que la versión RDD es más simple y rápida que la versión de DataFrame. Debemos recordar que hemos utilizado UDF para nuestra versión con DataFrames, y por lo tanto, no está aprovechando todas las optimizaciones de Spark. Sin embargo, deberíamos investigar qué sucede con conjuntos de datos muy grandes. Dicho esto, una versión de la solución de este reto implementada en Scala y la API de Datasets de Spark probablemente sería muy efectiva.

Reto #2

Empecemos importando el paquete de LinearRegression de Spark.

```
from pyspark.ml.regression import LinearRegression
```

Puede que recuerdes del capítulo anterior que solo necesitamos proporcionar las columnas de características y etiqueta a LinearRegression para crear nuestro Estimador.

```
lr = LinearRegression(featuresCol='features', labelCol='label')
```

Ahora podemos ajustar nuestro Estimador para obtener nuestro modelo de regresión lineal como un Transformador.

```
lr_modelo = lr.fit(df)
```

Vamos a probarlo calculando las salidas para los datos de entrenamiento.

```
prediccion = lr_modelo.transform(df)
prediccion.show(4)
```

```
+-----+-----------+------------------+
|label|   features|        prediction|
+-----+-----------+------------------+
|282.5|[1.0,125.0]|332.06288696541617|
|329.5|[1.0,109.0]| 282.8522460460755|
|287.0|[1.0,116.0]|304.38190144828707|
|257.5|[1.0,103.0]|264.39825570132274|
+-----+-----------+------------------+
only showing top 4 rows
```

¿Pero son estos los mismos que los obtenidos con nuestra solución? Podemos echar un vistazo a los parámetros aprendidos para responder a esta pregunta:

```
lr_modelo.intercept, lr_modelo.coefficients
```

```
(-52.395245216932956, DenseVector([0.0, 3.0757]))
```

¿Hay algo que no esperabas? El valor de la intersección es el mismo que nuestros parámetros θ_0 (excepto por errores de redondeo), pero estamos obteniendo dos coeficientes. Uno es 0.0 y el otro es el mismo valor que nuestro θ_1 (nuevamente, excepto por los errores de redondeo provenientes de las diferentes implementaciones). ¿Qué pasó aquí? El 0.0 corresponde a la variable ficticia. De hecho, deberíamos haberle indicado a Spark que no aprendiera la intersección (con fitIntercept=False), ya que estábamos proporcionando la variable ficticia en la columna 'features'. Sin embargo, incluso con este cambio, Spark no lo haría de manera muy diferente, ya que normaliza internamente cada característica de entrada (incluso si el parámetro standardize está configurado en False). Como resultado, nuestra característica ficticia se cancela, obteniendo siempre 0.0 como su coeficiente.

En general, hemos obtenido el mismo resultado. Spark implementa la misma solución analítica para problemas con menos de 4096 características de entrada (a menos que se indique lo contrario), mientras que el algoritmo l-bfgs (una variante del descenso por gradiente) se utiliza para un mayor número de características. Los parámetros aprendidos no coinciden exactamente debido a errores de redondeo, entre otras cosas, por la normalización aplicada por Spark, tanto si lo indicamos como si no.

Reto #3

Primero transformaremos nuestro problema a un problema de clasificación simple, de modo que podamos trabajar con la regresión logística. Convertiremos nuestros precios de casas en «baratas» (clase 0, coste menor que 300 000 euros) y «caras» (clase 1, coste mayor que 300 000 euros).

```
df = df.withColumn('label_clasif', sql_f.when(df.label < 300, 0)\
                                    .otherwise(1)).cache()
df.show(4)
```

```
+-----+--------------------+------------+
|label|            features|label_clasif|
+-----+--------------------+------------+
|282.5|[1.0,0.2254798291...|           0|
|329.5|[1.0,-0.219912425...|           1|
|287.0|[1.0,-0.025053314...|           0|
|257.5|[1.0,-0.386934521...|           0|
+-----+--------------------+------------+
only showing top 4 rows
```

Ahora necesitamos introducir los dos cambios en nuestro bucle de entrenamiento. Para nuestro modelo, necesitaremos introducir la función sigmoide. Primero la crearemos.

```
def sigmoide(z):
    return float(1 / (1 + np.exp(-z)))

sigmoide(-1), sigmoide(0), sigmoide(+1)
```

```
(0.2689414213699951, 0.5, 0.7310585786300049)
```

Para la nueva función de coste, podemos programarla desde cero en Spark o utilizar el MulticlassClassificationEvaluator que nos proporciona la métrica 'logLoss', que es la entropía cruzada. En este caso, preferimos hacerlo desde cero, ya que el evaluador requiere tener un Vector de probabilidades y lo evitaremos por simplicidad.

Usamos el código anterior para predecir las salidas, partiendo de los parámetros inicializados en ceros y luego utilizaremos esas salidas para desarrollar la función de coste.

```
parametros = np.zeros(2)
parametros_bc = sc.broadcast(parametros) # transmitir los nuevos parametros

@sql_f.udf(returnType=DoubleType())
def prediccion(x):
    h = (x * parametros_bc.value).sum()
    return float(h)

preds_label_df = df.select(prediccion('features').alias('logits'),
                           'label_clasif')
preds_label_df.show(4)
```

```
+------+------------+
|logits|label_clasif|
+------+------------+
|   0.0|           0|
|   0.0|           1|
|   0.0|           0|
|   0.0|           0|
+------+------------+
only showing top 4 rows
```

Con esto, la columna que anteriormente llamamos 'pred' tendrá lo que comúnmente se conoce como los *logits*, los valores de salida antes de pasar por la sigmoide. Podemos implementar la función sigmoide con funciones de Spark SQL:

```
preds_label_df.withColumn("prob",
    1 / (1 + sql_f.exp(-1 * sql_f.col("logits")))).show(4)
```

```
+------+------------+----+
|logits|label_clasif|prob|
+------+------------+----+
|   0.0|           0| 0.5|
|   0.0|           1| 0.5|
|   0.0|           0| 0.5|
|   0.0|           0| 0.5|
+------+------------+----+
only showing top 4 rows
```

En este caso, usar expresiones SQL haría que el código fuera más conciso y probablemente más claro:

```
preds_label_df = preds_label_df.selectExpr('*',
        '1 / (1 + exp(-1 * logits)) as prob')
```

Ahora, la nueva columna ('prob') almacena la probabilidad de que cada ejemplo pertenezca a la clase 1 (en este caso, que la casa sea 'cara'). Podríamos obtener la predicción final imponiendo un umbral de 0.5.

```
preds_label_df.withColumn("pred",
    sql_f.when(sql_f.col("prob") < 0.5, 0).otherwise(1)).show(4)
```

```
+------+------------+----+----+
|logits|label_clasif|prob|pred|
+------+------------+----+----+
|   0.0|           0| 0.5|   1|
|   0.0|           1| 0.5|   1|
|   0.0|           0| 0.5|   1|
|   0.0|           0| 0.5|   1|
+------+------------+----+----+
only showing top 4 rows
```

En cualquier caso, nos interesa calcular la entropía cruzada binaria, para lo cual solo necesitamos conocer la probabilidad. Para llevar a cabo este cálculo, podemos recurrir nuevamente a Spark SQL, ya que solo haremos uso de logaritmos y multiplicaciones. Vamos a verlo.

```
entropia_cruzada = (
    preds_label_df.selectExpr(
        "label_clasif * log(prob) + (1 - label_clasif) * log(1 - prob) AS loss"
    ).agg(sql_f.mean("loss")).first()[0] * -1
)
entropia_cruzada
```

```
0.6931471805599453
```

Primero calculamos la pérdida de cada ejemplo y luego determinamos la pérdida promedio, a la que nos referimos como el coste. Es importante mencionar que finalmente multiplicamos este resultado por -1 para que sea positivo, de acuerdo con la ecuación original. Para mayor claridad, lo hemos reescrito nuevamente como una expresión SQL.

Ahora pondremos todo en nuestro bucle de entrenamiento y ¡lo ejecutaremos!

```
# Hiperparámetros
iteraciones = 10
alpha = 10

# Inicialización
parametros = np.zeros(2)
errores = np.zeros(iteraciones)

# ¡df está en caché! No olvides hacerlo
parametros_bc = sc.broadcast(parametros)
for i in range(iteraciones):
    # Cálculo de gradientes
    gradiente = sql_f.udf(
        lambda x, y: (sigmoide((x * parametros_bc.value).sum()) - y) * x,
        VectorUDT(),
    )

    grads_df = df.select(gradiente("features", "label_clasif").alias("grad"))
    promedio_grads_df = grads_df.agg(Summarizer.mean(grads_df["grad"]))
    promedio_grads = promedio_grads_df.first()[0]

    # Regla de actualización
    parametros = parametros - alpha * promedio_grads
    parametros_bc = sc.broadcast(parametros)  # transmitir los nuevos thetas

    # Calcular el error en la iteración actual
    prediccion = sql_f.udf(
        lambda x: float((x * parametros_bc.value).sum()), DoubleType()
    )

    # Llamamos logits a las salidas
    preds_label_df = df.select(prediccion("features").alias("logits"), "label_
clasif")

    preds_label_df = preds_label_df.selectExpr('*',
        '1 / (1 + exp(-1 * logits)) as prob')
    entropia_cruzada = (
        preds_label_df.selectExpr(
            "label_clasif * log(prob) + (1 - label_clasif) * log(1 - prob) AS
loss"
        ).agg(sql_f.mean("loss")).first()[0] * -1
    )

    historial_coste[i] = entropia_cruzada

    print(
        f"Gradientes: {promedio_grads.round(2)}\t"
        f"Parámetros: {parametros.round(2)}\t"
        f"Error: {historial_coste[i]:.2f}"
    )
```

```
Gradientes: [ 0.1   -0.34 Parámetros: [-1.     3.44]    Error: 0.34
Gradientes: [-0.04 -0.    Parámetros: [-0.55   3.48]    Error: 0.33
Gradientes: [0. 0.]       Parámetros: [-0.57   3.47]    Error: 0.33
Gradientes: [-0.  0.]     Parámetros: [-0.57   3.46]    Error: 0.33
Gradientes: [-0.  0.]     Parámetros: [-0.57   3.45]    Error: 0.33
Gradientes: [-0.  0.]     Parámetros: [-0.56   3.44]    Error: 0.33
Gradientes: [-0.  0.]     Parámetros: [-0.56   3.43]    Error: 0.33
Gradientes: [-0.  0.]     Parámetros: [-0.56   3.43]    Error: 0.33
Gradientes: [-0.  0.]     Parámetros: [-0.56   3.43]    Error: 0.33
Gradientes: [-0.  0.]     Parámetros: [-0.56   3.42]    Error: 0.33
```

Ten en cuenta que establecimos un factor de aprendizaje inusualmente alto para hacer que convergiera en pocas iteraciones, ya que lo habíamos probado previamente en este problema.

¿Te preguntas si la implementación es correcta? Verifica el resultado con la LogisticRegression de MLlib.

```
from pyspark.ml.classification import LogisticRegression

lr = LogisticRegression(featuresCol="features", labelCol="label_clasif")

lr_modelo = lr.fit(df)

lr_modelo.intercept, lr_modelo.coefficients
```

```
(-0.5621411174773144, DenseVector([0.0, 3.4097]))
```

Casi los mismos parámetros y solo un poco más lento, ya que lo estamos implementando en PySpark desde cero. Ten en cuenta que deberíamos desestimar el primer coeficiente como hicimos en el reto #2.

Ejercicios

1. Enumera tres principios que debemos tener en cuenta para diseñar una solución global basada en big data.
2. Explica brevemente las principales dificultades para paralelizar k-means en big data.
3. ¿Tiene sentido implementar un enfoque local para k-means? Si es así, ¿cómo lo harías y qué diferencias esperarías con respecto a la versión global?
4. Hemos discutido la implementación del algoritmo k-means estándar. Una alternativa a k-means es el k-medoides (o *Partition Around Medoids*, PAM), que en lugar de calcular centroides, utiliza puntos de datos existentes en el conjunto de entrenamiento como ejemplos representativos de un clúster. Investiga cómo funciona este método y explica si implementar una solución global para este sería tan sencillo como para k-means, prestando especial atención a la escalabilidad.
5. ¿Cuáles son los principales desafíos para diseñar una implementación global de la solución analítica de la regresión lineal?

6. Indica si las siguientes afirmaciones sobre el diseño de una solución big data para la regresión lineal son verdaderas o falsas:

   - ☐ La solución analítica no escala bien cuando la dimensionalidad (d) es grande, pero puede manejarse bien con un número alto de instancias (m es grande).
   - ☐ La implementación del descenso por gradiente no es una gran alternativa cuando d es grande, pero es mucho mejor que la solución analítica cuando m es grande.
   - ☐ Los resultados obtenidos con el descenso por gradiente pueden diferir ligeramente de los obtenidos con la solución analítica, pero esto no tiene nada que ver con la paralelización.
   - ☐ Tanto en k-means como en la regresión lineal, hay datos que deben estar tanto en el driver como en los trabajadores (los parámetros y los centroides). Esto se convierte en la principal debilidad de estos diseños.

7. Supongamos que queremos calcular el producto de dos matrices, como hicimos antes con $(X^T X)$. Sin embargo, en esta ocasión, tenemos dos matrices diferentes X e Y, que están almacenadas en dos DataFrames distintos. ¿Podríamos hacer esto con la suma de productos externos? Si es así, ¿cómo lo harías? Puedes asumir que el tamaño de X es $n \times d$, y el de Y es $d \times n$, donde n es grande y d es pequeño.

8. En este capítulo, hemos implementado la versión tradicional por lotes *(batch)* del descenso por gradiente. Alternativamente, podríamos haber utilizado minilotes (*mini-batches*). Esto significa que, en lugar de usar todos los ejemplos para calcular los gradientes, solo usaríamos un subconjunto de los datos de entrenamiento. ¿Sería posible implementar esto en Spark? ¿Cuáles son las ventajas y desventajas?

9. Si tuviéramos un conjunto de datos con millones de características, pero un número relativamente bajo de ejemplos (por ejemplo, 10 000), ¿cómo implementarías el primer paso de la solución analítica (es decir, $X^T X$)?

10. El siguiente ejercicio gira en torno al diseño de una solución global para el algoritmo de los k vecinos más cercanos (Cover, 1967). Este algoritmo clasifica una nueva instancia en función de la distancia euclidea de esa instancia con respecto a todo el conjunto de entrenamiento, es decir, no realiza ningún entrenamiento. Luego, las etiquetas de los k vecinos más cercanos en el conjunto de entrenamiento se utilizan para determinar la clase de la instancia de test de entrada. Diseña una solución para paralelizar el procesamiento de los k vecinos más cercanos para clasificar una única instancia de test utilizando un enfoque global.

    La instancia de entrada sería como sigue:
    [característica 1, característica 2,...., característica N], clase desconocida

    Y los datos de entrenamiento tendrían un gran número de instancias:
    instancia 1: [característica 1, característica 2,...., característica N], clase X...
    instancia M: [característica 1, característica 2,...., característica N], clase X

Tu diseño debe tomar estos dos como entrada, junto con k, el número de vecinos más cercanos considerados, y proporcionar la clase predicha. Tu implementación debe permitir un número arbitrario de vecinos k.

- Dibuja un diagrama MapReduce para explicar cómo diseñarías una solución para esto. Similar a lo que hicimos en el reto #1, indica los pares clave-valor si es necesario.
- Escribe un pseudocódigo (similar a Spark) que explique cómo funcionaría la solución. Puedes asumir que tienes funciones para calcular los k vecinos más cercanos y sus distancias de forma secuencial (por ejemplo, de la biblioteca scikit-learn). Para simplificar, puedes asumir una implementación basada en RDD.
- Discute brevemente las ventajas y desventajas esperadas de tu diseño.
- Si en lugar de una única instancia de test de entrada, quisiéramos clasificar un conjunto relativamente pequeño de instancias de test, explica brevemente qué cambios harías a tu solución (si es que es necesario).

9

Ejemplos avanzados: Aprendizaje semisupervisado, ensembles y despliegue de modelos de deep learning

Resultados de aprendizaje:

- Comprender distintos enfoques para diseñar soluciones de machine learning que trasciendan más allá de enfoques locales o globales [CC].
- Implementar soluciones para las diversas etapas del ciclo de vida del machine learning en contextos de big data [HI, CPP].

En los dos capítulos anteriores, nos centramos en el diseño e implementación de nuestras propias soluciones de big data para paralelizar métodos clásicos de machine learning, incluyendo árboles de decisión, regresión lineal y k-means. Sin embargo, tal y como mencionamos en el capítulo 6, todas las etapas del ciclo de vida del machine learning pueden verse afectadas por el big data. Esto no implica que sea necesario paralelizar todas ellas, ya que mucho depende del problema específico en cuestión.

Este capítulo tiene como objetivo presentar algunos ejemplos adicionales de diferentes etapas del ciclo de vida del machine learning. Hasta ahora, solo hemos diseñado soluciones para distribuir la fase de aprendizaje y hemos hablado de enfoques locales y globales para ello. Ahora, queremos explorar tres temas distintos: aprendizaje semisupervisado, *ensembles* de clasificadores y cómo desplegar modelos de deep learning previamente entrenados a gran escala. Estos problemas van a requerir soluciones alternativas, que pueden diferir (hasta cierto punto) de los modelos locales y globales que ya explicamos. Cada uno de estos temas serán tratados en detalle, para motivar, en primer lugar, por qué se necesita paralelizar para lidiar con big data, determinar los principales cuellos de botella y así diseñar e implementar soluciones basadas en Spark. Además, se discutirán posibles mejoras a nuestras soluciones que podrías considerar.

En cuanto al aprendizaje semisupervisado, discutiremos el clásico algoritmo de autoentrenamiento, que, de alguna manera, podría considerarse como una etapa de preprocesamiento que consiste en ampliar el conjunto de entrenamiento etiquetado ante grandes volúmenes de datos no etiquetados. A continuación, trataremos sobre el aprendizaje con *ensembles* como un método destacado para clasificación y regresión supervisadas, que implica el aprendizaje de múltiples clasificadores. Por último, mostraremos un ejemplo con deep learning, pero en vez de paralelizar el entrenamiento de un modelo, algo que es usualmente más fácil con GPU, implementaremos la fase de inferencia para un caso de estudio en segmentación semántica de imágenes.

Clasificación semisupervisada: enfoques de autoetiquetado

En muchas aplicaciones del mundo real, es habitual recoger de forma automática grandes cantidades de datos. Sin embargo, el etiquetado de dichos datos suele requerir un proceso manual y laborioso que demanda mucho tiempo y conocimientos especializados. Por ejemplo, para crear un conjunto de datos de correos electrónicos no deseados (*spam*), necesitaríamos que una persona leyera y etiquetara cada correo como sospechoso o no. El problema en machine learning supervisado es que, con una cantidad limitada de datos etiquetados, suele ser complicado entrenar de manera adecuada un clasificador o un regresor. El aprendizaje semisupervisado (SSL de sus iniciales en inglés) intenta aprovechar pequeñas cantidades de datos etiquetados junto a grandes conjuntos de datos no etiquetados. Con el objetivo de llevar a cabo tareas de clasificación o regresión, el SSL se basa en la idea de que podríamos utilizar los patrones presentes en los datos no etiquetados para mejorar el aprendizaje que se lograría únicamente con datos etiquetados.

NOTA

El SSL se sitúa entre el aprendizaje supervisado y el no supervisado. Pretende mejorar el rendimiento en una de estas dos tareas aprovechando la información normalmente asociada con la otra. De esta manera, no solo se pueden encontrar técnicas para clasificación y regresión semisupervisadas, sino también para clustering, el cual puede beneficiarse al saber que ciertos ejemplos pertenecen a la misma clase.

Este capítulo se centra en la clasificación, donde es fundamental distinguir entre aprendizaje transductivo e inductivo. El primero se encarga de predecir las etiquetas del conjunto de ejemplos no etiquetados que también se usa durante la fase de entrenamiento. El segundo se refiere al problema de predecir datos no vistos, aprendiendo a partir de datos etiquetados y no etiquetados como ejemplos de entrenamiento.

En la literatura, existen numerosos enfoques para abordar la clasificación semisupervisada. Estos incluyen modelos basados en grafos, modelos generativos, máquinas de soporte vectorial semisupervisadas y métodos de autoetiquetado. Por simplicidad, nos vamos a centrar en el autoetiquetado (Triguero, 2015), como una de las formas más intuitivas de realizar SSL. Este enfoque busca incrementar la cantidad de datos etiquetados utilizando técnicas supervisadas. Las técnicas de autoetiquetado pueden considerarse de alguna manera como técnicas de preprocesamiento. A partir de un conjunto de datos con instancias etiquetadas y no etiquetadas, se genera un nuevo conjunto con más datos etiquetados, listo para ser utilizado por un nuevo clasificador o regresor. En su forma más sencilla, el algoritmo de autoentrenamiento (*self-training*) (Yarowsky, 1995) amplía en cada iteración el conjunto de entrenamiento etiquetado al incluir las predicciones más confiables del clasificador supervisado subyacente, aceptando sus propias predicciones como si fuesen datos perfectamente etiquetados. Aunque existen métodos más avanzados, en esta sección nos centraremos en cómo paralelizar el algoritmo de autoentrenamiento para big data utilizando Spark.

Autoentrenamiento para clasificación

El enfoque de autoentrenamiento se caracteriza por el hecho de que el proceso de aprendizaje utiliza sus propias predicciones para enseñarse a sí mismo. Se considera una metodología envolvente debido a que emplea de manera iterativa un clasificador base que aprende de datos ya etiquetados y añade al conjunto de instancias etiquetadas aquellas predicciones en las que tiene más confianza. Este ciclo se repite un número determinado de veces.

De manera más formal, imaginemos que contamos con un conjunto de datos de entrenamiento que contiene ejemplos etiquetados y no etiquetados, además de un conjunto de test que se destinará a validar los resultados. Utilizaremos la siguiente notación:

- **Datos de entrenamiento (TR):** compuesto por dos subconjuntos.
  - **Conjunto etiquetado (L):** que al inicio es relativamente reducido (por ejemplo, el 2 % de los datos).
  - **Conjunto no etiquetado (U):** gran cantidad de instancias cuya clase es desconocida.
- **Datos de test (TS):** no se utilizan durante la fase de entrenamiento (solo para validación - aprendizaje inductivo).

Tenemos que utilizar un clasificador base, como puede ser un árbol de decisión, que no solo nos permita realizar predicciones, sino que también podamos determinar un nivel de confianza o probabilidad en dichas predicciones. El objetivo del autoentrenamiento es aumentar el conjunto etiquetado L con aquellos ejemplos de U en los que el clasificador tenga más confianza. Para lograrlo, el autoentrenamiento sigue un procedimiento iterativo en el que, (1) se entrena un clasificador usando L para predecir las etiquetas de U. A continuación, (2) se integran los ejemplos de U que presentan mayor confianza en las predicciones a L y (3) se repite este proceso un número dado de veces o hasta que se haya etiquetado todo U (o se cumpla otro criterio de parada).

En pseudocódigo:

```
Entrada: L: Conjunto etiquetado, U: Conjunto no etiquetado,
         TS: Conjunto de test, Learner: Clasificador base
         max_iter: número máximo de iteraciones
L' = {} ; z=0
Para i en {1,..., max_iter}:
  Learner = Learner.fit(L)
  Confianzas = Learner.predict_proba(U)
  L'= instancias más confiables para cada clase con etiquetas predichas
  L = L.union(L')
  U = U.subtract(L')
  si U es Ø: parar el bucle
Learner = Learner.fit(L)  # Podría ser un clasificador diferente
Learner.predict(U) # Fase Transductiva
Learner.predict(TS) # Fase Inductiva
```

He aquí algunos puntos importantes que debemos tener en cuenta en el pseudocódigo anterior:

- **Confianza en las predicciones:** Determinar la confianza en las predicciones depende del clasificador base que utilicemos. Los clasificadores probabilísticos proporcionan una probabilidad asociada con la predicción, que podemos emplear como medida de confianza.

De lo contrario, necesitamos encontrar métodos alternativos para obtener dicha confianza. Por ejemplo, si estuviésemos utilizando el algoritmo de los k vecinos más cercanos, la confianza podría ser simplemente el inverso de la distancia: cuanto más cercano esté el ejemplo, más seguro estará el algoritmo sobre la predicción. En un árbol de decisión, es posible obtener la confianza en la clasificación a partir de la hoja que realiza la predicción, como el porcentaje de ejemplos de entrenamiento clasificados correctamente del total de instancias de entrenamiento cubiertas.

- **Hiperparámetros:** El algoritmo tiene dos hiperparámetros, el número máximo de iteraciones (max_iter) y la manera de seleccionar las instancias más confiables en cada iteración (por ejemplo, empleando un umbral para la confianza). Se sugiere que el número de instancias agregadas a L debería ser proporcional al número de instancias de cada clase en L para evitar añadir ejemplos de una clase particular que podrían sesgar a nuestros clasificadores. Es importante mencionar que el número de iteraciones no necesita ser elevado para intentar etiquetar todas las instancias del conjunto no etiquetado. Es muy común etiquetar solo un subconjunto del conjunto originalmente no etiquetado para entrenar un modelo final.

ADVERTENCIA

Si las predicciones son incorrectas y se agregan al conjunto de instancias etiquetadas, esto podría llevar a la creación de un modelo completamente erróneo. El objetivo de esta sección no es abordar esos problemas, sino paralelizar el autoentrenamiento original con sus propios méritos y limitaciones.

Una solución global para el autoentrenamiento

Aparte de esos detalles sobre la confianza y los hiperparámetros, el algoritmo en sí parece suficientemente simple para aspirar a una solución basada en un enfoque global. Si pensamos en el principal cuello de botella del autoentrenamiento, podríamos asumir que se encuentra en entrenar repetidamente un clasificador supervisado. Sin embargo, al principio, el conjunto etiquetado es tan pequeño que el entrenamiento sería rápido y podría hacerse localmente (en un solo nodo). Pero tendríamos que realizar predicciones en un gran conjunto de datos no etiquetado y decidir cuáles de las instancias deberían ser agregadas, lo cual debería hacerse en paralelo. A medida que avanzamos, la carga de trabajo cambia, el conjunto etiquetado se incrementa y, por lo tanto, la fase de entrenamiento se volvería más lenta y podría requerir paralelización, pero habría menos instancias no etiquetadas que predecir.

Antes de comenzar con el diseño e implementación distribuidos, seleccionemos un conjunto de datos como caso de estudio y definamos algunos casos base, es decir, el resultado que debemos intentar mejorar o al que intentar llegar.

Caso de estudio: detección de correos electrónicos no deseados

Como caso de estudio, vamos a utilizar el ejemplo mencionado antes para crear un clasificador destinado a la detección de correos electrónicos spam. En particular, hemos seleccionado el conjunto de datos Spambase[1] del repositorio de la UCI Machine Learning. Este contiene 4601 instancias y 57 atributos, incluidas medidas sobre la repetición y la longitud de las palabras, entre otras, todos ellos numéricos. La última columna de los datos indica si el correo electrónico fue considerado spam (1) o no (0).

NOTA

Spambase no es un conjunto de datos grande, pero si lo suficiente para mostrar cómo implementar el autoentrenamiento con big data. Dejamos a los lectores la tarea de probar las implementaciones que desarrollaremos a continuación con un conjunto de datos más grande y estudiar la escalabilidad de las diferentes soluciones, según las pautas del capítulo 7.

Hemos descargado los datos y los hemos puesto en un formato CSV sin cabecera. Lancemos Spark y leamos los datos:

```
import pyspark.sql.functions as sql_f
from pyspark.sql import SparkSession

spark = SparkSession.builder\
                    .master("local[*]")\
                    .appName("Capítulo 9: avanzados")\
                    .getOrCreate()\

sc = spark.sparkContext
df = spark.read.format("csv").option("header", "false")\
              .load("datos/spambase.csv")
```

En esta parte, no nos preocuparemos por los nombres de los atributos de entrada, pero necesitamos identificar con claridad la columna de salida, así que la renombramos. Además, dado que todas las columnas son numéricas, convertimos estas columnas a tipo float.

```
df = df.withColumnRenamed("_c57", "salida")
df = df.select([sql_f.col(c).cast("float").alias(c) for c in df.columns])
```

Como de costumbre, dividimos los datos en entrenamiento y test:

```
semilla = 12345
entrenamiento, test = df.randomSplit([0.7, 0.3], semilla)
```

Verifiquemos la distribución de clases, ya que necesitaremos utilizar esa proporción para determinar la cantidad de instancias por clase que agregaremos en cada iteración del algoritmo de autoentrenamiento.

1 https://archive.ics.uci.edu/ml/datasets/Spambase.

```
stats = entrenamiento.groupBy(«salida»).count()
stats = stats.select("*",
    sql_f.round((stats["count"] / entrenamiento.count() * 100),
2).alias("ratio(%)"),
)
stats.show()
```

```
+------+-----+--------+
|salida|count|ratio(%)|
+------+-----+--------+
|   1.0| 1280|   39.63|
|   0.0| 1950|   60.37|
+------+-----+--------+
```

Para recrear un problema de aprendizaje semisupervisado (SSL), solemos dividir el conjunto de entrenamiento en dos subconjuntos para simular un pequeño conjunto etiquetado y un gran conjunto no etiquetado. Por ejemplo, podríamos usar el 2 % de los datos de entrenamiento como el conjunto etiquetado y el 98 % restante como datos no etiquetados. Sin embargo, dado que vamos a basar nuestra implementación en DataFrames, realmente no necesitamos dividir físicamente estos conjuntos. Podemos agregar una columna adicional llamada label, donde el 2 % de esas instancias conserve el valor de la columna salida, y el resto se consideraría como no etiquetado, que podríamos representar como clase 2.

¿Cómo lo hacemos? Podríamos emplear funciones de Spark SQL para añadir una columna extra que conserve el 2 % de las etiquetas originales de la columna entrenamiento.salida. Usaremos las funciones when y rand. La función rand generará un número aleatorio entre 0 y 1, y así, el 2 % de las veces mantendría la clase original; en caso contrario, establecerá la etiqueta de clase en 2.

```
pct = 0.02
entrenamiento = entrenamiento.withColumn("label",
    sql_f.when(sql_f.rand(seed=12345) < pct, entrenamiento.salida).otherwise(2),
)
```

Verifiquemos nuevamente la distribución de clases:

```
stats = entrenamiento.groupBy("label").count()
stats = stats.select("*",
    sql_f.round((stats["count"] / entrenamiento.count() * 100),
2).alias("ratio(%)"),
)
stats.sort("label").show()
```

```
+-----+-----+--------+
|label|count|ratio(%)|
+-----+-----+--------+
|  0.0|   44|    1.36|
|  1.0|   32|    0.99|
|  2.0| 3154|   97.65|
+-----+-----+--------+
```

NOTA

Al muestrear de forma aleatoria el conjunto etiquetado, es posible que hayas notado que no obtenemos exactamente el 2 % de los datos, sino un poco más. Obtener un número exacto sería más complicado y no resultaría fácilmente escalable, además de no ser muy relevante o necesario para los experimentos.

Modelos de referencia y comparación

Establezcamos algunos modelos de referencia para evaluar cómo de bien podemos hacerlo en el contexto del SSL. Utilizaremos los árboles de decisión de la MLlib como clasificador base para el autoentrenamiento. Como punto de partida, querríamos saber hasta qué punto podemos clasificar el conjunto de datos no etiquetados de entrenamiento y de test, entrenando solamente con nuestro pequeño conjunto etiquetado. Esto nos servirá como un límite inferior: el mínimo rendimiento esperado de un algoritmo SSL. En teoría, al utilizar datos no etiquetados deberíamos mejorar el rendimiento y no empeorarlo. No obstante, un pequeño espóiler: esto podría no ser siempre así.

Como vamos a utilizar repetidamente el árbol de decisión de la MLlib, en vez de aplicar un pipeline (VectorAssembler + árbol de decisión), trabajaremos directamente con un DataFrame que tiene todas las características/atributos en una columna (con el assembler).

```
from pyspark.ml.feature import VectorAssembler

# los atributos de entrada no pueden incluir la salida o la etiqueta
atr_entrada = entrenamiento.columns
atr_entrada.remove("salida")
atr_entrada.remove("label")

assembler = VectorAssembler(inputCols=atr_entrada, outputCol="features")
```

Transformemos tanto el conjunto de entrenamiento como el de test:

```
entrenamiento_atr = assembler.transform(entrenamiento)
test_atr = assembler.transform(test)
```

Al observar el conjunto de datos, veremos que se trata de un conjunto de datos disperso (es decir, la mayoría de las características son 0) y la MLlib lo ha codificado con vectores dispersos para mayor eficiencia.

```
entrenamiento_atr.select("features", "label").show(1, truncate = False)
```

```
+------------------------------+-----+
|features                      |label|
+------------------------------+-----+
|(57,[54,55,56],[1.0,1.0,1.0])|2.0  |
+------------------------------+-----+
only showing top 1 row
```

Vamos a eliminar toda columna que realmente no necesitamos más y almacenamos el DataFrame en caché. Ten en cuenta que mantenemos la etiqueta real salida para calcular más adelante el acierto de la clasificación:

```
entrenamiento_atr = entrenamiento_atr.select("features", "salida", "label").
cache()
```

Ahora podemos filtrar instancias por 'label' para obtener conjuntos etiquetados y no etiquetados, de modo que podamos entrenar un árbol de decisión con el conjunto etiquetado. Para este experimento, fijamos la profundidad del árbol maxDepth a 5.

```
etiquetado = entrenamiento_atr.filter(entrenamiento_atr.label != 2.0)
no_etiquetado = entrenamiento_atr.filter(entrenamiento_atr.label == 2.0)
```

```
from pyspark.ml.classification import DecisionTreeClassifier

# Tenga en cuenta que usamos la columna "label"
dt = DecisionTreeClassifier(maxDepth=5, labelCol="label")
modelo = dt.fit(etiquetado)
```

Después de entrenar el modelo, podemos realizar predicciones tanto sobre el conjunto no etiquetado como sobre el conjunto de test.

```
pred_no_etiquetado = modelo.transform(no_etiquetado)
pred_prueba = modelo.transform(entrenamiento_atr)
```

Por último, veamos el rendimiento del modelo utilizando el paquete de evaluación de Spark. Queremos medir el acierto en la clasificación, y para eso, podemos usar nuevamente el MulticlassClassificationEvaluator (ten en cuenta que el BinaryClassificationEvaluator de Spark no proporciona el acierto). Recuerda que la etiqueta de clase real está disponible en la columna salida.

```
from pyspark.ml.evaluation import MulticlassClassificationEvaluator

evaluador = MulticlassClassificationEvaluator(
    predictionCol="prediction",
    labelCol="salida",
    metricName="accuracy",
)
```

Ahora podemos medir la precisión transductiva (rendimiento en el conjunto no etiquetado) e inductiva (rendimiento en el conjunto de test) de este modelo entrenado con el 2 % de datos etiquetados:

```
evaluador.evaluate(pred_no_etiquetado)
```

```
0.8722257450856056
```

```
evaluador.evaluate(pred_prueba)
```

```
0.874922600619195
```

Muy bien, el objetivo del autoentrenamiento será superar estos valores, 87-88 %, de acierto (el valor real puede variar en diferentes ejecuciones si usamos una semilla diferente). Consideramos esta cifra como nuestro «límite inferior». Ahora, nos preguntamos: ¿hasta qué punto podríamos mejorar si tuviéramos todo el conjunto de datos de entrenamiento completamente etiquetado? Vamos a averiguarlo, utilizando las etiquetas de entrenamiento reales (que están en la columna salida):

```
dt.setLabelCol("salida")
modelo_superior = dt.fit(entrenamiento_atr)
```

Solo necesitamos evaluar este modelo en el conjunto de prueba, ya que se trata de un experimento estándar de aprendizaje supervisado, con todos los datos de entrenamiento etiquetados.

```
pred_superior = modelo_superior.transform(test_atr)
evaluador.evaluate(pred_superior)
```

```
0.9080962800875274
```

A priori, este sería nuestro límite superior, sería difícil (pero no imposible) superarlo, ya que estamos entrenando con las etiquetas de entrenamiento correctas. Pensemos en cómo diseñar el enfoque de autoentrenamiento para ver si podemos aumentar el tamaño del conjunto etiquetado.

Diseño distribuido

¿Cuáles son los principales retos a los que un algoritmo de SSL se enfrenta con datos a gran escala? En general, el desafío principal en SSL reside en el tamaño del conjunto no etiquetado, que podría ser realmente grande. Como se discutió antes, en el algoritmo de autoentrenamiento, en particular, la carga de trabajo se desplaza a medida que el algoritmo agrega más instancias al conjunto etiquetado. Al principio del algoritmo, la fase de inferencia, es decir, predecir el conjunto no etiquetado y decidir cuáles de ellos incorporar al conjunto etiquetado, sería el principal cuello de botella. Sin embargo, dado que el conjunto etiquetado crecerá de forma progresiva y podría llegar a ser enorme, también necesitaremos distribuir la fase de aprendizaje.

Con esto en mente, pensemos cuidadosamente en la implementación distribuida del autoentrenamiento. Ya hemos anticipado que utilizaríamos el árbol de decisión de la MLlib como clasificador base, el cual ya paraleliza tanto las fases de aprendizaje como de inferencia. Dado que no conocemos de antemano el tamaño del conjunto etiquetado, podemos entrenar el clasificador base de manera distribuida desde la primera iteración. Probablemente estés pensando que, si el conjunto etiquetado es muy pequeño, puede que no estemos aprovechando todas las capacidades de Spark, y probablemente tengas razón. Esta es una de las desventajas del diseño que seguiremos, y que admitimos no es perfecta. Es probable que existan estrategias más elaboradas para resolver este problema, que de alguna manera dependen del contexto (es decir, de la cantidad de datos etiquetados iniciales y de cuán rápidamente crecen).

Como ya hemos sugerido, vamos a usar un único DataFrame, añadiendo columnas con las etiquetas. Si mantenemos esta idea, a diferencia de dividir realmente los datos en dos DataFrames, no tendríamos que preocuparnos mucho por el tamaño del conjunto etiquetado, ya que se distribuye junto con las instancias no etiquetadas. En cada iteración del algoritmo, las etiquetas deberían cambiar a medida que se agregan nuevas instancias al conjunto etiquetado, es decir, tendrían una label de 0 o 1 en nuestro ejemplo, pero eso solo afectaría a una columna del DataFrame. Spark es, evidentemente, una buena plataforma para iterar múltiples veces sobre los mismos datos. Como únicamente cambiamos las etiquetas, las características/atributos de todas las instancias de entrenamiento pueden permanecer en caché durante toda la ejecución, porque no se modifican. Esto probablemente será más eficiente que trabajar con un DataFrame de ejemplos no etiquetados y una estructura de Python u otro DataFrame de ejemplos etiquetados, realizando movimiento de datos de uno a otro.

La figura 9.1 presenta la solución distribuida que proponemos. Esta solución consistirá en un bucle que: (1) entrena un modelo global distribuido en las instancias etiquetadas (label != 2, en nuestro ejemplo); (2) predice las etiquetas de las instancias del DataFrame de entrenamiento que están marcadas como no etiquetadas (label == 2) con una cierta probabilidad; (3) determina cuáles de las predicciones más confiables deben marcarse como etiquetadas, creando una nueva columna. Al utilizar un único DataFrame, el último paso es muy eficiente y se lleva a cabo completamente en paralelo (es decir, es una transformación estrecha).

Implementación

Centrémonos ahora en la implementación. Dado que estamos basando la implementación en un clasificador base de la MLlib, necesitamos ver cómo obtener las probabilidades. Si has ido implementando los pasos anteriores por tu cuenta, puede que hayas observado antes que, al ejecutar modelo.transform(no_etiquetado), no solo obtenemos una columna de 'prediction', sino también una de 'probability', que es lo que queremos utilizar para determinar cuáles de las instancias no etiquetadas serán «agregadas» al conjunto etiquetado. Nuestro modelo anterior fue entrenado únicamente con datos etiquetados (con la columna de clase configurada como 'label'), lo que nos permite emplearlo para predecir directamente el DataFrame entrenamiento_atr completo y así examinar las probabilidades:

```
preds = modelo.transform(entrenamiento_atr)
preds.select("probability").show(3, False)
```

```
+----------------------------------------+
|probability                             |
+----------------------------------------+
|[0.9767441860465116,0.023255813953488372]|
|[0.9767441860465116,0.023255813953488372]|
|[0.9767441860465116,0.023255813953488372]|
+----------------------------------------+
only showing top 3 rows
```

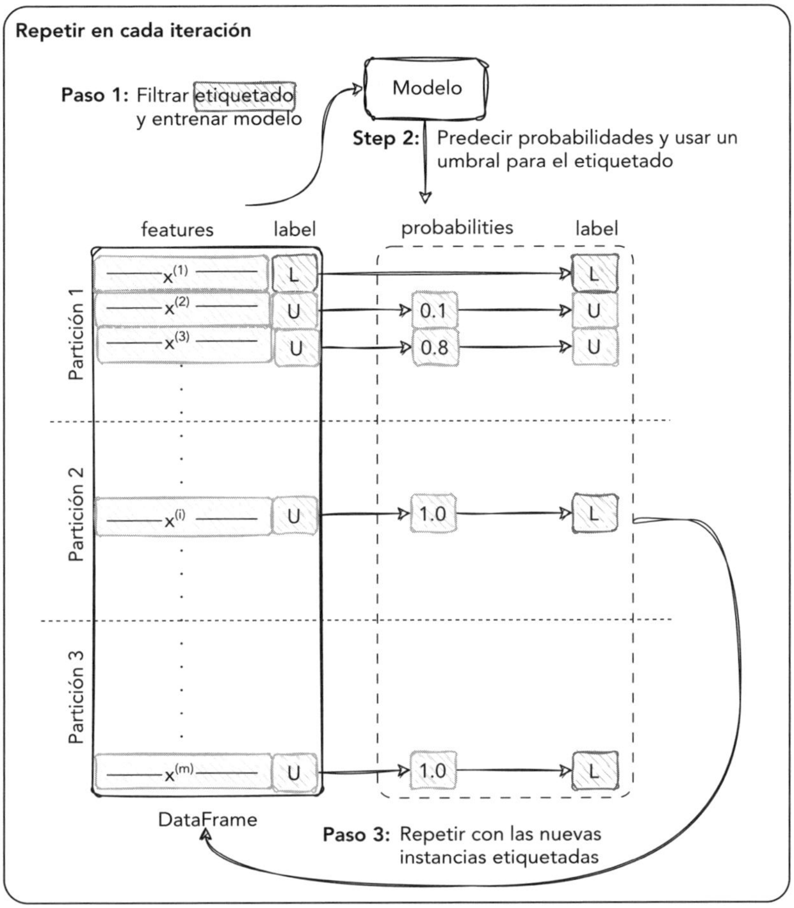

Figura 9.1. Flujo de trabajo de un diseño global para el autoentrenamiento con DataFrames de Spark.

El primer problema que encontramos en nuestra implementación es que la columna 'probability' es un Vector que contiene la probabilidad de pertenecer a cada una de las clases (clase 0 y clase 1 en nuestro ejemplo), y necesitamos acceder a cada elemento de dicho vector. Para lograr esto, debemos transformar ese Vector en columnas individuales. Podemos lograrlo utilizando la función vector_to_array. Si combinamos esto con la función array_max de Spark SQL, obtendremos directamente la confianza de cada predicción (ya que no nos interesan las probabilidades del resto de las clases).

```
from pyspark.ml.functions import vector_to_array

preds = preds.withColumn(
    "prob", sql_f.array_max(vector_to_array("probability"))
)
preds.select("features", "salida", "prediction", "prob").show(3)
```

```
+--------------------+------+----------+------------------+
|            features|salida|prediction|              prob|
+--------------------+------+----------+------------------+
|(57,[54,55,56],[1...|   0.0|       0.0|0.9767441860465116|
|(57,[54,55,56],[1...|   0.0|       0.0|0.9767441860465116|
|(57,[54,55,56],[1...|   0.0|       0.0|0.9767441860465116|
+--------------------+------+----------+------------------+
only showing top 3 rows
```

Por lo general, deberíamos establecer un umbral para decidir si una instancia debería ser añadida al conjunto de instancias etiquetadas; este es un hiperparámetro del algoritmo de autoentrenamiento. En este ejemplo, vamos a mantener fijo este hiperparámetro a 1. Esto significa que solo consideraríamos aquellas instancias para las cuales nuestro clasificador base está completamente seguro (prob == 1.0).

ADVERTENCIA

Este hiperparámetro debe configurarse en función del clasificador base. En el caso de los árboles de decisión, 1.0 tiene sentido, pero otros clasificadores puede que nunca proporcionen probabilidades de 1.0.

Sin embargo, ¿deberíamos agregar todas aquellas con probabilidad 1? Bueno, debemos tener cuidado con esto para evitar agregar muchas instancias de una clase concreta y crear un desbalanceo de clases en el conjunto etiquetado. A modo de ejemplo, examinemos las probabilidades de la predicción anterior (recuerda, utilizamos solo las instancias etiquetadas para entrenar un árbol de decisión y predecir las no etiquetadas).

```
preds.filter("prob == 1").groupBy("prediction").count().show()
```

```
+----------+-----+
|prediction|count|
+----------+-----+
|       0.0|  109|
|       1.0| 1318|
+----------+-----+
```

¡Qué interesante! Puedes ver que el clasificador muestra mayor confianza al predecir la clase 1, que corresponde a los correos electrónicos no deseados. ¿Qué instancias deberíamos añadir a L? Se recomienda incluir las predicciones más confiables, pero asegurándose de que L mantenga la proporción original de instancias por clase. En nuestro dataset, la proporción no_spam/spam es aproximadamente de 1.5. Así que, si incorporamos 15 ejemplos de la clase 0 (no spam), deberíamos incluir al menos 10 de la clase 1 (spam).

Para evitar el sesgo del clasificador en la iteración siguiente, es importante considerar las probabilidades. Basándonos en el conteo anterior, probablemente deberíamos asegurarnos de seleccionar los 109 de la clase 0 y unos 2/3 de esa cantidad para la clase 1, alrededor de 73. De este modo, estamos ignorando bastantes de las instancias más confiables de la clase 1. Es necesario elegir esos 72 de forma aleatoria de un total de 1318. Dado que esta operación dependerá de las probabilidades obtenidas en cada iteración, definimos una función que, a partir de una lista con la distribución de clases del conjunto etiquetado y una lista con los conteos de las instancias más confiables por clase (aquellas mayores o iguales a un umbral de 1.0, en nuestro caso), devolverá el número de instancias de cada clase que deben ser añadidas.

```
import numpy as np

def instancias_por_clase(distr_clase, conteos):
    # Funciona con respecto a la clase con la proporción más baja
    indice_min = np.argmin(conteos / distr_clase)

    nuevos_conteos = conteos[indice_min] * (
        distr_clase / distr_clase[indice_min]
    )

    return np.round(nuevos_conteos).astype("int")
```

Probemos rápidamente con los números anteriores, comenzando por calcular la distribución de clases en nuestro conjunto etiquetado. Crearemos una función para este propósito, porque la reutilizaremos varias veces.

```
def df_conteo(df, col_grupo):
    return np.array(
        df.groupBy(col_grupo).count().sort(col_grupo).toPandas()["count"],
        dtype="int",
    )
```

NOTA

Usar «toPandas()['count']» es solo la forma más corta de obtener los valores de la columna en una lista de Python que necesitamos para nuestra función. Podemos llevar esto al nodo controlado y convertirlo en un DataFrame de pandas, porque sabemos que solo tendremos tantos elementos como clases.

```
distr_clase = df_conteo(etiquetado, "salida")
distr_clase
```

```
array([44, 32])
```

Necesitamos un vector con los conteos de las instancias más confiables:

```
conteos = df_conteo(preds.filter("prob == 1"), "prediction")
conteos
```

```
array([ 109, 1318])
```

Con la distribución de clase original y los conteos de las predicciones con mayor confianza, estamos listos para probar la función:

```
a_agregar = instancias_por_clase(distr_clase, conteos)
a_agregar
```

```
array([109,  79])
```

El objetivo ahora es actualizar la columna 'label' en el DataFrame entrenamiento_atr, de manera que cambiemos la etiqueta de las instancias más confiables a la predicha, teniendo en cuenta los conteos que hemos calculado. De esta manera, realizar la siguiente iteración del bucle será sencillo.

Entonces, para crear la nueva columna, debemos considerar que esta debe tener una probabilidad de clase igual a 1 y que su etiqueta previa sea 2.0 (lo que indica que estaba sin etiquetar anteriormente). Por desgracia, esta restricción de añadir un número exacto de instancias por clase puede complicar la implementación. Para lograrlo de manera eficiente, tendremos que sacrificar un poco de precisión en el proceso. Intentar obtener el número exacto probablemente resultaría más costoso y complejo. La forma más sencilla de hacerlo es seguir la misma idea que utilizamos para dividir nuestro conjunto de entrenamiento en conjuntos etiquetados y no etiquetados, es decir, emplear números aleatorios para tomar aproximadamente los conteos estimados de cada clase. Por tanto, para que una instancia sea etiquetada en la iteración actual, debe cumplir tres condiciones:

- Estar sin etiquetar (label == 2).
- Tener una confianza o probabilidad de 1 (podríamos establecer cualquier otro umbral).
- Ser seleccionada aleatoriamente siguiendo la distribución de conteos.

Calculemos el porcentaje de ejemplos de cada clase que necesitamos obtener de aquellos que tienen una probabilidad de 1.

```
pcts = a_agregar / conteos # operación elemento a elemento
pcts
```

```
array([1.        , 0.0599393])
```

Para simplificar, vamos a hacer esto en dos pasos. Primero, crearemos una columna adicional pcts, que almacenará los porcentajes necesarios dependiendo de la etiqueta de clase de un ejemplo.

```
preds = preds.withColumn("pcts",
    sql_f.when(preds.label == 0, pcts[0]).otherwise(pcts[1])
)
```

Luego, podemos actualizar la columna label con la función rand y la columna pcts:

```
preds = preds.withColumn("label",
    sql_f.when(
        (preds.label == 2) & (preds.prob == 1)
        & (sql_f.rand(seed=12345) <= preds.pcts),
        preds.prediction).otherwise(preds.label),
)
```

ADVERTENCIA

La transformación «withColumn» sobrescribirá la columna si ya existe en el DataFrame, por lo que podemos usarla para actualizar la columna «'label'» con los nuevos ejemplos etiquetados.

Veamos si eso funcionó. Calculemos el número de ejemplos etiquetados que actualmente lo están y comparemos con los que teníamos antes:

```
preds.groupBy("label").count().sort("label").show()
```

```
+-----+-----+
|label|count|
+-----+-----+
|  0.0|   51|
|  1.0|  102|
|  2.0| 3077|
+-----+-----+
```

RETO #1

La solución anterior para agregar las instancias más confiables solo funcionaría para problemas de clasificación binaria y necesitaría ajustes dependiendo del número de clases. Te retamos a buscar formas de mejorar este código. Como sugerencia, podrías utilizar la función «create_map»[2] de SparkSQL, que nos permitirá mapear cada etiqueta de clase al porcentaje de ejemplos que debemos tomar de esa clase dentro de una única condición (when). También podríamos echar un vistazo a la transformación «sampleBy»[3] y ver si podemos utilizarla para esta tarea.

Inicialmente teníamos 44 ejemplos de la clase 0 y 32 de la clase 1, y esperábamos agregar 109 a la clase 0 (todos ellos con probabilidad 1) y 79 a la clase 1. De nuevo, las cifras agregadas no son exactas, pero es una buena aproximación con poco o ningún efecto real en la metodología de autoentrenamiento.

Bien, ahora tenemos todos los ingredientes para definir el bucle de autoentrenamiento al completo. Definamos una función para ello.

```
def autoentrenamiento(entrenamiento_atr, max_iter=10, semilla=12345,
                      num_clases=2, profundidad=5):

    # define el árbol de decisión con la columna etiqueta establecida en "label"
    dt = DecisionTreeClassifier(maxDepth=profundidad, labelCol="label")
```

2 https://archive.apache.org/dist/spark/docs/3.3.0/api/python/reference/pyspark.sql/api/pyspark.sql.functions.create_map.html.

3 https://archive.apache.org/dist/spark/docs/3.3.0/api/python/reference/pyspark.sql/api/pyspark.sql.DataFrame.sampleBy.html.

```python
    # obtener distribuciones de clase del conjunto etiquetado
    distr_clase = df_conteo(entrenamiento_atr.filter("label != 2"), "label")

    for i in range(max_iter):
        etiquetado = entrenamiento_atr.filter("label != 2")

        print(f"Iteración: {i} - tamaño etiquetado: {etiquetado.count()}")

        # Entrenar un modelo
        modelo = dt.fit(etiquetado)

        # Predecir y obtener probabilidades:
        preds = modelo.transform(entrenamiento_atr)
        preds = preds.withColumn("prob",
            sql_f.array_max(vector_to_array("probability"))
        )

        conteos = df_conteo(
            preds.filter("label == 2 AND prob == 1"), "prediction"
        )

        # detener el bucle si no hay instancias para agregar de una de las
        # clases o si solo hay instancias de una clase para agregar
        if 0 in conteos or len(conteos) < num_clases:
            break

        a_agregar = instancias_por_clase(distr_clase, conteos)
        print(f"Agregando {a_agregar[0]} instancias de la clase 0, "
              f"y {a_agregar[1]} de la clase 1")

        # Calcular todas las instancias que podrían ser agregadas
        pcts = a_agregar / conteos  # operación elemento a elemento

        preds = preds.withColumn("pcts",
            sql_f.when(preds.label == 0, pcts[0]).otherwise(pcts[1]),
        )

        preds = preds.withColumn("label",
            sql_f.when(
                (preds.label == 2) & (preds.prob == 1)
                & (sql_f.rand(seed=semilla) <= preds.pcts),
                preds.prediction).otherwise(preds.label),
        )

        entrenamiento_atr = preds.select("features", "salida", "label").cache()

    return entrenamiento_atr.filter("label != 2")
```

```python
# Restablecemos entrenamiento_atr
entrenamiento_atr = assembler.transform(entrenamiento)
%time etiquetado_ampliado = autoentrenamiento(entrenamiento_atr)
```

```
Iteración: 0 - tamaño etiquetado: 76
Agregando 107 instancias de la clase 0, y 78 de la clase 1
Iteración: 1 - tamaño etiquetado: 154
Agregando 306 instancias de la clase 0, y 223 de la clase 1
Iteración: 2 - tamaño etiquetado: 427
Agregando 168 instancias de la clase 0, y 122 de la clase 1
Iteración: 3 - tamaño etiquetado: 648
Agregando 236 instancias de la clase 0, y 172 de la clase 1
Iteración: 4 - tamaño etiquetado: 902
Agregando 242 instancias de la clase 0, y 176 de la clase 1
Iteración: 5 - tamaño etiquetado: 1162
Agregando 22 instancias de la clase 0, y 16 de la clase 1
Iteración: 6 - tamaño etiquetado: 1182
Agregando 28 instancias de la clase 0, y 20 de la clase 1
Iteración: 7 - tamaño etiquetado: 1199
Agregando 9 instancias de la clase 0, y 7 de la clase 1
Iteración: 8 - tamaño etiquetado: 1210
Agregando 9 instancias de la clase 0, y 7 de la clase 1
Iteración: 9 - tamaño etiquetado: 1221
Agregando 9 instancias de la clase 0, y 7 de la clase 1
CPU times: user 131 ms, sys: 62.7 ms, total: 194 ms
Wall time: 12.4 s
```

```
print(f"Tamaño final del conjunto etiquetado: {etiquetado_ampliado.count()}")
```

```
Tamaño final del conjunto etiquetado: 1232
```

Ahora que hemos «preprocesado» y ampliado nuestro conjunto de datos, podemos volver a utilizar la MLlib para predecir las etiquetas tanto del conjunto no etiquetado como del conjunto de test:

```
modelo = dt.fit(etiquetado_ampliado)
preds_trans = modelo.transform(no_etiquetado)
preds_inductivas = modelo.transform(test_atr)

print(f"Acierto transductivo = {evaluador.evaluate(preds_trans)}")
print(f"Acierto inductivo = {evaluador.evaluate(preds_inductivas)}")
```

```
Acierto transductivo = 0.9102726696258719
Acierto inductivo = 0.9088256746900073
```

En este ejemplo en particular, el autoentrenamiento está funcionando muy bien. La precisión inductiva es ligeramente superior al límite superior, lo cual es fantástico; aunque esto no es mérito de nuestra implementación paralela, sino del propio autoentrenamiento. Si probaste otros hiperparámetros para el clasificador base, notarás que el resultado puede cambiar con facilidad.

RETO #2

¿Podrías usar un enfoque local para paralelizar el autoentrenamiento? Te aconsejamos pensar un poco diferente al enfoque local que describimos en el capítulo 7, y no tener como objetivo construir un modelo por partición. En este caso, haz que el autoentrenamiento completo se ejecute en cada partición de manera independiente. Recuerda que el objetivo es ampliar el conjunto etiquetado solo como si fuera una etapa de preprocesamiento puro.

En resumen, hemos presentado un diseño global (y uno local en el reto) para realizar autoentrenamiento en grandes conjuntos de datos. Si nos preguntaras qué más podríamos hacer para mejorar este análisis, te diríamos:

- La implementación parece bastante eficiente, pero no hemos analizado en profundidad su escalabilidad. Esperamos que aquellos de vosotros que estéis interesados utilicéis lo aprendido en el capítulo 7 para llevarlo a cabo.
- Inicialmente implementamos la solución para problemas de clasificación binaria, pero se necesitan algunos ajustes para que también funcione con problemas de múltiples clases (ver solución al reto #1).
- Hemos probado el método de autoentrenamiento con árboles de decisión como clasificador base, pero no hemos investigado a fondo su comportamiento. Sería interesante experimentar con otros clasificadores y conjuntos de datos mucho más grandes.
- Por último, pero no por ello menos importante, el diseño global podría ser aplicable a otras estrategias de autoetiquetado que han demostrado ser más robustas. Sin embargo, esto implicaría entrenar más clasificadores en cada iteración o manipular un poco los datos. Por ejemplo, en Co-Training (Blum, 1998), normalmente tendríamos que entrenar dos clasificadores separados y dividir los datos de entrenamiento por características en dos subconjuntos diferentes.

Ensembles de clasificadores: Bagging y Boosting

El aprendizaje con ensembles (Kuncheva, 2014) es una estrategia muy popular en el ámbito del machine learning supervisado, diseñada para mejorar la precisión de un único clasificador (o regresor) mediante el entrenamiento de un conjunto diverso de clasificadores y la agregación de sus decisiones. Puede que recuerdes que ya creamos ensembles cuando abordamos nuestras soluciones locales con árboles de decisión en el capítulo 7. Lo que hicimos fue usar varios clasificadores, que habían sido entrenados en paralelo con diferentes particiones de los datos. Luego, usamos todos esos modelos para realizar una predicción y agregar las decisiones de todos los modelos con una simple regla de votación por mayoría. Como probablemente imaginas, tener más de un clasificador o regresor implica entrenar más modelos, lo que a su vez aumenta los costes computacionales. Por esta razón, estamos interesados en llevar a cabo este proceso de manera eficiente dentro del contexto del big data. Aunque podemos aplicarlos tanto en regresión como clasificación nos centraremos en un ejemplo con clasificadores.

Cuando hablamos de ensembles, no podemos dejar de mencionar un aspecto crucial: la diversidad. Con diversidad, nos referimos a que los distintos modelos deben ofrecer salidas diferentes para un mismo conjunto de datos. De lo contrario, ¿cómo podríamos mejorar a un único modelo? Si varios modelos producen exactamente las mismas salidas, no ganamos nada usándolos juntos; en ese caso, sería mejor elegir solo uno de ellos. Sin embargo, demasiada diversidad puede llevarnos a hacer predicciones incorrectas en muchos casos. Buscamos un equilibrio, lo que se conoce como el dilema entre precisión y diversidad; queremos modelos que sean individualmente precisos y que se complementen entre ellos. En esencia, los algoritmos de ensembles aplican diversas estrategias para lograr esa diversidad al tiempo que mantienen una buena precisión en los modelos individuales. Esto puede conseguirse, por ejemplo, con variaciones distintas del mismo clasificador o la combinación de modelos de diferentes paradigmas de aprendizaje.

Algunos expertos hablan de ensembles cuando se usan conjuntos de clasificadores que son pequeñas variaciones del mismo clasificador, a diferencia del término más general, sistemas de múltiples clasificadores, que se suele usarse para referirse a la combinación e hibridación de diferentes modelos. Por un lado, tener múltiples clasificadores ayudaría a mitigar las debilidades individuales de un solo modelo. Este tipo de sistema multi-clasificador se ha convertido en una herramienta muy exitosa también en técnicas de AutoML de vanguardia, como AutoGluon, que junta o apila (*stacking*) un conjunto diverso de modelos de alta calidad. Por otro lado, aprender pequeñas variaciones del mismo clasificador aprovechando los datos disponibles de diversas maneras puede proporcionar diferentes «vistas» de los datos y ayudar a mitigar algunos problemas del machine learning. Por ejemplo, esta estrategia ha demostrado ser eficaz para reducir la varianza de los modelos individuales, lo que se traduce en una mayor robustez al abordar problemas como el desbalanceo de clases o la clasificación multiclase. En esta sección, nos centraremos en este enfoque, con pequeñas variaciones del mismo clasificador.

Dentro del ámbito de los ensembles, existen varios enfoques en la literatura, entre los cuales destacan el Bagging y el Boosting como los precursores de ensembles más avanzados, como Random Forest o Gradient Boosted Trees (por ejemplo, XGBoost). A modo de resumen, Bagging entrena múltiples modelos sobre diferentes subconjuntos aleatorios de los datos de entrenamiento de forma independiente, y luego aplica una estrategia de votación o promedia las predicciones de estos modelos. Por otra parte, el Boosting entrena secuencialmente una serie de modelos, de modo que cada uno se centra en reducir los errores del anterior. Bagging y Boosting son enfoques clásicos y bien conocidos, cuyas ideas aún se aplican en métodos más complejos. También existen otras estrategias como el stacking, donde se entrena un nuevo (meta) modelo para combinar las predicciones de múltiples de ellos. No obstante, nuestro objetivo será aplicar Bagging y Boosting a problemas a gran escala en Spark con lo aprendido hasta ahora.

Para ambos algoritmos, queremos obtener una solución basada en un enfoque global. Aunque un modelo local también podría resultar útil, la solución sería muy similar a la proporcionada en el capítulo 7, cambiando solo el clasificador de scikit-learn utilizado. Recomendamos a los lectores consultar «Ensembles» en scikit-learn[4] y ejecutar esos enfoques secuencialmente y como un modelo basado en un enfoque local para big data. Ambas opciones servirían como modelos de referencia relevantes para comparar con nuestra solución global.

Una solución global para Bagging

El concepto de bagging, o agregación bootstrap, fue introducido por Breiman (1996) como un método para crear ensembles. Este método entrena múltiples clasificadores en subconjuntos aleatorios de instancias (con reemplazamiento) de los datos de entrenamiento originales. Por lo tanto, cada clasificador se entrena en un subconjunto diferente de los datos y genera la diversidad requerida. Cuando se presenta una instancia de test, la predicción final del conjunto se determina mediante un voto mayoritario o ponderado de las predicciones de los clasificadores.

El Bagging requiere un algoritmo de aprendizaje base, que debería ser un «modelo débil». ¿Qué quiere decir débil? Pues significa que cambios menores en los datos producen grandes variaciones en el modelo aprendido. Aunque pueda parecer contraintuitivo, nos interesa sobreajustar los datos con cada clasificador base, de modo que logremos generar diversidad incluso con pequeños cambios en los datos. La idea es que, al agrupar todos los modelos, el sobreajuste (varianza) de cada clasificador individual se reducirá y se obtendrá un mejor rendimiento global.

El algoritmo tiene dos hiperparámetros principales: el número de iteraciones o clasificadores y el tamaño del muestreo (o de la bolsa). En cada iteración, el modelo débil se entrena en un conjunto diferente y el tamaño de la bolsa indica la cantidad (o porcentaje) de instancias que se elegirán aleatoriamente con reemplazo de los datos originales. Normalmente, el tamaño del muestreo se establece igual que el tamaño del conjunto de entrenamiento, de tal forma que cada modelo se entrena con el mismo número de datos que los disponibles originalmente.

Presentamos un breve pseudocódigo de la fase de aprendizaje de Bagging:

```
Entrada: TR: Conjunto de entrenamiento, n: Tamaño del muestreo,
         Modelo: Modelo débil, max_iter
for t = 1 to max_iter:
  TR_t = muestreo_aleatorio_con_reemplazo(n, TR)
  modelos[t] = Modelo.fit(TR_t)
return modelos
```

Una vez entrenados los modelos, podemos predecir nuevos ejemplos mediante votación simple o ponderada, tal como hicimos en el capítulo 7 con nuestro modelo local. También es importante mencionar que, al trabajar con problemas de regresión, podríamos simplemente promediar las predicciones para obtener la salida final.

Con esta breve introducción, ya estamos listos para diseñar una solución distribuida para Bagging.

[4] https://scikit-learn.org/stable/modules/ensemble.html.

Diseño distribuido

Con la información presentada hasta ahora sobre ensembles, podemos adivinar que el principal obstáculo para paralelizarlos radica en la necesidad de entrenar múltiples clasificadores. Si nos fijamos en detalle en la descripción de Bagging, también debemos crear esa versión muestreada del conjunto de datos antes de entrenar. Estos serán los dos aspectos fundamentales que se deben considerar para diseñar una solución distribuida exitosa. Por un lado, los modelos base deben ser versiones distribuidas para poder manejar grandes volúmenes de datos. Al igual que hicimos antes con el algoritmo de autoentrenamiento, podemos confiar en la MLlib para facilitar la distribución del aprendizaje en cada paso. Una vez más, emplearemos árboles de decisión.

¿Y qué hacemos con el muestreo? Pues bien, por suerte, Spark cuenta con algunas funciones predefinidas que nos permiten realizar muestreos de manera muy eficiente. De lo contrario, tendríamos que implementarlo por nuestra cuenta. Dicho esto, ¿es el muestreo una operación que consumiría mucho tiempo? Podemos ejecutarlo en cada partición de un DataFrame de forma independiente, sin necesidad de transferir datos a través de la red, por lo que se trata de una transformación estrecha. De esta forma, el diseño de Bagging resulta ser extremadamente sencillo. La figura 9.2 muestra el flujo de trabajo de esta solución distribuida.

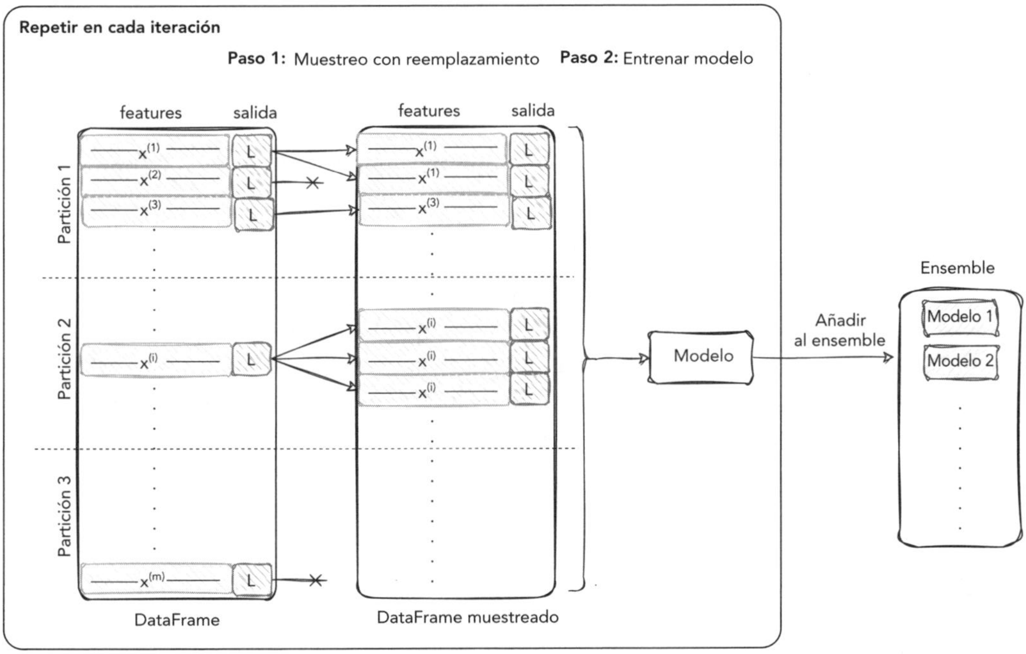

Figura 9.2. Flujo de trabajo de un diseño global para Bagging con DataFrames de Spark.

NOTA

Spark utiliza números aleatorios que siguen dos distribuciones diferentes para implementar un muestreo distribuido eficiente (Poisson y Bernoulli para hacerlo con y sin reemplazamiento, respectivamente). Bernoulli es lo que hemos usado en la implementación anterior de autoentrenamiento para el muestreo, mientras que con Poisson obtenemos un número para cada fila que indica cuántas veces se muestrea.

Implementación

Vamos a utilizar de nuevo el conjunto de datos de correos no deseados. Reiniciemos los conjuntos de entrenamiento y test:

```
entrenamiento, test = df.randomSplit([0.7, 0.3], semilla)
```

Como hicimos antes para el autoentrenamiento, probablemente sea mejor no usar un pipeline de VectorAssembler seguido del clasificador, ya que vamos a reutilizar los mismos datos (todas los atributos en una columna) con varios clasificadores. Transformemos tanto el conjunto de entrenamiento como el de test:

```
entrenamiento_atr = assembler.transform(entrenamiento)\
                              .select("features", "salida").cache()
test_atr = assembler.transform(test).select("features", "salida").cache()
```

Es posible que hayas notado que hemos eliminado las columnas no utilizadas y almacenado en caché entrenamiento_atr, debido a que tendremos que hacer muestreos en cada iteración del bucle principal, y queremos que esta transformación ocurra solo una vez.

Para crear una versión muestreada de entrenamiento_atr, podríamos usar la función sample de Spark. Así:

```
bolsa = entrenamiento_atr.sample(withReplacement=True, fraction=1.0)
```

Para este ejemplo, hemos fijado el hiperparámetro del tamaño de la bolsa a 1.0. Esto significa que el tamaño de los datos de entrenamiento sería (casi) el mismo que el del conjunto original; la principal diferencia es que puede haber algunas instancias que se repiten más de una vez y otras que han desaparecido. Esa diferencia es lo que está introduciendo la diversidad. Comparemos este DataFrame bolsa con el conjunto de entrenamiento:

```
bolsa.groupby("salida").count().show()
```

```
+------+-----+
|salida|count|
+------+-----+
|   1.0| 1303|
|   0.0| 1919|
+------+-----+
```

```
entrenamiento_atr.groupby("salida").count().show()
```

```
+------+-----+
|salida|count|
+------+-----+
|   1.0| 1280|
|   0.0| 1950|
+------+-----+
```

El número total de ejemplos en bolsa es similar al que tenemos en el conjunto de entrenamiento, pero estamos obteniendo menos ejemplos de la clase 0 debido a la aleatoriedad de la función sample.

NOTA

Puede que queramos explorar más a fondo este hiperparámetro. Valores más bajos normalmente acelerarían el procesamiento, al reducir el tamaño del conjunto de entrenamiento, pero esto podría traducirse en un rendimiento inferior.

Una vez que hemos creado esa bolsa, debemos entrenar un clasificador base con ella. Como antes, optamos por un árbol de decisión con una profundidad (maxDepth) de 5.

```
dt = DecisionTreeClassifier(maxDepth=5, labelCol="salida")
```

Ahora podríamos ajustar el modelo con modelo = dt.fit(bolsa). Sin embargo, aquí está la única parte complicada de esta implementación. Como vamos a entrenar múltiples árboles de decisión, a la hora de hacer una predicción de una instancia de test, necesitamos obtener las predicciones de todos ellos. Para lograrlo, transformaremos nuestro DataFrame test_atr con cada uno de los modelos aprendidos, añadiendo su predicción como varias columnas de salida. No obstante, dado que, por defecto, Spark le da el mismo nombre a las columnas de salida, si transformamos varias veces el test para añadir predicciones nos dará error. Para solucionarlo, vamos a indicarle a cada árbol que nombre las columnas de salida de manera diferente, las cuales por defecto son: «prediction», «probability» y «rawPrediction». Hemos pensado que una solución sencilla, sería añadir el número de iteración al nombre de la columna. Podemos hacerlo de manera muy sencilla con el objeto dt:

```
dt.setPredictionCol(f"prediction_1")
dt.setProbabilityCol(f"probability_1")
dt.setRawPredictionCol(f"rawPrediction_1")

modelo = dt.fit(bolsa)
```

Si ahora hacemos predicciones sobre el conjunto de test:

```
preds = modelo.transform(test_atr)
```

El DataFrame resultante tendría esas tres columnas. Veamos:

```
preds.show(1)
```

```
+--------------------+------+--------------+--------------------+------------+
|            features|salida|rawPrediction_1|       probability_1|prediction_1|
+--------------------+------+--------------+--------------------+------------+
|(57,[54,55,56],[1...|   0.0|  [1472.0,98.0]|[0.93757961783439...|         0.0|
+--------------------+------+--------------+--------------------+------------+
only showing top 1 row
```

Bien, estamos en una buena posición para juntar todo en una función bagging, que devolverá todos los modelos ajustados como una lista:

```
def bagging(entrenamiento_df, algoritmo, tam_b=1.0, max_iter=10):
    modelos = []

    for i in range(max_iter):
        bolsa = entrenamiento_df.sample(withReplacement=True, fraction=tam_b)
        algoritmo.setPredictionCol(f"prediction_{i}")
        algoritmo.setProbabilityCol(f"probability_{i}")
        algoritmo.setRawPredictionCol(f"rawPrediction_{i}")
        modelos.append(algoritmo.fit(bolsa))

    return modelos
max_iter = 10

%time modelos = bagging(entrenamiento_atr, dt)
```

```
CPU times: user 43.4 ms, sys: 24.2 ms, total: 67.6 ms
Wall time: 4.26 s
```

La fase de entrenamiento de Bagging ya está implementada. Antes de avanzar a la fase de test, podríamos analizar el rendimiento individual de cada uno de los clasificadores en la fase de test. Definamos una función sencilla para llevar a cabo esta tarea. Pero antes, restablezcamos el evaluador en esta sección del capítulo:

```
evaluador = MulticlassClassificationEvaluator(
    labelCol="salida",
    metricName="accuracy",
)
```

```
def probar_modelos_individuales(test_atr, modelos):
    for i in range(len(modelos)):
        preds = modelos[i].transform(test_atr)
        evaluador.setPredictionCol(f"prediction_{i}") # Cambiar columna
        acc = evaluador.evaluate(preds)
        print(f"Acierto del modelo {i}: {acc}")
```

```
probar_modelos_individuales(test_atr, modelos)
```

```
Acierto del modelo 0: 0.9015317286652079
Acierto del modelo 1: 0.8818380743982495
Acierto del modelo 2: 0.9059080962800875
Acierto del modelo 3: 0.9051787016776076
Acierto del modelo 4: 0.9029905178701677
Acierto del modelo 5: 0.8935083880379285
Acierto del modelo 6: 0.9088256746900073
Acierto del modelo 7: 0.9110138584974471
Acierto del modelo 8: 0.8978847556528081
Acierto del modelo 9: 0.9139314369073669
```

Si observamos la salida, podremos ver que el rendimiento varía significativamente entre los clasificadores. Esperamos que el ensemble de clasificadores pueda mejorar los resultados individuales.

NOTA

Ten en cuenta que, en la función «bagging», no establecimos una semilla para muestrear el conjunto de entrenamiento, lo cual nos permite obtener diferentes subconjuntos para cada clasificador y, por ende, resultados diferentes. Hasta la fecha, no existe una opción para establecer una semilla aleatoria global en Spark.

Pasemos a implementar la fase de test. Podemos reutilizar parte de la función anterior para agregar las predicciones de cada clasificador. Sin embargo, permítenos mostrarte una manera un poco más elegante de hacerlo. En modelos, ya tenemos entrenados los modelos que debemos utilizar para transformar el conjunto de test. Esta lista de modelos puede usarse como las etapas de un pipeline de la siguiente manera:

```
from pyspark.ml import PipelineModel

modelos_pipeline = PipelineModel(stages=modelos)
```

NOTA

Hemos creado directamente un «PipelineModel» en lugar de un «Pipeline», ya que todos los componentes son «Transformers» y no hay necesidad de ajustar el pipeline.

Podemos aplicar este pipeline de modelos para transformar el DataFrame de prueba, añadiendo columnas con las predicciones de cada uno de los clasificadores utilizados.

```
preds = modelos_pipeline.transform(test_atr)
```

El último paso del Bagging es agregar esas predicciones para llegar a una predicción final. Lo vamos a hacer en dos pasos. Primero, crearemos una única columna que contendrá un vector con todas las predicciones.

```
ensemble = preds.select(
```

```
    sql_f.array([f"prediction_{i}" for i in range(max_iter)]).alias("preds"),
    "salida",
)
ensemble.show(1, truncate=False)
```

```
+--------------------------------------------------------+------+
|preds                                                   |salida|
+--------------------------------------------------------+------+
|[0.0, 0.0, 0.0, 0.0, 0.0, 0.0, 0.0, 0.0, 0.0, 0.0]|0.0   |
+--------------------------------------------------------+------+
only showing top 1 row
```

¿Por qué hacemos esto? Esto nos ayudará a realizar una operación columna para calcular un voto mayoritario en ese vector. Puede que recuerdes que hicimos algo similar con RDD para implementar la agregación de nuestros árboles de decisión locales. Para hacer esto, usaremos la clase mode —la moda— del paquete statistics, que nos permitirá calcular el consenso entre todos los clasificadores como la moda del vector de predicciones. Tendremos que definir una UDF para usarla. Podrías considerar la opción de utilizar agregaciones de Spark para este fin, lo que podría resultar más eficiente, aunque también más complejo. Dado que esta operación no demanda mucho tiempo, hemos optado por priorizar la simplicidad.

```
from statistics import mode
from pyspark.sql.types import DoubleType

moda_udf = sql_f.udf(mode, DoubleType())
pred = ensemble.withColumn("prediction", moda_udf("preds"))
pred.show(1)
```

```
+--------------------+------+----------+
|               preds|salida|prediction|
+--------------------+------+----------+
|[0.0, 0.0, 0.0, 0...|   0.0|       0.0|
+--------------------+------+----------+
only showing top 1 row
```

Evaluemos el rendimiento del ensemble.

```
evaluador.setPredictionCol("prediction") # restablecer PredictionCol
evaluador.evaluate(pred)
```

```
0.9139314369073669
```

En este ejemplo, el uso de Bagging con voto mayoritario ha dado lugar a una precisión que supera la de cualquiera de los árboles de decisión individuales.

RETO #3

En nuestra implementación, hemos utilizado un voto mayoritario para calcular la predicción final del ensemble. En este reto, te pedimos implementar el código necesario para calcular la predicción como un voto ponderado.

Una solución global para Boosting: AdaBoost

La idea de Boosting fue introducida por (Schapire, 1990). Se trata de un tipo de ensemble similar al Bagging que, en cada iteración, altera de alguna manera el conjunto de entrenamiento para generar diversidad en el ensemble final. Sin embargo, el concepto de Boosting es algo más complejo que simplemente volver a muestrear el conjunto de datos. Mientras que Bagging se centra en reducir el sobreajuste (varianza) de un modelo mediante el promedio de las predicciones, Boosting busca construir un clasificador fuerte a partir de un clasificador base débil (ligeramente mejor que uno aleatorio).

AdaBoost (Freund, 1997) fue la primera implementación práctica de Boosting. En AdaBoost, cada ejemplo tiene un peso asociado que refleja su importancia y los modelos se entrenan secuencialmente a través de estos pesos que se van modificando a lo largo de las iteraciones. Inicialmente, se entrena un modelo donde se otorga la misma importancia (peso) a todos los ejemplos. A continuación, se modifican los pesos de los ejemplos: se incrementan los de las instancias de entrenamiento mal clasificadas y se disminuyen los de aquellas clasificadas correctamente. El objetivo es dar más importancia a los ejemplos difíciles de clasificar.

NOTA

El modelo base necesita disponer de una forma de ponderar la importancia de los ejemplos. Para aquellos algoritmos de machine learning que no pueden manejar pesos, esta idea puede aproximarse mediante un muestreo ponderado del conjunto de entrenamiento.

Además de los pesos de los ejemplos, AdaBoost asigna un peso a cada clasificador individual, que se tiene en cuenta al realizar la predicción. Este peso depende del error que comete cada modelo en el conjunto de entrenamiento (teniendo en cuenta la distribución de pesos). La idea es dar mayor peso a los clasificadores con mejor rendimiento en esa etapa. El método tiene un único hiperparámetro clave: el número de clasificadores o iteraciones. A continuación, presentamos un breve pseudocódigo. En la descripción, hablamos de una tasa de error que se calcula como la suma de los pesos de las instancias de entrenamiento mal clasificadas. Si el error supera 0.5 (equivalente a un clasificador aleatorio), se interrumpe el bucle. El pseudocódigo ofrece detalles sobre cómo se aumentan y disminuyen los pesos mediante una fórmula específica para la clasificación binaria (asume que las predicciones y etiquetas son +1 o -1).

```
Entrada: TR: Conjunto de entrenamiento, Modelo: Modelo Débil, max_iter

pesos[i] = 1/tamaño(TR) para i = 1,..., tamaño(TR)

for t = 1 to max_iter:
  modelos[t] = Modelo.fit(TR, pesos)
  predicciones = modelos[t].predict(TR)
  error = Suma de los pesos de las instancias mal clasificadas en TR
```

```
    if error > 0.5:
        Descartar modelo y terminar

    alfa[t] = 1/2 * ln((1-error)/error)
    for i = 1 to tamaño(TR):
        pesos[i] *= exp(-alfa * predicciones[i] * TR[i].salida)
    Normalizar pesos para que sumen 1

return modelos
```

En nuestra implementación, utilizaremos de nuevo los mismos datos que antes y árboles de decisión como clasificador base. Por suerte, los árboles de decisión permiten pesos para considerar la importancia de las diferentes instancias de entrenamiento al calcular métricas de dispersión como Gini o entropía para decidir en qué característica y valor dividir un nodo, y esto ya está implementado en Spark.

Diseño e implementación distribuida

Al igual que antes, el principal cuello de botella volverá a estar en el entrenamiento de varios clasificadores, para lo cual utilizaremos clasificadores base distribuidos. En realidad, el diseño es extremadamente simple y se asemeja al de Bagging. La dificultad principal surgirá al actualizar los pesos de las instancias con DataFrames, pero lo resolveremos conforme avancemos en la implementación. La figura 9.3 muestra el flujo de trabajo de este diseño global.

Usamos los mismos datos que antes y la versión del dataset con todos los atributos en una sola columna entrenamiento_atr. El primer paso de AdaBoost consiste en añadir una columna con pesos para todas las instancias. Según el pseudocódigo, este valor debe ser 1 dividido por el número total de datos de entrenamiento, de manera que todas las instancias tengan la misma importancia. Para ello, contaremos el número de elementos presentes en el DataFrame y luego incorporamos una columna nueva mediante la función lit que añade el mismo valor literal a cada elemento de la columna.

```
# restablecemos entrenamiento_atr
entrenamiento_atr = assembler.transform(entrenamiento)
entrenamiento_atr = entrenamiento_atr.select(«features», «salida»).cache()

conteo = entrenamiento_atr.count()
entrenamiento_atr = entrenamiento_atr.withColumn("pesos", sql_f.lit(1.0/conteo))
```

Para entrenar un árbol de decisión que tenga en cuenta la columna pesos, debemos indicarlo al definir el objeto:

```
dt = DecisionTreeClassifier(
    maxDepth=5, labelCol="salida", weightCol="pesos")
```

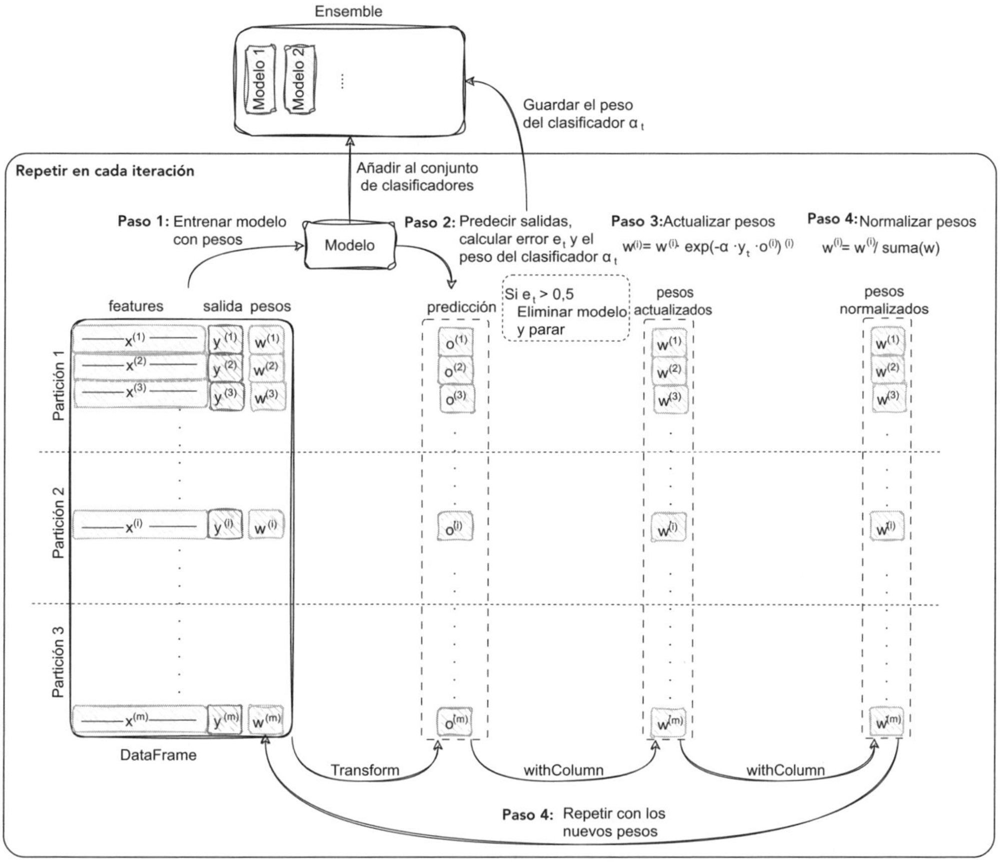

Figura 9.3. Flujo de trabajo de un diseño global para AdaBoost con DataFrames de Spark.

O establecer el nombre de la columna más adelante:

```
dt.setWeightCol("pesos")
```

```
DecisionTreeClassifier_2870da605440
```

Ahora deberíamos ajustar el modelo con esos pesos y predecir la tasa de error.

```
modelo = dt.fit(entrenamiento_atr)
entrenamiento_atr = modelo.transform(entrenamiento_atr)
```

La tasa de error es la suma de los pesos de las instancias mal clasificadas (es decir, prediction != salida):

```
err = entrenamiento_atr.filter("prediction != salida")\
                     .agg(sql_f.sum("pesos"))\
                     .first()[0]
err
```

```
0.07120743034055732
```

El algoritmo detendría el bucle si el error es superior a 0.5, en cuyo caso se descartaría el último modelo entrenado.

El último paso que necesitamos implementar antes de juntar todo es la actualización de los pesos. Primero, tenemos que calcular el peso para el clasificador actual alfa[t].

```
alfa = 0.5 * np.log((1 - err) / err)
```

Deberemos almacenar ese `alfa` para cada modelo en la fase de predicción, pero también lo utilizaremos para modificar los pesos de los ejemplos.

Para actualizar los pesos de cada instancia, necesitamos crear una columna adicional siguiendo la fórmula especificada anteriormente. Esta fórmula es la multiplicación del peso actual por la exponencial del negativo del peso del clasificador, multiplicado por la predicción y la etiqueta. Un aspecto interesante aquí es que, para que la fórmula funcione correctamente, la predicción debería ser +1 o -1, pero nuestras etiquetas de clase en el conjunto de datos son 0 y 1. Podríamos haber cambiado esto desde el principio, pero el problema de implementación aquí es que Spark ML espera clases que comiencen desde 0, así que debemos pensar en otra solución. Recordemos la fórmula que necesitamos implementar:

pesos[i] = pesos[i] * exp(-alfa * predicciones[i] * TR[i].salida)

Si reflexionamos un poco sobre la fórmula, verás que la multiplicación de la predicción y la etiqueta siempre será +1 (si coinciden) o -1 (si no coinciden). Por lo tanto, la fórmula de actualización de pesos se simplifica a multiplicar cada peso por exp(alfa) si ha sido clasificado incorrectamente o por 1/exp(alfa) si ha sido clasificado correctamente. Por ello, puede ser más fácil utilizar una columna auxiliar que indique si el ejemplo está correctamente clasificado (+1) o no (-1), lo que corresponde a predicciones[i] * TR[i].salida. Así, utilizaremos esta columna para actualizar los pesos.

```
entrenamiento_atr = entrenamiento_atr.withColumn("correcto",
    sql_f.when(sql_f.col("prediction") == sql_f.col("salida"), 1)
         .otherwise(-1),
)
entrenamiento_atr.show(1)
```

```
+-------------+------+--------+-------------+-------------+----------+--------+
|features     |salida|pesos   |rawPrediction|probability  |prediction|correcto|
+-------------+------+--------+-------------+-------------+----------+--------+
|(57,[54,...])|0.0   |3.095975|[0.4619,...] |[0.9455,...] |0.0       |1       |
+-------------+------+--------+-------------+-------------+----------+--------+
only showing top 1 row
```

Ahora podemos crear una nueva columna con los pesos para la iteración 1 del algoritmo. Esto se realiza utilizando los pesos actuales, `alfa` y nuestra columna auxiliar. Empleamos la función expr de Spark para calcular de manera sencilla esa exponencial.

```
entrenamiento_atr = entrenamiento_atr.withColumn(f"pesos_1",
    sql_f.expr(f"exp(-1 * correcto * {alfa}) * pesos")
)
```

Por último, necesitamos normalizar esa nueva columna, dividiendo todos los pesos por la suma total de los pesos.

```
suma_pesos = entrenamiento_atr.agg(sql_f.sum(f"pesos_1")).first()[0]
entrenamiento_atr = entrenamiento_atr.withColumn(f"pesos_1",
    sql_f.expr(f"pesos_1/{suma_pesos}")
)
```

Para poner todo en un bucle, nuevamente tendremos que asegurarnos de dar un nombre de columna diferente para cada salida, como hicimos antes para Bagging. Aparte de eso, tenemos todas las piezas de este rompecabezas.

```
def adaboost(entrenamiento_atr, modelo_debil, max_iter=10):
    modelos = []
    pesos_clf = []

    conteo = entrenamiento_atr.count()
    entrenamiento_atr = entrenamiento_atr.withColumn(
        "pesos_0", sql_f.lit(1.0 / conteo)
    )

    for i in range(max_iter):
        modelo_debil.setPredictionCol(f"prediction_{i}")
        modelo_debil.setProbabilityCol(f"probability_{i}")
        modelo_debil.setRawPredictionCol(f"rawPrediction_{i}")
        modelo_debil.setWeightCol(f"pesos_{i}")
        modelos.append(modelo_debil.fit(entrenamiento_atr))
        entrenamiento_atr = modelos[i].transform(entrenamiento_atr)

        # calcular error
        err = entrenamiento_atr.filter(f"prediction_{i} != salida")\
                               .agg(sql_f.sum(f"pesos_{i}"))\
                               .first()[0]

        if err > 0.5:
            modelos.pop()
            n_estimator = i
            break

        alfa = 0.5 * np.log((1 - err) / err)
        pesos_clf.append(alfa)

        # Crear nuestra columna auxiliar
        entrenamiento_atr = entrenamiento_atr.withColumn(f"correcto_{i}",
            sql_f.when(
                sql_f.col(f"prediction_{i}") == sql_f.col("salida"), 1
            ).otherwise(-1),
        )
```

```
        # actualizar y normalizar
        entrenamiento_atr = entrenamiento_atr.withColumn(f"pesos_{i+1}",
            sql_f.expr(f"exp(-1 *  correcto_{i} * {alfa}) * pesos_{i}"),
        )
        suma_pesos = entrenamiento_atr.agg(sql_f.sum(f"pesos_{i+1}"))\
                                      .first()[0]
        entrenamiento_atr = entrenamiento_atr.withColumn(f"pesos_{i+1}",
            sql_f.expr(f"pesos_{i+1}/{suma_pesos}")
        )

    return modelos, pesos_clf
```

Ejecutemos nuestra versión distribuida de AdaBoost.

```
# reestablecemos entrenamiento_atr
entrenamiento_atr = assembler.transform(entrenamiento)
entrenamiento_atr = entrenamiento_atr.select("features", "salida").cache()

%time modelos, pesos_clf = adaboost(entrenamiento_atr, dt)
```

```
CPU times: user 112 ms, sys: 61 ms, total: 172 ms
Wall time: 17.8 s
```

Como hicimos antes, probemos el rendimiento individual de los modelos:

```
probar_modelos_individuales(test_atr, modelos)
```

```
Acierto del modelo 0: 0.9080962800875274
Acierto del modelo 1: 0.849744711889132
Acierto del modelo 2: 0.7848285922684172
Acierto del modelo 3: 0.5711159737417943
Acierto del modelo 4: 0.7067833698030634
Acierto del modelo 5: 0.7964989059080962
Acierto del modelo 6: 0.5412107950401167
Acierto del modelo 7: 0.6652078774617067
Acierto del modelo 8: 0.7177242888402626
Acierto del modelo 9: 0.7483588621444202
```

Esto no tiene nada que ver con lo que observamos en Bagging. Los clasificadores están empeorando a medida que avanzan las iteraciones. ¿Tiene sentido? ¡Sí! AdaBoost se está enfocando en las instancias más difíciles, dando menos importancia al resto y perdiendo acierto general. Sin embargo, también tenemos un peso asociado a cada clasificador que equilibrará esta situación al combinarlos todos.

Todavía necesitamos realizar algunos ajustes para obtener la predicción del ensemble, porque ahora debemos considerar los pesos de los clasificadores. Primero, echemos un vistazo a esos pesos:

```
pesos_clf
```

```
[1.2841441293635254,
 0.6783332771872561,
```

```
0.641746188181348,
0.39236410163552365,
0.5732733374809456,
0.5709714273382864,
0.3391329388501538,
0.28814688142847106,
0.3033938710031082,
0.42657214895332257]
```

Para predecir la clase de una nueva instancia, en AdaBoost multiplicamos la salida de cada clasificador (ya sea +1 o -1) por su peso y las sumamos. Luego, tomamos el signo de ese valor como la clase. Expresemos esto como pseudocódigo:

clase(x) = signo(sum([alfa[t] * modelo[t].predict(x) for t=1,...,max_iter]))

Esto simplemente verifica las predicciones de qué clase están más de acuerdo con los pesos de los clasificadores, y esa clase se predice con la función signo, que devuelve +1 para valores positivos y -1 para los negativos. Sin embargo, nuestro árbol de decisión de Spark ML trabaja con valores de salida 0 y 1, por lo que podemos adaptar esta fórmula para hacerla compatible. En este caso, sería equivalente a agregar los valores de la clase 1 y verificar si el resultado está por encima del umbral, que es la mitad de la suma de los pesos de los clasificadores. Dicho de otro modo, la fórmula se puede expresar así:

clase(x) = sum([alfa[t] * modelo[t].predict(x) for t=1,...,max_iter]) > sum(alfa) / 2

Procedamos a implementarlo. En primer lugar, necesitamos obtener las salidas de los clasificadores para todos los ejemplos de test. Como antes, ahora podemos colocar la lista de modelos en un pipeline y clasificar el conjunto de test.

```
modelos_pipeline = PipelineModel(stages=modelos)
pred = modelos_pipeline.transform(test_atr)
```

También juntamos todas las predicciones en una columna como un arreglo:

```
ensemble = pred.select(
    sql_f.array([f"prediction_{i}" for i in range(max_iter)]).alias("preds"),
    "salida",
)
ensemble.show(1, truncate=False)
```

```
+--------------------------------------------------------+------+
|preds                                                   |salida|
+--------------------------------------------------------+------+
|[0.0, 0.0, 1.0, 1.0, 0.0, 0.0, 1.0, 0.0, 1.0, 0.0]|0.0   |
+--------------------------------------------------------+------+
only showing top 1 row
```

Puedes pensar en muchas formas diferentes de multiplicar nuestro vector pesos_clf por cada fila de la columna 'preds'. En este caso, hemos optado por usar la función ElementwiseProduct de Spark ML. Con esto, podemos multiplicar una columna de Vectores de Spark ML por un vector de escalado (en nuestro caso, pesos_clf). Para hacerlo, primero necesitamos convertir nuestra columna de Array a una columna de Vector de Spark ML. Hemos hecho esto anteriormente en el libro utilizando la función array_to_vector. Empecemos por realizar esta conversión.

```
from pyspark.ml.functions import array_to_vector

ensemble = ensemble.withColumn("preds", array_to_vector(sql_f.col("preds")))
ensemble.show(1, truncate=False)
```

```
+-----------------------------------------+------+
|preds                                    |salida|
+-----------------------------------------+------+
|[0.0,0.0,1.0,1.0,0.0,0.0,1.0,0.0,1.0,0.0]|0.0   |
+-----------------------------------------+------+
only showing top 1 row
```

El ElementWiseProduct tiene dos parámetros principales: la columna de entrada ('preds') y el vector de escalado (pesos_clf) que se utilizará para escalar la columna de entrada. Ten en cuenta que el vector de escalado debe ser de tipo Vector.

```
from pyspark.ml.feature import ElementwiseProduct
from pyspark.ml.linalg import Vectors

producto_elemento_a_elemento = ElementwiseProduct(
    inputCol="preds", outputCol="preds_ponderadas",
    scalingVec=Vectors.dense(pesos_clf),
)
ensemble_ponderado = producto_elemento_a_elemento.transform(ensemble)
ensemble_ponderado.show(1)
```

```
+--------------------+------+--------------------+
|               preds|salida|    preds_ponderadas|
+--------------------+------+--------------------+
|[0.0,0.0,1.0,1.0,...|   0.0|[0.0,0.0,0.641746...|
+--------------------+------+--------------------+
only showing top 1 row
```

Podemos observar cómo los unos en preds han sido sustituidos por los pesos del clasificador correspondiente. El último paso consiste en sumar los valores en cada vector de la columna preds_ponderadas y comparar esto con la mitad de la suma de los pesos de los clasificadores. Si tienes curiosidad por el valor de este umbral:

```
sum(pesos_clf) / 2
```

```
2.7490391507109706
```

Para sumar los valores de un array de Spark SQL, utilizaremos la función aggregate,[5] que es similar a un reduce, excepto que tenemos que proporcionar un valor inicial para la agregación. Ten en cuenta que tenemos que convertir de nuevo nuestra columna de tipo Vector a Array.

5 https://archive.apache.org/dist/spark/docs/3.3.0/api/python/reference/pyspark.sql/api/pyspark.sql.functions.aggregate.html#pyspark.sql.functions.aggregate

```
ensemble_ponderado = ensemble_ponderado.withColumn("pred", (
        sql_f.aggregate(
            vector_to_array("preds_ponderadas"),
            sql_f.lit(0.0),
            lambda acc, x: acc + x)
        )
)
ensemble_ponderado.show(1)
```

```
+--------------------+------+--------------------+------------------+
|               preds|salida|    preds_ponderadas|              pred|
+--------------------+------+--------------------+------------------+
|[0.0,0.0,1.0,1.0,...|   0.0|[0.0,0.0,0.641746...|1.6766370996701339|
+--------------------+------+--------------------+------------------+
only showing top 1 row
```

Por último, podemos comparar la columna pred con nuestro umbral:

```
ensemble_ponderado = ensemble_ponderado.withColumn(
    "pred", (sql_f.col("pred") > sum(pesos_clf) / 2).cast("double")
)
ensemble_ponderado.show(1)
```

```
+--------------------+------+--------------------+----+
|               preds|salida|    preds_ponderadas|pred|
+--------------------+------+--------------------+----+
|[0.0,0.0,1.0,1.0,...|   0.0|[0.0,0.0,0.641746...| 0.0|
+--------------------+------+--------------------+----+
only showing top 1 row
```

Agregamos la conversión a tipo double para que podamos hacer uso del evaluador de Spark ML. Veamos qué tal funciona en test:

```
evaluador.setPredictionCol(f"pred")
acierto = evaluador.evaluate(ensemble_ponderado)
acierto
```

```
0.9321663019693655
```

¡No está nada mal! Es el mejor rendimiento que hemos conseguido a lo largo de este capítulo. En este caso concreto, AdaBoost está funcionando mejor que Bagging. Sin embargo, es importante recordar que esto no siempre será así. También podríamos probar diferentes hiperparámetros para realizar una comparación más justa. En términos de implementación y en comparación con Bagging, no ha sido excesivamente complicado; principalmente necesitábamos prestar atención a los pesos de los ejemplos y hemos tenido que emplear varios trucos con Spark para hacerlo más eficiente para, de este modo, obtener una versión global distribuida que funcione. En este caso, la parte de predicción también ha sido algo más compleja.

Para concluir esta sección sobre ensembles, nos gustaría señalar algunas mejoras que podrían realizarse:

- Ambas implementaciones parecen bastante eficientes, pero un análisis detallado de su escalabilidad podría dar una visión más clara de sus capacidades reales y permitir identificar otros cuellos de botella que se deban tener en cuenta.
- Hemos implementado la versión clásica de AdaBoost, que solo funciona para problemas de clasificación binaria. Podrías intentar implementar sus extensiones para múltiples clases[6], AdaBoost.M1 o AdaBoost.M2. Mientras que AdaBoost.M1 trabaja directamente con etiquetas de clase, AdaBoost.M2 utiliza la confianza o las probabilidades de las predicciones para cada clase. Implementarlas no debería suponer mucha diferencia, ya que el cambio principal es la forma en que se actualizan los pesos.
- Tal como mencionamos con el autoetiquetado, aquí hemos utilizado árboles de decisión como clasificadores base. Recomendamos investigar otros clasificadores y conjuntos de datos más grandes como parte de un análisis más amplio de la escalabilidad de la solución.

Despliegue de modelos: caso de estudio en segmentación de imágenes con deep learning

Hasta ahora, nos hemos enfocado sobre todo en el entrenamiento de algoritmos de machine learning con grandes conjuntos de datos. Como explicamos en el capítulo 6, el ciclo de vida del machine learning consta de varias fases, y no todas se ven afectadas de la misma manera por los problemas del big data. Por ejemplo, podría haber situaciones donde recoger y almacenar datos en bruto puede ser un desafío cuando los datos se generan a gran velocidad y provienen de diversas fuentes. Sin embargo, tras el preprocesamiento y limpieza de los datos con Spark, podríamos llegar a un conjunto de datos más manejable que nos permita entrenar modelos de machine learning en secuencial, sin necesidad de usar Spark. Incluso en ese supuesto, una vez que tenemos nuestro modelo entrenado, podría ocurrir que fuese necesario realizar una inferencia a gran escala, en especial si contamos con numerosos datos de test, para lo cual volveríamos a necesitar una plataforma como Spark.

En esta sección, nos vamos a centrar en un ejemplo de inferencia distribuida. La recolección y el preprocesamiento de datos iniciales suelen ser muy específicos del problema que abordamos y pueden variar significativamente de un caso de uso a otro. Sin embargo, la inferencia distribuida es un caso más común y estandarizado.

Nuestro objetivo es mostrar un ejemplo de cómo utilizar Spark para distribuir la inferencia de una red neuronal convolucional programada en PyTorch, uno de los frameworks más populares para deep learning. En este caso, no nos centraremos tanto en el entrenamiento del modelo, que se llevará a cabo en una sola máquina (preferiblemente con una GPU), sino en la inferencia. Aunque no hemos profundizado en deep learning, Spark también es una herramienta muy útil para lidiar con grandes problemas de deep learning, tanto para entrenamiento como para inferencia. No entraremos en detalles aquí, pero te sugerimos que consultes la sección «¿Quieres aprender más?» si te interesa este tema.

[6] https://www.sciencedirect.com/science/article/pii/S002200009791504X.

Caso de estudio en teledetección: segmentación de edificios

Vamos a abordar un problema típico de teledetección, que consiste en identificar edificios en imágenes aéreas o satélite. Esto es útil para múltiples tareas, como la generación de mapas, el análisis del crecimiento de las poblaciones u otros estudios relacionados con el cambio climático, como la contaminación. Este problema puede tratarse como un problema de segmentación semántica, que implica asignar una clase (por ejemplo, edificio o no edificio) a cada píxel de una imagen. La segmentación semántica suele abordarse mediante redes completamente convolucionales, las cuales pueden tomar una imagen como entrada y producir una máscara (es decir, otra imagen) con la etiqueta de clase para cada píxel como salida. Normalmente, entrenamos estas redes de manera supervisada, donde utilizamos imágenes de entrenamiento y sus correspondientes máscaras «ground truth», que contienen la etiqueta de clase correspondiente para cada píxel.

En nuestro caso, consideraremos imágenes del satélite Sentinel-2 como datos de entrada para identificar edificios. El satélite Sentinel-2 fue lanzado por la Agencia Espacial Europea con el objetivo de proporcionar imágenes de alta resolución para la monitorización terrestre de forma gratuita. Sin embargo, el uso de este satélite presenta desventajas, sobre todo relacionadas con la resolución de las imágenes, lo que hace que el problema sea realmente complicado. Sentinel-2 ofrece imágenes con una resolución máxima de 10 m (para bandas RGB y de infrarrojo cercano), lo que significa que cada píxel de la imagen cubre un espacio de 10×10 metros, algo que dificulta mucho la identificación de edificios pequeños.

La gestión de datos geoespaciales es bastante compleja y especializada, por tanto, intentaremos realizar un ejercicio simple que nos permita centrarnos en lo que es importante para este libro, que es la distribución de la inferencia. Pensemos en por qué necesitaríamos una inferencia distribuida en este caso. Supongamos que ya tenemos un modelo para clasificar imágenes de Sentinel-2, ¿cuántas imágenes de Sentinel-2 necesitaríamos para realizar una clasificación a escala global? Si cada imagen de Sentinel-2 cubre $100k \times 100k$ metros (es decir, 10 000 km^2) y ocupa aproximadamente 600 MB, para procesar todo el mundo necesitaríamos cubrir un área de aproximadamente 149 millones de km^2, lo que equivaldría a unas 15 000 imágenes (9 TB de datos). Obviamente, podríamos evitar clasificar los mares y hacer otras optimizaciones, pero asimismo es cierto que el modelo probablemente no podrá procesar las imágenes en su totalidad y tendrá que dividirlas. En cualquier caso, no parece factible que hagamos esto con una sola máquina, si pretendemos terminar en un tiempo razonable.

Por suerte, los avances en deep learning y el uso de redes preentrenadas nos permiten entrenar, en un solo ordenador, modelos que tendrán una buena capacidad de generalización para la tarea que vamos a realizar. Comencemos con esta parte para disponer de un modelo que luego podamos usar para la inferencia distribuida. Para evitar perdernos en el entrenamiento del modelo y hacerlo lo más sencillo posible, usaremos la biblioteca fast.

ai[7]. Si deseas introducirte en el deep learning aplicado y comprender un poco mejor los pasos que llevaremos a cabo, te recomendamos el libro sobre fast.ai (Howard, 2020), una buena guía sobre deep learning escrita por Jeremy Howard. Por cierto, este libro también está escrito en Notebooks y todo su código está disponible en GitHub[8].

Tanto el conjunto de datos como algunas de las ideas presentadas en esta sección se basan en uno de nuestros artículos de investigación (Ayala, 2021). Por simplificar, utilizaremos solo un par de ciudades: Pamplona, la ciudad natal de Mikel, para entrenar el modelo de predicción de edificios, y Granada, la ciudad natal de Isaac, para comprobar el rendimiento del modelo (test).

NOTA

Aunque no tengas conocimientos en deep learning, no te preocupes. Simplemente, entrenaremos un modelo con datos etiquetados y lo utilizaremos en otras áreas con datos no etiquetados para predecir edificios con Spark.

Comencemos por examinar los datos disponibles para comprender mejor el problema. Nuestros datos están ubicados en datos/dataset/, divididos en dos carpetas adicionales: train (entrenamiento) y test, que contienen imágenes de Pamplona y Granada, respectivamente. Dentro de cada carpeta, también encontramos un par de carpetas denominadas images y labels. En la primera, se hallan las imágenes RGB que usaremos como entrada para nuestro modelo (hemos descartado la banda de infrarrojo cercano y otras bandas de menor resolución), mientras que en la segunda, se encuentran las máscaras base asociadas a cada imagen, que indican, píxel a píxel, si pertenece a un edificio o no. Estas serán nuestros objetivos para las imágenes de entrada. Antes de mostrar un ejemplo, necesitamos configurar el entorno y cargar algunas bibliotecas.

NOTA

Podremos ejecutar la inferencia sin necesidad de una GPU. Sin embargo, es recomendable llevar a cabo el entrenamiento en un ordenador con una GPU y soporte para CUDA. Si no dispones de una, no te preocupes; puedes utilizar Google Colab[9]. Para facilitar el trabajo en Colab, hemos preparado varias celdas de código específicas.

```
# ¿Trabajando con Colab? Instalar bibliotecas requeridas
colab = "google.colab" in str(get_ipython())
if colab:
    # Instalar bibliotecas requeridas
    !pip install pyproj
```

7 https://docs.fast.ai/.

8 https://github.com/fastai/fastbook.

9 https://colab.research.google.com/.

```
    !pip install geopandas
    !pip install contextily
    !pip install owslib
    !pip install semtorch
    !pip install pyspark

    # Montar Google Drive
    from google.colab import drive
    drive.mount("/content/drive")

    # Copiar datos al directorio de trabajo
    !cp "/content/drive/MyDrive/Colab Notebooks/capitulo9_datos.zip" .
# Descomprimir datos
import shutil
shutil.unpack_archive("capitulo9_datos.zip", "datos/")
```

Para simplificar algunas operaciones, hemos creado un archivo en Python que contiene varias funciones auxiliares dentro de la carpeta helper_code, denominado geo_helpers.py. La mayoría de estas funciones están relacionadas con operaciones geoespaciales necesarias para manejar datos de este tipo, así que no es necesario preocuparse por entenderlas, a menos que tengas un interés particular en ellas. También usaremos las bibliotecas numpy, matplotlib y fast.ai, por lo que procederemos a importarlas.

```
import helper_code.geo_helpers as geo
import matplotlib.pyplot as plt
import numpy as np
from fastai.vision.all import (
    torch, PILBase, PILImageBW, PILImage, Path, L, SegmentationDataLoaders,
    Resize, get_image_files, foreground_acc, JaccardCoeff, Dice,
    LabelSmoothingCrossEntropyFlat, CrossEntropyLossFlat
)

if torch.cuda.is_available():
    torch.cuda.set_device(0)
```

Ahora echemos un vistazo a una de nuestras muestras de entrenamiento.

```
# Imagen para mostrar
nombre_imagen = "512_320"

# Leer imagen y máscara
im = PILBase.create(f"datos/dataset/train/images/{nombre_imagen}.png")
mascara = PILImageBW.create(f"datos/dataset/train/labels/{nombre_imagen}.png")

# Mostrar imágen y máscara
# Crear figura
fig, ax = plt.subplots(1, 3, figsize=(10, 10))
# Dibujar imagen
im.show(ctx=ax[0])
ax[0].set_title("Imagen de entrada")
# Dibujar máscara
mascara.show(ctx=ax[1], cmap="binary_r")
```

```
ax[1].set_title("Máscara objetivo")
# Dibujar máscara superpuesta a la imagen
geo.show(im, mascara, ax[2])
ax[2].set_title("Entrada y objetivo");
```

ADVERTENCIA

Las máscaras han sido extraídas de forma automática de la información existente en OpenStreetMap (OSM)[10] *y, por lo tanto, en muchos casos no son perfectas o están incompletas. A pesar de ello, los modelos de deep learning suelen ser capaces de generalizar bastante bien.*

Como ya se mencionó, este es un problema de segmentación semántica, donde para cada imagen de entrada, debemos clasificar cada píxel individual, en este caso, en edificio o no edificio. Fast.ai nos ayuda a realizar esta tarea con unas pocas líneas de código. Solo necesitamos crear primero algunos DataLoaders para el conjunto de datos:

```
# Usar datos de la carpeta de entrenamiento (Pamplona)
dls = SegmentationDataLoaders.from_label_func(
    "datos/dataset",
    bs=16,
    fnames=get_image_files(f"datos/dataset/train/images"),
    label_func=lambda f: Path(str(f).replace("images", "labels")),
    codes=["background", "building"],
    item_tfms=[Resize(512)],
    valid_pct=0.2,
)
```

En este caso, hemos configurado los DataLoaders para entrenamiento y validación con imágenes de Pamplona. En el parámetro label_func, hemos indicado que, para obtener la máscara objetivo de una imagen, solo es necesario reemplazar 'images' por 'labels' en la ruta del archivo de la imagen original. Además, hacemos un pequeño truco para que la máscara de salida tenga una resolución superior a la de la imagen de entrada original. Según el artículo mencionado, es posible segmentar imágenes de Sentinel-2 a una resolución subpíxel, lo que nos permite obtener máscaras de segmentación con mayor detalle. En este caso, podemos

10 https://www.openstreetmap.org/about.

conseguir máscaras de edificios con una resolución de 2.5 m en lugar de 10 m. Esto implica que la máscara de salida es, en realidad, cuatro veces mayor en términos de resolución de píxeles comparada con la entrada (512 px frente a 128 px). Por ello, especificamos Resize(512) en el parámetro item_tfms, asegurándonos de que tanto la entrada como la salida tengan la misma dimensión, que es lo que una red neuronal de segmentación semántica suele requerir. Por último, utilizamos el 20 % de las imágenes para validación (dentro de las imágenes de Pamplona). Podríamos optar por otras estrategias, como usar imágenes de otra ciudad, pero optamos por hacerlo simple.

A continuación, mostramos un «lote» (*batch*) de imágenes dentro del conjunto de datos con sus respectivas máscaras superpuestas.

```
dls.show_batch(max_n=2, figsize=(10, 10), cmap=geo.cm_build, alpha=None)
```

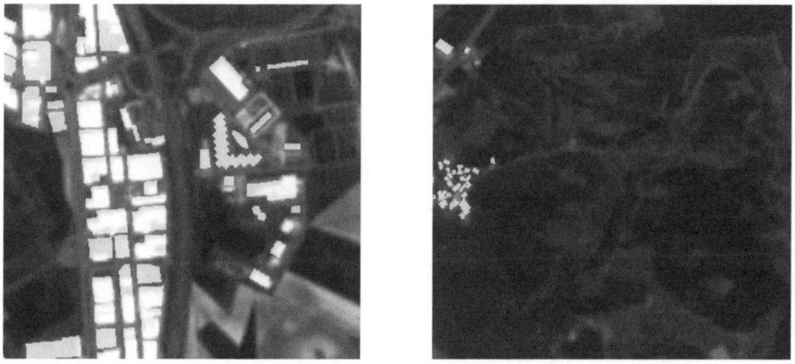

Vamos a utilizar una red más potente que las incluidas en la biblioteca original de fast.ai, para lo que emplearemos la biblioteca SemTorch[11]. Vamos a crear un modelo DeepLabV3+ (Chen, 2018):

```
from semtorch import get_segmentation_learner
learn = get_segmentation_learner(
    dls,
    number_classes=2,
    segmentation_type="Semantic Segmentation",
    architecture_name="deeplabv3+",
    backbone_name="resnet50",
    metrics=[foreground_acc, JaccardCoeff(), Dice()],
    wd=1e-2,
    loss_func=LabelSmoothingCrossEntropyFlat(axis=1),
).to_fp16()
```

No te preocupes si no entiendes cada línea de código. Vamos a utilizar un *backbone* ResNet50 preentrenado y algunas métricas clásicas de segmentación de imágenes (Intersección sobre la Unión —IoU— y Dice).

[11] https://github.com/WaterKnight1998/SemTorch.

Fast.ai nos permite encontrar la mejor tasa de aprendizaje para un problema de datos mediante el buscador de tasa de aprendizaje. Ten en cuenta que las dos celdas de código que se presentan a continuación son las únicas que requieren una GPU para completarse en un tiempo razonable.

```
learn.lr_find()
```

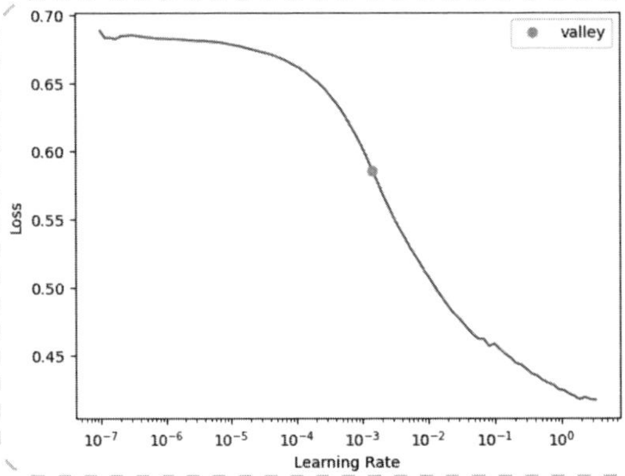

Con esta información, ya podemos entrenar el modelo:

```
learn.fit_one_cycle(10, 1e-3)
learn.save("chkp-last")
```

```
Path('datos/dataset/models/chkp-last.pth')
```

Ep	Train	Valid	Fg_Acc	Jaccard	Dice	Time
0	0.5519	0.9358	0.0674	0.0269	0.0524	01:23
1	0.3914	0.2778	0.2491	0.2538	0.4049	01:23
2	0.3257	0.2518	0.5859	0.5091	0.6747	01:22
3	0.2926	0.2492	0.5665	0.5147	0.6796	01:20
4	0.2727	0.2416	0.7002	0.6047	0.7537	01:20
5	0.2597	0.2391	0.5829	0.5834	0.7369	01:18
6	0.2495	0.2332	0.7029	0.6556	0.7920	01:17
7	0.2425	0.2305	0.7683	0.6919	0.8179	01:16
8	0.2378	0.2296	0.7783	0.7025	0.8253	01:13
9	0.2346	0.2295	0.7880	0.7057	0.8275	01:14

Nuestro modelo entrenado está funcionando razonablemente bien en el conjunto de validación, como se puede observar en las métricas de la última fila de la tabla. Hemos conseguido un acierto en la detección de edificios de 0.78, un IoU (coeficiente de Jaccard) de 0.70 y un Dice (f-score) de 0.82. Por supuesto, estas métricas han sido calculadas a partir de un subconjunto de imágenes de Pamplona. Sin embargo, ¿cómo generalizará el modelo a otras ubicaciones, como Granada? Quizá no estés muy familiarizado con la geografía española, pero las diferencias de norte a sur son significativas, al igual que el tipo de edificios. Comprobemos si el modelo es capaz de generalizar de forma adecuada.

Cargamos nuestro último modelo y cambiamos la función de pérdida para que funcione correctamente para la inferencia.

```
learn.load("chkp-last", strict=False)
learn.loss_func = CrossEntropyLossFlat(axis=1)
```

Para verificar esto, primero necesitamos crear un DataLoader de test para Granada.

```
test_dl = dls.test_dl(get_image_files("datos/dataset/test/images"),
                      with_labels=True,
                      bs=16,
                      shuffle=True,
                      items_tfms=[Resize(512)])
```

Ahora podemos verificar algunos resultados. Usando el método show_results() del Learner de fast.ai, podemos mostrar fácilmente tanto el objetivo (el «ground truth») como la predicción.

NOTA

Por desgracia, las etiquetas ground truth para los edificios en Granada faltan casi en todas partes. Esto significa que calcular cualquier precisión no tendría mucho sentido, pero sí podemos visualizar los resultados para tener una idea.

```
learn.show_results(dl=test_dl, max_n=2,
                   figsize=(10, 10), cmap=geo.cm_build, alpha=None)
```

Esto es interesante. Contamos con un modelo que muestra un rendimiento relativamente bueno en otras ciudades de España. Obtener estas predicciones nos ha tomado menos de un segundo. Sin embargo, como mencionábamos en la introducción de esta sección, ¿qué sucedería si quisiéramos predecir en áreas más extensas? ¿Quizás toda España? ¿Los EE. UU.? ¿El mundo entero? En tales escenarios, la cantidad de imágenes sería enorme y tendríamos que descargarlas y preprocesarlas antes de introducirlas en el modelo, lo cual no sería factible en una sola máquina. ¡Así que deberíamos dar el salto a Spark!

En este ejemplo, hemos optado por movernos a una ciudad bien distinta y mucho más grande que Pamplona: ¡Nueva York! En cualquier caso, con el código proporcionado podrás hacerlo en cualquier área del mundo simplemente siguiendo unos pocos pasos.

Accede a https://geojson.io/ y selecciona un área utilizando un cuadro delimitador. Luego descarga la información como un GeoJSON. Nosotros lo hemos hecho con una parte de Manhattan y lo hemos guardado en manhattan.json. Este JSON simplemente almacena las coordenadas del área que queremos clasificar.

Vamos a verlo (utilizaremos las bibliotecas geopandas y contextily para esto):

```
import contextily
import geopandas

zona_interes = "manhattan"
gdf = geopandas.read_file(f"datos/{zona_interes}.geojson")
ax = gdf.to_crs(epsg=3857).plot(
    figsize=(8, 8), edgecolor="k", facecolor="None")
contextily.add_basemap(ax, source=contextily.providers.OpenStreetMap.Mapnik)
ax.set_axis_off()
```

ADVERTENCIA

Por supuesto, esto aún no es big data, pero será suficiente para ilustrar cómo manejar áreas mucho más grandes con Spark.

Al abordar un área más extensa como esta, comenzamos a enfrentar las limitaciones de manejar una imagen de alta resolución. Por ello, en el ámbito geoespacial, al igual que en el big data, la información suele dividirse para facilitar su procesamiento. Normalmente, definimos una rejilla que empleamos para subdividir el área en un conjunto de bloques. En nuestro ejemplo, podríamos dividir el área de Manhattan siguiendo una rejilla de 3×3, generando así nueve bloques. Este procedimiento es muy común para representar mapas y almacenar imágenes aéreas o de satélite. Por suerte, el uso de bloques simplifica nuestra tarea de inferencia distribuida, ya que, al asumir bloques disjuntos, podemos trabajar con ellos en paralelo sin complicaciones (por ejemplo, clasificando cada bloque de manera independiente). La figura 9.4 presenta la idea de subdividir un área de interés en bloques.

NOTA

Antes mencionamos que las imágenes del Sentinel-2 abarcan un área de 100×100 *km, por lo que podrías preguntarte por qué necesitamos más de una sola imagen para cubrir el área de Manhattan. Las imágenes de Sentinel-2 se generan en bruto con esas dimensiones, pero es más común trabajar con bloques más pequeños que resultan más manejables. Por ejemplo, en nuestro caso, al utilizar redes neuronales, no podríamos procesar toda la imagen debido a las limitaciones de memoria de la GPU.*

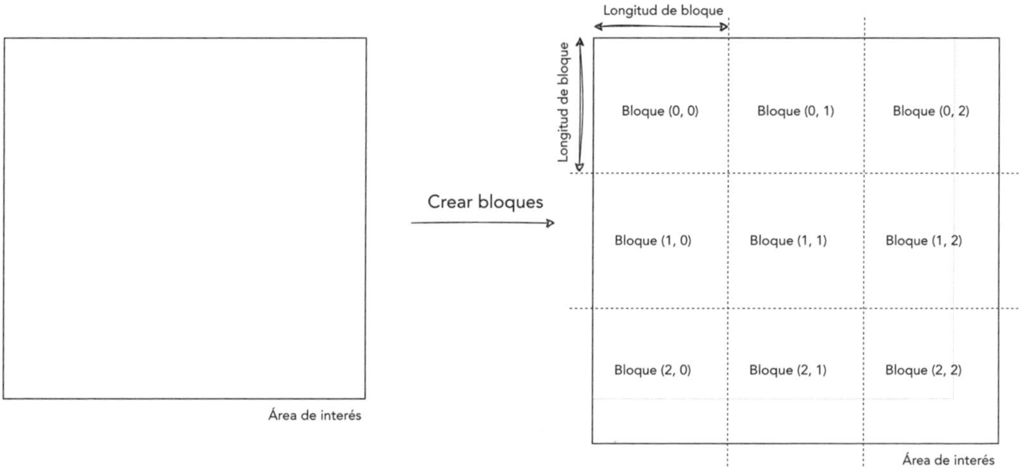

Figura 9.4. Subdivisión de un área de interés en bloques. En caso de ser necesario, el área de interés se ajusta para que su forma sea un múltiplo del tamaño del bloque.

Una vez aclarado que trabajaremos con bloques de la imagen, necesitamos una fuente para obtenerlos. En un pipeline típico de teledetección, descargaríamos imágenes completas de Sentinel-2 de un servicio como SciHub[12] (donde están disponibles todos los datos recopilados por Sentinel-2), combinaríamos las bandas RGB necesarias (ignorando las demás) y luego las dividiríamos. Este proceso puede resultar algo tedioso, ya que implica realizar varias tareas

[12] https://scihub.copernicus.eu/.

específicas. Por lo tanto, simplificaremos esta tarea utilizando el Servicio de Bloques de Mapas Web (WMTS) proporcionado por Terrascope[13]. Este servicio es similar al de Google Maps, pero proporciona imágenes de Sentinel-2. Es un recurso excelente para lo queremos ilustrar, aunque puede que no sea la opción ideal para otros análisis que requieran múltiples periodos a lo largo de un año.

El WMTS de Terrascope ofrece imágenes de Sentinel-2 en diferentes niveles de zoom, es decir, resoluciones. A su nivel de zoom máximo, podemos obtener las imágenes en RGB a 10 m, que es precisamente lo que necesitamos. Es importante destacar que, al cambiar el nivel de zoom, podríamos obtener imágenes de resolución más baja, pero dado que hemos entrenado nuestro modelo con una resolución de 10 m, debemos mantenernos en ese parámetro.

Así que, resumamos lo que necesitamos hacer para clasificar nuestra área de interés:

- Definir el área de interés como un GeoJSON (https://geojson.io/). En nuestro caso, Manhattan.
- Dividir el área de interés de acuerdo con la longitud del bloque. En nuestro caso, será 256×256 ya que este es el tamaño del bloque proporcionado por el WMTS de Terrascope, es decir, 2560 m × 2560 m (de acuerdo con la resolución de 10 m de Sentinel-2).
- Para cada bloque:
    - Descargarlo del WMTS.
    - Procesarlo en la red para obtener la predicción.
    - Almacenar tanto el bloque como la máscara de edificios.

Es posible que hayas notado que paralelizar el tercer paso es bastante sencillo, ya que trabajaremos con cada bloque de forma independiente. Pero te preguntarás, ¿es esta una solución global o local? No estamos construyendo un modelo, por lo que no es ninguna de las dos. Seguiremos una estrategia de «divide y vencerás», donde cada bloque se procesará de manera independiente, lo que se asemeja más a un enfoque de aprendizaje local. No obstante, hemos estado aplicando esta metodología a lo largo de los capítulos anteriores cada vez que predecimos las salidas para los ejemplos en un RDD o un DataFrame. Sin embargo, este caso implicará algunos pasos adicionales, ya que trabajaremos con imágenes que necesitamos descargar, en vez de datos tabulares.

Aunque lo que nos interesa es distribuir este proceso, comenzaremos con una implementación no distribuida que podamos paralelizar más adelante con Spark.

Implementación secuencial

Ahora comenzaremos a trabajar en la inferencia no distribuida utilizando el servicio WMTS. Para ello, debemos descargar todos los bloques que cubren nuestra área de interés en Manhattan y clasificarlos individualmente. Finalmente, mostraremos los resultados obtenidos para esta zona.

13 https://viewer.terrascope.be/.

Es necesario definir ciertos parámetros para conectarnos al WMTS:

```
zoom = 14
epsg = 3857
url  = "https://services.terrascope.be/wmts/v2?"
capa = "WORLDCOVER_2020_S2_TCC"
tilematrixset = f"EPSG:{epsg}"
tilematrix    = tilematrixset+f":{zoom}"
```

NOTA

Trabajar con esto será un poco más complicado, así que necesitaremos usar algunas de las funciones auxiliares que tenemos en 'geo_helpers.py'.

Usando las funciones auxiliares, descargaremos todos los bloques correspondientes al área de Manhattan (función fetch_tiles) y luego utilizaremos la función merge_tiles solo para mostrar el área completa obtenida del WMTS.

```
import os

# Eliminar datos existentes
bloques_dir = f"./temp/{zona_interes}"
im_fusionada = f"{bloques_dir}.tif"
if os.path.isdir(bloques_dir): shutil.rmtree(bloques_dir)

# Obtener todos los bloques de la zona de interés (en gdf.total_bounds)
geo.fetch_tiles(url, capa, tilematrixset, zoom, gdf.total_bounds, bloques_dir)

# Fusionar todos los bloques en un solo tif
geo.merge_tiles(bloques_dir + "/*.tif", im_fusionada)

# Mostrar la imagen completa
PILBase.create(im_fusionada).show(figsize=(10, 10));
```

Examinemos más a fondo la función fetch_tiles, ya que la paralelizaremos más adelante (merge_tiles simplemente combina los bloques, para que los podamos ver en una sola imagen). La función fetch_tiles toma las coordenadas de nuestro cuadro delimitador y descarga los bloques correspondientes del servicio WMTS. La función bbox_to_xyz es una función auxiliar que convierte las coordenadas de nuestro cuadro delimitador en índices de bloques para que le digamos al WMTS exactamente qué bloques queremos. Hacemos esto con un bucle doble para movernos a lo largo del eje vertical y horizontal.

```
def fetch_tiles(url, layer, tilematrixset, zoom, bounds, download_dir):
    wmts = WebMapTileService(url)
    x_min, x_max, y_min, y_max = bbox_to_xyz(*bounds, zoom)
    print(f"Fetching {(x_max - x_min + 1) * (y_max - y_min + 1)} tiles")

    os.makedirs(download_dir, exist_ok=True)
    for x in range(x_min, x_max + 1):
        for y in range(y_min, y_max + 1):
            tif_fn = os.path.join(download_dir, f"{x}_{y}.tif")
            im = download_tile(wmts, url, layer, tilematrixset, zoom, y, x)
            if im is not None:
                tif_fn = save_as_tif(im, x, y, zoom, tif_fn)
```

Hemos descargado los archivos y los hemos almacenado en archivos TIF. El siguiente paso es cargarlos y clasificarlos con nuestro modelo. Lo haremos como si estuviéramos en un nuevo entorno donde necesitamos cargar nuestro modelo desde cero. Para ello, debemos crear nuevamente los DataLoaders, el Learner y luego cargar sus pesos (estos pasos son específicos de fast.ai y variarán dependiendo de la plataforma que utilices):

```
path = Path("datos/dataset")

dls = SegmentationDataLoaders.from_label_func(
    path,
    bs=16,
    fnames=get_image_files(path / f"train/images"),
    label_func=None,
    codes=["background", "building"],
    item_tfms=[Resize(1024)],
)

learn = get_segmentation_learner(
    dls,
    number_classes=2,
    segmentation_type="Semantic Segmentation",
    architecture_name="deeplabv3+",
    backbone_name="resnet50",
).to_fp16()

learn.cbs = L([])
learn.model = learn.model.eval()

learn.load("chkp-last")
```

```
<fastai.learner.Learner at 0x25fdf459340>
```

¿Notaste algo diferente en la forma que hemos usado estos DataLoaders? No hemos indicado un label_func, ¿por qué? Más adelante tendremos que hacer un broadcast del modelo (*learner*) y el label_func no se serializa bien (al transmitir el modelo, todo lo que hay dentro de él necesita ser serializado utilizando la biblioteca pickle de Python). Esto no es un problema ya que, en la fase de inferencia, no tendremos etiquetas.

Hay otra diferencia en los item_tfms, donde la redimensión es el doble de la que utilizamos en el entrenamiento (de 512 a 1024). Aunque no lo hemos mostrado, el bloque que descargamos del WMTS tiene un tamaño de 256×256, exactamente el doble de la resolución que utilizamos en el entrenamiento, por lo que también esperamos el doble de resolución en la salida (esto no será un problema para nuestra red, ya que es completamente convolucional). Por último, también vaciamos la lista de Callbacks (learn.cbs) para evitar problemas con la serialización.

En nuestra implementación no distribuida, solo tenemos que iterar sobre cada bloque, obtener sus predicciones y guardarlas en disco. Será un poco más complejo porque mostraremos las predicciones y las guardaremos georreferenciadas (para que aún puedan ser utilizadas en software como QGIS[14]).

```
# Establecer el directorio de predicciones y limpiar archivos existentes
predicciones_dir = f"./temp/{zona_interes}_predicciones"
os.makedirs(predicciones_dir, exist_ok=True)
import glob

fns = glob.glob(f"./temp/{zona_interes}/*tif") # Obtener lista de bloques
fig, axs = plt.subplots(len(fns) // 3, 3,
                        figsize=(10, 3.25 * (len(fns) // 3)))

# Clasificar cada bloque uno por uno
for i, ax in enumerate(axs.flatten()):
    # Leer bloque
    im = PILImage.create(fns[i])

    # Predecir edificios
    preds, _, _ = learn.predict(im)

    # Mostrar predicciones
    geo.show(im, preds, ax)

    # Guardar predicciones/máscaras georreferenciadas
    pred_fn = os.path.join(predicciones_dir, os.path.basename(fns[i]))
    geo.save_mask(preds, fns[i], pred_fn)

plt.tight_layout()
```

[14] https://www.qgis.org/.

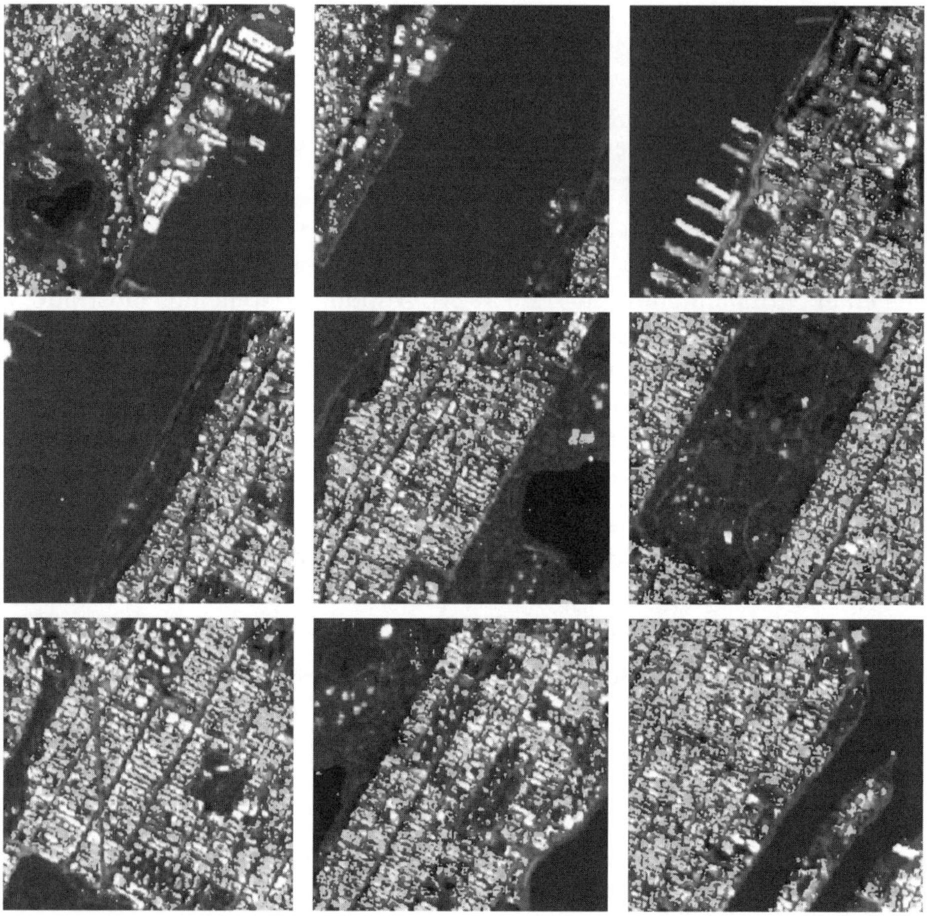

Como antes, podemos usar la función merge_tiles para combinar las predicciones y mostrarlas juntas con la imagen completa:

```
# Fusionar predicciones
prediccion_fusionada = predicciones_dir + ".tif"
geo.merge_tiles(predicciones_dir + "/*.tif", prediccion_fusionada)

# Cargar imagen completa y predicciones
preds = np.array(PILImageBW.create(prediccion_fusionada))
im = PILBase.create(im_fusionada)

# Mostrar imagen y predicciones
geo.show(im, preds)
```

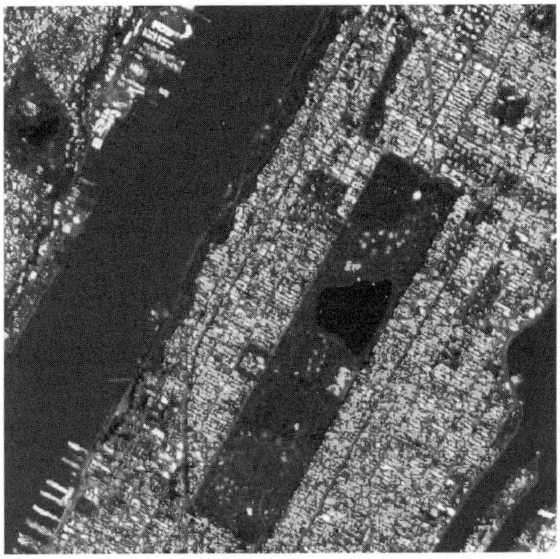

¡No está nada mal! Nuestro modelo entrenado con Pamplona también es capaz de hacer un buen trabajo en Manhattan. Volviendo a lo que nos interesa, hemos podido hacerlo porque solo eran unos pocos bloques. Ahora deberíamos pensar en grande, ¿qué pasaría si tuviésemos un millón de bloques? Deberíamos pasar a Spark y realizar una inferencia distribuida. ¡Vamos a por ello!

Implementación distribuida

Ya hemos dado algunas pistas sobre cómo debería ser la implementación distribuida. La intención es que cada nodo trabajador descargue un conjunto de bloques, los clasifique y los escriba en un sistema de ficheros compartido (como, por ejemplo, HDFS). Dado que cada bloque puede ser procesado de manera independiente, esto se puede efectuar con Spark sin demasiadas complicaciones.

Primero, pensemos nuestro diseño antes de sumergirnos en la implementación concreta. La figura 9.5 muestra los pasos que necesitamos llevar a cabo. A la izquierda, encontramos un RDD de bloques que contiene las coordenadas que definen dichos bloques. La idea es, trabajando por particiones (utilizando `mapPartitions`, por ejemplo), establecer la conexión con el WMTS y, para cada bloque en la partición, realizar la descarga, clasificación y almacenamiento, tanto del bloque como de su máscara predicha. Como compartimos un único modelo entre todos los trabajadores, haremos un broadcast. Por supuesto, podríamos optar por no trabajar por particiones, pero como verás más adelante, esto no sería tan eficiente.

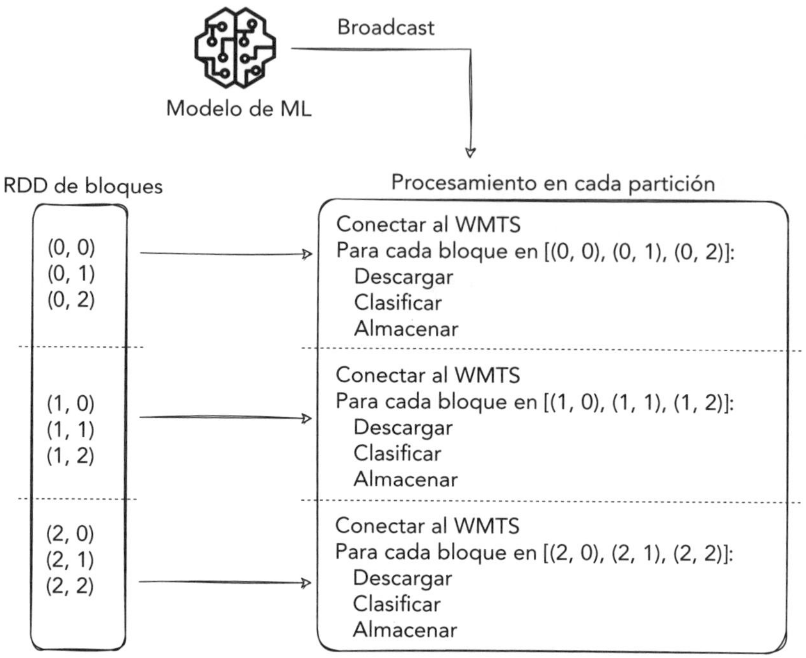

Figura 9.5. Inferencia distribuida. El modelo es transmitido a todos los trabajadores. En cada partición, se establece la conexión con el WMTS antes de descargar los bloques, clasificarlos y almacenarlos.

Estamos listos para comenzar con la implementación. Primero, necesitamos asegurarnos de que nuestro modelo esté disponible en todos los trabajadores. Los modelos de redes neuronales pueden ser bastante grandes, por lo que es preferible hacer un broadcast del modelo a los trabajadores:

```
learn_bc = sc.broadcast(learn)
```

ADVERTENCIA

Debemos asegurarnos de que «learn» sea serializable. Recuerda que hicimos algunos cambios para esto anteriormente (sin «label_func» y también vaciamos los Callbacks). Esto no afecta la inferencia, pero evita problemas de serialización. También podría haber otras soluciones más complejas y esto dependerá de la biblioteca que estemos utilizando.

Para paralelizar el procesamiento que necesitamos realizar con cada bloque, primero debemos identificar cuáles son los bloques que necesitamos procesar. Puede que recuerdes que hicimos esto antes mediante la función fetch_tiles, donde descargamos directamente cada bloque. En este caso, solo necesitamos obtener los pares (x, y) que indican los índices de los bloques necesarios para el procesamiento. Podemos modificar la función para que devuelva estos pares (x, y) en vez de procesarlos. Hemos implementado esto en la función fetch_tiles_xy dentro de nuestro código auxiliar:

```
def fetch_tiles_xy(zoom, bounds):
    x_min, x_max, y_min, y_max = bbox_to_xyz(*bounds, zoom)
    tiles_xy = [
        (x, y) for x in range(x_min, x_max + 1)
               for y in range(y_min, y_max + 1)
    ]
    return tiles_xy
```

Ahora obtengamos la lista de bloques que necesitamos procesar:

```
bloques_xy = geo.fetch_tiles_xy(zoom, gdf.total_bounds)
bloques_xy[:4] # mostrar los primeros cuatro bloques
```

```
[(4824, 6154), (4824, 6155), (4824, 6156), (4825, 6154)]
```

Este es el tipo de información que podemos paralelizar en un RDD. También podríamos usar DataFrames, pero no obtendríamos ninguna ventaja ya que utilizaremos mapPartitions() por simplicidad.

```
rdd = sc.parallelize(bloques_xy)
```

Bueno, ahora deberíamos tomar cada par de índices de bloque, descargar el bloque, clasificarlo y guardar ambos en disco. Obviamente podríamos hacer uso de map(), pero hay una buena razón para optar por mapPartitions(): cada vez abrimos una conexión al WMTS, lo cual tiene un coste alto (más de 1 segundo):

```
from owslib.wmts import WebMapTileService
%time wmts = WebMapTileService(url)
```

```
Wall time: 991 ms
```

Si hacemos esto con cada bloque, tendremos que pagar un alto sobrecoste. Por lo tanto, usar mapPartitions() será mucho más eficiente: abriremos la conexión e iteraremos sobre todos los bloques en la partición, descargándolos, clasificándolos y almacenándolos. Veamos:

```
def clasifica_bloque(coords):
    # Abrir conexión al WMTS
    wmts = WebMapTileService(url)

    for x, y in coords:
        # Descargar bloque
        im = geo.download_tile(wmts, url, capa, tilematrixset, zoom, y, x)

        if im is not None:
            # Clasificar. "learn" ya está en los workers
            preds, targs, probs = learn_bc.value.predict(im)

            # Guardar en disco
            geo.save(im, preds, x, y, zoom, bloques_dir)
```

La función download_tile es la misma que utilizamos anteriormente. Sin embargo, save es un poco diferente, ya que almacena tanto el bloque como las máscaras predichas simultáneamente en ficheros TIF georreferenciados. Si echas un vistazo a esta función, notarás que mantener la georreferenciación es la parte más compleja, pero nuevamente, es importante para que la información resultante sea utilizable para un procesamiento y análisis geoespacial posterior.

Podemos verificar fácilmente que la función está funcionando con un solo bloque (no olvides echar un vistazo al directorio de salida).

```
clasifica_bloque([(4824, 6154)])
```

Si aplicamos esto a nuestro RDD, estaremos llevando a cabo la inferencia de manera distribuida. Mencionamos mapPartitions() para esto. Pero, ¿es realmente la mejor opción disponible?

Dado que estamos descargando bloques, clasificándolos y almacenándolos, ¿la función clasifica_bloque devuelve algo para generar un nuevo RDD? ¡Para nada! Así que tenemos mejores métodos para esto, ¿no sería mejor usar foreachPartition()? Recuerda que esta es una acción que ejecuta la función dada en cada partición del RDD y no devuelve nada (porque se espera que la función realice algún tipo de trabajo en ese sentido). ¡Probémoslo!

```
# Establecer el directorio de salida y limpiar
bloques_dir = f"./temp/{zona_interes}"
if os.path.isdir(bloques_dir): shutil.rmtree(bloques_dir)
os.makedirs(f"./temp/{zona_interes}", exist_ok=True)

# Ejecutar la inferencia distribuida
rdd.foreachPartition(clasifica_bloque)
```

¡Trabajo hecho! Deberíamos echar un vistazo al directorio de salida para ver los TIF generados:

```
glob.glob(bloques_dir+›/*›)[:3]
```

```
['./temp/manhattan\\pred_4824_6154.tif',
 './temp/manhattan\\pred_4824_6155.tif',
 './temp/manhattan\\pred_4824_6156.tif']
```

Podemos examinar cada bloque de manera independiente o unirlos todos en una sola salida, tal como hicimos previamente con la implementación no distribuida. En ambos escenarios, apreciaríamos exactamente lo mismo que con nuestra implementación no distribuida. Sin embargo, no podríamos unificar los bloques si estuviéramos clasificando un área más extensa, lo que requeriría un visualizador adecuado para manejar los bloques y sus predicciones.

En resumen, hemos explorado cómo paralelizar una fase de inferencia, donde el entrenamiento no requirió de una implementación compleja ni distribuida. No obstante, ten en cuenta que, al crear un conjunto de datos más amplio para la misma tarea, probablemente necesitemos utilizar Spark de nuevo: sería necesario descargar imágenes de Sentinel-2, combinar bandas RGB y descartar las demás, crear los bloques, etc. Todo esto consume una cantidad significativa de tiempo de CPU y la paralelización permite escalar mucho más rápido.

Para concluir esta sección sobre el despliegue de modelos, nos gustaría resaltar algunos puntos en los que podríais trabajar:

- Como antes, la implementación parece eficiente, pero no hemos trabajado a gran escala, así que sería interesante probarla con un área de mayor tamaño en un clúster real.
- Hay varios problemas muy específicos del caso de estudio en el que hemos trabajado. Os recomendamos que consideréis otros casos de estudio donde podáis desarrollar aún más las ideas vistas en esta sección. Podría ser un problema de clasificación de imágenes, un caso de procesamiento de lenguaje natural, trabajar con series temporales o cualquier otro problema que requiera una inferencia distribuida.

RETO #4

Para realizar una clasificación más precisa en la segmentación semántica, es común trabajar con bloques superpuestos. Esto complica un poco el procesamiento distribuido, ya que deberíamos agregar las predicciones para el mismo píxel utilizando el promedio de las probabilidades o mediante un simple voto mayoritario. Suponiendo que tienes una lista de bloques ya clasificados y una función «overlapping_tiles()» que te da todos los índices de todos los bloques superpuestos con un bloque dado, te pedimos que pienses en una visión general de cómo utilizarías MapReduce para hacer que esto funcione en paralelo.

Resumen

En este capítulo final, hemos diseñado e implementado soluciones para diversos escenarios avanzados de machine learning. Concretamente, hemos abordado el aprendizaje semisupervisado, ensembles de clasificadores y el despliegue de modelos en bigdata. Aunque estos temas pueden ser más avanzados y complejos, nuestras soluciones no han sido necesariamente más difíciles que las presentadas en capítulos anteriores. Hemos destacado cómo muchas de las operaciones llevadas a cabo se reducen a utilizar eficazmente operaciones de DataFrames, así como aprovechar la biblioteca MLlib subyacente.

- En el ámbito del aprendizaje semisupervisado, nos hemos enfocado en una familia de métodos llamada autoetiquetado, y especialmente en el método clásico de autoentrenamiento. Los puntos claves de esta sección son:
    - La idea principal del autoentrenamiento es aumentar el número de ejemplos etiquetados utilizando iterativamente un clasificador supervisado para predecir las etiquetas de un gran conjunto no etiquetado. Por ello, puede considerarse como un método de preprocesamiento.
    - La complejidad del autoentrenamiento depende en gran medida del clasificador base que elijamos. Nos hemos centrado en la MLlib y su árbol de decisión como clasificador base, aunque podríamos optar por otros. Hemos comprendido que no se trata solo

del coste de entrenar un modelo, ya que inicialmente sería rápido con un conjunto etiquetado pequeño. Hay un coste asociado a hacer predicciones y decidir cuáles de las instancias no etiquetadas deben ser etiquetadas. Este coste computacional se concentra en la etapa de inferencia al principio, pero se traslada a la fase de entrenamiento del modelo a medida que el bucle de autoentrenamiento progresa.

  - Hemos diseñado una solución sencilla basada en un enfoque global, que mantiene un único DataFrame con datos etiquetados y no etiquetados. Esto nos permite realizar la mayoría de las operaciones exclusivamente en los nodos trabajadores. El clasificador base, naturalmente, se paraleliza y, en ocasiones, es necesario mover datos entre los trabajadores y el controlador, y viceversa.
  - La solución propuesta consiste en entrenar un modelo con los datos etiquetados que tenemos y añadir nuevas columnas con las etiquetas predichas en cada iteración. Para ello, hemos llevado a cabo ciertos cálculos para identificar las predicciones más confiables y seleccionar solo algunas para evitar sesgar el modelo hacia una clase en particular.
  - En el reto de la sección de aprendizaje semisupervisado, también aprendimos que un modelo local no siempre debe crear un conjunto de modelos. Propusimos un enfoque local que actúa como una técnica de preprocesamiento, de modo que no devuelve ningún modelo, sino aquellas instancias que se etiquetan en cada partición.
- Respecto a los ensembles de clasificadores, nos hemos centrado en los algoritmos clásicos de Bagging y AdaBoost. Hemos diseñado soluciones globales, ya que su contraparte local sería muy similar a la presentada en el capítulo 7. El principal reto de los ensembles suele ser la necesidad de entrenar múltiples clasificadores, pero hay otros aspectos que deben considerarse:
  - Bagging es un método para crear ensembles entrenando múltiples clasificadores en subconjuntos aleatorios de los datos originales. La predicción final se determina mediante un voto mayoritario o ponderado de las predicciones de los clasificadores. Para implementar esto en big data, primero debemos hacer bootstrapping eficiente de los datos de entrenamiento. Spark ofrece una operación para esto, que resulta muy eficiente ya que es una transformación estrecha. Sin embargo, también podríamos implementarlo por nuestra cuenta, ya que es posible realizar bootstrapping localmente en cada partición del conjunto de datos. Asimismo, los clasificadores base deben ser versiones distribuidas para manejar grandes conjuntos de datos. Una vez más, hemos utilizado la MLlib para entrenar clasificadores globales.
  - AdaBoost entrena cada clasificador de forma iterativa utilizando todo el conjunto de datos y da más peso a las instancias difíciles en cada iteración para mejorar la precisión. El mecanismo de ponderación modula la atención a las instancias en función de sus resultados, con las instancias mal clasificadas recibiendo mayor peso y las correctamente clasificadas, menos. Por tanto, el clasificador base debe poder ponderar la importancia

de las instancias. Además, el error general de los modelos aprendidos al clasificar el conjunto de entrenamiento se utiliza para dar más peso a aquellos clasificadores que rinden mejor en esa etapa. Aparte de calcular los pesos, el diseño se basa en utilizar una versión distribuida de un clasificador base.

  - Algunos trucos de implementación que merece la pena mencionar incluyen la creación de un pipeline de modelos ya ajustados, proporcionados como una lista de modelos a un Pipeline de Spark o utilizar (y cachear) una versión «ensamblada» del conjunto de datos.
- Como caso de estudio del despliegue de modelos, hemos examinado la segmentación semántica de imágenes mediante deep learning. Hemos utilizado fast.ai como biblioteca de alto nivel para entrenar un modelo de segmentación de edificios en imágenes satélite y luego hemos distribuido la inferencia del modelo. Con el hardware adecuado, podríamos escalar esta implementación en cualquier parte del mundo. Hay varios aspectos destacados en esta sección:
  - La necesidad de usar Spark o computación distribuida en machine learning no reside siempre en la fase de entrenamiento. Puede que esta no sea un cuello de botella, pero otras partes del ciclo de vida del machine learning pueden requerir computación distribuida, como la preparación de datos o la inferencia, como hemos visto en este capítulo.
  - Spark puede combinarse con bibliotecas de deep learning como PyTorch o TensorFlow. En este capítulo, utilizamos fast.ai como una biblioteca de alto nivel sobre PyTorch para entrenar y clasificar nuestras imágenes de teledetección en un problema de segmentación de edificios.
  - Nuestro enfoque ha consistido en transmitir el modelo y distribuir la inferencia de las imágenes en cada partición con `foreachPartition`. En este caso, hemos tenido que descargar y preprocesar cada imagen antes de la clasificación. Las tareas dependerán en gran medida del problema específico que queramos resolver.
  - Al transmitir un modelo, dependeremos de la biblioteca subyacente que empleemos. Debemos asegurarnos de que el modelo pueda ser serializado. De lo contrario, deberíamos buscar otras soluciones.
  - Según el problema concreto, debemos decidir si trabajamos por particiones o no. En nuestra implementación, lo hemos hecho así debido a que teníamos una tarea costosa que podía compartirse por varios ejemplos, como la conexión al WMTS.

¿Quieres aprender más?

Este capítulo ha cubierto algunos temas avanzados en machine learning que quizás no hayas escuchado antes. Aquí proporcionamos algunos recursos para aprender más sobre aprendizaje semisupervisado, ensembles y segmentación de imágenes:

- **Libro y revisión sobre aprendizaje semisupervisado:** Si deseas aprender más sobre el aprendizaje semisupervisado en general, te recomendamos (Chapelle, 2010) y leer una revisión reciente sobre aprendizaje semisupervisado (VanEngelen, 2020).
- **Autoetiquetado avanzado:** (Triguero, 2015), este artículo de revisión te dará una visión general de las ventajas y desventajas de varias técnicas de autoetiquetado. Aparte del autoentrenamiento, hay muchos otros métodos como coentrenamiento, trientrenamiento o aprendizaje democrático, que podrías explorar e integrar con el diseño que hicimos anteriormente.
- **Libro y revisión sobre ensembles:** Recomendamos encarecidamente (Kuncheva, 2014) para ponerte al día con el aprendizaje en conjunto y el capítulo del libro del Dr. Galar sobre ensembles en clasificación desbalanceada (Fernández, 2018).
- **Segmentación de imágenes:** (Minaee, 2022) y (Zhu, 2017) son dos excelentes artículos de revisión relacionados con el caso de estudio presentado para el despliegue de modelos.

La última sección de este capítulo ha abordado la idea de distribuir deep learning, pero se ha centrado en la etapa de inferencia, ya que el entrenamiento de modelos de deep learning suele acelerarse con GPU. Sin embargo, están surgiendo algunas nuevas plataformas de big data para combinar el procesamiento de GPU con Spark. Algunas de nuestras favoritas son:

- **Horovod Runner:** Deep learning distribuido con Horovod[15]. Esta API permite ejecutar entrenamiento de deep learning distribuido sobre un clúster de Spark. Forma parte de una plataforma de entrenamiento de deep learning distribuido más grande llamada Horovod[16]. Puedes leer sobre pipelines de deep learning en Spark[17], pero ten en cuenta que ya están obsoletos.
- TensorFlow en Spark por Yahoo[18] permite deep learning distribuido con TensorFlow en un clúster de Spark con servidores de CPU o GPU.
- **BigDL** (biblioteca de deep learning distribuido para Apache Spark) por Intel Corporation:[19] BigDL es una colección de bibliotecas que proporciona los bloques de construcción necesarios para construir y ejecutar cargas de trabajo de deep learning distribuidas.
- **Elephas:** DL distribuido con Keras y PySpark[20]. Esta es una extensión de la biblioteca de alto nivel Keras que funciona sobre TensorFlow para permitir la distribución del entrenamiento de modelos de deep learning utilizando Spark.

15 https://docs.databricks.com/machine-learning/train-model/distributed-training/horovod-runner.html.

16 https://horovod.ai/.

17 https://www.databricks.com/blog/2017/06/06/databricks-vision-simplify-large-scale-deep-learning.html.

18 https://github.com/yahoo/TensorFlowOnSpark.

19 https://github.com/intel-analytics/BigDL.

20 https://github.com/danielenricocahall/elephas.

Solución a los retos

Reto #1

Para escribir una solución para problemas de múltiples clases, vamos a aprender una nueva función de Spark SQL, la función create_map[21]. En pocas palabras, esta función nos proporcionará la capacidad de asignar cada etiqueta de clase al porcentaje correspondiente de ejemplos que deseamos tomar de dicha clase. Al combinar esta función con rand, seremos capaces de seleccionar aproximadamente el número esperado de instancias para cada clase.

```
from itertools import chain

map_pct = sql_f.create_map([sql_f.lit(x) for x in chain(*enumerate(pcts))])
map_pct
```

```
Column<'map(0, 1.0, 1, 0.05993930197268589)'>
```

Esta expresión columna funciona como un diccionario pero con columnas de Spark SQL. Por lo tanto, podemos usarla para mapear nuestra etiqueta predicha a la probabilidad de etiquetar ese ejemplo (nuestro porcentaje). Veamos primero un ejemplo con un DataFrame de juguete (olvidemos la clase 2 por ahora, ya que será filtrada).

```
juguete_df = spark.createDataFrame([[0, 1.0], [0, 0.05],
                                    [1, 1.0], [1, 0.05]], ["prediction", "prob"])
juguete_df.show()
```

```
+----------+----+
|prediction|prob|
+----------+----+
|         0| 1.0|
|         0|0.05|
|         1| 1.0|
|         1|0.05|
+----------+----+
```

Si aplicamos la expresión de columna map_pct a nuestra columna 'prediction', estaremos mapeando cada predicción al porcentaje de esa clase (es decir, la probabilidad de etiquetar ese ejemplo). En este caso, los ejemplos de la clase 0 obtendrán un porcentaje (probabilidad) de 1.0, ya que tomaremos todos ellos, mientras que los de la clase 1 obtendrán un 0.0599, dado que hemos predicho muchos más ejemplos de esa clase de los que necesitamos para mantener la distribución de clases.

```
juguete_df.withColumn("pcts", map_pct[juguete_df.prediction]).show()
```

21 https://archive.apache.org/dist/spark/docs/3.3.0/api/python/reference/pyspark.sql/api/pyspark.sql.functions.create_map.html.

```
+----------+----+------------------+
|prediction|prob|              pcts|
+----------+----+------------------+
|         0| 1.0|               1.0|
|         0|0.05|               1.0|
|         1| 1.0|0.0599393019726858|
|         1|0.05|0.0599393019726858|
+----------+----+------------------+
```

El siguiente paso sería tomar un número aleatorio para cada ejemplo que se comparará con nuestra nueva columna para obtener solo aquellos ejemplos que obtengan un número aleatorio menor o igual al porcentaje (probabilidad).

```
juguete_df.withColumn("rand", sql_f.rand(seed=12345)).show()
```

```
+----------+----+------------------+
|prediction|prob|              rand|
+----------+----+------------------+
|         0| 1.0|0.7470780164230367|
|         0|0.05|0.3784136050218343|
|         1| 1.0|0.4032101908235374|
|         1|0.05|0.8800272838327551|
+----------+----+------------------+
```

En nuestro ejemplo de juguete, solo etiquetaríamos dos ejemplos como clase 0, ya que solo hay dos ejemplos de clase 1 y ambos están obteniendo números aleatorios por encima del porcentaje para la clase 1.

Ahora pongamos todo junto para actualizar la columna 'label' con los ejemplos que cumplen las tres condiciones que establecimos.

```
preds = preds.withColumn("label",
    sql_f.when(
        (preds.label == 2) & (preds.prob == 1)
        & (sql_f.rand(seed=12345) <= map_pct[preds.prediction]),
        preds.prediction).otherwise(preds.label),
)
preds.select("salida","label","prediction", "prob", "pcts").show(3)
```

```
+------+-----+----------+------------------+------------------+
|salida|label|prediction|              prob|              pcts|
+------+-----+----------+------------------+------------------+
|   0.0|  2.0|       0.0|0.9767441860465116|0.0599393019726858|
|   0.0|  0.0|       0.0|0.9767441860465116|               1.0|
|   0.0|  2.0|       0.0|0.9767441860465116|0.0599393019726858|
+------+-----+----------+------------------+------------------+
only showing top 3 rows
```

También te pedimos que revisaras las transformaciones sampleBy[22], que hace prácticamente lo mismo que estábamos buscando. Sin embargo, en nuestro caso, esto devolvería un nuevo DataFrame reducido, lo cual no se ajusta bien a nuestra implementación del autoentrenamiento que utiliza un solo DataFrame para los datos etiquetados y no etiquetados. No obstante, sería un buen ejercicio trabajar con dos DataFrames y aprovechar esto para verificar su eficiencia.

Reto #2

En el capítulo 7, implementamos un modelo basado en un enfoque local para árboles de decisión que consistía en aprender un modelo por partición y en concatenar esos modelos como un conjunto. Aquí, podemos optar por una estrategia «divide y vencerás» ligeramente distinta. Dado que el conjunto de datos etiquetado inicial suele ser pequeño al comenzar, podríamos simplemente transmitirlo a todos los nodos trabajadores.

NOTA

En algunos casos, esta puede ser una suposición bastante grande, pero se podría argumentar que, en aprendizaje semisupervisado, tendría más sentido cuando la cantidad de datos etiquetados es realmente muy baja.

Posteriormente, en cada partición, podemos usar un algoritmo de autoentrenamiento (o básicamente cualquier método de autoetiquetado) para etiquetar de manera iterativa las instancias no etiquetadas más confiables en ese subconjunto de los datos. La fase de map solo devolvería las instancias no etiquetadas más confiables con sus etiquetas predichas, por lo que está «filtrando» aquellas instancias no etiquetadas en las que el clasificador base no tiene tanta confianza. Dado que el conjunto resultante de nuevas instancias etiquetadas puede ser grande, no tenemos que traer el resultado al controlador, sino que podemos mantenerlo distribuido entre los trabajadores.

Una vez hecho esto, podríamos simplemente unir esos nuevos ejemplos etiquetados con los originales. Deberíamos hacer esto en paralelo, no en el controlador, para evitar problemas de memoria. Así, suponiendo que el conjunto etiquetado estaba inicialmente en el controlador (ya que era pequeño), tendría que ser distribuido (es decir, crear un DataFrame de Spark con su contenido). La unión de dos DataFrames es una transformación estrecha y, por lo tanto, es eficiente unir esos dos conjuntos de datos. Después de obtener el conjunto etiquetado ampliado, podemos simplemente aplicar cualquier clasificador de la MLlib, como hicimos con la solución global. La figura 9.6 muestra un flujo de trabajo similar a MapReduce para un enfoque local del algoritmo de autoentrenamiento.

22 https://archive.apache.org/dist/spark/docs/3.3.0/api/python/reference/pyspark.sql/api/pyspark.sql.DataFrame.sampleBy.html.

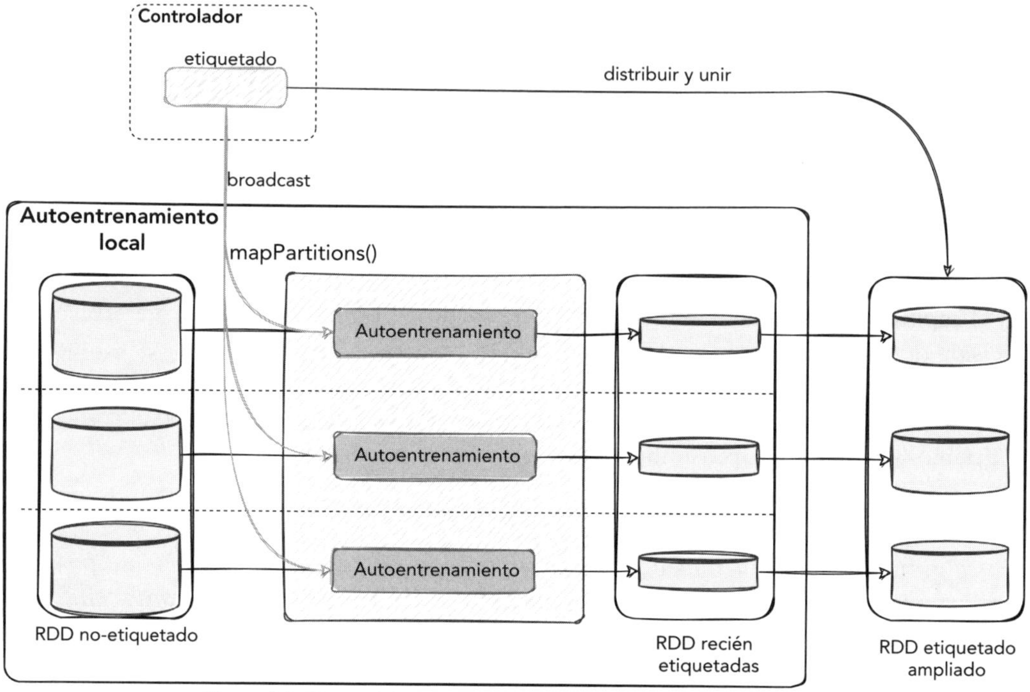

Figura 9.6. Un modelo local para el algoritmo de autoentrenamiento.

¿Qué diferencias hay con la implementación anterior? Por un lado, probablemente sea la forma más eficiente de ampliar el conjunto etiquetado con datos no etiquetados. A diferencia de la versión global que requiere distribuir el aprendizaje del clasificador base, esta idea solo lanza un único trabajo de Spark, pero debemos distribuir el conjunto etiquetado para fusionarlo con las nuevas instancias etiquetadas. Por otro lado, podríamos reemplazar más fácilmente el algoritmo de autoentrenamiento con cualquier otro método de SSL. Dicho esto, como ocurre con la mayoría de las soluciones locales, el resultado variará dependiendo del número de particiones. Si el fragmento no etiquetado disponible en un trabajador no es muy representativo o es ruidoso, podría llevar a clasificaciones incorrectas. No obstante, no esperaríamos que sea una caída lineal. Además, como se mencionó anteriormente, su principal limitación es que el conjunto etiquetado debe ser muy pequeño para que este enfoque funcione.

Vamos a implementar esto. Ahora, queremos dividir los datos de entrenamiento en dos conjuntos: etiquetados y no etiquetados. Para ello, podríamos simplemente usar la función randomSplit().

```
# restablecer DataFrames de entrenamiento y test
entrenamiento, test = df.randomSplit([0.7, 0.3], semilla)

etiquetado, no_etiquetado = entrenamiento.randomSplit([0.02, 0.98], semilla)
```

Para simular la idea de que el conjunto etiquetado estaría en el controlador, lo traeremos como un DataFrame de Pandas. Luego, lo transmitiremos para que esté disponible en todos los nodos trabajadores.

```
etiquetado_driver = etiquetado.toPandas()
etiquetado_bc = sc.broadcast(etiquetado_driver)
len(etiquetado_bc.value)
```

```
76
```

Como modelo local, utilizaremos mapPartitions() en el RDD subyacente. Pero primero, obtengamos el RDD y lo dividimos en cuatro particiones.

```
no_etiquetado_rdd = no_etiquetado.rdd.repartition(4)
```

Necesitamos crear una función que aplique el proceso de autoentrenamiento, que solo devolverá aquellas instancias que han sido clasificadas del no_etiquetado_rdd. Pero antes de eso, vamos a necesitar una función que reciba datos etiquetados y entrene un modelo de árbol de decisión con la biblioteca scikit-learn:

```
from sklearn.tree import DecisionTreeClassifier as DecisionTree_Sklearn

def arbol_decision(datos_pd):
    clf = DecisionTree_Sklearn(random_state=0, max_depth=5)

    # Dar forma al DataFrame de Pandas
    # para scikit-learn (salida en la última columna)
    X_train = datos_pd.iloc[:, :-1]
    y_train = datos_pd.iloc[:, -1]

    # Ajustar el modelo
    modelo = clf.fit(X_train.values, y_train.values)

    return modelo
```

Si utilizáramos esa función dentro de mapPartitions(), obtendríamos un árbol de decisión para cada partición (con algunos cambios para convertir el iterador de la partición en un DataFrame de Pandas), pero lo que queremos hacer es usar eso dentro de otra función local_self_training() que la invocará. Hagamos eso:

```
import numpy as np
import pandas as pd
from pyspark.sql import Row

# Para simplicidad, definimos nombres de columnas como una variable global
nombres_columnas = entrenamiento.columns

def autoentrenamiento_local(no_etiquetado_particion, max_iter=10,
                            semilla=12345, num_clases=2):
    # Semilla para Pandas
    np.random.seed(semilla)
```

```
    # Convertimos la partición a una lista para filtrarla al devolver
    # De lo contrario, el iterador solo se puede recorrer una vez
    no_etiquetado_particion = list(no_etiquetado_particion)

    # Crear el DataFrame no etiquetado a partir de los datos de la partición
    no_eti_pd = pd.DataFrame(no_etiquetado_particion, columns=nombres_columnas)

    # Obtener el DataFrame etiquetado de la variable transmitida
    etiquetado_pd = etiquetado_bc.value

    # Para almacenar los índices de las instancias etiquetadas
    indices_etiquetados = []

    # Obtener distribuciones de clase del conjunto etiquetado
    distr_clase = no_eti_pd.groupby(["salida"])["salida"].count()

    for i in range(max_iter):
        print(f"Iteración: {i} - tamaño etiquetado: {etiquetado_pd.shape[0]}")

        # Aprender el modelo y predecir muestras no etiquetadas
        modelo = arbol_decision(etiquetado_pd)
        probs = modelo.predict_proba(no_eti_pd.iloc[:, :-1].values)

        # Contar ejemplos que se pueden agregar (prob == 1)
        conteos = np.count_nonzero(probs == 1, axis=0)
        if 0 in conteos: break

        # Calcular instancias a agregar de cada clase
        a_agregar = instancias_por_clase(distr_clase, conteos)
        print(f"Agregando {a_agregar.tolist()} instancias")
        pcts = a_agregar / conteos  # división elemento a elemento

        # Crear DataFrames de Pandas con instancias a agregar de cada clase
        instancias_a_agregar = []
        for c in range(num_clases):
            instancias_a_agregar.append(
                no_eti_pd[probs[:, c] == 1].sample(frac=pcts[c]))
            instancias_a_agregar[c]["salida"] = c  # asignar la clase predicha
        # Juntarlas todas en un solo DataFrame
        instancias_a_agregar = pd.concat(instancias_a_agregar)

        # Actualizar DataFrames de Pandas
        #   1. Eliminar instancias etiquetadas
        no_eti_pd = no_eti_pd.drop(instancias_a_agregar.index)
        #   2. Agregar nuevas instancias
        etiquetado_pd = pd.concat([etiquetado_pd, instancias_a_agregar])
        #   3. Guardar índices para la salida final
        indices_etiquetados += instancias_a_agregar.index.tolist()

    # Devolver las nuevas instancias etiquetadas de los datos de la partición
    return [row
        for i, row in enumerate(no_etiquetado_particion)
            if i in indices_etiquetados]
```

Primero podríamos verificar esta función en el nodo controlador. Para hacerlo, podemos traer un subconjunto manejable de nuestro no_etiquetado_rdd al controlador.

```
recien_etiquetado = autoentrenamiento_local(no_etiquetado_rdd.take(2000))
```

```
Iteración: 0 - tamaño etiquetado: 76
Agregando [1025, 582] instancias
Iteración: 1 - tamaño etiquetado: 1683
Agregando [2, 1] instancias
Iteración: 2 - tamaño etiquetado: 1686
Agregando [3, 2] instancias
Iteración: 3 - tamaño etiquetado: 1691
```

Esta es una buena práctica porque, de lo contrario, podríamos perdernos intentando encontrar posibles errores con Spark cuando nuestra función ni siquiera funciona localmente. Por tanto, ahora podemos aplicar el autoentrenamiento como un filtro en cada partición de los datos no etiquetados:

```
recien_etiquetado = no_etiquetado_rdd.mapPartitions(autoentrenamiento_local).
cache()
%time recien_etiquetado.count()
```

```
2570
```

Podemos transformar nuestro RDD resultante en un DataFrame (ya que está compuesto por Rows) y unirlo con nuestro DataFrame de ejemplos etiquetados (si solo lo tuviéramos localmente, sería el momento de distribuirlo).

```
etiquetado_ampliado = etiquetado.union(recien_etiquetado.toDF())
```

¡Estamos listos para usar MLlib con este nuevo conjunto de datos! Probemos esto, reiniciando el modelo de DecisionTree con la columna labelCol correcta.

```
entrenamiento_atr_ampliado = assembler.transform(etiquetado_ampliado).cache()
no_etiquetado_atr = assembler.transform(no_etiquetado)
dt = DecisionTreeClassifier(maxDepth=5, labelCol="salida")
modelo = dt.fit(entrenamiento_atr_ampliado)
predicciones_locales_trans = modelo.transform(no_etiquetado_atr)
predicciones_locales_inductivas = modelo.transform(test_atr)
```

```
# Evaluar la precisión del modelo local
print(f"Precisión transductiva = {evaluador.evaluate(predicciones_locales_
trans)}")
print(f"Precisión inductiva = {evaluador.evaluate(predicciones_locales_
inductivas)}")
```

```
Precisión transductiva = 0.920418516169943
Precisión inductiva = 0.9051787016776076
```

Comparar las soluciones global y local en términos de precisión es un poco complicado. Nuestra solución local utiliza la biblioteca scikit-learn para aprender un árbol, pero la global está utilizando la implementación de la MLlib. Aunque ambos están implementando, en principio, el mismo algoritmo de árbol de decisión, la implementación real es diferente, y es probable que los resultados no sean completamente comparables. En este conjunto de datos y con estos hiperparámetros, el modelo local parece funcionar mejor en el conjunto no etiquetado, pero ligeramente peor en el conjunto de test. Se necesitaría más investigación, con conjuntos de datos adicionales, y explorar la escalabilidad de ambas soluciones para establecer una comparación justa.

Reto #3

Por simplificar, antes utilizamos una UDF para implementar el voto mayoritario. Sin embargo, resolveremos este reto de manera más elegante mediante funciones de Spark SQL.

Primero, necesitamos obtener las probabilidades del ensemble en vez de la predicción de cada árbol. Obtengamos nuevamente las salidas para nuestros ejemplos de prueba y extraigamos la probabilidad como hicimos antes para la predicción.

```
preds = modelos_pipeline.transform(test_atr)
ensemble = preds.select(
    sql_f.array([f"probability_{i}" for i in range(max_iter)]).alias("preds"),
    "salida",
)
ensemble.show(1, truncate=70)
```

```
+----------------------------------------------------------------------+------+
|                                                                 preds|salida|
+----------------------------------------------------------------------+------+
|[[0.9181078331637843,0.08189216683621567], [0.9367321867321867,0.06...|   0.0|
+----------------------------------------------------------------------+------+
only showing top 1 row
```

Si analizas lo que obtenemos, es un array de vectores (provenientes de Spark ML). Para simplificar esto un poco, restringiremos nuestra solución a problemas de clasificación binaria. Por lo tanto, podemos trabajar solo con una de las probabilidades de cada árbol (típicamente, la probabilidad de la clase 1).

Para obtener esas probabilidades, necesitamos usar una función que ya utilizamos antes, vector_to_array, para convertir los Vectores de Spark ML en arreglos de Spark SQL. Luego, podríamos usar la función element_at[23] para obtener la probabilidad de la clase 1. Por supuesto, como esto ya está dentro de un Array de Spark SQL, podemos usar la función transform[24] para aplicar lo anterior a cada elemento de nuestro array (funciona como una función map de Python). Veamos.

[23] https://archive.apache.org/dist/spark/docs/3.3.0/api/python/reference/pyspark.sql/api/pyspark.sql.functions.element_at.html.

[24] https://archive.apache.org/dist/spark/docs/3.3.0/api/python/reference/pyspark.sql/api/pyspark.sql.functions.transform.html.

```
ensemble = ensemble.withColumn(«preds»,
    sql_f.transform(
        "preds", lambda x: sql_f.element_at(vector_to_array(x), 2)
    ),
)
ensemble.show(1, truncate=70)
```

```
+----------------------------------------------------------------------+------+
|                                                                 preds|salida|
+----------------------------------------------------------------------+------+
|[0.08189216683621567, 0.06326781326781326, 0.060884549109707066, 0....|   0.0|
+----------------------------------------------------------------------+------+
only showing top 1 row
```

Tenemos los datos listos para ser agregados. Para hacer el voto mayoritario, necesitamos calcular la probabilidad promedio de la clase 1, es decir, el promedio de las probabilidades en 'preds', y luego verificar si es mayor que 0.5. Si el promedio es mayor que 0.5, la clase será 1 y, en caso contrario, 0.

Para implementar esto, necesitamos echar un vistazo a otra función de Spark SQL: aggregate[25]. Esta función nos permite agregar valores en un Arreglo de Spark SQL. En este caso, sumaremos todos los valores y luego, dividiremos por el número de elementos en el arreglo. Por último, verificaremos si este valor está por encima del umbral de 0.5.

```
preds = ensemble.withColumn("prediction", (
        sql_f.aggregate("preds", sql_f.lit(0.0), lambda acc, x: acc + x)
        / sql_f.size("preds") > 0.5
    ).cast("double"),
)
```

La función aggregate tiene tres parámetros: la columna donde se aplica, el valor inicial para el acumulador donde se realiza la agregación (0.0 en este caso, dado como una expresión de columna) y la función que se utilizará para agregar cada elemento (x) al acumulador (acc). También puede que hayas notado la conversión a double. Recuerda que Spark ML codifica las clases de esta manera.

```
evaluador.setPredictionCol(f"prediction")
acierto = evaluador.evaluate(preds)
acierto
```

```
0.9197665937272064
```

Si lo comparamos con el voto simple, hemos obtenido una ligera mejora en este caso.

25 https://archive.apache.org/dist/spark/docs/3.3.0/api/python/reference/pyspark.sql/api/pyspark.sql.functions.aggregate.html.

Reto #4

Ahora, tenemos nuestra área dividida en más bloques que antes (ver la parte izquierda de la figura 9.7), ya que ahora hay un solapamiento. Supongamos en este caso un solapamiento del 50 %. Necesitamos obtener un conjunto final, entre cuyos bloques no haya intersección, es decir, sin solapamiento. Para hacerlo, necesitamos enviar cada bloque actual a aquellos que dependen de él para obtener su resultado final. Es decir, cada bloque contribuirá a uno o más bloques de la salida final.

Desde una perspectiva de MapReduce, para cada bloque, generaremos varias claves. Las claves son los índices de cada bloque a los que debe contribuir, mientras que el valor será el bloque en sí (la máscara predicha o las probabilidades). En la fase de reduce, tendremos para cada bloque final la lista de máscaras que debemos agregar y obtener el bloque final. Aquí podemos aplicar un voto ponderado o un promedio de las probabilidades teniendo en cuenta la parte del bloque final cubierta por cada bloque. La implementación específica es un poco más compleja de lo que parece, pero la parte de MapReduce es la que acabamos de describir.

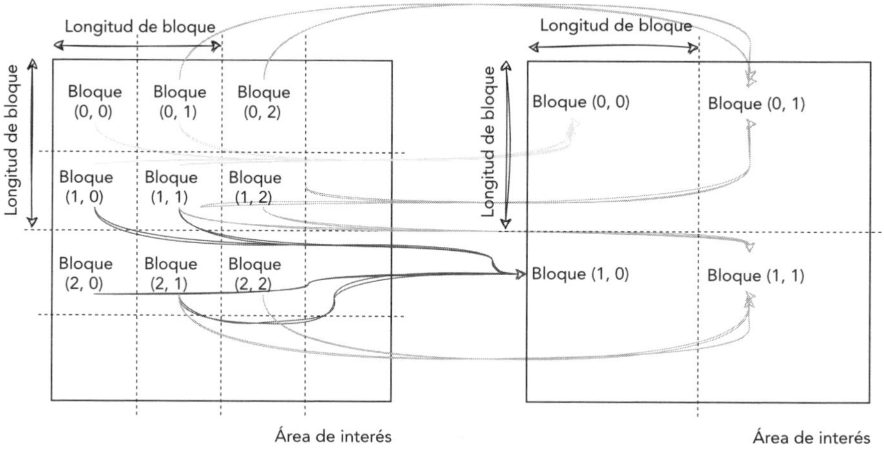

Figura 9.7. Segmentación con bloques superpuestos. A la izquierda, están disponibles las salidas de cada bloque superpuesto. A la derecha, se muestra cómo se combinan estos bloques para obtener los bloques de salida final con predicciones agregadas. Las flechas ilustran a qué bloque final a la derecha debe contribuir cada bloque predicho a la izquierda.

La figura 9.7 ilustra este proceso. Ten en cuenta que los índices de los bloques se muestran en la parte superior izquierda de cada bloque. Tenemos un área dividida en bloques de 3×3 con un 50 % de solapamiento, por lo que la salida final (a la derecha) solo tendrá bloques de 2×2. Así que necesitamos mapear los primeros 9 bloques a los últimos 4, para poder agregarlos en la fase de reduce. Usaríamos un flatMap para determinar para cada bloque a cuál de la parte derecha debe contribuir (mira las flechas). Podríamos hacer una función para saber a qué índices o coordenadas debe contribuir cada bloque. Por ejemplo, en este caso, sería suficiente calcular para ambos índices (x, y), $round(x/2)$ y $round(y/2)$, y para aquellos bloques que no están en los bordes (con x o y igual a 1 y 2 en este caso), también generar ese mismo índice más uno. De esta manera, podemos observar que los bloques en los bordes contribuyen a uno (si están en una esquina) o dos bloques, mientras que los otros contribuyen a tres o cuatro bloques. En este ejemplo específico, los cuatro bloques finales se obtienen como la agregación de cuatro bloques.

Ejercicios

1. Explica brevemente el principal cuello de botella del aprendizaje semisupervisado en el análisis de datos a gran escala.
2. ¿Por qué es importante en el autoentrenamiento no agregar todas las predicciones más confiables en cada iteración?
3. Indica si las siguientes afirmaciones sobre el diseño de una solución de big data para el autoentrenamiento son verdaderas o falsas:
    - ☐ Si bien es posible, una solución basada en un enfoque local no tiene mucho sentido.
    - ☐ Inicialmente, el principal cuello de botella del diseño global está en volver a entrenar un clasificador en cada iteración.
    - ☐ La escalabilidad del autoentrenamiento está limitada por el clasificador base subyacente.
    - ☐ Si no podemos superar el rendimiento de un modelo que se entrene con los datos etiquetados solamente, significa que seguro hay un error en la implementación distribuida.
4. En los ensembles de clasificadores, utilizamos múltiples modelos base, que se llaman modelos débiles. ¿Cuáles crees que son las características más deseables de esos modelos base en el contexto de big data?
5. Bagging logra diversidad mediante el *muestreo* de los datos de entrenamiento. Discute brevemente la eficiencia de llevar a cabo tal operación en grandes conjuntos de datos.
6. ¿Cuáles son las principales diferencias de las soluciones de big data presentadas para Bagging y Boosting?
7. ¿Por qué desplegamos la fase de inferencia de un modelo de deep learning utilizando Spark en lugar de una GPU?
8. ¿Podrías idear algún enfoque diferente para abordar la inferencia distribuida en vez de usar un «divide y vencerás»? Por ejemplo, en nuestro caso de estudio de teledetección, dividimos nuestra área en bloques y los procesamos de forma independiente. ¿Podríamos abordarlo sin esta división?
9. La selección de características es una técnica de preprocesamiento para reducir la dimensionalidad de un problema. Nos permite identificar características relevantes. Hay muchos enfoques en la literatura, incluidos la selección de características por filtro,

envoltura y embebida. Sin considerar lo que hace específicamente un método de selección de características dado, se te pide que diseñes una solución basada en un enfoque local que tome algunos datos de entrenamiento y clasifique la importancia de las características. Por lo tanto, la salida esperada es una lista con el ranking de características ordenadas de la más importante a la menos. La lista debe tener simplemente los índices de esas características. Por ejemplo, la salida [3, 1, 0, 2] en un conjunto de datos con cuatro características significaría que la más importante es la columna 3. Puedes asumir que la salida del algoritmo de selección de características elegido también generará el mismo tipo de lista.

- ¿Cómo resolverías esto utilizando Spark? Describe brevemente una solución para esto.
- Discute las ventajas y desventajas esperadas de este diseño local.

10. En clasificación multietiqueta, una instancia debe ser clasificada en múltiples categorías al mismo tiempo. Por ejemplo, en una imagen podríamos encontrar un árbol, un río y un perro. La estrategia más simple para hacer esto es aprender un modelo de machine learning por separado para cada variable objetivo de manera independiente. Se te pide que diseñes una solución global de big data para resolver este problema. Para simplificar, podrías asumir que tenemos tres variables de salida y que los datos se dividirán en tres particiones. Supón que el conjunto de datos de test también será grande.
    - ¿Cómo resolverías esto utilizando Spark? Describe brevemente una solución para esto.
    - Discute las ventajas y desventajas esperadas de este diseño global.

Bibliografía

Abuzaid, F., Bradley, J., Liang, F., Yang, L., Zaharia, M. y Talwalkar, A. (2016). «Yggdrasil: An optimized system for training deep decision trees at scale». En *Proceedings of the 30th International Conference on Neural Information Processing Systems (NIPS'16)* pp. 3817–3825. Curran Associates Inc.

Agrawal, R. y Prabakaran, S. (2020). «Big data in digital healthcare: Lessons learnt and recommendations for general practice». *Heredity, 124*(4), 525–534.

Akram, A. W. y Alamgir, Z. (2022). «Distributed fuzzy clustering algorithm for mixed-mode data in Apache Spark». *Journal of Big Data, 9*(1), 121.

Ayala, C., Sesma, R., Aranda, C. y Galar, M. (2021). «A deep learning approach to an enhanced building footprint and road detection in high-resolution satellite imagery». *Remote Sensing, 13*(16), artículo 3135.

Bishop, C. M. (2006). *Pattern Recognition and Machine Learning.* Springer-Verlag.

Blum, A. y Mitchell, T. (1998). «Combining labeled and unlabeled data with co-training». En *Proceedings of the Eleventh Annual Conference on Computational Learning Theory (COLT'98)* pp. 92–100. Association for Computing Machinery.

Breiman, L. (1996). «Bagging predictors». *Machine Learning, 24*(2), 123–140.

Chapelle, O., Schölkopf, B. y Zien, A. (2010). *Semi-Supervised Learning*. MIT Press.

Chen, J., Li, K., Tang, Z., Bilal, K., Yu, S., Weng, C. y Li, K. (2017). «A parallel Random Forest algorithm for Big Data in a Spark cloud computing environment». *IEEE Transactions on Parallel and Distributed Systems, 28*(4), 919–933.

Chen, L.-C., Zhu, Y., Papandreou, G., Schroff, F. y Adam, H. (2018). «Encoder–Decoder with Atrous Separable Convolution for Semantic Image Segmentation». En *Proceedings of the European Conference on Computer Vision (ECCV)* (septiembre de 2018).

Chiusano, P. y Bjarnason, R. (2014). *Functional Programming in Scala*. Manning Publications.

Cover, T. y Hart, P. (1967). «Nearest neighbor pattern classification». *IEEE Transactions on Information Theory, 13*(1), 21–27.

Damji, J., Wenig, B., Lee, D., Das, T. y Safari, A. (2020). *Learning Spark* (2.ª ed.). O'Reilly Media.

Daniel, J. (2019). *Data Science with Python and Dask*. Manning.

Dean, J. y Ghemawat, S. (2004). «MapReduce: Simplified data processing on large clusters». En *OSDI'04: Sixth Symposium on Operating System Design and Implementation*, pp. 137–150. San Francisco, CA: USENIX Association.

Dean, J. y Ghemawat, S. (2010). «MapReduce: A flexible data processing tool». *Communications of the ACM, 53*(1), 72–77.

DeWitt, D. y Gray, J. (1992). «Parallel database systems: The future of high performance database systems». *Communications of the ACM, 35*(6), 85–98.

Ekanayake, J., Li, H., Zhang, B., Thilina, G., Bae, S.-H., Qiu, J. y Fox, G. (2010). «Twister: A runtime for iterative MapReduce». En *Proceedings of the 19th ACM International Symposium on High Performance Distributed Computing (HPDC'10)* pp. 810–818. Association for Computing Machinery.

Esteves, R., Pais, R. y Rong, C. (2011). «K-means clustering in the cloud – A Mahout test». En *2013 27th International Conference on Advanced Information Networking and Applications Workshops*, pp. 514–519. IEEE Computer Society: https://doi.org/10.1109/WAINA.2011.136.

Fernández, A., García, S., Galar, M., Prati, R. C., Krawczyk, B. y Herrera, F. (2018). *Ensemble learning*. En *Learning from Imbalanced Data Sets*, pp. 147–196. Springer International Publishing.

Freund, Y. y Schapire, R. E. (1997). «A decision-theoretic generalization of on-line learning and an application to boosting». *Journal of Computer and System Sciences, 55*(1), 119–139.

García, S., Luengo, J. y Herrera, F. (2015). *Data Preprocessing in Data Mining*. Springer International Publishing Switzerland.

Garreta, R., Moncecchi, G. y Hauck, T. (2017). *Scikit-learn: Machine Learning Simplified*. Packt Publishing.

Géron, A. (2022). *Hands-On Machine Learning with Scikit-Learn, Keras, and TensorFlow*. O'Reilly Media.

Ghemawat, S., Gobioff, H. y Leung, S.-T. (2003). «The Google file system». En *Proceedings of the nineteenth ACM Symposium on Operating Systems Principles (SOSP'03)* pp. 29–43. ACM.

Ginsberg, J., Mohebbi, M. H., Patel, R., Brammer, L., Smolinski, M. S. y Brilliant, L. (2009). «Detecting influenza epidemics using search engine query data». *Nature, 457*(7232), 1012–1014.

Gropp, W., Lusk, E. y Skjellum, A. (2014). *Using MPI* (3.ª ed.): *Portable Parallel Programming with the Message-Passing Interface*. MIT Press.

Hai, M., Zhang, Y. y Zhang, Y. (2017). «A performance evaluation of classification algorithms for Big Data». *Procedia Computer Science, 122*, 1100–1107.

Hastie, T., Tibshirani, R. y Friedman, J. (2001). *The Elements of Statistical Learning*. Springer New York Inc.

Howard, J., Gugger, S. y Chintala, S. (2020). *Deep Learning for Coders with Fastai and PyTorch: AI Applications Without a PhD*. O'Reilly Media, Incorporated.

Hutton, G. (2016). *Programming in Haskell* (2.ª ed.). Cambridge University Press.

Jain, S. M. (2020). *Linux Containers and Virtualization: A Kernel Perspective*. Apress.

Jogalekar, P. y Woodside, M. (2000). «Evaluating the scalability of distributed systems». *IEEE Transactions on Parallel and Distributed Systems, 11*(6), 589–603.

Juez-Gil, M., Arnaiz-González, Á., Rodríguez, J. J., López-Nozal, C. y García-Osorio, C. (2021). «Rotation Forest for Big Data». *Information Fusion, 74*, 39–49.

Kuncheva, L. I. (2014). *Combining Pattern Classifiers: Methods and Algorithms*. Wiley.

Laney, D. (2001, febrero). *3D Data Management: Controlling Data Volume, Velocity, and Variety*. META Group.

Lazer, D., Kennedy, R., King, G. y Vespignani, A. (2014). «The parable of Google Flu: Traps in Big Data analysis». *Science, 343*, 1203–1205.

Lulli, A., Oneto, L. y Anguita, D. (2017). «ReForeSt: Random Forests in Apache Spark». En A. Lintas, S. Rovetta, P. F. M. J. Verschure y A. E. P. Villa (Eds.), *Artificial Neural Networks and Machine Learning – ICANN 2017*, pp. 331–339. Springer International Publishing.

Maillo, J., Ramírez, S., Triguero, I. y Herrera, F. (2017). «kNN-IS: An iterative Spark-based design of the k-Nearest Neighbors classifier for Big Data». *Knowledge-Based Systems, 117*, 3–15.

Marx, V. (2013). «The big challenges of big data». *Nature, 498*(7453), 255–260.

Mayer-Schönberger, V. y Cukier, K. (2013). *Big Data: A Revolution that Will Transform How We Live, Work, and Think*. Houghton Mifflin Harcourt.

Meng, X., Bradley, J. K., Yavuz, B., Sparks, E. R., Venkataraman, S., Liu, D., Freeman, J., Tsai, D. B., Amde, M., Owen, S., Xin, D., Xin, R., Franklin, M. J., Zadeh, R., Zaharia, M. y Talwalkar, A. (2016). «MLlib: Machine Learning in Apache Spark». *Journal of Machine Learning Research, 17*(34), 1–7.

Minaee, S., Boykov, Y., Porikli, F., Plaza, A., Kehtarnavaz, N. y Terzopoulos, D. (2022). «Image segmentation using deep learning: A survey». *IEEE Transactions on Pattern Analysis and Machine Intelligence, 44*(7), 3523–3542.

Ng, A. (2012). *CS229 lecture notes – Supervised learning* [manuscrito no publicado]. http://cs229.stanford.edu/lectures-spring2022/main_notes.pdf.

Ng, A. (2017). *Machine Learning Yearning* [borrador en línea]. http://www.mlyearning.org/,/bib/ng/ng2017mlyearning/Ng_MLY01_13.pdf.

Panda, B., Herbach, J. S., Basu, S. y Bayardo, R. J. (2009). «PLANET: Massively parallel learning of tree ensembles with MapReduce». *Proc. VLDB Endow., 2*(2), 1426–1437.

Pietsch, W. (2021). *Big Data*. Cambridge University Press.

Ramírez-Gallego, S., Fernández, A., García, S., Chen, M. y Herrera, F. (2018). «Big Data: Tutorial and guidelines on information and process fusion for analytics algorithms with MapReduce». *Information Fusion, 42*, 51–61.

Schapire, R. E. (1990). «The strength of weak learnability». *Machine Learning, 5*(2), 197–227.

Segatori, A., Marcelloni, F. y Pedrycz, W. (2018). «On distributed fuzzy decision trees for Big Data». *IEEE Transactions on Fuzzy Systems, 26*(1), 174–192.

Severance, C. y Dowd, K. (2010). *High Performance Computing, an open textbook.* https://open.umich.edu/sites/default/files/downloads/col11136-1.5.pdf.

Triguero, I., García, S. y Herrera, F. (2015). «Self-labeled techniques for semi-supervised learning: Taxonomy, software and empirical study». *Knowledge and Information Systems, 42*(2), 245–284.

van Engelen, J. E. y Hoos, H. H. (2020). «A survey on semi-supervised learning». *Machine Learning, 109*(2).

White, T. (2015). *Hadoop: The definitive guide* (4.ª ed.). O'Reilly Media, Inc.

Xia, M., Saxena, M., Blaum, M. y Pease, D. A. (2015). «A tale of two erasure codes in HDFS». En *Proceedings of the 13th USENIX Conference on File and Storage Technologies (FAST'15)* pp. 213–226. USENIX Association.

Yarowsky, D. (1995). «Unsupervised word sense disambiguation rivaling supervised methods». En *Proceedings of the 33rd Annual Meeting on Association for Computational Linguistics (ACL'95)* pp. 189–196. Association for Computational Linguistics.

Zaharia, M., Chowdhury, M., Franklin, M. J., Shenker, S. y Stoica, I. (2010). «Spark: Cluster computing with working sets». *2nd USENIX Workshop on Hot Topics in Cloud Computing (HotCloud 10).*

Zaharia, M., Chowdhury, M., Das, T., Dave, A., Ma, J., McCauley, M., Franklin, M. J., Shenker, S. y Stoica, I. (2012). «Resilient distributed datasets: A fault-tolerant abstraction for in-memory cluster computing». En *Proceedings of the 9th USENIX Conference on Networked Systems Design and Implementation (NSDI '12)* p. 2. USENIX Association.

Zhu, X. X., Tuia, D., Mou, L., Xiong, X., Zhang, L., Xu, F. y Fraundorfer, F. (2017). «Deep learning in remote sensing: A comprehensive review and list of resources». *IEEE Geoscience and Remote Sensing Magazine, 5*(4), 8–36.

Índice alfabético

E

F

G

H

I

J

K

L

M

N

O

P

R

S

T

U

V

W

Y

Z